Prüfungsvorbereitung

Betriebswirtschaftslehre an Wirtschaftsschulen

BWL für Checker

4. Auflage

Manuela Stahl

Verlag Europa-Lehrmittel
Nourney, Vollmer GmbH & Co. KG
Düsselberger Straße 23
42781 Haan-Gruiten

Europa-Nr.: 75147

Verfasserin:
Manuela Stahl, OStRin an der Wirtschaftsschule Nördlingen

4. Auflage 2014

Druck 5 4 3 2 1

Alle Drucke derselben Auflage sind parallel einsetzbar, da bis auf die Behebung von Druckfehlern untereinander unverändert.

ISBN 978-3-8085-7659-5

Alle Rechte vorbehalten.
Das Werk ist urheberrechtlich geschützt. Jede Verwertung außerhalb der gesetzlich geregelten Fälle muss vom Verlag schriftlich genehmigt werden.

© 2014 by Verlag Europa-Lehrmittel, Nourney, Vollmer GmbH & Co. KG, 42781 Haan-Gruiten
http://www.europa-lehrmittel.de

Umschlaggestaltung, Satz: Schriftsatz Frauke Moritz, 22926 Ahrensburg
Umschlagfoto: © gjp311 – Fotolia.com
Druck: Medienhaus Plump GmbH, 53619 Rheinbreitbach

Vorwort

Der vorliegende Titel »**Prüfungsvorbereitung Betriebswirtschaftslehre an Wirtschaftsschulen – BWL für Checker**« richtet sich an

- **Schüler/innen von Wirtschaftsschulen,** die sich intensiv auf ihre **Abschlussprüfung** im Fach Betriebswirtschaftslehre vorbereiten möchten,

- an Schüler/innen der achten und neunten Klasse der vierstufigen bzw. der 10. Klasse der zweistufigen Wirtschaftsschule, die sich hier schnell und unkompliziert **auf Stegreifaufgaben sowie Schulaufgaben vorbereiten** können,

- aber auch an **Auszubildende in kaufmännischen Berufen sowie Schüler/innen kaufmännischer Vollzeitschulen,** die das Werk nutzen können, um sich einen Überblick über kaufmännisches Fachwissen zu verschaffen und schnell Wissenslücken schließen zu können.

BWL für Checker versteht sich als Ergänzung **des BWL-Unterrichts** und ermöglicht den Schüler/innen durch eine **klare Strukturierung** und eine **komprimierte Darstellung** in Form von Übersichten die Möglichkeit zum Selbststudium. Ebenso können die Übersichten als **Informationsquelle im kompetenzorientierten Unterricht** genutzt werden.

Auf jeden Lernbereich folgen **aktuelle Prüfungsfragen mit Lösungen,** die den Schüler/innen **selbstkontrolliertes Lernen** ermöglicht. Die Prüfungsaufgaben stammen aus der in Bayern zentral gestellten Abschlussprüfung an zwei-, drei- und vierstufigen Wirtschaftsschulen.

Bei den Prüfungsaufgaben wird zwischen **Fallaufgaben und Modulen** unterschieden. Module beinhalten überwiegend Fragen zu einem Lernbereich, während die Schüler/innen bei Fallaufgaben ihr Fachwissen fundiert anwenden müssen. Sie sind aufgefordert, Zusammenhänge Lernbereich übergreifend herzustellen, Vor- und Nachteile abzuwägen sowie begründete Entscheidungen zu treffen.

In der vorliegenden Auflage sind **sämtliche Abschlussprüfungen** bis **einschließlich des aktuellen Prüfungsjahres 2014** enthalten.

Darüber hinaus wurden sämtliche Gesetzesänderungen bis 1. August 2014 berücksichtigt, die Lösungen wurden entsprechend der jetzt gültigen Rechtsprechung aktualisiert.

Folgende inhaltliche Schwerpunkte sind enthalten:

- Betriebe, Standortwahl, Fertigungsverfahren
- Vertragswesen, Kaufvertragsstörungen, Mahnverfahren, Verjährung
- Lagerhaltung
- Zahlungsverkehr
- Personalmanagement
- Marketing
- Kostenmanagement
- Unternehmensrisiken
- Unternehmenskrise und Insolvenz
- Unternehmensgründung
- Rechtsformen
- Unternehmenszusammenschlüsse
- Investition und Finanzierung
- Kapitalanlage

Nachdem »BWL für Checker« bereits seit vielen Jahren schulintern mit großem Erfolg eingesetzt wurde, so ist auch die positive Resonanz von Seiten der Schüler/innen und Fachkollegen seit der Veröffentlichung äußerst erfreulich und motivierend.

Wir wünschen auch Ihnen viel Freude und Erfolg bei der Arbeit mit diesem Buch.

Kritische Hinweise, konstruktive Vorschläge, die der Weiterentwicklung des Werkes dienen, sowie Erfahrungsberichte nehmen wir unter lektorat@europa-lehrmittel.de gerne entgegen.

Im Sommer 2014, Autorin und Verlag

Inhaltsverzeichnis

Lernbereich 1: Der Betrieb und seine Umwelt 7

1.1 Einteilung der Betriebe nach Wirtschaftssektoren 7
1.2 Standort und Standortfaktoren 7
1.3 Betriebliche Grundfunktionen 8
1.4 Ökologische Aspekte der Leistungserstellung 8
1.5 Fertigungsverfahren 9
1.5.1 Fertigungsverfahren nach der Anordnung der Betriebsmittel (Fertigungsorganisation = Wie/Wo wird produziert?) 9
1.5.2 Fertigungsverfahren nach der Menge der gleichartigen Erzeugnisse (Fertigungstypen = Wie viele Produkte werden hergestellt?) 10
1.5.3 Fertigungsverfahren nach dem Grad der Beteiligung menschlicher Arbeitskraft 11
1.5.4 Fertigungskontrolle 12
Prüfungsfragen zum Lernbereich 1 13

Lernbereich 2: Der Betrieb als Kunde und als Lieferant 16

2.1 Wichtige Begriffe aus dem Vertragswesen 16
2.2 Rechts- und Geschäftsfähigkeit 18
2.2.1 Rechtsfähigkeit 18
2.2.2 Geschäftsfähigkeit 18
2.3 Nichtigkeit und Anfechtbarkeit von Rechtsgeschäften 19
2.4 Besitz und Eigentum 19
2.5 Bedarfsermittlung – Was und wie viel soll eingekauft werden? 20
2.6 Bezugsquellenermittlung – Wo, bei welchen Lieferanten, wird eingekauft? 20
2.7 Anfrage – Einholen von Angeboten 20
2.8 Angebot 21
2.9 Angebotsvergleich 21
2.10 Bestellung 23
2.11 Abschluss eines Kaufvertrages 23
2.12 Pflichten aus dem Kaufvertrag 24
2.13 Der gesetzliche Erfüllungsort und Gerichtsstand 24
2.14 Die Allgemeinen Geschäftsbedingungen (= AGB = das »Kleingedruckte«) 24
2.15 Kaufvertragsarten 25
2.16 Übersicht über die Vertragsarten 27
2.17 Betriebliche Vollmachten 28
2.18 Kaufvertragsstörungen 30
2.18.1 Schlechtleistung = Mangelhafte Lieferung 30
2.18.2 Die Nicht-Rechtzeitig-Lieferung = Lieferungsverzug 33
2.18.3 Annahmeverzug 35
2.18.4 Die Nicht-Rechtzeitig-Zahlung 36
2.19 Das außergerichtliche und gerichtliche Mahnverfahren 37
2.20 Die Verjährung von Forderungen 39
Prüfungsfragen zum Lernbereich 2 42

Lernbereich 3: Lagerhaltung 85

3.1 Aufgaben der Lagerhaltung 85
3.2 Lagerrisiken 85
3.3 Lagerkosten 85
3.4 Der optimale Lagerbestand 86
3.5 Lagerkennziffern 86
3.5.1 Meldebestand 86
3.5.2 Durchschnittlicher Lagerbestand 86
3.5.3 Lagerumschlagshäufigkeit (Lagerumschlagsgeschwindigkeit) 87
3.5.4 Durchschnittliche Lagerdauer 87
3.5.5 Lagerzinssatz (Lagerzinsfuß) 87
Prüfungsfragen zum Lernbereich 3 88

Lernbereich 4: Zahlungsverkehr 99

4.1 Barzahlung 99
4.2 Halbbare Zahlung 99

Inhaltsverzeichnis

4.3	Bargeldlose Zahlung	100
	Prüfungsfragen zum Lernbereich 4	103

Lernbereich 5: Personalmanagement — 123

5.1	Personalbeschaffung	123
5.2	Berufsausbildungsvertrag	123
5.3	Jugendarbeitsschutzgesetz (JArbSchG)	124
5.4	Mutterschutzgesetz	124
5.5	Jugend- und Auszubildendenvertretung	125
5.6	Betriebsvereinbarung	125
5.7	Sozialpartner/Tarifpartner	125
5.8	Tarifvertrag	125
5.9	Arbeitskampf	126
5.10	Betriebsrat	126
5.11	Die gesetzliche Sozialversicherung (Stand 1. Januar 2013)	128
5.12	Der Arbeitsvertrag	129
5.13	Kündigungsschutz	130
5.14	Übersicht über die Lohnformen	131
5.15	Steuern	132
	Prüfungsfragen zum Lernbereich 5	134

Lernbereich 6: Marketing — 175

6.1	Marktforschung	175
6.2	Marketing-Mix	175
6.2.1	Produkt- und Sortimentspolitik	176
6.2.2	Preis- und Konditionenpolitik	176
6.2.3	Kommunikationspolitik	177
6.2.4	Distributionspolitik	178
6.2.4	Distributionspolitik: Absatzhelfer	179
6.2.5	Distributionspolitik: Franchising	180
6.3	Wichtige Begriffe aus der Werbung	180
6.4	Wettbewerbsrecht	180
6.5	Gewerbliche Schutzrechte	181
	Prüfungsfragen zum Lernbereich 6	183

Lernbereich 7: Kostenmanagement — 197

7.1	Begriff »Kostenmanagement«	197
7.2	Kostenmanagement im Beschaffungsbereich/Einkauf	197
7.3	Kostenmanagement im Produktions und Verwaltungsbereich	198
7.4	Kostenmanagement im Absatzbereich/Verkauf	199
	Prüfungsfragen zum Lernbereich 7	200

Lernbereich 8: Unternehmensrisiken und ihre Absicherung — 211

8.1	Unternehmensrisiken (= Gefahr für ein Unternehmen, Verluste zu erleiden)	211
8.2	Welche Unternehmensrisiken können versichert werden?	211
8.3	Unterschied Sozialversicherungen und Individualversicherungen	212
8.4	Versicherungsvertrag (Individualversicherungen)	212
8.5	Beispiele für Individualversicherungen	212
8.6	Folgen einer Über- oder Unterversicherung	213

Lernbereich 9: Unternehmenskrise und Insolvenz — 215

9.1	Welche Ursachen können Unternehmenskrisen haben?	215
9.2	An welchen Merkmalen/Kennzeichen kann manUnternehmenskrisen erkennen?	215
9.3	Wie können Unternehmenskrisen bewältigt werden?	216
9.4	Maßnahmen zur Überwindung von Unternehmenskrisen	217
9.4.1	Eröffnung des Insolvenzverfahren	217
9.4.2	Ablauf des Insolvenzverfahrens	218
	Prüfungsfragen zu den Lernbereichen 8 und 9	220

Lernbereich 10: Unternehmensgründung — 232

- 10.1 Persönliche Voraussetzungen ... 232
- 10.2 Sachliche Voraussetzungen ... 232
- 10.3 Überlegungen vor der Unternehmensgründung ... 232
- 10.4 Anmeldung des Unternehmens ... 232
- 10.5 Das Handelsregister (HR) ... 233
- 10.6 Die Firma ... 233
- 10.7 Der Kaufmann nach dem HGB ... 234

Lernbereich 11: Rechtsformen — 235

- 11.1 Die Einzelunternehmung ... 235
- 11.2 Die stille Gesellschaft ... 236
- 11.3 OHG (Offene Handelsgesellschaft) ... 237
- 11.4 KG (Kommanditgesellschaft) ... 239
- 11.5 GmbH & Co. KG ... 241
- 11.6 GmbH (Gesellschaft mit beschränkter Haftung) ... 242
- UG (haftungsbeschränkt) ... 243
- 11.7 AG (Aktiengesellschaft) ... 244
- 11.8 Gesellschaft des bürgerlichen Rechts (GbR) = BGB-Gesellschaft ... 246
- 11.9 Die Partnerschaftsgesellschaft (PG) ... 247
- 11.10 Eingetragene Genossenschaft (eG) ... 248
- Prüfungsfragen zu den Lernbereichen 10 und 11 ... 249

Lernbereich 12: Unternehmenszusammenschlüsse — 264

- 12.1 Unterscheidung Kooperation – Konzentration ... 264
- 12.2 Kooperationen ... 264
- 12.3 Arten der Kooperation ... 264
- 12.4 Kartelle ... 264
- 12.5 Einteilung von Unternehmen nach ihrer rechtlichen und wirtschaftlichen Selbstständigkeit ... 265
- 12.6 Vor- und Nachteile von Kooperationen ... 266
- 12.7 Auswirkungen der Unternehmenskonzentration (= Machtzusammenballung) ... 266
- Prüfungsfragen zum Lernbereich 12 ... 267

Lernbereich 13: Investition und Finanzierung — 275

- 13.1 Investition ... 275
- 13.2 Rentabilität von Investitionen (Verhältnis von Gewinn zu eingesetztem Kapital) ... 275
- 13.3 Zielkonflikt Rentabilität – Liquidität ... 277
- 13.4 Übersicht über die Finanzierungsarten ... 278
- 13.5 Beurteilung der Finanzierungsarten ... 279
- 13.6 Fremdfinanzierung durch Kredite ... 280
- 13.7 Einteilung der Kreditarten ... 280
- 13.8 Übersicht über die Kreditsicherheiten ... 281
- 13.9 Sonstige Finanzierungsmöglichkeiten ... 282
- Prüfungsfragen zum Lernbereich 13 ... 284

Lernbereich 14: Kapitalanlage — 313

- 14.1 Sparen, um investieren zu können ... 313
- 14.2 Anlageziele – Was will man mit einer Kapitalanlage erreichen? ... 313
- 14.3 Kapitalanlagen auf Bankkonten ... 313
- 14.4 Kapitalanlagen in Wertpapieren ... 314
- 14.5 Vergleich zwischen Gläubiger- und Teilhaberpapieren ... 314
- 14.6 Einteilung der Aktien ... 316
- 14.7 Gründe für Kursschwankungen bei Aktien ... 316
- 14.8 Aktienkurse ... 316
- 14.9 Sonderformen von Wertpapieren ... 317
- 14.10 Information und Beratung der Anleger ... 317
- 14.11 Kursermittlung im amtlichen Börsenverkehr ... 318
- 14.12 Veröffentlichung der Kurse ... 318
- 14.13 Das Wertpapierdepot ... 319
- Prüfungsfragen zum Lernbereich 14 ... 320

Sachwortverzeichnis ... 333

Lernbereich 1: Der Betrieb und seine Umwelt

1.1 Einteilung der Betriebe nach Wirtschaftssektoren

Primärer Wirtschaftssektor – Urproduktion

- **Urproduktionsbetriebe:** Z. B. Land- und Forstwirtschaft, Bergwerk, Fischerei, Kiesgruben.

Sekundärer Wirtschaftssektor – Weiterverarbeitung in Industrie und Handwerk

- **Produktionsmittelbetriebe:** Z. B. Werkzeugfabrik, Maschinenfabrik.
- **Verbrauchs- und Konsumgüterbetriebe:** Z. B. Kleiderfabrik, Möbelfabrik, Autohersteller.

Tertiärer Wirtschaftssektor – Handel und Dienstleistung

- **Handelsbetriebe:** Z. B. Einzelhandel, Großhandel, Außenhandel (Import, Export).
- **Dienstleistungsbetriebe:** Z. B. Kreditinstitute (Banken), Versicherungen, Beratung (Rechtsanwalt, Steuerberater), Verkehrsbetriebe (Eisenbahn, Nah- und Fernverkehr, Speditionen).

1.2 Standort und Standortfaktoren

Unter einem **Standort** versteht man den **Ort,** an dem sich ein Unternehmen **niederlässt.**

Entscheidend für den Erfolg eines Unternehmens ist die Wahl des **richtigen Standorts.**

Wichtige Standortfaktoren können beispielsweise sein:

- **die Verkehrsanbindung** (für Speditionen oder Autohersteller, die just-in-time beliefert werden)
- **die Nähe der Verbraucher/Kunden** (für den Einzelhandel)
- **Rohstoffvorkommen** (für Bergwerke, Erdöl- und Erdgasgewinnung, Ziegeleien, Kieswerke)
- **Energievorkommen** (für Atomkraftwerke, Sägewerke, Elektrizitätswerke)
- **die Natur** (für Tourismusgebiete, Land- und Forstwirtschaft)
- **Arbeitskräfte** (für Betriebe, die entweder mit hochqualifizierten Mitarbeitern produzieren oder die ihre Lohnkosten durch Einsatz von weniger qualifizierten Mitarbeitern reduzieren)
- **Maßnahmen des Staates** (z. B. Subventionen, Steuerpolitik, Umweltvorschriften)

Nur in wenigen Fällen wird ein Standort alle Anforderungen eines Unternehmens erfüllen. Deshalb ist von Seiten des Unternehmens darauf zu achten, einen **sinnvollen Kompromiss** bei der Standortwahl zu finden, um sich erfolgreich auf dem Markt behaupten zu können.

1.3 Betriebliche Grundfunktionen

Folgende **Hauptaufgaben** fallen in **jedem** Betrieb an:

Finanzierung

Leistungserstellung eines Produktionsbetriebes:

- **Beschaffung** von Roh-, Hilfs- und Betriebsstoffen sowie Vorprodukten und Fremdbauteilen
- **Fertigung/Produktion**
- **Absatz** eigener Erzeugnisse

Leistungserstellung eines Dienstleistungsbetriebes

a) **Kreditinstitut (Bank)**
 - **Beschaffung** von Geldeinlagen
 - Durchführung des **Zahlungsverkehrs,** Verwaltung der Einlagen
 - Wertpapiergeschäfte, Gewährung von Krediten, **Beratung**

b) **Einzelhandel**
 - **Beschaffung** von Handelswaren
 - **Sortimentsgestaltung**
 - **Absatz** von Handelswaren, Beratung

1.4 Ökologische Aspekte der Leistungserstellung

Um die **Umwelt bei der Herstellung von Produkten zu schonen,** muss

1. die **Abfallvermeidung** an erster Stelle stehen.

   Dies kann z. B. durch Einsatz abfallarmer Rohstoffe und Energiestoffe, Vermeidung unnötiger Verpackungen sowie den Einsatz moderner Produktionstechnologie erreicht werden.

2. Fallen Rückstände aus der Produktion an, müssen diese dem **Recycling** zugeführt werden.

   Recyclingarten:

   a) **Wiederverwendung:** Bereits gebrauchtes Material wird **unverändert** für den **gleichen Zweck** erneut verwendet,

   z. B. Pfandflaschen aus PET oder Glas werden nach der Rückgabe gereinigt und wieder gefüllt.

   b) **Weiterverwendung:** Bereits gebrauchtes Material wird **unverändert** für einen **anderen Zweck** erneut verwendet,

   z. B. in Druckereien werden Fehldrucke als Verpackungsmaterial verwendet, Senfgläser werden als Trinkgläser verwendet, dekorative Flaschen können als Vasen benutzt werden.

1.5 Fertigungsverfahren

c) Wiederverwertung: Bereits gebrauchtes Material wird für den **gleichen Zweck** durch **Verarbeitung** erneut verwendet,

z. B. Papierherstellung aus Altpapier, Bäckereien mahlen nicht verkauftes Brot zu Mehl, aus dem neue Backwaren entstehen.

d) Weiterverwertung: Bereits gebrauchtes Material wird für einen **anderen Zweck** durch **Verarbeitung** erneut verwendet,

z. B. aus Holzabfällen werden Pellets oder Hackschnitzel hergestellt, die als ökologisches Heizmaterial verwendet werden.

3. Erst wenn eine Abfallverwertung nicht möglich oder zu teuer ist, kommt es zur **Entsorgung** (Mülldeponien, Abfallverwertungsanlagen, Müllverbrennung).

1.5 Fertigungsverfahren

1.5.1 Fertigungsverfahren nach der Anordnung der Betriebsmittel (Fertigungsorganisation = Wie/Wo wird produziert?)

Fertigungsverfahren	Werkstattfertigung	Fließfertigung	Gruppenfertigung/ Inselfertigung
Merkmale	• Einzelne Fertigungsschritte sind in einer Werkstatt zusammengefasst. • Werkstücke müssen bis zur Fertigstellung von Werkstatt zu Werkstatt transportiert werden. • Einsatz von Universalmaschinen • kleine Produktionsmengen (v. a. Einzelfertigung) • Z. B.: Maßgefertigte Möbel	• Produktionsmittel und Arbeitskräfte sind nach dem Fertigungsablauf angeordnet. • Transport der Werkstücke erfolgt mechanisch (auf dem Band). • Einsatz von Spezialmaschinen • Z. B.: Druckereien	• Gruppenmitglieder organisieren selbstständig den Einsatz von Arbeitskräften und Betriebsmitteln. • eigenständige Planung, Durchführung und Kontrolle des Fertigungsprozesses • Z. B.: Automobilherstellung

Fertigungs-verfahren	Werkstattfertigung	Fließfertigung	Gruppenfertigung/ Inselfertigung
Vorteile	• Fertigungsanlagen/ Maschinen können flexibel an unterschiedliche Aufträge angepasst werden. • Spezielle Kundenwünsche können berücksichtigt werden. • Einsatz von Facharbeitern	• kostengünstige Produktion durch Spezialisierung von Mensch und Maschine • Arbeiter können angelernt werden.	• höhere Motivation der Mitarbeiter • größere Arbeitszufriedenheit • Prämien bei guter Leistung • bessere Qualität der Produkte • abwechslungsreiche Tätigkeit (Job Rotation) • weniger Hierarchien (Über-/Unterordnung) • übersichtlicher Produktionsablauf
Nachteile	• höhere Kosten durch längere Transportwege • hohe Zwischenlagerkosten • höhere Kosten für qualifiziertes Personal • unterschiedliche Kapazitätsauslastung zwischen den Werkstätten	• anfällig für Störungen (z. B. Fließband defekt) • keine Beeinflussung der Arbeitsgeschwindigkeit möglich. • monotone Tätigkeiten • Gefahr von Ausschuss • hohe Kosten für Spezialmaschinen	• höhere Kosten für qualifiziertes Personal • evtl. Mobbing, wenn ein Gruppenmitglied nicht »mitzieht« • Konkurrenzkampf zwischen den Gruppen (»Wer ist besser?«)

1.5.2 Fertigungsverfahren nach der Menge der gleichartigen Erzeugnisse (Fertigungstypen = Wie viele Produkte werden hergestellt?)

Fertigungstypen	Merkmale
Einzelfertigung	Hier wird (meist im Auftrag eines Kunden) ein Produkt als **Einzelstück** hergestellt. Produktion **meist als Werkstattfertigung.** Z. B.: Einbauschrank als Maßanfertigung, Schiffe.
Serienfertigung	Eine **begrenzt hohe Stückzahl** (eine Serie oder Auflage) wird auf einer Anlage gleichzeitig oder unmittelbar hintereinander produziert. Beim Wechsel einer Serie muss die Anlage mit hohen Kosten und großem Zeitaufwand umgestellt werden (z. B. Produktion von Kotflügeln für verschiedene Autotypen). Unterscheidung in Groß- und Kleinserien. Z. B.: Fernsehgeräte, Büromaschinen, Autos.

1.5 Fertigungsverfahren

Fertigungstypen	Merkmale
Sortenfertigung	Hier werden **aus dem gleichen Grundstoff oder Grundprodukt verschiedene Ausführungen eines Gutes hergestellt.** Sie unterscheiden sich nur in einzelnen Merkmalen. Z. B.: eine Brauerei produziert Pils, Weizen und Mixgetränke. Häufige Umrüstung ist notwendig, aber nicht so aufwendig wie bei Serienfertigung; auch nicht so spezialisierte Arbeitsmittel wie bei Serienfertigung.
Massenfertigung	Hier werden **unbegrenzt hohe Stückzahlen** von so genannten **Massengütern** produziert. Z. B.: Zigaretten, Streichhölzer, Papier, Elektrizität. Die Produktion erfolgt mit Spezialmaschinen oder weitgehend automatisch. Eine Umstellung auf ein anderes Produkt ist kaum möglich, da der Maschinenpark ausgetauscht werden müsste. Der Betrieb ist daher stark von der Nachfrage abhängig.

1.5.3 Fertigungsverfahren nach dem Grad der Beteiligung menschlicher Arbeitskraft

Fertigungsverfahren	Manuelle Fertigung	Maschinenunterstützte Fertigung	Automation
Merkmale	Kennzeichen ist hier der überwiegende Einsatz von **Handarbeit.** Z. B.: Handwerk, Modellbau, Reparaturabteilungen. Mögliche Hilfsmittel: Bohrmaschine, Schweißgerät, Schleifmaschine.	Die menschliche Arbeitskraft wird hier zunehmend durch den Einsatz von Maschinen ersetzt.	Die Maschine (Computer) übernimmt die Bedienung und Steuerung der Anlagen sowie die Kontrolle der Produkte. Einsatz von selbstständigen Transporteinrichtungen oder Industrierobotern (= vollautomatische, digital gesteuerte Automaten).
Vorteile:	Das Arbeitsergebnis ist weitgehend vom Können und Geschick des Arbeiters abhängig. Es findet eine hohe Identifikation mit dem Produkt statt. Die manuelle Fertigung ist **sehr anpassungsfähig** durch gut ausgebildete Mitarbeiter und den Einsatz von Universalmaschinen.	Aus Sicht des Betriebes: Es können auch ungelernte oder angelernte Arbeitern eingesetzt werden, dadurch werden Personalkosten eingespart. Mit Hilfe von Maschinen können in kürzerer Zeit mehr Produkte hergestellt werden.	Aus Sicht des Betriebes: Einsparung von Personalkosten.

Fertigungsverfahren	Manuelle Fertigung	Maschinenunterstützte Fertigung	Automation
Nachteile:	Sehr lohnintensiv.	Sie bringt hohe Anschaffungskosten für Maschinen mit sich. Der einzelne Arbeiter führt nur Teilarbeiten an dem Endprodukt aus, daher findet nur wenig Identifikation mit dem Produkt statt.	Sehr hohe Anschaffungskosten für Spezialmaschinen. Die Tätigkeit des Arbeiters beschränkt sich nur noch auf die Überwachung der Anlage, nicht mehr auf das Produkt selbst.

1.5.4 Fertigungskontrolle

Fertigungskontrollen müssen durchgeführt werden, da durch fehlerhafte Produkte oder nicht eingehaltene Termine nicht nur zusätzliche Kosten für das Unternehmen anfallen, sondern auch Kunden verärgert werden.

a) Qualitätskontrolle

Qualitätskontrollen werden durchgeführt, um im Vorfeld Kosten wegen eingeforderter Garantieleistungen zu minimieren. Außerdem soll der gute Ruf eines Unternehmens nicht aufs Spiel gesetzt werden, indem man Kunden durch fehlerhafte Produkte verärgert.

Wann wird kontrolliert?	Wer kontrolliert?	Wie viele Produkte werden kontrolliert?
Wareneingangskontrolle: Bereits beim Wareneingang wird das Material kontrolliert und ggf. aussortiert. **Zwischenkontrolle:** Auch während der laufenden Produktion muss die Qualität geprüft werden.	**Selbstkontrolle:** Mit Hilfe entsprechender Kontrolllisten kann der Mitarbeiter selbst die Qualität seiner Erzeugnisse überprüfen.	**Stichprobenkontrolle:** Es werden Stichproben genommen, d. h. zufällig ausgewählte Produkte werden überprüft.
Endkontrolle: Die Endkontrolle soll sicherstellen, dass der Kunde keine fehlerhaften Erzeugnisse erhält. Werden hier jedoch erst Fehler festgestellt, fallen hohe Kosten an.	**Fremdkontrolle:** Hier nimmt ein anderer Mitarbeiter die Qualitätskontrolle vor. Dies gewährleistet eine unabhängige Prüfung.	**Vollkontrolle:** Hier werden alle Produkte lückenlos kontrolliert, dies ist z. B. bei Flugzeugen der Fall, denn Sicherheit spielt hier die entscheidende Rolle.

b) Terminkontrolle

Hier wird die Einhaltung von vorher vereinbarten Zeiten überwacht, z. B. Durchlaufzeiten in den einzelnen Abteilungen und Liefertermine. Termintreue ist ein entscheidender Wettbewerbsfaktor.

Prüfungsfragen zum Lernbereich 1:
Der Betrieb und seine Umwelt

Prüfung 2006

Fallaufgabe

Unternehmensbeschreibung	
Firma	ZUMO Zunhammer Präzisions AG
Geschäftssitz	Nymphenburger Str. 122, 80636 München
Produktionsstandorte	Deutschland: München und Passau (nur bis Mai 2004) Tschechien (seit Februar 2003)
Gegenstand des Unternehmens	Zulieferer der Automobilindustrie
Patent	Seit 2006: Weltneuheit – ZUMO-Solarschiebedach: das Schiebedach wird mit Sonnenenergie betrieben. Bereits zwei bekannte deutsche Automobilhersteller konnten als Kunden gewonnen werden.
Produktion in Serienfertigung, völlig automatisiert und computergesteuert	Sitze, Kopfstützen, Schiebedächer aller Art, Standheizungen Die Kunden von ZUMO sind die deutschen Automobilhersteller.

Das Ziel der Unternehmensführung für die nächsten Jahre ist eine Umsatzsteigerung von jährlich 5 %. Um dies zu erreichen, sollen neue Absatzmärkte erschlossen werden, um das Solarschiebedach zu vermarkten. Mögliche neue Kunden sind vor allem die Automobilhersteller in Frankreich, aber auch in Italien.

Die deutschen Automobilhersteller, die bereits Kunden sind, produzieren ebenfalls im Ausland – in Portugal, Spanien oder Großbritannien. Die Lieferwege dorthin sind lang, weit und teuer. Die Entfernung zum Kunden bringt Probleme in der Kundenbetreuung mit sich.

Aus diesen Gründen soll eine neue Fertigungsstätte gebaut werden, die den Weg zum Kunden verkürzt. Dafür wird ein neuer Standort gesucht.

1. Warum ist der kurze Weg zum Kunden so wichtig? Begründen Sie mit einem Argument.

2. Wo soll die ZUMO die neue Fertigungsstätte ansiedeln?

   In **Anlage 1** finden Sie eine Europakarte mit wichtigen Informationen für die Standortwahl. Entscheiden Sie sich für den sinnvollsten Standort und begründen Sie ausführlich Ihre Entscheidung.

   Anlage 1:

   Drei baureife Grundstücke stehen bei ZUMO zur Wahl:

   a) Nähe Paris

   b) Bei Toulouse

   c) An der Grenze zwischen Portugal und Spanien an der Autobahn zwischen Madrid und Lissabon

Folgende Informationen zur Standortwahl liegen Ihnen vor:

1. Je weiter man in den Süden Europas kommt, umso geringer ist das Lohnniveau, dafür sinkt auch das Qualifikationsniveau der Arbeitnehmer.

2. Die Grundstückspreise und Lebenshaltungskosten sind im Süden günstiger. Die höchsten Preise zahlt man in den Hauptstädten.

3. Die Infrastruktur (Schulen, Behörden, Verkehr, Logistik) dagegen ist in Mitteleuropa, vor allem rund um große Städte, besser entwickelt.

4. Deutsche Führungskräfte im Ausland legen Wert auf eine gute Verkehrsanbindung in die Heimat sowie auf gute Schulen für ihre Kinder.

Lösung Prüfung 2006

1. • Eine bessere Kundenbetreuung ist dadurch möglich.

   • Man ist schneller vor Ort.

   • Auch ein besserer und schnellerer Service ist dadurch möglich.

   • Das Verständnis für den Kunden kann höher sein, wenn man seinen Firmensitz im gleichen Sprachraum hat.

   • Man spart Transportkosten durch kürzere Transportwege.

2. **Toulouse** wäre ein guter Standort. Für Toulouse spricht zum Beispiel, dass es nicht so teuer ist wie Paris (Grundstückspreise, Lebenshaltungskosten), dass es verkehrstechnisch besser angebunden ist als der Standort an der portugiesisch-spanischen Grenze und dass es insgesamt zentral gelegen ist. Die Wege sind für alle Kunden bzw. zu den Kunden in etwa gleich weit. Der Grenzstandort (Spanien/Portugal) ist zwar kostengünstiger, hat aber eine schlechtere Infrastruktur.

   Paris wäre ein guter Standort, weil in Großstädten das Qualifikationsniveau der Arbeitnehmer höher ist und die Infrastruktur dort besser entwickelt ist als zum Beispiel im Grenzstandort (Spanien/Portugal). Die Verkehrsanbindung in die Heimat ist von Paris aus optimal und es gibt dort gute Schulen für die Kinder der deutschen Führungskräfte.

Der **Grenzstandort (Spanien/Portugal)** wäre ein guter Standort, weil im Süden Europas das Lohnniveau am geringsten ist. Außerdem sind die Grundstückspreise und die Lebenshaltungskosten hier günstiger. Ein weiterer Vorteil ist auch noch die Nähe zu den Kunden in Spanien und Portugal.

Prüfung 2010

Modul

Ein bayerisches Unternehmen südlich von München produziert und verkauft Segelyachten in Einzelfertigung. Das Unternehmen hat 20 hochqualifizierte und spezialisierte Mitarbeiter. Die Yachten werden an bayerische Seen und nach Italien geliefert. Sie können teilweise nur als überbreite Schwertransporte befördert werden. Die Produktion der Yachten benötigt Platz und verursacht einigen Lärm. Da die Nachfrage stetig zunimmt, soll die Produktionsstätte vergrößert werden. Am derzeitigen Standort ist eine entsprechende Erweiterung nicht möglich, daher soll dieser aufgegeben und ein neuer Standort gesucht werden.

Beschreiben Sie vier Kriterien für den idealen Standort.

Lösung Prüfung 2010

Z.B.

- Der Standort sollte möglichst in der Nähe des alten sein, damit die spezialisierten und eingearbeiteten Mitarbeiter bleiben können.
- Er sollte nahe an der Autobahn liegen, damit die Schwertransporte nicht unnötig über Landstraßen fahren müssen.
- Er sollte sich in einem Gewerbegebiet befinden, das nicht an Wohngebiete angrenzt, damit sich niemand durch den Lärm gestört fühlt.
- Er sollte nicht weit entfernt von einem See sein, damit ohne größeren Aufwand Testfahrten vorgenommen werden können.

Lernbereich 2: Der Betrieb als Kunde und als Lieferant

2.1 Wichtige Begriffe aus dem Vertragswesen

- **Rechtsgeschäfte** (z. B. Kaufverträge) kommen durch Willenserklärungen zustande.
- **Willenserklärungen** sind Äußerungen (Handlungen) einer oder mehrerer Personen, die mit der Absicht abgegeben werden, eine rechtliche Wirkung zu erzielen.
  (Bsp.: Abschließen eines Mietvertrages).

- Willenserklärungen können
    - **mündlich,**
    - **schriftlich,**
    - **durch schlüssiges (konkludentes) Verhalten** (z. B. Einsteigen in den Bus),
    - **oder durch Schweigen (Ausnahmefall:** es gilt nur bei Kaufleuten mit ständiger Geschäftsverbindung als Zustimmung)

  abgegeben werden.

- Rechtsgeschäfte können eingeteilt werden in

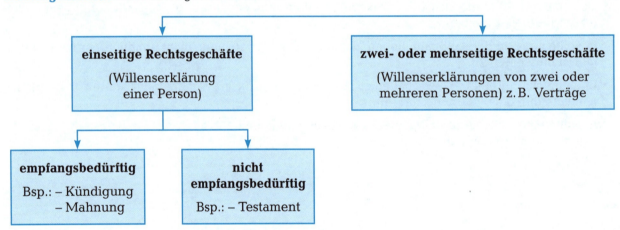

- **Verträge** kommen durch **inhaltlich übereinstimmende Willenserklärungen** zustande.

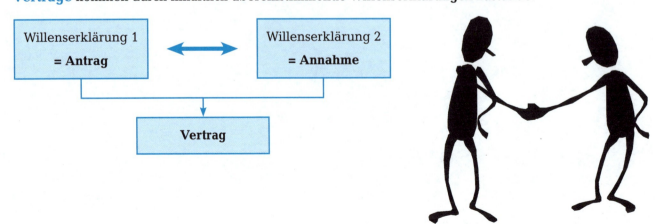

2.1 Wichtige Begriffe aus dem Vertragswesen

- **Formvorschriften bei Verträgen**

    Grundsätzlich gilt die Formfreiheit, d.h. die meisten Rechtsgeschäfte können in jeder beliebigen Form abgeschlossen werden.

    Aber: Bei manchen Rechtsgeschäften gibt es einen Formzwang:

    a) Schriftform: schriftlich abgefasste Urkunde mit eigenhändiger Unterschrift

    Bsp.: Berufsausbildungsvertrag,
    Bürgschaftserklärungen von Privatpersonen.

    b) Notarielle Beurkundung: Der Inhalt von Verhandlungen wird in einer Niederschrift von einem Notar protokolliert und verlesen. Notar und Beteiligte unterzeichnen die Niederschrift, der Inhalt der Vereinbarung und die Echtheit der Unterschriften werden bestätigt.

    Bsp.: Kauf, Verkauf und Belastung von Grundstücken,
    Schenkungsversprechen.

    c) Öffentliche Beglaubigung: Notar beglaubigt die Echtheit der Unterschriften der Erklärenden, die sich ausweisen und in Gegenwart des Notars die Unterschriften leisten müssen.

    Bsp.: Anmeldung zum Vereinsregister,
    Antrag zur Eintragung ins Handelsregister.

    Sinn der Formvorschriften: Beweissicherung und Schutz vor übereilten Verpflichtungen.

    Rechtsgeschäfte, die nicht der vorgeschriebenen Form entsprechen, sind grundsätzlich nichtig (= von Anfang an ungültig)!

- **Grundsatz der Vertragsfreiheit**

    → **Abschlussfreiheit:** Jeder kann selbst entscheiden, ob er überhaupt einen Vertrag abschließen bzw. welchen Vertragspartner er akzeptieren möchte.

    → **Formfreiheit:** Die meisten Rechtsgeschäfte können in jeder beliebigen Form abgeschlossen werden, **aber** bei manchen Rechtsgeschäften **ist eine bestimmte Form einzuhalten!**

    → **Gestaltungsfreiheit:** Die Vertragspartner können den Vertragsinhalt frei aushandeln, soweit sie dabei nicht gegen ein gesetzliches Verbot oder die guten Sitten verstoßen.

    → **Auflösungsrecht:** Rechtsgeschäfte können wieder aufgelöst werden. Dabei sind gesetzliche bzw. vertragliche Fristen zu beachten (z.B. Kündigung eines Arbeitsverhältnisses).

- **Grundsatz der Vertragstreue**

    Verträge müssen eingehalten werden!

2.2 Rechts- und Geschäftsfähigkeit

2.2.1 Rechtsfähigkeit

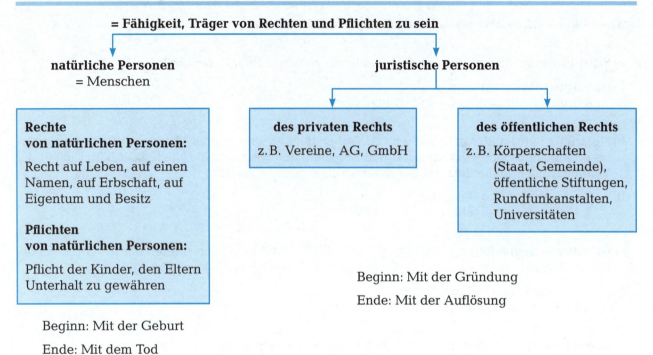

Beginn: Mit der Geburt

Ende: Mit dem Tod

2.2.2 Geschäftsfähigkeit

= Fähigkeit, Rechtsgeschäfte rechtswirksam abschließen zu können

(z. B. Kaufverträge abschließen)

- **Geschäftsunfähigkeit**
  → Willenserklärungen von **Kindern unter 7 Jahren** und **Personen, die unter einer dauernden psychischen Beeinträchtigung leiden,** sind **nichtig** (= von Anfang an ungültig!)

- **Beschränkte Geschäftsfähigkeit**
  → Willenserklärungen von **Personen, die mindestens 7, aber noch nicht 18 Jahre alt** sind, **sind schwebend unwirksam** (das Einverständnis der Eltern ist hier notwendig, Schweigen gilt als Ablehnung!)

  Ausnahmen:
  - Beschränkt Geschäftsfähige dürfen frei über ihr Taschengeld verfügen (Taschengeldparagraph).
  - Sollten sie einen rechtlichen Vorteil erlangen (z. B. durch ein Geschenk), dürfen sie ein Rechtsgeschäft annehmen.
    Merke: Es dürfen daraus aber keine Folgekosten oder weitergehende Verpflichtungen entstehen!
  - Im Rahmen eines vorher genehmigten Arbeits- oder Ausbildungsverhältnisses kann ein beschränkt Geschäftsfähiger ohne die Zustimmung der Erziehungsberechtigten entscheiden.

- **Unbeschränkte/volle Geschäftsfähigkeit**
  → Personen **ab 18 Jahren** können **uneingeschränkt** Rechtsgeschäfte abschließen.

2.3 Nichtigkeit und Anfechtbarkeit von Rechtsgeschäften

Nichtige Verträge	Anfechtbare Verträge
von Anfang an ungültig	sind zunächst voll gültig, können aus bestimmten Gründen angefochten werden und werden dadurch rückwirkend ungültig
Nichtigkeitsgründe: • Geschäftsunfähigkeit • vorübergehende Geschäftsunfähigkeit • Scheingeschäft • Scherzgeschäft • Formmangel • Verstoß gegen Gesetze • sittenwidrige Geschäfte	**Anfechtungsgründe:** • Irrtum in der Erklärung und im Inhalt (versprechen, verschreiben) • Irrtum in der Übermittlung • Irrtum in einer Person oder Sache • arglistige Täuschung • widerrechtliche Drohung **aber:** Motivirrtum ➜ rechtswirksam!

2.4 Besitz und Eigentum

Besitz	Eigentum
tatsächliche Herrschaft über eine Sache (Besitzer ist, wer eine Sache augenblicklich hat)	**rechtliche** Herrschaft über eine Sache (Eigentümer ist der, dem eine Sache gehört)
• Recht auf Benutzung	• Eigentumserwerb erfolgt bei – **beweglichen Sachen** (z.B. Kauf einer Wurstsemmel) durch **Einigung und Übergabe,** – **unbeweglichen Sachen** (z.B. Kauf eines Grundstücks) durch **Einigung = Auflassung und Eintrag ins Grundbuch.** • **Gutgläubiger Erwerb** bedeutet, dass der Käufer nicht weiß, dass der Verkäufer nicht der Eigentümer ist. ➜ **Eigentumsübertragung ist möglich!** • Ausnahme: **Kein Eigentumserwerb bei gestohlenen Sachen!** **Eigentumsvorbehalt:** Der Käufer wird erst Eigentümer, wenn er die Sache vollständig bezahlt hat.

2.5 Bedarfsermittlung – Was und wie viel soll eingekauft werden?

- Der Bedarf eines Unternehmens muss **genau** und **rechtzeitig** ermittelt und an die **Einkaufsabteilung** weitergeleitet werden, damit die **Produktions- bzw. Lieferfähigkeit des Unternehmens gesichert** ist.

- **Inhalt einer Bedarfsmeldung:**
  - Wann wird die Ware benötigt (Liefertermin)?
  - Was wird benötigt (genaue Beschreibung: Art, Qualität, usw.)?
  - Wie viel wird benötigt (Stück, Meter, usw.)?
  - Wer im Betrieb braucht die Ware (welche Abteilung)?

2.6 Bezugsquellenermittlung – Wo, bei welchen Lieferanten, wird eingekauft?

Sucht ein Unternehmen **neue Lieferanten,** so bekommt es hier neue Informationen:

- **Messen (Warenmessen, Mustermessen, Fachmessen)**
- **Ausstellungen**
- **Internet**
- **Artikel, Anzeigen in Fachzeitschriften**
- Anfragen bei **Einkaufsverbänden** (führen Sammeleinkäufe durch)
- Auswertung von **Branchenbüchern** (»Wer liefert was?«, »Gelbe Seiten«), **Einkaufsführern, Verkaufskatalogen, Geschäftsberichte** von Reisenden oder Handelsvertretern
- Gespräche mit **Geschäftsfreunden**

Bereits bekannte Lieferanten sind in der **Liefererdatei** gespeichert. Sie enthält alle Lieferer und deren Angebotssortiment mit den jeweiligen Preisen, Liefer- und Zahlungsbedingungen. Unternehmen führen auch **Artikeldateien,** die alle Artikel des geführten Sortiments mit den entsprechenden Lieferanten enthalten.

2.7 Anfrage – Einholen von Angeboten

- **Zweck:** Dient der **Informationsbeschaffung** (neue Bezugsquelle, Preis, ...)

- **Arten:**
  - **allgemeine Anfrage:** Bitte um Katalog, Preisliste, Muster, Vertreterbesuch.
  - **bestimmte Anfrage:** Bitte um Informationen *für ein bestimmtes* Produkt.

- **mögliche Inhalte:** Artikel, Qualität, Bitte um Muster, gewünschte Lieferzeit, benötigte Menge, Mindestabnahmemenge, Frage nach Lieferungs- und Zahlungsbedingungen, Rabatte, usw.

- **Form: Formfrei,** keine bestimmte Form vorgeschrieben (mündlich, schriftlich, telefonisch, usw. möglich).

- **rechtliche Bedeutung: Eine Anfrage ist rechtlich unverbindlich!**
  → Nach einer Anfrage muss die Ware nicht gekauft werden!

2.8 Angebot

Ein Angebot ist	Eine Anpreisung ist
• an eine **bestimmte Person** oder Personengruppe gerichtet (z. B. Kundenbrief, persönliche Anrede), • grundsätzlich **verbindlich!**	• an die **Allgemeinheit** gerichtet (z. B. Prospekt, Schaufensterauslage, Anzeige in der Zeitung), • **unverbindlich!**

Wie lange ist ein Angebot gültig (= verbindlich)?	
mündliche oder telefonische Angebote	solange das Gespräch dauert (sofortige Annahme)
Angebote per **E-mail oder Fax**	ca. 2 – 3 Tage
schriftliche Angebote **(per Post)**	ca. eine Woche
befristete Angebote (z. B. gültig bis zum 20.05.)	bis zum Ablauf der Frist
Angebote mit **Freizeichnungsklauseln**	ganz oder teilweise unverbindlich, z. B. • Angebot »**freibleibend, ohne Gewähr, ohne Obligo**« → gesamtes Angebot ist unverbindlich • »**Nur solange der Vorrat reicht**« → unverbindlich in Bezug auf die Menge, verbindlich in Bezug auf Preis oder Lieferzeit • »**Preis freibleibend oder unverbindlich**« → unverbindlich in Bezug auf den Preis, verbindlich in Bezug auf Menge oder Lieferzeit

Wann ist ein Verkäufer nicht mehr an sein Angebot gebunden?

- Wenn der Käufer das **Angebot ablehnt.**
- Wenn der Käufer **zu spät bestellt** (bei befristeten Angeboten).
- Wenn der Verkäufer sein Angebot **rechtzeitig widerruft** (Widerruf muss **spätestens gleichzeitig** mit dem Angebot beim Käufer eintreffen).
- Wenn der Käufer das **Angebot abändert** (z.B. in Menge, Preis, Lieferzeit).

2.9 Angebotsvergleich

Liegen mehrere Angebote vor, müssen diese miteinander verglichen werden.

a) Preisvergleich

Listenpreis (netto)

– Rabatt

= Zieleinkaufspreis

– Skonto

= Bareinkaufspreis

+ Bezugskosten (Verpackung, Beförderungskosten)

= **Bezugspreis**

Merke:

Ist im Angebot nichts anderes vereinbart, so trägt der Käufer die Aufwendungen für die Versandverpackung!

Merke:

Ist im Angebot nichts anderes vereinbart, so trägt der Käufer die Beförderungsaufwendungen!

»**Warenschulden sind Holschulden!**«

Weitere Beförderungsvereinbarungen	
ab Werk, ab Fabrik, ab Lager	Käufer zahlt alle Beförderungskosten.
frei Haus, frei Lager	Verkäufer zahlt alle Beförderungskosten.
unfrei (= gesetzliche Regelung)	Verkäufer trägt die Beförderungskosten bis zum Versandunternehmen, Rest (z. B. Fracht) trägt Käufer.

b) Vergleich der Lieferungs- und Zahlungsbedingungen

Kriterium	Fragestellung
Zahlungsziel	Wie lange haben wir Zeit für die Zahlung? (»Zahlung innerhalb von 30 Tagen netto Kasse«)
Skonto	Wird es gewährt und in welcher Höhe? (»2 % Skonto bei Zahlung innerhalb von 8 Tagen«)
Kosten der Zahlung	Welche Kosten entstehen z. B. durch Überweisung ins Ausland?
Lieferfrist	Wie schnell kann geliefert werden?

Merke:

- **Geldschulden sind Bring- oder Schickschulden!** (Käufer zahlt Kosten der Zahlung, z. B. Überweisungsgebühren)
- Ist im Angebot nichts anderes vereinbart, muss der **Käufer sofort** nach Übergabe der Ware **bezahlen!**
- Ist im Angebot nichts anderes vereinbart, muss der **Verkäufer sofort liefern!**

c) weitere wichtige Vergleichsmerkmale

Kriterium	Fragestellung
Qualität	Ist die **Qualität** der Ware (z. B. Haltbarkeit, Nutzungsdauer, Leistungsfähigkeit) in Ordnung?
Umweltverträglichkeit	Wie **umweltverträglich** ist die Ware (schadstoffarm, umweltfreundlich)?
Zuverlässigkeit des Lieferers	Ist der **Lieferer zuverlässig** (pünktlich, gute Qualität, guter Ruf)? Bei einem neuen oder unbekannten Lieferer ist das Risiko höher.
Nähe zum Lieferer	Ist der **Lieferer ortsansässig** (weniger Lieferprobleme als bei weit entfernten Lieferanten)?
Serviceleistungen	Bietet der Lieferer **zusätzlichen Service** an (Garantiezeit, Reparaturservice, Kundendienst)?

2.10 Bestellung

- Die Bestellung kann **formfrei** (z. B. schriftlich, mündlich, telefonisch) erfolgen.

- Die Bestellung sollte alle wichtigen Punkte des Angebots noch einmal beinhalten, mindestens jedoch Art der Ware, Menge, Preis.

- **Eine Bestellung ist rechtlich verbindlich!**

- Will ein Käufer seine **Bestellung widerrufen,** muss der Widerruf **spätestens rechtzeitig** mit der Bestellung beim Verkäufer eingehen!

- Der Verkäufer **muss** eine Bestellung **per Bestellungsannahme (= Auftragsbestätigung) bestätigen,** wenn
    - die Bestellung vom Angebot abweicht (z. B. anderer Preis),
    - ohne vorliegendes Angebot bestellt wurde,
    - aufgrund eines freibleibenden Angebots bestellt wurde.

- Der Verkäufer **kann** eine **Auftragsbestätigung schicken,** wenn
    - erst später geliefert wird,
    - telefonisch bestellt wurde (um Missverständnisse zu vermeiden),
    - ein neuer Kunde bestellt.

2.11 Abschluss eines Kaufvertrages

Ein Kaufvertrag kommt durch **zwei oder mehrere inhaltlich übereinstimmende Willenserklärungen** zustande.

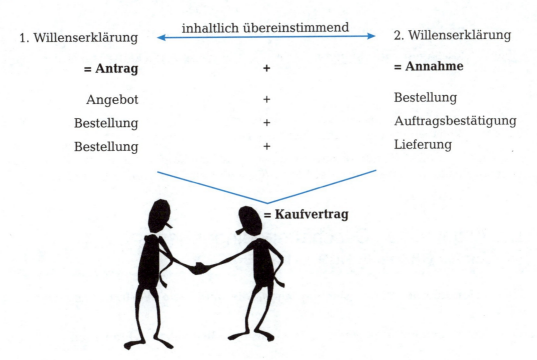

1. Willenserklärung	inhaltlich übereinstimmend	2. Willenserklärung
= Antrag	+	**= Annahme**
Angebot	+	Bestellung
Bestellung	+	Auftragsbestätigung
Bestellung	+	Lieferung

= Kaufvertrag

2.12 Pflichten aus dem Kaufvertrag

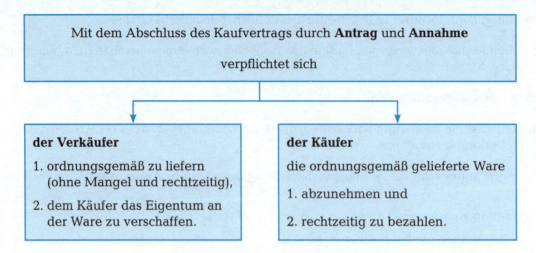

Die Pflichten des einen Vertragspartners sind die Rechte des anderen!

2.13 Der gesetzliche Erfüllungsort und Gerichtsstand

Der **Erfüllungsort** ist der Ort, an dem die **geschuldete Leistung** zu erbringen ist.

Der **Erfüllungsort** bestimmt den **Gerichtsstand** sowie den **Gefahrenübergang.**

Erfüllungsort Geld	Erfüllungsort Ware
1. Der Käufer trägt Gefahr und Kosten des Geldtransports.	1. Der Verkäufer trägt die Gefahr und die Kosten des Warentransports bis zur Übergabe an das Versandunternehmen (z. B. Spedition).
Geldschulden sind Bringschulden!	**Warenschulden sind Holschulden!**
2. Der Käufer muss das Geld fristgemäß abschicken.	2. Der Verkäufer muss die Ware fristgemäß übergeben.
3. Gerichtsstand für die Geldschuld	3. Gerichtsstand für die Warenschuld
= Wohn-/Geschäftssitz des Käufers	**= Wohn-/Geschäftssitz des Verkäufers**

Beispiele:

- Zahlt der Käufer nicht (Erfüllungsort Geld), kann der Verkäufer Klage bei dem Gericht einreichen, in dessen Zuständigkeitsbereich der Wohn-/Geschäftssitz des Käufers liegt.
- Liefert der Verkäufer nicht (Erfüllungsort Ware), so kann der Käufer Klage bei dem Gericht einreichen, in dessen Zuständigkeitsbereich der Wohn-/Geschäftssitz des Verkäufers liegt.

2.14 Die Allgemeinen Geschäftsbedingungen (= AGB = das »Kleingedruckte«)

- AGB sind **vorformulierte Vertragsbedingungen,** die auf **viele Verträge** angewendet werden können.
- Sie werden vom **Verkäufer vorgegeben,** er muss **ausdrücklich** auf AGB hinweisen.

- **Der Käufer** muss die AGB **kennen** und mit ihnen **einverstanden** sein.
- **Inhalt der AGB** können z. B. Zahlungsbedingungen, Erfüllungsort, Gewährleistungsabreden, usw. sein.
- Stehen in den AGB **Vertragsbedingungen, die den Käufer unangemessen benachteiligen, dann sind diese ungültig!**
- Haben **Verkäufer und Käufer individuelle Vertragsabsprachen** getroffen, dann gelten diese persönlichen Vereinbarungen, sie haben **Vorrang vor den AGB.**
- Verbotene/ungültige Klauseln dürfen nicht in den AGB stehen:
  - kurzfristige Preiserhöhungen innerhalb von 4 Monaten nach Vertragsabschluss
  - Verkürzung der gesetzlichen Gewährleistungsfrist
  - Rechte des Käufers bei mangelhafter Lieferung werden ausgeschlossen.
  - überraschende Klauseln (Bsp.: beim Kauf einer Waschmaschine verpflichtet man sich gleichzeitig, regelmäßig Waschmittel zu kaufen)
  - **Ausschluss der Haftung** bei grobem Verschulden des Verkäufers

2.15 Kaufvertragsarten

a) Unterscheidung nach dem Kaufgegenstand	
1. Gattungskauf	Kaufgegenstand ist eine vertretbare Sache. Vertretbare Sachen sind bewegliche Sachen, die es in mehreren gleichen Ausfertigungen gibt und die wegen ihrer Gleichartigkeit durch andere Stücke der gleichen Gattung ersetzt werden können. Bsp.: Kauf von Kunstdrucken, Serienmöbeln, Jeans.
2. Stückkauf = Spezieskauf	Kaufgegenstand ist eine nicht vertretbare Sache. Es handelt sich um eine einmalige Sache. Bsp.: Kauf eines Grundstücks, eines Originalgemäldes.
3. Ramschkauf	Eine bestimmte Qualität kann bei diesem Kauf nicht zugesichert werden. Bsp.: Bei dem Kauf von Waren ist die Menge, nicht die Qualität wichtig.

b) Unterscheidung nach der Bestimmung von Art, Beschaffenheit und Güte der Ware	
1. Kauf nach Probe	Ein Kauf aufgrund früher bezogener Waren (»wie gehabt«) oder nach einer vom Verkäufer übergebenen Probe. Die gekaufte Ware muss in ihren Eigenschaften einem Muster bzw. einer Probe entsprechen. Bsp.: Kauf einer Tapete laut Musterkarte.
2. Kauf auf Probe	Der Käufer hat das Recht, die Ware bei Nichtgefallen innerhalb einer vereinbarten Frist zurückzugeben (»zur Ansicht«). Bsp.: Kauf eines Rasierapparates, Rückgabe bei Nichtgefallen.

3. Kauf zur Probe	Zuerst wird eine kleine Menge gekauft und man stellt dem Verkäufer in Aussicht, eine größere Menge zu bestellen, falls die Ware zusagt.
	Bsp.: Kauf einer Flasche Wein, wenn er schmeckt, wird später mehr gekauft.
4. Bestimmungskauf Spezifikationskauf	Der Käufer bestellt eine bestimmte Gesamtmenge. Innerhalb einer vereinbarten Frist wird die Ware beim Lieferanten genauer bestimmt.
	Bsp.: Kauf der neuen Frühjahrskollektion, Farben werden später bestimmt.

c) Unterscheidung nach der Bestimmung der Lieferzeit

1. Sofortkauf	Die Lieferung hat unmittelbar nach der Bestellung zu erfolgen. Bsp.: Klausel »Lieferung sofort«.
2. Terminkauf	Die Lieferung erfolgt innerhalb einer vereinbarten Frist bzw. zu einem bestimmten Termin.
	Bsp.: Lieferung Ende August, Lieferung innerhalb von 3 Wochen.
3. Fixkauf	Die Lieferung erfolgt zu einem **genau bestimmten** Zeit**punkt** (»fix«, »fest«).
	Bsp.: Lieferung am 14.02... fix.
4. Kauf auf Abruf	Der Käufer bestimmt den Zeitpunkt der Lieferung. Er ruft die Ware dann ab.
	Bsp.: Gesamtmenge von 1000 Stück soll in Teilmengen von je 200 Stück geliefert werden.

d) Unterscheidung nach der Zahlungszeit

1. Kauf gegen Vorauszahlung	Die Zahlung ist vor der Lieferung zu leisten.
2. Barkauf	Der Käufer hat Zug um Zug (Ware gegen Geld) mit der Lieferung zu zahlen.
3. Ziel- oder Kreditkauf	Die Zahlung ist in einem bestimmten Zeitraum nach der Lieferung zu leisten.
4. Ratenzahlung	Die Zahlung erfolgt in Teilbeträgen innerhalb eines bestimmten Zeitraumes.

e) Unterscheidung nach der rechtlichen Stellung der Vertragspartner

1. Bürgerlicher Kauf	Beide Vertragspartner handeln als Privatleute.
2. Einseitiger Handelskauf = Verbrauchsgüterkauf	Ein Vertragspartner handelt als Privatmann, der andere als Kaufmann.
3. Zweiseitiger Handelskauf	Beide Vertragspartner handeln als Kaufleute.

2.16 Übersicht über die Vertragsarten

	Vertragspartner	Vertrags-gegenstand	Entgelt	Wesentliche Merkmale
Dienstvertrag	Arbeitgeber und Arbeitnehmer Patient und Arzt	Dienstleistung	Vergütung	Die den Dienst erbringende Seite ist Bemühen, aber **keinen Erfolg** schuldig! Bsp.: Arbeitsvertrag, Behandlung beim Arzt.
Werkvertrag	Unternehmer und Besteller = Auftraggeber	Herstellung oder Veränderung einer Sache	Vergütung	**Erfolg notwendig!** **Der Besteller** liefert die Materialien für den herzustellenden oder zu verändernden Gegenstand. Bsp.: Autoreparatur.
Werklieferungs-vertrag	Unternehmer und Besteller = Auftraggeber	Herstellung oder Veränderung einer Sache	Vergütung	**Erfolg notwendig!** **Unternehmer** liefert die Materialien für den herzustellenden oder zu verändernden Gegenstand. Bsp.: Anzug vom Schneider, der auch den Stoff liefert.
Mietvertrag	Vermieter und Mieter	Gebrauch der Sache	Miete	Rückgabe **derselben** Sache nach Beendigung des Vertrages. Bsp.: Mietwohnung.
Pachtvertrag	Verpächter und Pächter	Gebrauch der Sache und Ertrag ernten	Pacht	Rückgabe **derselben** Sache nach Beendigung des Vertrages. Bsp.: Ein Landwirt darf Früchte anbauen und **ernten.**
Leihvertrag	Verleiher und Entleiher	Sache	unentgeltlich/ kostenlos	Rückgabe **derselben** Sache nach Beendigung des Vertrages. Bsp.: Taschenrechner in der Schule verleihen.
Darlehens-vertrag	Darlehensgeber und Darlehensnehmer	Geld oder vertretbare Sachen	Entgelt oder kostenlos	Rückgabe von Sachen in gleicher Art, Güte und Menge nach Beendigung des Vertrages. Bsp.: Geld.

2.17 Betriebliche Vollmachten

a) Handlungsvollmacht

Arten:	Allgemeine Handlungsvollmacht	Artvollmacht	Einzelvollmacht = Sondervollmacht/ Spezialvollmacht
Umfang:	**Alle** Geschäfte, die ein **bestimmtes** Handelsgewerbe **gewöhnlich** mit sich bringt.	**Bestimmte** Rechtsgeschäfte, die **dauernd** vorkommen.	Gilt nur für den **Einzelfall.**
Beispiele:	Filialleiter. Er ist berechtigt zum Einkauf und Verkauf von Handelswaren, zur Zahlungsannahme, zu Personaleinstellungen usw.	Einkäufer Verkäufer in einem Unternehmen.	Einmaliger Kauf von z. B. Büromaterial durch eine Lagerkraft.
Erteilung:	Ausdrücklich (= mündlich, schriftlich), stillschweigend duldend.		
Handelsregister-Eintragung	Kein Eintrag ins HR!		
Erlöschen:	• bei Widerruf • bei Fristablauf • zum Ende des Arbeitsverhältnisses • bei Auflösung oder Verkauf des Unternehmens		Nach Erledigung des Auftrags.
Unterschrift:	i.V. in Vertretung i.Vm. in Vollmacht	i.V. in Vertretung i.A. im Auftrag	i.A. im Auftrag

2.17 Betriebliche Vollmachten

b) Prokura

Art:	Prokura
Umfang:	Ein Prokurist darf **sämtliche (gerichtliche und außergerichtliche)** Rechtshandlungen tätigen, die der Betrieb **eines** Handelsgewerbes mit sich bringt.
Erlaubt:	• An- und Verkäufe. • Einstellen und Kündigen von Mitarbeitern. • Bankgeschäfte. • Auch branchenfremde Geschäfte!
Nicht erlaubt:	• Verkauf und Belastung von Grundstücken. • Verkauf des Unternehmens, einen Insolvenzantrag stellen. • Bilanzen und Steuererklärungen unterschreiben. • Prokura erteilen, entziehen, übertragen. • Neue Gesellschafter aufnehmen. • Für den Geschäftsinhaber einen Eid leisten. • Eintragungen in das Handelsregister beantragen.
Erteilung:	Persönlich und ausdrücklich Durch den Kaufmann oder seinen gesetzlichen Vertreter (z. B. Vorstand einer AG)
Handelsregister-Eintragung	Eintragung ins Handelsregister ist erforderlich. Eintrag hat nur deklaratorische (= rechtsbezeugende) Wirkung! Die Prokura ist bereits ab Erteilung wirksam!
Einschränkungen:	Eine **Einschränkung** ist **gegenüber Dritten (im Außenverhältnis,** z. B. gegenüber der Bank oder Lieferern) **unwirksam!** **Einschränkungen im Innenverhältnis** (zwischen Inhaber und Prokurist) **möglich!**
Erlöschen:	• durch Widerruf (Eintragung ins Handelsregister notwendig!) • bei Ende des Arbeitsverhältnisses • bei Auflösung oder Verkauf des Unternehmens
Unterschrift:	ppa. + Unterschrift
Arten der Prokura	• **Einzelprokura:** Prokurist darf das Unternehmen alleine vertreten. • **Gesamtprokura:** mehrere Prokuristen vertreten das Unternehmen gemeinsam. • **Filialprokura:** die Prokura beschränkt sich auf eine Filiale.

2.18 Kaufvertragsstörungen

2.18.1 Schlechtleistung = Mangelhafte Lieferung

a) Arbeiten bei der Warenannahme

- **Äußere Prüfung der gelieferten Pakete**

  Wird neue Ware angeliefert, so wird in Gegenwart des Überbringers geprüft:

  – **Anschrift des Empfängers:** Ist die Ware für unser Unternehmen bestimmt?

  – **Name des Absenders:** Wurde bei diesem Lieferer überhaupt bestellt?

  – **Anzahl und Gewicht der Pakete:** Stimmen die Angaben mit den Begleitpapieren überein?

  – **Verpackung:** Sind die gelieferten Pakete äußerlich in Ordnung/unbeschädigt?

  Wenn alles in Ordnung ist, wird der **ordnungsgemäße Empfang** der Pakete mit **Unterschrift bestätigt!**

  Was ist zu tun, wenn die Pakete äußerlich beschädigt sind oder Pakete fehlen?

  – **Mängel** sollen durch den Spediteur/Paketdienst **schriftlich bestätigt** werden!

  – Dem Lieferer werden die Mängel **telefonisch oder schriftlich** gemeldet. Es besteht ein Anrecht auf spätere Schadensersatzansprüche.

- **Prüfung des Inhalts der Pakete**

  – Es wird geprüft, ob die gelieferte Ware in

  → **Menge**

  → **Art**

  → **Qualität**

  mit der bestellten Ware überein stimmt.

  – **Ein Vergleich von Lieferschein, Bestellung** und **gelieferter Ware** findet statt.

  – Sind Mängel festzustellen, muss der Lieferer hierüber informiert werden.

b) Mängelarten

Erkennbarkeit der Mängel	
Offene Mängel	Mangel ist bei Prüfung **sofort erkennbar.** Z. B. sichtbare Kratzer.
Versteckte Mängel	Mangel ist erst **später erkennbar** (z. B. beim Gebrauch). Z. B. Socken sind nicht kochfest.
Arglistig verschwiegene Mängel	Mängel werden **absichtlich verschwiegen.** Z. B. ein Unfallauto wird als unfallfrei verkauft.

Sachmängel	
Mangel in der Beschaffenheit	Sache hat einen **Fehler oder ist kaputt.** Beispiele: • Kratzer an einem fabrikneuen Fahrzeug. • Bürostuhl ist nicht wie vereinbart höhenverstellbar. • Das gelieferte T-Shirt hat ein Loch.
Mangelhafte Verwendbarkeit für den gewöhnlichen Gebrauch	Beispiele: • Weizenbier schäumt nicht. • Regenschirm ist wasserdurchlässig.
Ware ungleich Werbung Abweichung von Werbung	**Angaben** in der Werbung oder auf der Verpackung **sind nicht wahr.** Z. B. »5-Liter-Auto« braucht in Wirklichkeit 8 Liter.
Montagemangel Fehlerhafte Montage	Z. B. Möbel wurden vom Verkäufer nicht richtig aufgebaut, Türen schließen nicht.
Fehlerhafte Montageanleitung IKEA-Klausel	Z. B. Aufbau eines Regals ist mit der mitgelieferten Aufbauanleitung nicht möglich.
Zuwenig-Lieferung Mangel in der Menge	Z. B. statt der bestellten 5 Stück wurden nur 3 Stück geliefert.
Falschlieferung	Z. B. statt des bestellten T-Shirts wurde eine Hose geliefert.

Rechtsmängel	
Verkäufer ist nicht Eigentümer	Z. B. bei einer Sicherungsübereignung.
Sache ist mit einem Pfandrecht belastet	Z. B. im Falle einer Hypothek.

c) Prüf- und Rügefristen bei Mängelansprüchen

Wann muss die gelieferte Ware spätestens geprüft werden, damit Mängelansprüche noch geltend gemacht werden können?

Rügefristen			
Einseitiger Handelskauf = Verbrauchsgüterkauf und Bürgerlicher Kauf		**Zweiseitiger Handelskauf**	
Privatleute sind **nicht verpflichtet,** die gelieferte Ware **unverzüglich** auf Mängel zu prüfen **(keine sofortige Prüfpflicht!).**		Kaufleute müssen **unverzüglich (ohne schuldhaftes Verzögern)** nach der Annahme die Ware auf Mängel hin untersuchen **(sofortige Prüfpflicht!).**	
Ungebrauchte Sachen	**Gebrauchte Sachen**	**Offene Mängel**	**Versteckte Mängel**
Bei ungebrauchten Sachen haftet der Verkäufer für **offene und versteckte** Mängel innerhalb der Gewährleistungsfrist von **2 Jahren.**	Bei gebrauchten Sachen haftet der Verkäufer für **offene und versteckte** Mängel innerhalb der Gewährleistungsfrist von **1 Jahr.**	Rügen ist **unverzüglich nach Entdeckung** des Schadens bei der Eingangsprüfung erforderlich. **Platzkauf:** Käufer kann Annahme der mangelhaften Ware verweigern. **Distanzkauf:** Käufer muss die mangelhafte Ware annehmen und ordnungsgemäß lagern.	Gerügt werden muss **unverzüglich nach der Entdeckung** des Schadens, jedoch **spätestens innerhalb einer Frist von 2 Jahren.** **Beachte:** Im Kaufvertrag kann eine Frist für Sachmangelhaftung gekürzt bzw. ausgeschlossen werden.

Gewährleistungsfristen		
Bürgerlicher Kauf	**Einseitiger Handelskauf = Verbrauchsgüterkauf**	**Zweiseitiger Handelskauf**
Gewährleistungsfrist ist bei • neuen Sachen 2 Jahre, • gebrauchten Sachen 1 Jahr. Die gesetzliche Gewährleistungsfrist **kann vertraglich ausgeschlossen** werden, jedoch nicht bei arglistiger Täuschung!	Gewährleistungsfrist bei **neuen Sachen 2 Jahre,** bei **gebrauchten Sachen 1 Jahr.** Die gesetzliche Gewährleistungsfrist **kann einzelvertraglich nicht verkürzt** werden. Tritt innerhalb der ersten 6 Monate ein Mangel auf, so muss der Verkäufer beweisen, dass der Mangel nicht von Anfang an vorlag **(Beweislastumkehr!).**	Die gesetzlichen Gewährleistungsfristen können **einzelvertraglich verkürzt und sogar ausgeschlossen** werden.

2.18 Kaufvertragsstörungen

d) Rechte des Käufers bei Sachmängeln

Der Käufer kann verlangen:			
Vorrangige Rechte = Nacherfüllung **1. Schritt**	erst: Nachbesserung = Reparatur		dann: Neulieferung einer mangelfreien Sache
	Wenn zweimal erfolglos nachgebessert wurde, kann Neulieferung verlangt werden.		Wenn Neulieferung nicht erfolgt, können nachrangige Rechte geltend gemacht werden.
	Verkäufer kann Nachbesserung oder Neulieferung verweigern, wenn unverhältnismäßige Kosten anfallen würden.		
Nachrangige Rechte **2. Schritt** **nach Ablauf einer Nachfrist**	**Rücktritt vom Kaufvertrag**	**Minderung**	**Schadensersatz**	**Ersatz vergeblicher Aufwendungen**
	= Rücktritt vom Kaufvertrag Ware zurück, Geld zurück (nicht bei geringfügigen Mängeln)	= Preisnachlass Kaufvertrag bleibt bestehen	Z.B. bei Produktionsausfall Rücktritt vom Kaufvertrag (nicht bei geringfügigen Mängeln)	Z.B. Erstattung der Eigenleistung des Käufers, um Mangel zu beseitigen (nicht bei geringfügigen Mängeln)

Die Nachfrist kann entfallen, wenn:
- zwei Nachbesserungsversuche fehlgeschlagen sind,
- der Verkäufer beide Formen der Nacherfüllung verweigert,
- die Nacherfüllung für Käufer und Verkäufer unzumutbar ist,
- der Leistungstermin vertraglich festgelegt worden ist (Fix- oder Zweckkauf).

Nur wenn der Verkäufer den Mangel verschuldet hat, kann Schadenersatz bzw. der Ersatz vergeblicher Aufwendungen gefordert werden.

Besonderheiten beim Verbrauchsgüterkauf
- AGB und Individualvereinbarung dürfen nicht zum Nachteil des Verbrauchers abweichen!
- Verbotene Formulierungen:
  → »gekauft wie gesehen«
  → »unter Ausschluss jeder Gewährleistung«
- Garantieerklärungen müssen einfach und verständlich sein.

2.18.2 Die Nicht-Rechtzeitig-Lieferung = Lieferungsverzug

= Warenschuldner (= Verkäufer) liefert nicht rechtzeitig

Voraussetzungen für eine Nicht-Rechtzeitig-Lieferung

1. Die Lieferung muss fällig sein.

Der Kunde kann die Lieferung zum vereinbarten Zeitpunkt verlangen. Ist **kein** Zeitpunkt vereinbart, ist die Lieferung **sofort** fällig.

2. Verschulden des Lieferers

Der Lieferant haftet für *fahrlässiges* (z.B. Schlamperei) oder *vorsätzliches* (= absichtliches) Handeln. Verschulden **entfällt** bei höherer Gewalt (z.B. Erdbeben, Streik, Brand).

3. Mahnung: Eine in der Mahnung gesetzte Nachfrist ist verstrichen.

Eine Mahnung ist *nicht erforderlich* bei

- Fixkauf: Z. B. »Lieferung fix am 10.02.«,
- Zweckkauf: Z. B. Hochzeitstorte zur Hochzeit,
- Selbstinverzugsetzung des Lieferanten (er erklärt, er könne nicht liefern),
- kalendermäßig bestimmtem Lieferzeitpunkt:
  Z. B. »Lieferung bis zum 04.05.«, »Lieferung bis Mitte Juni ...«,
- kalendermäßig bestimmbarem Lieferzeitpunkt:
  Z. B. »Lieferung innerhalb von 10 Tagen ab Bestelldatum«.

Sind alle Voraussetzungen gegeben, dann befindet sich der Verkäufer im Lieferungsverzug!

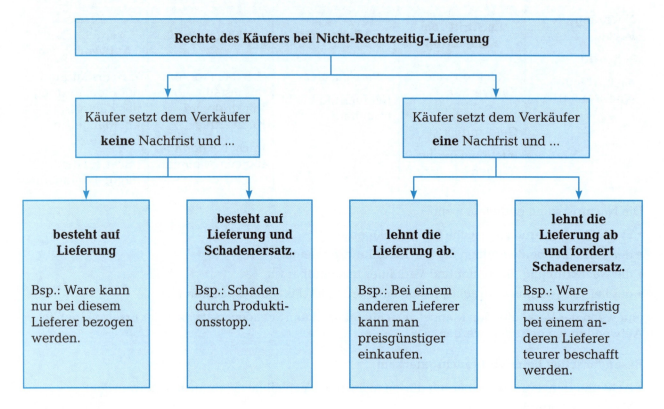

Ermittlung des Schadens

Konkreter Schaden

Der Schaden kann **genau** berechnet werden.

Beispiele:
- Der Käufer nimmt für die nicht gelieferte Ware einen Deckungskauf (zur Deckung des Bedarfs) vor. Der Schaden ergibt sich aus dem Mehrpreis.
- Wir haben einen Auftrag in Höhe von 20.000,00 € verloren.

Abstrakter Schaden

Der Schaden kann **nicht genau** bestimmt werden.

Beispiele:
- Der Schaden umfasst auch den entgangenen Gewinn.
- Der gute Ruf eines Unternehmens ist wegen des Lieferungsverzugs in Gefahr.

Um Streitigkeiten über die Höhe des zu ersetzenden Schadens zu vermeiden, vereinbaren die Vertragspartner häufig **Konventionalstrafen** (= Geldstrafe bei Lieferungsverzug).

Wichtig bei **Just-in-time-Lieferungen!**

Beispiel: Bei Lieferungsverzug muss der Verkäufer 1 Mio. € Schadenersatz zahlen.

2.18 Kaufvertragsstörungen

2.18.3 Annahmeverzug

a) Voraussetzungen

- Lieferung muss **fällig** sein.
- Die Ware wird **ordnungsgemäß geliefert** oder zur Abholung bereitgestellt.
- Ware wird **vom Käufer nicht angenommen oder abgeholt**.

Merke: Ein Verschulden des Käufers wird hier **nicht vorausgesetzt!**

b) Rechte des Verkäufers

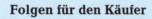

```
                    Folgen für den Käufer
                              │
                              ▼
        Der Käufer haftet für Schäden während des Annahmeverzugs.
        Ausnahmen: grobe Fahrlässigkeit oder Vorsatz des Verkäufers
```

Rechte des Verkäufers

Rücktritt vom Kaufvertrag	Selbsthilfeverkauf	Klage auf Abnahme
und Verkauf an einen anderen Kunden. Bietet sich an bei • guten Kunden, • geringem Rechnungsbetrag, • gut verkäuflichen Waren.	• durch **öffentliche Versteigerung** oder einen **Handelsmakler**, • die Ware muss einen Markt- oder Börsenpreis haben.	z. B. bei Spezialanfertigungen.

Lagerung der Ware im eigenen oder öffentlichen Lagerhaus **auf Gefahr und Kosten des Käufers**.

Pflichten beim Selbsthilfeverkauf

Pflichten des Verkäufers	Pflichten des Käufers
• Androhung und Fristsetzung (außer bei Notverkauf, z. B. bei verderblicher Ware), • Käufer über Ort und Zeit der Versteigerung benachrichtigen, • Käufer über den Versteigerungserlös benachrichtigen, • Käufer bekommt den Mehrerlös.	• Übernahme der Kosten (für Versteigerung und Einlagerung), • Käufer muss den Mindererlös bezahlen.

2.18.4 Die Nicht-Rechtzeitig-Zahlung

Nicht-Rechtzeitig-Zahlung = Zahlungsverzug

= Käufer erfüllt seine Zahlungsverpflichtungen aus dem Kaufvertrag nicht rechtzeitig.

a) Voraussetzungen für eine Nicht-Rechtzeitig-Zahlung:

1. Fälligkeit der Zahlung

2. Mahnung

3. Verschulden

Der Schuldner muss gemahnt werden. **Der Verzug beginnt mit dem Tag der Mahnung.**

Eine **Mahnung** ist **nicht erforderlich,** wenn:

- der **Zahlungstermin genau bestimmt** ist,
  z.B. »zahlbar am 15.02......«, »zahlbar 2 Tage vor dem 1. Weihnachtsfeiertag«
- der Schuldner erklärt, dass er nicht zahlen wird,
- **30 Tage nach dem Rechnungszugang vergangen** sind (Schuldner gerät nach 30 Tagen **automatisch** in Zahlungsverzug).

b) Rechte des Verkäufers bei Nicht-Rechtzeitig-Zahlung

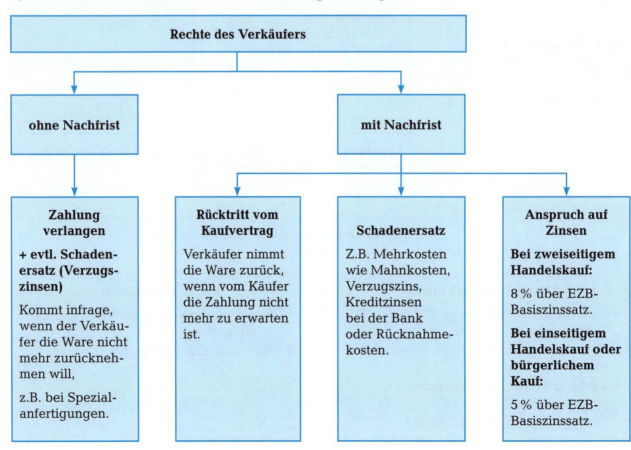

> **Info: Wie berechnet man Zinsen?**
>
> **1. Möglichkeit: Jeder Monat wird mit 30 Zinstagen gerechnet!**
>
> $$\text{Zinsen} = \frac{\text{Kapital} \cdot \text{Zinssatz} \cdot \text{Tage}}{100 \cdot 360}$$
>
> **2. Möglichkeit: Taggenaue Berechnung (z. B. März mit 31 Tagen)!**
>
> $$\text{Zinsen} = \frac{\text{Kapital} \cdot \text{Zinssatz} \cdot \text{Tage}}{100 \cdot 365}$$

2.19 Das außergerichtliche und gerichtliche Mahnverfahren

a) Außergerichtliches Mahnverfahren

Die Mahnung erfordert vom Verkäufer viel Fingerspitzengefühl. Einerseits braucht das Unternehmen den Eingang der Zahlung um eigenen Zahlungsverpflichtungen nachzukommen, andererseits darf es durch die Mahnung den Kunden nicht verärgern, denn es möchte ihn nicht verlieren.

Für kaufmännische (= außergerichtliche) Mahnungen gibt es zwar keine gesetzlich vorgeschriebene Form oder Abfolge, man gebraucht aber eine Abstufung von einem sehr höflichen Mahnschreiben bis hin zur Androhung der Klage. Aus Gründen der Beweissicherung sollten Mahnungen schriftlich erfolgen.

Mögliche außergerichtliche Schritte:	Inhalt der Mahnung:
Zahlungserinnerung	Der Käufer wird in netter, höflicher Weise an die fällige Zahlung erinnert (meist wird eine Rechnungskopie oder ein Kontoauszug beigelegt). Formulierung: »Sie haben sicherlich übersehen, dass ...«
Weitere Mahnungen	In angemessenen Zeitabständen erfolgen weitere Mahnungen. Die Formulierung wird von Mahnung zu Mahnung schärfer und nachdrücklicher. Ein neuer Zahlungstermin wird verbindlich gesetzt.
Androhung einer Postnachnahme oder Einschalten eines Inkassobüros	Dem Käufer wird angedroht, dass die ausstehenden Zahlungen entweder durch eine Nachnahme per Post oder ein beauftragtes Inkassobüro eingezogen werden. Oft kündigt der Verkäufer an, seine Rechtsabteilung mit dem Fall zu betrauen.
Letzte, verschärfte Mahnung	Sind auch die oben genannten Maßnahmen erfolglos verstrichen, so schickt der Verkäufer eine letzte Mahnung, in der er auch eine letzte Zahlungsfrist nennt. Sollte auch diese Frist erfolglos verstreichen, wird der Verkäufer den Käufer auf Zahlung verklagen oder das gerichtliche Mahnverfahren einleiten.

Wenn ein Zahlungsverzug vorliegt, kann aber auch sofort ein gerichtliches Mahnverfahren eingeleitet werden.

b) Gerichtliches Mahnverfahren

Befindet sich der Käufer im Zahlungsverzug, reagiert nicht auf die Mahnung und zahlt weiterhin nicht, geht der Verkäufer i. d. R. zum **gerichtlichen Mahnverfahren** über.

1. Der Gläubiger **beantrag**t beim Amtsgericht den **Erlass eines Mahnbescheides.** Mahnverfahren in Bayern werden vom Zentralen Mahngericht für Bayern (Amtsgericht Coburg) bearbeitet. Dieses ist zuständig, wenn der Antragsteller seinen Wohnsitz in Bayern hat.

2. Das Amtsgericht prüft die **Vollständigkeit des Antrages, nicht** die Rechtmäßigkeit des Zahlungsanspruchs.

3. Der **Mahnbescheid** wird dem Schuldner vom Amtsgericht **zugestellt.**

4. Der **Schuldner** kann **innerhalb von 2 Wochen reagieren:**

    - Er **zahlt** ➜ die Angelegenheit ist erledigt.

   - Er **widerspricht,** weil die Forderung seiner Meinung nach ungerechtfertigt ist ➜ Amtsgericht prüft den Widerspruch ➜ Prozess, Urteil.
   - Er **unternimmt nichts** ➜ Vollstreckungsbescheid.

5. **Innerhalb von 2 Wochen nach Zustellung des Vollstreckungsbescheids** kann der **Schuldner** wie folgt reagieren:

    - Er **zahlt** ➜ die Angelegenheit ist erledigt.
    - Er **widerspricht,** weil die Forderung seiner Meinung nach ungerechtfertigt ist ➜ Amtsgericht prüft den Widerspruch ➜ Prozess, Urteil.
    - Er unternimmt nichts ➜ **Zwangsvollstreckung.**

c) Zwangsvollstreckung

Was kann gepfändet werden?

- Bewegliche Sachen wie wertvolle Möbel, Bilder, Schmuck, Fahrzeuge, usw.,
- Grundstücke,
- Rechte, z. B. Wertpapiere, Bankguthaben, Lebensversicherungen, Gehaltspfändungen.

Was kann nicht gepfändet werden?

- Persönliche Gegenstände des Schuldners wie Kleidung, Haushaltsgegenstände, usw.,
- Gegenstände, mit denen der Schuldner seinen Lebensunterhalt verdient (z. B. Taxi eines Taxifahrers),
- das Arbeitseinkommen ist nur beschränkt pfändbar, ein Existenzminimum muss dem Schuldner für seinen Lebensunterhalt bleiben.

Sind Pfändungsmöglichkeiten vorhanden?

Ja	Nein
An den gepfändeten Vermögensgegenständen wird ein **Pfandsiegel (»Kuckuck«)** angebracht. Die gepfändeten Sachen bleiben zunächst entweder beim Schuldner (z. B. Möbel) oder werden vom Gerichtsvollzieher sofort zur Aufbewahrung mitgenommen (z. B. Schmuck). Eine Entfernung des Pfandsiegels ist strafbar. Zu einem späteren Zeitpunkt erfolgt eine **öffentliche** Versteigerung der Pfandgegenstände. Den um die Kosten des Verfahrens geminderten **Versteigerungserlös** erhält der Gläubiger. Ein evtl. Restanspruch besteht weiter als Forderung.	Der Gerichtsvollzieher schickt dem Gläubiger den Vollstreckungstitel zurück und erklärt, dass die Pfändung **erfolglos** war. Die Gebühren muss der **Gläubiger** zahlen. Der Schuldner kann zur Abgabe einer **eidesstattlichen Versicherung** aufgefordert werden. Darin muss er eine **Auflistung aller Vermögensgegenstände** vorlegen und deren Vollständigkeit eidesstattlich versichern. Bei Weigerung droht ein Haftbefehl und eine Strafe von bis zu 6 Monaten Beugehaft.

2.20 Die Verjährung von Forderungen

a) **Begriff:** Unter **Verjährung** versteht man, dass die Frist, innerhalb der ein Anspruch erfolgreich gerichtlich geltend gemacht werden kann, abgelaufen ist.

b) Ist die **Forderung verjährt,** kann der Schuldner zwar die **Leistung/Zahlung verweigern. Zahlt er** aber, **obwohl die Verjährung** eingetreten ist, kann er **die Leistung/Zahlung nicht mehr zurückfordern.**

- **Sinn der Verjährung:** Erhaltung der **Rechtssicherheit.** Gläubiger sollen ihre Ansprüche innerhalb einer überschaubaren Zeit geltend machen; Schuldner sollen vor veralteten Ansprüchen, deren Erledigung unter Umständen nicht mehr bewiesen werden kann, geschützt werden.

c) **Wichtige Verjährungsfristen**

Verjährungsfristen	Es verjähren die nachstehenden Ansprüche:
3 Jahre → **regelmäßige Verjährungsfrist** Fristbeginn **am Ende des Jahres,** in dem der Anspruch entstanden ist.	• Ansprüche wegen arglistig verschwiegener Sachmängel • Ansprüche auf regelmäßig wiederkehrende Leistungen (z. B. Unterhaltsleistungen) • Ansprüche von Lohn- und Gehaltsempfängern • Ansprüche auf Zinsen, Miete, Pacht • Ansprüche der Privatleute untereinander • Ansprüche aus einseitigen und zweiseitigen Handelsgeschäften • Ansprüche der freiberuflich Tätigen (z. B. Arzt, Anwalt)
1 Jahr Fristbeginn mit **Übergabe der Sache** an den Käufer.	• Ansprüche aus dem Erwerb von gebrauchten Sachen

Verjährungsfristen	Es verjähren die nachstehenden Ansprüche:
2 Jahre Fristbeginn mit **Lieferung der Kaufsache.**	• Anspruch des Käufers, wenn die Kaufsache mangelhaft war
5 Jahre Fristbeginn mit **Abnahme des Werkes** durch den Käufer.	• Ansprüche aus Erstellung eines Bauwerks und evtl. Baumängeln
10 Jahre Fristbeginn mit Entstehung des Anspruchs.	• Rechte an einem Grundstück (z. B. Kaufpreisforderung)
30 Jahre Fristbeginn mit Entstehung des Anspruchs	Ansprüche aus Forderungen auf Basis von • Darlehen • rechtskräftigen Urteilen • Familien- und Erbansprüchen • Vollstreckungsbescheiden • Vergleichs- und Insolvenzforderungen

Folgen:

- Ist eine Forderung verjährt, kann der **Schuldner die Zahlung verweigern.** Der **Gläubiger** kann seinen Anspruch **nicht mehr** gesetzlich durchsetzen!
- **Aber: Die Forderung bleibt bestehen!** Zahlt der Schuldner nach Fristablauf, kann er die Leistung nicht zurückfordern!

Merke: Das außergerichtliche/kaufmännische Mahnverfahren beeinflusst die Verjährung einer Forderung nicht!

d) Hemmung der Verjährung

Durch die Hemmung der Verjährung wird der Ablauf der Verjährung für eine bestimmte Zeit **aufgehalten.** Die Verjährungsfrist wird **um den Zeitraum der Hemmung verlängert.**

Hemmungsgründe:

- Klageerhebung (durch den Gläubiger)
- Zustellung eines gerichtlichen Mahnbescheids
- Anmeldung des Anspruchs im Insolvenzverfahren
- Berechtigte Leistungsverweigerung des Schuldners
- Fehlende Rechtsverfolgung wegen höherer Gewalt (z. B. Krieg)
- Ansprüche gegen geschäftsunfähige oder beschränkt geschäftsfähige Personen ohne gesetzlichen Vertreter bis zur Vollendung der Volljährigkeit
- Veranlassung eines Schlichtungsverfahrens

Beispiel: Hemmung der dreijährigen Verjährungsfrist

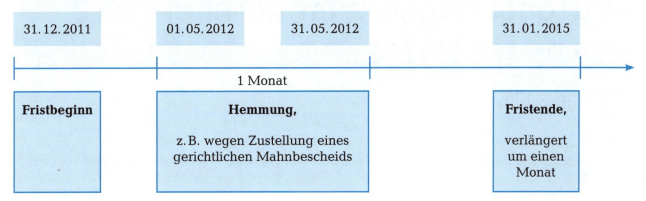

e) Neubeginn der Verjährung (Unterbrechung der Verjährung)

Die Verjährungsfrist **beginnt vom Zeitpunkt der Unterbrechung an in voller Länge von Neuem zu laufen.**

Unterbrechungsgründe:

- Schuldanerkenntnis durch den Schuldner:
  - Teilzahlung,
  - Zahlung von Zinsen,
  - Bitte um Stundung durch den Schuldner,
  - Mängelansprüche werden durch Mangelbeseitigung = Nachbesserung anerkannt.
- Eine gerichtliche Vollstreckungshandlung wird vorgenommen oder beantragt.

Beispiel: Unterbrechung bei dreijähriger Verjährungsfrist

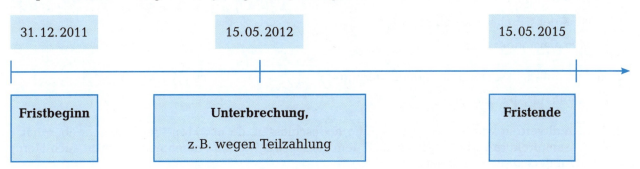

Prüfungsfragen zum Lernbereich 2:
Der Betrieb als Kunde und Lieferant

Prüfung 2006

Modul

1. Nennen Sie vier Punkte, die außer dem Preis bei einem Angebotsvergleich ausschlaggebend sein können.

2. In Abhängigkeit vom Zahlungszeitpunkt unterscheidet man verschiedene Arten des Kaufvertrags. Welche Kaufvertragsart liegt hier jeweils vor?

   a) Der Einkaufssachbearbeiter der Farben Fischer KG erhält eine Rechnung mit dem Vermerk: »Der Rechnungsbetrag ist zahlbar innerhalb von 30 Tagen.«

   b) Frau Berger kauft eine neue Waschmaschine. Den Kaufpreis bezahlt sie in gleich bleibenden Monatsbeträgen innerhalb eines Jahres.

3. Frau Christine Frei unterschreibt alleine einen Kreditvertrag für die Fitness-Oase GmbH. Aus dem Handelsregister ist zu entnehmen, dass Christine Frei und Markus Müller Gesamtprokura für die Fitness-Oase GmbH besitzen. Erläutern Sie, ob der Kreditvertrag rechtsgültig abgeschlossen wurde.

Lösung Prüfung 2006

1. • Lieferzeit
   - Zahlungsziele
   - Zuverlässigkeit des Lieferers
   - Dauer der Geschäftsbeziehung
   - Serviceleistungen/Kulanz

2. a) Kauf auf Ziel (Zahlung nach der Lieferung)

   b) Ratenkauf/Abzahlungskauf

3. Der Kreditvertrag wurde nicht rechtsgültig abgeschlossen, da nur Frau Frei unterschrieben hat. Da Gesamtprokura vorliegt, wie es auch dem Handelsregister zu entnehmen ist, hätte auch Herr Müller unterschreiben müssen.

Prüfung 2007

Fallaufgabe

Unternehmensbeschreibung	
Firma	Keppler Zweirad GmbH
Geschäftssitz	Zeppelinstraße 40, 87700 Memmingen
Geschäftsführer	Rudolf Keppler, Thomas Kopp
Gegenstand des Unternehmens	Herstellung von Fahrrädern, vor allem hochwertige, spezial angefertigte Mountainbikes. Die einzelnen Bauteile für Fahrräder werden von Vorlieferanten eingekauft und in Memmingen montiert.
Auszug aus der Liefererkartei	**Mountainbikerahmen (gleiche Qualität)**

Lieferant	Listenpreis/ Stück in €	Zahlungs- bedingungen	Lieferbedingungen
Hauptlieferant ab Januar 2007:			
Gajah Tunggal, China	325,00 €	Gegen Vorauskasse	Mindestabnahme pro Bestellung 1500 Stück. Transport mit Container, Fassungsvermögen pro Container 1500 Stück, Transportkosten 3.500,00 € je Container; Transportdauer 4 Wochen, Lieferzeit insgesamt 4 Monate.
Weitere Lieferanten:			
Sparta, Dänemark	360,00 €	2 % Skonto innerhalb 8 Tagen, 20 Tage rein netto.	Ab Werk, Fracht und Verpackung 750,00 € pro Lkw (mit max. 400 Stück), 2 Wochen Lieferzeit.
MWG-Metall- werk Gießen, Deutschland	382,00 €	2 % Skonto innerhalb 14 Tagen, 30 Tage rein netto.	10 % Rabatt, Versand 10,00 €/Stück bzw. frei Haus ab Auftragswert von 50.000,00 € (Listen- preis), sofort lieferbar.
Metall- fabrik Wagner, Memmingen, Deutschland	374,00 €	Zahlbar ohne Abzug innerhalb von 14 Tagen.	5 % Rabatt, Lieferkosten 0,1 % vom Auftragsvolu- men (Listenpreis), sofort lieferbar.

Die Beschaffung der Rahmen für die Produktion der Mountainbikes wird neu überdacht. Monatlich wird mit einem durchschnittlichen Verbrauch von 180 Rahmen gerechnet. Die Geschäftsführung bittet Sie, für künftige Einkäufe die vier in der Liefererkartei aufgeführten Lieferer zu vergleichen.

1. Vergleichen Sie zunächst rechnerisch für einen Jahresverbrauch von 2160 Stück den Bezugspreis pro Stück bei allen Lieferanten.

2. Beurteilen Sie die Lieferanten noch anhand vier weiterer Kriterien, die neben den Bezugspreisen bei der Lieferantenauswahl eine Rolle spielen.

3. Entscheiden Sie sich für einen Lieferanten und begründen Sie Ihre Auswahl.

Lösung Prüfung 2007

1.

	Gajah	Sparta	MWG	Wagner
2160 Stück	702.000,00 €	777.600,00 €	825.120,00 €	807.840,00 €
– Rabatt	–	–	82.512,00 €	40.392,00 €
= Ziel-EK	702.000,00 €	777.600,00 €	742.608,00 €	767.448,00 €
– Skonto	–	15.552,00 €	14.852,16 €	–
= Bar-EK	702.000,00 €	762.048,00 €	727.755,84 €	767.448,00 €
+ Bezugskosten	7.000,00 € (2 Container)	4.500,00 € (6 Lkw)	–	807,84 €
= Bezugspreis	709.000,00 €	766.548,00 €	727.755,84 €	768.255,84 €
Pro Stück	328,24 €	354,88 €	336,92 €	355,67 €

Rein rechnerisch ist das Angebot der Gajah Tunggal aus China am billigsten.

2. • **Zahlungsbedingungen:** Bei MWG hat man den größten Spielraum (innerhalb von 30 Tagen) die Rechnung je nach Liquiditätslage zu begleichen. Auch die Skontofrist von 14 Tagen ist als sehr günstig anzusehen. Gegen Gajah Tunggal sprechen die Vorauskasse und die daraus folgende gebundene Liquidität.

   • **Mindestabnahme:** Gegen Gajah Tunggal spricht die hohe Mindestabnahmemenge von 1500 Stück, auch bei Sparta ist man bei der Bestellmenge weniger flexibel, da man kostengünstiger in 400 Stück-Größenmengen bestellt.

   • **Lieferzeit:** Gegen Gajah Tunggal spricht die lange Lieferzeit von 4 Monaten, MWG und Wagner sind zu bevorzugen, da man die Lieferung sofort erhalten kann und somit flexibel je nach Bedarf bestellen kann.

   • **Regionale Nähe:** Gegen Sparta und v.a. gegen Gajah Tunggal spricht aus ökologischer Sicht der lange Transportweg. Ferner kann der Kontakt zu ortsansässigen Firmen intensiver sein.

3. Ich entscheide mich für das MWG-Metallwerk. Dieses Unternehmen ist zwar nicht der preisgünstigste Lieferant, aber man kann bei diesem Unternehmen flexibel bestellen und so steigenden Lagerkosten entgegenwirken.

Prüfung 2007 (aktualisiert)

Fallaufgabe

Der Design-Möbel KG in Würzburg (Produktion und Vertrieb von Design-Möbelstücken sowie Handel mit Gegenständen zur Raumausstattung) liegt heute eine Rechnung der Woodstore GmbH **(Anlage 1)** vor.

Prüfen Sie die Rechnung auf sachliche und rechnerische Richtigkeit und vergleichen Sie diese mit der Auftragsbestätigung **(siehe Anlage 1).**

Formulieren Sie einen E-Mail-Text ab »Sehr geehrte ...« bis zur Unterzeichnung an den Lieferer, in dem Sie angemessen auf festgestellte Unstimmigkeiten reagieren.

Anlage 1

Woodstore GmbH
Ihr Partner für edle Hölzer

Design-Möbel KG
Ludwigstr. 20
97084 Würzburg

Industriestraße 2
60485 Frankfurt/Main
Deutschland
Telefon   +43 (0)69 91996
Telefax   +43 (0)69 91990
E-Mail info@woodstore-gmbh.de

Auftragsbestätigung

Kundennummer	Auftragsnummer	Datum	Lieferwoche	Ihre Bestellnummer	Ihr Bestelldatum
97000-02	70421	14.06.13	26	2013/231-60	11.06.2013

Diese Daten bitte bei Schriftwechsel angeben.

Lieferbedingungen: frei Haus

Zahlungsbedingungen:
8 Tage abzügl. **3 % Skonto** oder
30 Tage netto

Pos.	Artikel-Nr.	Artikelbezeichnung	Menge	ME	Einzelpreis	Rab.	Rechnungspreis netto
1	106-2F1a	Fichte massiv	60	m	550,00		33.000,00
2	028-5W2b	Kirschbaum	20	m	1.580,00		31.600,00
3	198-5B1a	Nussbaum	20	m	1.915,00		38.300,00

Mit freundlichen Grüßen
Woodstore GmbH

i.A. Holm

Sitz der Gesellschaft: Frankfurt/Main
Registergericht: Frankfurt, HRB-190361
USt-ID: DE 967456321
Steuernummer: 9102/123/2975

Geschäftsführer:
Konrad Wich

Frankfurter Sparkasse, BLZ 500 502 01
Kto.-Nr. 10548109

Woodstore GmbH
Ihr Partner für edle Hölzer

Design-Möbel KG
Ludwigstr. 20
97084 Würzburg

Industriestraße 2
60485 Frankfurt/Main
Deutschland
Telefon   +43 (0)69 91996
Telefax   +43 (0)69 91990
E-Mail info@woodstore-gmbh.de

Rechnung

Kundennummer	Auftragsnummer	Datum	Lieferwoche	Ihre Bestellnummer	Ihr Bestelldatum
97000-02	70421	28.06.13	26	2013/231-60	11.06.2013

Diese Daten bitte bei Schriftwechsel angeben.

Lieferbedingungen: frei Haus
                     unfrei
                 X   ab Lager

Pos.	Artikel-Nr.	Artikelbezeichnung	Menge	ME	Einzelpreis	Rab.	Rechnungspreis netto
1	106-2F1a	Fichte massiv	60	m	550,00		33.000,00
2	028-5W2b	Kirschbaum	20	m	1.580,00		31.600,00
3	198-5B1a	Nussbaum	20	m	1.915,00		38.300,00

Warenwert netto	Fracht	Verpackung	Steuerpfl. Nettoentgelt	Umsatzsteuer 19 %	Rechnungsbetrag brutto
102.900,00	840,00	210,00	103.950,00	19.750,50	123.700,50

Zahlungsbedingungen: 8 Tage abzüglich 2 % Skonto oder 30 Tage netto

Sitz der Gesellschaft: Frankfurt/Main
Registergericht: Frankfurt, HRB-190361
USt-ID: DE 967456321
Steuernummer: 9102/123/2975

Geschäftsführer:
Konrad Wich

Frankfurter Sparkasse, BLZ 500 502 01
Kto.-Nr. 10548109

Lösung Prüfung 2007

Unstimmigkeiten:

- Es wurden Fracht- und Verpackungskosten in Rechnung gestellt, obwohl Lieferung frei Haus vereinbart war.
- Statt 3 % Skonto wurden 2 % auf der Rechnung ausgewiesen.

Möglicher Inhalt der E-Mail:

- Hinweis auf die Unstimmigkeiten.
- Vermerk, dass dies sicher nur ein Versehen ist.
- Bitte um Zusendung einer korrigierten Rechnung.

Sehr geehrte Frau Holm,

beim Vergleich der Rechnung vom 28.6.2013 mit Ihrer Auftragsbestätigung vom 14.6.2013 stellten wir fest, dass uns die Fracht- und Verpackungskosten in Rechnung gestellt wurden, obwohl Sie uns laut Auftragsbestätigung die Lieferung frei Haus zugesichert haben.

Außerdem wurden statt der vereinbarten 3 % nur 2 % Skonto auf der Rechnung ausgewiesen.

Sicherlich handelt es sich hierbei nur um ein Versehen und wir bitten Sie deshalb, uns umgehend eine korrigierte Rechnung zuzusenden.

Mit freundlichen Grüßen

Design-Möbel KG

Prüfung 2008

Modul

Sie sind Mitarbeiter/in des Fachgeschäfts Jupiter GmbH.

Sie machen Ihre Stammkundin, Frau Gabriel, in einem an sie persönlich adressierten Schreiben auf ein äußerst günstiges Angebot aufmerksam. Darin bieten Sie ihr eine Stereoanlage für 199,00 € an. Acht Wochen später bestellt Frau Gabriel schriftlich diese Anlage. Da zwischenzeitlich Ihr Unternehmen die Stereoanlage wegen der großen Nachfrage nicht mehr vorrätig hat, teilen Sie Ihrer Stammkundin mit, dass eine Lieferung leider nicht mehr möglich ist.

1. Wütend ruft Frau Gabriel bei Ihnen an und beschwert sich. Sie habe ihrer Meinung nach einen Anspruch auf die Stereoanlage. Erläutern Sie Frau Gabriel ausführlich die Rechtslage.

Herr Junker bestellt schriftlich eine Dolby-Surround-Anlage bei der Jupiter GmbH. Sie bestätigen unverzüglich die Bestellung. Später erhalten Sie die Mitteilung, dass Herr Junker verweigert hat, die vereinbarungsgemäß gelieferte Anlage entgegen zu nehmen. Herr Junker begründet seine Ablehnung damit, dass er sich inzwischen eine ähnliche Anlage bei der Konkurrenz zu einem günstigeren Preis gekauft habe.

2. Beschreiben Sie die rechtliche Lage und machen Sie einen begründeten Vorschlag, wie sich die Jupiter GmbH nun verhalten sollte.

Lösung Prüfung 2008

1. Frau Gabriel hat keinen Rechtsanspruch auf die Stereoanlage, da kein gültiger Kaufvertrag zustande gekommen ist. Das Angebot der Jupiter GmbH ist ein Antrag unter Abwesenden. Daraus folgt, dass die Jupiter GmbH so lange an ihren Antrag gebunden ist, bis unter regelmäßigen Umständen von Frau Gabriel eine Antwort zu erwarten ist (bei schriftlichen Angeboten ca. 1 Woche). Die Bestellung nach acht Wochen ist verspätet. Die Bestellung gilt als neuer Antrag, den die Jupiter GmbH annehmen muss. Dies geschieht hier nicht.

2. Ein Kaufvertrag kam durch die Bestellung von Herrn Junker und die Bestellungsannahme der Jupiter GmbH zustande. Herr Junker ist verpflichtet, die ordnungsgemäß gelieferte Stereoanlage wie vereinbart anzunehmen. Da er dies verweigert, liegt ein Annahmeverzug vor.

   Die Jupiter GmbH sollte die Anlage zurücknehmen und anderweitig verkaufen. So kommt man dem Kunden entgegen. Außerdem dürfte für die Anlage leicht ein anderer Käufer zu finden sein. So hat man den geringsten Arbeitsaufwand. Die Transportkosten für die erfolglose Lieferung sollten Herrn Junker in Rechnung gestellt werden.

   (Auch andere begründete praktikable Vorschläge sind möglich.)

Prüfung 2009

Modul

Sie arbeiten in einem Einzelhandelsgeschäft an der Kasse.

1. Entscheiden und begründen Sie in den folgenden Fällen, ob Sie bei den Kunden den Kassiervorgang vornehmen:
   - Die fünfjährige Bettina will ein Malheft für 5,95 € kaufen.
   - Der 17-jährige Sven möchte einen MP3-Player für 80,00 € kaufen.

2. Sie haben gerade einer Kundin eine Kaffeemaschine für 35,00 € verkauft. Als die Kundin die Maschine in ihre Tasche steckt, fällt Ihnen auf, dass Sie einen falschen Preis verlangt haben, da die Maschine eigentlich 53,00 € kostet. Die Kundin weigert sich, den höheren Preis zu bezahlen. Begründen Sie, ob Sie die Maschine von der Kundin zurückverlangen können.

3. Der 19-jährige Kevin zeigt Ihnen stolz seine neueste Errungenschaft, ein gebrauchtes Mountainbike, das er zu einem »Superpreis« von einem Bekannten erworben hat. Sie erkennen darin das gestohlene Mountainbike Ihres Freundes wieder. Sie verlangen, dass er das Mountainbike sofort zurückgibt. Kevin weigert sich.

   Begründen Sie, ob Kevin das Mountainbike zurückgeben muss.

Lösung Prüfung 2009

1. - Bettina: Mit 5 Jahren ist sie geschäftsunfähig, der Kaufvertrag ist nichtig. Sie kassieren nicht.
   - Sven: Mit 17 Jahren ist Sven beschränkt geschäftsfähig. Sie kassieren ab, da die 80,00 € Kaufpreis wahrscheinlich im Rahmen seines Taschengeldes liegen.

2. Hier liegt ein Irrtum vor. Der Kaufvertrag ist damit anfechtbar und die Ware kann zurückverlangt werden.

3. Kevin muss das gestohlene Mountainbike zurückgeben, da man bei gestohlenen Sachen kein Eigentum erwerben kann. Eigentümer bleibt also der bestohlene Freund.

Prüfung 2009

Fallaufgabe

Unternehmensbeschreibung

Firma	Exklusiv Möbel OHG
Geschäftssitz	Bothengasse 3 83395 Freilassing
Gegenstand des Unternehmens	Herstellung von maßgefertigten und hochwertigen Möbeln aus Eichenholz speziell nach Kundenwünschen.
Lieferanten	**Holz-Schmidt OHG** Lindenweg 2 85467 Niederneuching vertreibt ausschließlich Eichenholz.	**Berger KG** Friedhofweg 12 90429 Nürnberg liefert Schrauben und Nägel.	**Faber Glas GmbH** Bothengasse 5 83395 Freilassing stellt hochwertige Glaselemente her.
Materialwirtschaft	Die Lieferung des Eichenholzes erfolgt täglich just-in-time in der Größenordnung des täglichen Verbrauchs. Das derzeit nicht benötigte Holzlager mit einer Kapazität von 5100 m^3 ist für 3.000,00 € monatlich vermietet mit einer Kündigungsfrist von vier Wochen. Bei Nutzung des Lagers für eigene Zwecke würden zusätzliche Kosten in Höhe von 500,00 € im Monat entstehen.
Vertriebswege	Einzelhandel und Direktvertrieb an Endverbraucher
Auszug aus der Kundendatei	**Holzkiste OHG** Marktplatz 22 83278 Traunstein langjähriger Stammkunde, sehr zuverlässig.	**Frauendorfer Möbel KG** Talblick 2 83471 Berchtesgaden schlechte Zahlungsmoral.
Umsatz	Vorjahr: 27 Millionen Euro
Kontoverbindung	Volksbank-Raiffeisenbank Oberbayern Südost eG Kontonummer: 51 22 46 Bankleitzahl: 710 900 00

Sie sind als Mitarbeiter der Exklusiv Möbel OHG in der Buchhaltungsabteilung tätig und bezahlen die in der Anlage 1 abgebildete Rechnung der Schmidt OHG.

1.1 Sie füllen dazu heute (03.07.) den Überweisungsträger (Anlage 2) unterschriftsreif aus.

Anlage 1

Holz Schmidt OHG

Lindenweg 2, 85467 Niederneuching

Holz Schmidt OHG, 85467 Niederneuching

Exklusiv Möbel OHG
Bothengasse 3
83395 Freilassing

Ihr Auftrag vom	Ihre Auftragsnummer	Ihre Zeichen	Sachbearbeiter	Telefon
		ka	Franz Moser	08654 4328-12

Rechnung

Lieferschein: 23323-0.   Lieferung vom 27.06.20..

Artikelnummer	Bezeichnung	Menge	Einzelpreis	Gesamtpreis
384832	Eichenholz, Schnittholz	8 m³	512,00 €	4.096,00 €

Warenwert netto	4.096,00 €
+ 19 % Umsatzsteuer	778,24 €
Rechnungsbetrag brutto	4.874,24 €

Zahlungs-   Innerhalb   8 Tagen mit 2 % Skonto
bedingungen: Innerhalb 30 Tagen netto Kasse

Unsere Bankverbindung:

Kontonummer: 97 77 23 78   IBAN: DE 63 7005 1995 0097 7723 78
Bankleitzahl: 700 519 95   BIC: BYLA DE MI ERD
(Sparkasse Erding Dorfen)

UST.IDNR.: DE 134495980
Steuernummer: 114/589/31300   HR A 1755 Amtsgericht Erding

Anlage 2

Überweisung

Volksbank Raiffeisenbank Oberbayern Südost eG

Begünstigter: Name, Vorname/Firma (max. 27 Stellen)

Konto-Nr. des Begünstigten — Bankleitzahl

Kreditinstitut des Begünstigten

Betrag: Euro, Cent — EUR

Kunden-Referenznummer - Verwendungszweck, ggf. Name und Anschrift des Überweisenden - (nur für Begünstigten)

noch Verwendungszweck (insgesamt max. 2 Zeilen à 27 Stellen)

Kontoinhaber: Name, Vorname/Firma, Ort (max. 27 Stellen, keine Straßen- oder Postfachangaben)

Konto-Nr. des Kontoinhabers

20

Datum, Unterschrift

Die Holz-Schmidt OHG unterbreitet folgendes Angebot (siehe Anlage 3).

1.2 Ihr Chef bittet Sie zu prüfen, ob es möglich und sinnvoll ist, das Angebot anzunehmen. Machen Sie einen begründeten Vorschlag.

Anlage 3

Holz Schmidt OHG

Lindenweg 2, 85467 Niederneuching

Holz Schmidt OHG, 85467 Niederneuching

Exklusiv Möbel OHG
Bothengasse 3

83395 Freilassing

Ihr Auftrag vom	Ihre Auftragsnummer	Sachbearbeiter	Telefon	Datum
		Klaus Schreiber	08654 4328-17	01.07.20..

Sparen Sie Geld – kaufen Sie größere Mengen!

Sehr geehrte Damen und Herren,

nach unseren Unterlagen beliefern wir Sie täglich mit Eichenholz zu einem Preis von 512,00€ pro m^3.

Sparen Sie doch einfach Zeit und Geld und kaufen Sie größere Mengen.

Wenn Sie nur einmal pro Woche bestellen, bieten wir Ihnen einen Preisnachlass von 20%.

Wir haben Ihre Bestellungen für die letzten 12 Monate ausgewertet:

Durchschnittliche Bestellmenge je Woche: 39 m^3

Höchster Wochenbedarf: 46 m^3

Geringster Wochenbedarf: 35 m^3

Für Rückfragen stehe ich Ihnen gerne zur Verfügung.

Mit freundlichen Grüßen

i.V. Klaus Schreiber

Holz-Schmidt OHG

UST.IDNR.: DE 134495980
Steuernummer: 114/589/31300

HR A 1755 Amtsgericht Erding

Sie sind in der Mahnabteilung beschäftigt.

Hausintern wurden folgende Regelungen zum Mahnverfahren festgelegt:

1. Mahnung bzw. Erinnerung	2. Mahnung	3. Mahnung
10 Tage nach Fälligkeit, Fristsetzung 12 Tage ab Datum der Mahnung.	14 Tage nach 1. Mahnung, 5,00 € Mahngebühren, Fristsetzung 8 Tage ab Datum der Mahnung.	10 Tage nach der 2. Mahnung, erneut 5,00 € Mahngebühren und Verzugszinsen, Fristsetzung 8 Tage ab Datum der Mahnung.

2.1 Ihnen liegen zwei Rechnungen (siehe Anlage 4) vor, die bislang weder bezahlt noch gemahnt wurden. Beschreiben und begründen Sie, welche Schritte Sie nun unter Berücksichtigung des heutigen Kontoauszugs einleiten.

KONTOAUSZUG

 Volksbank Raiffeisenbank Oberbayern Südost eG

Kontonummer	Bankleitzahl	Datum	Umsatzzeitraum	Auszug	Blatt
512246	710 900 00	03.07.20..	02.07.20.. - 03.07.20..	122/20..	1/1

Kontoinhaber	Kontohinweis
Exklusiv Möbel OHG Bothengasse 3 83395 Freilassing	

Buchungstag	Wert	Vorgang	
		Ihr alter Kontostand vom 02.07.20..	15.900,00 € S
03. Juli	03. Juli	Lastschrift-Einzug T-Mobile, 9339922	112,30 € S
03. Juli	03. Juli	Gutschrift Papier-Schmitt GmbH, Waren-Retoure 22.06.	12,30 € H
03. Juli	03. Juli	Rechnung Holzkiste OHG, Re.Nr. 20..-2311, Kundennummer: 32077	6.166,87 € H
		Ihr neuer Kontostand 03.07.20..	9.833,13 € S
		Bank Identifier Code (BIC) GENODEF1NDT InterBank-AccNr. (IBAN) 710900000105732000	

Anlage 4

Exklusiv Möbel OHG

Exklusiv Möbel OHG, Bothengasse 3, 83395 Freilassing

Holzkiste OHG
Marktplatz 22

83278 Traunstein

Kundennummer	Rechnungsnummer	Rechnungsdatum	Lieferdatum	Ihre Bestellnummer
32077	20..-2311	03.06.20..	03.06.20..	787812

Rechnung

Pos.	Bezeichnung	Menge	Rabatt %	Gesamtpreis netto
1	Schlafzimmerschrank, Eiche, nach Kundenwunsch gefertigt	1		5.288,00€
	Versandkosten netto			0,00€
				5.288,00€
			+ 19% Umsatzsteuer	1.004,72€
			Rechnungsbetrag	6.292,72€

Zahlungsbedingungen: 2% Skonto bei Zahlung innerhalb von 10 Tagen nach Rechnungsdatum = 125,85€

Ohne Skontoabzug innerhalb von 28 Tagen nach Rechnungsdatum

Bankverbindung:
Volksbank-Raiffeisenbank Oberbayern Südost eG   Kontonummer 51 22 46   Bankleitzahl: 710 900 00
Sitz der Gesellschaft:
Freilassing   HR A 1252 Amtsgericht Traunstein
St.Nr.: 105/578/78503   USt-IdNr. DE 459833709

Exklusiv Möbel OHG

Exklusiv Möbel OHG, Bothengasse 3, 83395 Freilassing

Frauendorfer Möbel KG
Talblick 2
83471 Berchtesgaden

Kundennummer	Rechnungsnummer	Rechnungsdatum	Lieferdatum	Ihre Bestellnummer
32022	20..-2210	22.05.20..	22.05.20..	5528

Rechnung

Pos.	Bezeichnung	Menge	Rabatt %	Gesamtpreis netto
1	Stuhl, Eiche, massiv nach Kundenwunsch gefertigt	1		622,00€
	Versandkosten netto			0,00€
				622,00€
			+ 19% Umsatzsteuer	118,18€
			Rechnungsbetrag	740,18€

Zahlungsbedingungen: 2% Skonto bei Zahlung innerhalb von 10 Tagen nach Rechnungsdatum = 14,80€

Ohne Skontoabzug innerhalb von 28 Tagen nach Rechnungsdatum

Bankverbindung:
Volksbank-Raiffeisenbank Oberbayern Südost eG   Kontonummer 51 22 46   Bankleitzahl: 710 900 00

Sitz der Gesellschaft:
Freilassing   HR A 1252 Amtsgericht Traunstein

St.Nr.: 105/578/78503   USt-IdNr. DE 459833709

2.2 Ihnen liegt eine weitere Rechnung gegenüber der Frauendorfer Möbel KG mit der Rechnungsnummer 20..-1711 vom 12.05.20.., fällig am 02.06.20.., Rechnungsbetrag 1.400,44 €, vor. Trotz zweier termingerechter Mahnungen konnte bis heute kein Zahlungseingang festgestellt werden. Berechnen Sie die Verzugszinsen bei einem Verzugszinssatz von 9,62 %.

2.3 Verfassen Sie eine Mahnung für die Rechnung in Aufgabe 2.2, indem Sie die offenen Felder in der Anlage 5 ausfüllen.

Anlage 5

Exklusiv Möbel OHG

Exklusiv Möbel OHG, Bothengasse 3, 83395 Freilassing

_____

_____

_____

Freilassing, _____

3. Mahnung, Rechungsnummer: _____ vom _____

Sehr geehrte Damen und Herren,

mehrmals erinnerten wir Sie an die Zahlung des offenen Rechnungsbetrages in Höhe

von _____ €.

Wir fordern Sie daher letztmalig auf, den offenen Betrag zuzüglich der Mahnkosten

von insgesamt _____ € und der Verzugszinsen in Höhe von _____ €

bis spätestens _____ zu zahlen.

Sollte bis zu diesem Zeitpunkt kein Zahlungseingang bei uns festzustellen sein,

werden wir _____.

Mit freundlichen Grüßen

_____

Bankverbindung:
Volksbank-Raiffeisenbank Oberbayern Südost eG   Kontonummer 51 22 46   Bankleitzahl: 710 900 00
Sitz der Gesellschaft:
Freilassing   HR A 1252 Amtsgericht Traunstein
St.Nr.: 105/578/78503   USt-IdNr. DE 459833709

Lösung Prüfung 2009

1.1

Überweisung

Volksbank Raiffeisenbank Oberbayern Südost eG

Begünstigter: Name, Vorname/Firma (max. 27 Stellen)
Holz-Schmidt OHG

Konto-Nr. des Begünstigten: 97772378
Bankleitzahl: 700 519 95

Kreditinstitut des Begünstigten: Sparkasse Erding-Dorfen

Betrag: EUR 4.776,76

Kunden-Referenznummer - Verwendungszweck, ggf. Name und Anschrift des Überweisenden - (nur für Begünstigten)
Rechnungsnummer: 2400124-21   Rechnungsdatum: 27.06.20..

noch Verwendungszweck (insgesamt max. 2 Zeilen à 27 Stellen)
Kundennummer: 124

Kontoinhaber: Name, Vorname/Firma, Ort (max. 27 Stellen, keine Straßen- oder Postfachangaben)
Exklusiv Möbel OHG

Konto-Nr. des Kontoinhabers: 512246

20

03.07.20..
Datum, Unterschrift

1.2 Das Angebot sollte angenommen werden:

Durchschnittliche Bestellmenge je Woche → 39 m³

→ Ersparnis je Woche: 39 m³ · 512,00 € · 20 % = 3.993,60 €

→ Ersparnis je Monat: 3.993,60 € · 4 Wochen = 15.974,40 €

Das Mietverhältnis des Holzlagers ist zu kündigen. Die Ersparnis ist durch den Rabatt – trotz ausfallender Mieterträge (3.000,00 €) und anfallender Lagerkosten (500,00 €) – erheblich.

2.1 Holzkiste OHG

Eine Zahlung erfolgte unter Abzug von Skonto, obwohl die Skontofrist bereits abgelaufen ist.

Da es sich um einen guten Kunden handelt, sollte man ihn kontaktieren und höflich darauf ansprechen. Der Differenzbetrag könnte bei der nächsten Rechnung verrechnet werden oder man könnte ganz darauf verzichten.

Frauendorfer Möbel KG

Die Rechnung war fällig am 19.06.20.., eine Zahlung erfolgte jedoch noch nicht. Der Kunde muss angemahnt werden.

Die 1. Mahnung ist fällig, das Schreiben sollte eine Fristsetzung bis zum 15.07.20.. enthalten.

2.2 $\dfrac{1.400,44 € \cdot 9,62\% \cdot 31 \text{ Tage}}{360 \cdot 100} = 11,60 €$

Exklusiv Möbel OHG

Exklusiv Möbel OHG, Bothengasse 3, 83395 Freilassing

Frauendorfer Möbel KG
Talblick 2
83471 Berchtesgaden

Bei Zahlung bitte unbedingt angeben:

Rechnungsnummer: 2400 124-21

Rechnungsdatum: 27.06.20..

Kundennummer: 124

3. Mahnung, Rechungsnummer: *20..-1711 vom 12.05.20..*

Sehr geehrte Damen und Herren,

mehrmals erinnerten wir Sie an die Zahlung des offenen Rechnungsbetrages in Höhe von *1.400,44 €*.

Wir fordern Sie daher letztmalig auf, den offenen Betrag zuzüglich der Mahnkosten von insgesamt *10,00 €* und der Verzugszinsen in Höhe von *11,60 €* bis spätestens *11.07.20..* zu zahlen.

Sollte bis zu diesem Zeitpunkt kein Zahlungseingang bei uns festzustellen sein, *werden wir einen Antrag auf Erlass eines Mahnbescheides beim zuständigen Amtsgericht stellen.*

Mit freundlichen Grüßen

Unterschrift Schüler/in mit »im Auftrag« (i. A.)

Bankverbindung:
Volksbank-Raiffeisenbank Oberbayern Südost eG   Kontonummer 51 22 46   Bankleitzahl: 710 900 00
Sitz der Gesellschaft:
Freilassing   HR A 1252 Amtsgericht Traunstein
St.Nr.: 105/578/78503   USt-IdNr. DE 459833709

Prüfung 2010 (aktualisiert)

Fallaufgabe

Sie sind Mitarbeiter/in der HoBa AG in 96317 Kronach, Lichtenfelser Str. 22. Die HoBa AG stellt hochwertiges Holzspielzeug für Kinder her.

Jeder Mitarbeiter ist der nachfolgenden Unternehmensphilosophie bei seinen Handlungen und Entscheidungen verpflichtet:

Auszug aus der Unternehmensphilosophie der HoBa AG:

Im Mittelpunkt stehen die Kinder.

Qualität:

Wir wollen, dass unsere Kunden zufrieden sind. Deshalb legen wir großen Wert auf die hervorragende Qualität unserer Produkte und Dienstleistungen.

Verantwortung:

Wir stehen zum Standort Kronach. Soweit es unter unternehmerischen Gesichtspunkten vertretbar ist, setzen wir uns für den Erhalt und den Ausbau der Arbeitsplätze in der Region Kronach ein.

Wir gehen fürsorglich mit unseren Mitarbeitern um. Dies gilt für alle Bereiche. Besonderes Augenmerk legen wir dabei auf Lärmschutz in der Produktion – denn Lärm macht krank.

Gewissen:

Wir stellen uns der Verantwortung für unsere Umwelt. Das gilt für die Materialverwendung, den Energieeinsatz und für den Erhalt unserer natürlichen Umgebung. Das bedeutet für uns, ökologische Auswirkungen unseres unternehmerischen Handelns in einem solchen Maß zu verringern, wie es sich wirtschaftlich vertreten lässt. Unsere Produktionsverfahren und der Maschineneinsatz werden deshalb ständig weiterentwickelt sowie Rohstoffeinsatz, Emissionen und Stromverbrauch laufend ermittelt, bewertet und minimiert.

Situation 1

Ihnen liegt folgende Mail von heute vor, die sofort beantwortet werden muss:

Sehr geehrte Damen und Herren,

bei Ihrer heutigen Lieferung:

Anzahl	Artikelnummer	Artikel	Gesamtpreis netto
20	2212	Baukasten Paul	632,00 €

stellten wir fest, dass sich die Farbe ablöst. Wir schicken sie deshalb noch heute zurück und bitten Sie, uns diese Artikel neu zu liefern. Unser Kunde, der Kindergarten Sonnenschein, wartet dringend auf die Baukästen.

Des Weiteren liefern Sie uns bitte aus Ihrem aktuellen Katalog frei Haus:

Anzahl	Artikelnummer	Artikel	Gesamtpreis netto
15	2667	Lauflernwagen Werkel-Zwerg	294,00 €
7	1227	Ziehfigur Cicero	114,80 €

Da wir die Ware schnellstmöglich benötigen, bitte ich Sie, mir beide Lieferungen noch heute zu bestätigen. Geben Sie mir auch die möglichen Lieferwochen an.

Mit freundlichen Grüßen

i. A. Simone Hauser
_____

Spielparadies GmbH

Schellingstraße 15

80797 München

Sie bereiten das Antwortschreiben vor, in dem der Kunde umfassend über die Sachlage informiert wird und Vorschläge erhält, die für beide Seiten interessant sind.

Notieren Sie dazu stichpunktartig alle notwendigen Inhalte, die das Schreiben zwischen dem Betreff und der Grußformel enthalten muss. Benutzen Sie dazu die Informationen aus Anlage 1.

Anlage 1

Auszug aus der Lagerdatei — Stand: 02.07.20..

Artikelnummer	Artikelbezeichnung	Preis netto	aktueller Bestand	nächster Zugang am	Menge
2667	Lernlaufwagen Werkel-Zwerg	19,60 €	210	02.08.20..	20
6452	Lernlaufwagen Walking	59,45 €	112	01.09.20..	45
8745	Baukasten klein Paulchen, 25-teilig	10,80 €	45	16.08.20..	120
2212	Baukasten groß Paul, 90-teilig	31,60 €	3	keine Nachproduktion	0
1227	Ziehfigur Circo	16,40 €	2	20.08.20..	20

Auszug aus den AGB der HoBa AG

§ 18 Lieferbedingungen

Wir liefern mit unserem firmeneigenen Lkw, das garantiert Pünktlichkeit und Sorgfalt im Umgang mit den Waren. Für die Anlieferung stellen wir pauschal 25,00 € in Rechnung. Ab einem Netto-Warenbestellwert von 500,00 € liefern wir für Sie kostenfrei. Die Lieferzeit beträgt drei Werktage.

§ 19 Teillieferung

Sollte ein Artikel nicht auf Lager sein, behalten wir uns eine Teillieferung vor. Die Fehlmenge liefern wir für Sie kostenfrei zum nächstmöglichen Liefertermin. Der geänderte Liefertermin für die Restlieferung (Kalenderwoche) ist der Auftragsbestätigung zu entnehmen. Sollten Sie mit der Teillieferung nicht einverstanden sein, setzen Sie sich bitte umgehend mit uns in Verbindung.

Kalender Juli 20..								Kalender August 20..							
KW	Mo	Di	Mi	Do	Fr	Sa	So	KW	Mo	Di	Mi	Do	Fr	Sa	So
26				1	2	3	4	30							1
27	5	6	7	8	9	10	11	31	2	3	4	5	6	7	8
28	12	13	14	15	16	17	18	32	9	10	11	12	13	14	15
29	19	20	21	22	23	24	25	33	16	17	18	19	20	21	22
30	26	27	28	29	30	31		34	23	24	25	26	27	28	29
								35	30	31					

Lösung Prüfung 2010

1. Z. B.:

- Anrede: Frau Hauser.
- Dank für die Bestellung.
- Bestätigung der Lieferung: 15 Lauflernwagen Werkel-Zwerg, Artikelnummer 2667, Einzelpreis 19,60 €, Gesamtpreis 294,00 €, Lieferwoche KW 27.
- Bestätigung der Teillieferung: 2 Ziehfiguren Circo, Artikelnummer 1227, Einzelpreis 16,40 €, Gesamtpreis 32,80 €, Lieferung KW 27.
- Restlieferung: 5 Ziehfiguren Circo, Artikelnummer 1227, Einzelpreis 16,40 €, Gesamtpreis 82,00 €, Lieferung KW 34.
- Bemerkung des Bedauerns zur Teillieferung.
- Keine Lieferung »frei Haus« (da für die lieferbaren Waren der Netto-Warenbestellwert unter 500,00 € liegt), sondern 25,00 € Lieferkosten einmalig, spätere Teillieferungen kostenlos.
- Bedauern der mangelhaften Lieferung der Baukästen Paul, aber keine Ersatzlieferung möglich, da Produktionseinstellung.
- Angebot, die kleinen Baukästen Paulchen als Alternative zu kaufen oder Rücktritt vom Kaufvertrag.

Prüfung 2010

Modul (Der Betrieb als Kunde und Lieferant)

Sie sind Mitarbeiter/in des Spielzeugherstellers Sici OHG. Sie benötigen dringend 5.000 schwarze Glasaugen mit 5 mm Durchmesser für einen großen Sonderauftrag über 2.500 Teddybären. Diese sollen in 14 Tagen abholbereit sein. Die Produktion dauert drei Tage.

Schreiben Sie eine Anfrage an Herrn Lukas Schreiber, Sachbearbeiter der Glas KG, vom Betreff bis zur Grußzeile.

Lösung Prüfung 2010

Z. B. *Anfrage über Glasaugen*

Sehr geehrter Herr Schreiber,

aufgrund eines Sonderauftrages benötigen wir 5.000 Stück Glasaugen, schwarz, 5 mm Durchmesser. Die Glasaugen müssen bis spätestens 12. (alternativ 13.) Juli bei uns im Haus sein.

Bitte senden Sie uns umgehend ein Angebot, das Ihren Preis sowie Ihre Lieferungs- und Zahlungsbedingungen enthält.

Herzlichen Dank im Voraus.

Mit freundlichen Grüßen

Unterschrift

Prüfung 2011

Modul

Sie sind Mitarbeiter/in einer Online-Rechtsberatung. Sie erhalten folgende Anfrage:

1 Frage stellen	2 Anmelden	3 Zahlungsdaten	4 Übersicht & Bestätigen

E-Mail-Adresse **Melanie.Meier@web.de**

Rechtsgebiet **Recht & Justiz – Kaufrecht**

Unsicher? Wählen Sie generelle Themen!

Betreff: **Hilfe, was kann ich tun?**

Text:
> Hallo,
>
> ich habe ein Riesenproblem. Ich bin gerade 16 Jahre alt geworden und meine Nachbarin hat mir einen süßen Welpen geschenkt. Meine Eltern verlangen jedoch, dass ich den Hund unbedingt zurückgebe. Sie fragen: »Wer soll das Hundefutter und jährlich 80,00 € Hundesteuer bezahlen? Du etwa mit den 30,00 € Taschengeld pro Monat?« Ich habe den Hund doch geschenkt bekommen, meine Eltern können doch nicht verhindern, dass ich den Hund behalte – oder?
>
> Ich habe bereits ein schönes Körbchen für 50,00 € beim Tierhandel in unserer Stadt mit einer Anzahlung von 10,00 € gekauft. Die restlichen Raten zahle ich im nächsten und übernächsten Monat. Der Korb ist jedoch durch meine Schuld schon leicht beschädigt. Hundefutter habe ich im Supermarkt auch schon für 10,00 € besorgt. Was kann ich denn jetzt machen?
>
> Melanie Meier

Stellen Sie stichwortartig die Rechtssituation dar und geben Sie Melanie Meier begründete Ratschläge.

Lösung Prüfung 2011

Schenkung des Hundes: Z. B.

- Mit 16 Jahren ist Melanie beschränkt geschäftsfähig.
- Sie hat rechtliche Nachteile durch Folgekosten (z.B. Futter, Hundesteuer).
  → Die Zustimmung der Eltern zur Schenkung ist daher notwendig.
- Melanie muss den Hund der Nachbarin zurückgeben.

Kauf des Hundekorbs:

- Ein Ratenkauf verstößt bei beschränkt Geschäftsfähigen gegen das Gesetz.
  → Der Kaufvertrag ist von Anfang an nichtig (ungültig).
- Das Risiko der Beschädigung des Korbs liegt in diesem Fall beim Händler.
- Melanie soll den Korb zurückbringen und die Anzahlung zurück verlangen.

Kauf der Hundenahrung:

- Hier greift der Taschengeld-Paragraph.
  → Der Kaufvertrag ist gültig.
- Z. B. Melanie sollte den Verkäufer um Kulanz bitten, und die Hundenahrung gegen andere Waren oder einen Gutschein tauschen.

Prüfung 2011 (aktualisiert)

Modul

Sie sind Mitarbeiter/in der Sound Factory GmbH und arbeiten in der Debitorenbuchhaltung. Heute stellen Sie bei der Durchsicht der Unterlagen fest, dass die Rechnung (siehe Anlage) des Stammkunden, Autohaus Grainer e. Kfm., der sehr oft ein säumiger Zahler ist, auch dieses Mal noch nicht beglichen ist.

1. Überprüfen und begründen Sie unter Angabe genauer Daten, ab wann sich das Autohaus Grainer e. Kfm. im Zahlungsverzug befindet.

2. Begründen Sie, wie Sie nun weiter vorgehen.

3. Das Bürgerliche Gesetzbuch (BGB) legt die Höhe des Verzugszinssatzes folgendermaßen fest:

> **§ 288 Verzugszinsen**
>
> (1) Eine Geldschuld ist während des Verzugs zu verzinsen. Der Verzugszinssatz beträgt für das Jahr fünf Prozentpunkte über dem Basiszinssatz.
>
> (2) Bei Rechtsgeschäften, an denen ein Verbraucher nicht beteiligt ist, beträgt der Zinssatz für Entgeltforderungen acht Prozentpunkte über dem Basiszinssatz.
>
> (…)

(Der Basiszinssatz beträgt derzeit 0,12 %.)

Berechnen Sie mit nachvollziehbarem Rechenweg und unter Berücksichtigung dieser Angaben die Verzugszinsen, die die Sound Factory dem Autohaus Grainer bis zum heutigen Tag (Anmerkung: 08. Juli 2013) in Rechnung stellen könnte.

Anlage

Sound Factory GmbH, Ruoffstraße 2, 92224 Amberg

Autohaus Grainer e. Kfm.
Max-Planck-Straße 65
93055 Regensburg

Kunden-Nr.	P24660001
Rechnungs-Nr.	G200457
Lieferdatum:	04.06.2013
Rechnungsdatum:	04.06.2013

LIEFERSCHEIN/RECHNUNG

Pos.	Menge	ME	Art.-Nr.	Bezeichnung	Einzelpreis	Gesamtpreis
1	120	St.	MBS-150	Autoradio **PIONEER AVH-3200 DVD MONICEIVER** Ausstattungsmerkmale: 14,7 cm Touchscreen-Display 3 Vorverstärkerausgänge iPod/iPhone® Steuerung	240,00 €	28.800,00 €
Gesamt netto						28.800,00 €
zzgl. 19 % Umsatzsteuer						5.472,00 €
Gesamtbetrag						34.272,00 €

Zahlbar innerhalb von 10 Tagen mit 2 % Skonto, innerhalb von 21 Tagen netto ab Rechnungsdatum.

Lieferung frei Haus.

Die Ware bleibt bis zur vollständigen Bezahlung im Eigentum der Sound Factory GmbH.
Der Gerichtsstand ist Amberg.

Bankverbindung:
Sparkasse Amberg-Sulzbach
BLZ 752 500 00   BIC: BYLADEM1ABG
Konto 380 270 170   IBAN: DE4375250000008027017

Geschäftsführer:
Pascal Gruber
Ruoffstraße 2
92224 Amberg

USt-IdNr.: DE201154730
Amtsgericht Amberg
HRB-Nr. 38844

Lösung Prüfung 2011

1. Z. B.

- Da das Rechnungsdatum der 04. Juni 2013 und das Zahlungsziel 21 Tage ist, ist die Rechnung am 25. Juni 2013 fällig.
- Eine Mahnung ist nicht notwendig, da der Zahlungstermin kalendermäßig bestimmbar ist.
- Ab dem 26. Juni 2013 befindet sich die Firma Grainer e. Kfm. im Zahlungsverzug.

2. Z. B.

Da es sich um einen Kunden handelt, der ständig nicht bezahlt, und um so schnell wie möglich die Außenstände abzubauen, würde ich ein Inkassoinstitut mit dem Einzug der Forderungen der Sound Factory GmbH beauftragen.

3. Die Berechnung erfolgt nach der kaufmännischen Methode mit 30 Zinstagen je Monat. Wurde im Unterricht eine andere Methode gewählt, ist diese Berechnungsgrundlage.

$$\frac{34.272,00\,€ \cdot 12 \cdot 8,12}{360 \cdot 100} = 92,76\,€$$

Prüfung 2011 (aktualisiert)

Fallaufgabe

Unternehmensbeschreibung	
Firma	Schloss-Apotheke Rudolf Krämer e. K.
Firmensitz	Schlossgasse 28 63739 Aschaffenburg

Situation 1

Herr Krämer hat sich dazu entschlossen, Räume im rückwärtigen Gebäude zusätzlich zu mieten und als Lager und für Büroräume zu nutzen. Laut Architekt sind die Räume zum 01. Oktober 2013 nach der Renovierung bezugsfertig. In den neuen Räumlichkeiten soll es auch drei Arbeitsplätze geben, für die Schreibtische angeschafft werden müssen. Zwei Angebote von Büroausstattern für das Modell SQUARE liegen auszugsweise vor:

Angebot 1:

Die Bürowelt 2000 OHG bietet den Schreibtisch für 730,00 € netto/Stück an und gewährt 15 % Rabatt ab einer Bestellmenge von 4 Stück. Die Bürowelt 2000 OHG liefert frei Haustür. Bei Bezahlung innerhalb von 8 Tagen erhält man 3 % Skonto oder 30 Tage netto. Die Schreibtische sind auf Lager und werden bei Bestellung unverzüglich geliefert. Das Angebot ist befristet bis 01. August 2013.

Angebot 2:

Die Creativ Design GmbH bietet den Schreibtisch für 790,00 € netto/Stück an. Sie gewährt einen Rabatt von 10 % und stellt eine Transportkostenpauschale in Höhe von 60,00 € pro Bestellung in Rechnung. Die Creativ Design GmbH gewährt 3 % Skonto bei Zahlung innerhalb von 8 Tagen oder 60 Tage netto. Die Lieferzeit beträgt 8 Wochen. Die GmbH bietet bei Bedarf die kostenfreie Montage der Schreibtische an. Das Angebot ist gültig bis zum 30. September 2013.

Erstellen Sie heute (08. Juli 2013) einen rechnerischen Angebotsvergleich für die drei Schreibtische und begründen Sie mit zwei Argumenten Ihren Entscheidungsvorschlag für den in dieser Situation passenden Lieferanten.

Lösung Prüfung 2011

	Bürowelt 2000 OHG	**Creativ Design GmbH**
Listenpreis	2.190,00 €	2.390,00 €
– Rabatt	–	237,00 €
= Zieleinkaufspreis	2.190,00 €	2.133,00 €
– Skonto	65,70 €	63,99 €
= Bareinkaufspreis	2.124,30 €	2.069,01 €
+ Bezugskosten	–	60,00 €
= Anschaffungspreis	2.124,30 €	2.129,01 €

Der Anschaffungspreis für die drei Schreibtische der Bürowelt 2000 OHG ist unwesentlich günstiger.

Entscheidungsvorschlag:

Herr Krämer sollte sich für das Angebot der Creativ Design GmbH entscheiden.

Argumente:

Z.B.:

- Bei der Firma Creativ Design GmbH kann der Liefertermin derart bestimmt werden, dass die Schreibtische geliefert werden, wenn die Räume fertig sind. Die Schreibtische müssen nicht gelagert werden.
- Zudem muss sich Herr Krämer bei der Creativ Design GmbH nicht um den Aufbau kümmern, so dass alleine dieser zusätzliche Service die Mehrkosten in Höhe von 4,71 € aufwiegen dürften.

Prüfung 2012

Fallaufgabe

Unternehmensbeschreibung	
Firma	Hole in One Golf GmbH
Firmensitz	Baierbrunner Straße 5, 81379 München Tel.: 089 7654320, Fax: 089 7654321 Internet: www.hole-in-one.de
Unternehmens-gegenstand	• Herstellung von Golfschlägern im absoluten Premiumsegment • Handel mit sehr hochwertigem Golfzubehör wie Bekleidung, Bällen, Golftaschen

Geschäftsführer	• Julian Wagner, Gründer des Unternehmens • Susanne Meier, Betriebswirtin
Kundenkreis	Die Kunden stellen sehr hohe qualitative Anforderungen an ihre Ausrüstung, der Preis ist dabei nur zweitrangig. Es sind größtenteils Golfsportlerinnen und –sportler ab einem Alter von 45 Jahren aus den besten und teuersten Golfclubs Deutschlands. Dort müssen sehr hohe Jahresbeiträge und Aufnahmegebühren bezahlt werden.
Vertrieb	Der Vertrieb erfolgt über ausgewählte Sportfachgeschäfte und Shops in Golfclubs im ganzen Bundesgebiet.

Sie sind Auszubildende/r der Hole in One GmbH. Während Ihrer Ausbildung durchlaufen Sie mehrere Abteilungen.

Zusatzinformationen: Bestandteile eines Golfschlägers

Die Schlägerhaube dient als Schutz für die empfindliche Schlagfläche eines Golfschlägers. Als Material wird entweder hochwertiges Acryl oder geringwertiges Polyester verwendet. Die Hole in One Golf GmbH bezieht die Schlägerhaube als Handelsware und liefert alle Schläger mit Hauben aus.

Der Schlägergriff besteht aus rutschfestem, gummihaltigen Kunststoff. Die Hole in One Golf GmbH bezieht diesen als Vorprodukt.

Der Schlägerkopf besteht aus Eisen und verschiedenen Kunststoffen. Die Hole in One GmbH stellt die Schlägerköpfe in eigener Produktion her.

Der Schlägerschaft besteht aus Stahl oder Graphit und wird in unterschiedlichen Härten hergestellt. Die Hole in One Golf GmbH bezieht diesen ebenfalls als Vorprodukt.

Zeichnung: Wolfgang Herzig

Situation 1

Sie sind in der Abteilung Einkauf eingesetzt.

In den vergangenen Tagen hat die Einkaufsabteilung bei zwei Lieferanten Anfragen nach Schlägerhauben gestellt. Der verantwortliche Ausbildungsleiter gibt Ihnen die dazu erhaltenen Angebote zur Prüfung. Es sollen 450 Stück bestellt werden.

1. Ermitteln Sie rechnerisch in einem übersichtlichen Schema aus den erhaltenen Angeboten (siehe Anlagen 1 und 2) das preisgünstigste Angebot.

Für die Hole in One Golf GmbH ist nicht allein der Bezugspreis für die Entscheidung ausschlaggebend. Sie legt auch großen Wert auf Qualität, Gewicht, Ökologie sowie auf eine sehr schnelle und zuverlässige Lieferung der Ware.

2. Führen Sie einen rein qualitativen Angebotsvergleich durch. Beurteilen Sie hierzu die vorliegenden Angebote hinsichtlich der geforderten Kriterien.

3. Treffen Sie aufgrund Ihrer Ergebnisse aus 1. und 2. eine begründete Entscheidung für einen Anbieter.

Anlage 1

Rund ums Golf AG

Rund ums Golf AG, Balanstraße 73, 81541 München

Hole in One Golf GmbH
Baierbrunner Straße 5
81379 München

Telefon: 089 22 25 80-0
Telefax: 089 22 25 80-1

Angebot München, 20.06.20..

Sehr geehrte Damen und Herren,

vielen Dank für Ihre Anfrage. Aus unserem Programm bieten wir Ihnen an:

Schlägerhaube »Driver super pro« aus sehr strapazierfähigem Acryl, optisch eleganten Schafsledereinsätzen und einem zusätzlichen Innenfutter aus Fleece, damit die Schläger noch besser vor Beschädigung geschützt werden. Unsere Produkte erfüllen die höchsten Qualitätsstandards. Wir produzieren die Schlägerhauben an unserem Standort in München und verwenden nur Rohstoffe, die garantiert umweltverträglich sind. Die »Driver super pro« wiegt nur 250 Gramm.

Der Preis pro Schlägerhaube beträgt 24,30 Euro netto. Ab einem Warenwert von 1.000,00 Euro gewähren wir 5 % Rabatt, ab 10.000,00 Euro 10 % Rabatt.

Die Lieferzeit beträgt 7 Tage nach dem Eingang der Bestellung.

Die Lieferung erfolgt mit dem firmeneigenen Transporter, wofür wir eine Transportkostenpauschale von 20,00 Euro netto berechnen. Die Schlägerhauben werden in Folie eingeschweißt und in Kartons geliefert. Das gesamte Verpackungsmaterial wird von uns auf Wunsch zurückgenommen.

Wir erbitten Ihre Zahlung 30 Tage ab Rechnungsdatum. Bei Zahlung innerhalb von 10 Tagen gewähren wir 2 % Skonto.

Wir würden uns über Ihren Auftrag sehr freuen.

Mit freundlichen Grüßen

i. A. J. Friedrich

Johanna Friedrich
Rund ums Golf AG

Anlage 2

Golf Products OHG
Hafenstraße 12
20359 Hamburg

Golf Products OHG

Hole in One Golf GmbH
Baierbrunner Straße 5
81379 München

Ihr Zeichen	Ihre Nachricht	Unser Zeichen	Datum
–	vom 16.06.20..	gp	22.06.20..

Angebot

Sehr geehrte Damen und Herren,

wir danken Ihnen für Ihr Interesse an unseren Produkten und senden Ihnen gerne ein Angebot über unser Modell »Schlägerhaube Standard« zu. Das Modell weist folgende Merkmale auf:

- passend für alle handelsüblichen Golfschläger
- Material: Polyester
- Gewicht: 235 Gramm

Wir beziehen unsere Waren über den Schiffsweg direkt aus China und können Ihnen daher ein sehr preisgünstiges Angebot machen:

Eine Schlägerhaube kostet Sie nur 12,99 Euro netto. Sie erhalten 5 % Rabatt bei einer Abnahme von 400 Stück und bei Zahlung innerhalb von 10 Tagen 3 % Skonto. Die Zahlung ist innerhalb von 30 Tagen zu leisten. Die Lieferung erfolgt innerhalb von vier Wochen per Transporter. Als Fracht wird Ihnen pro angefangene 100 Stück eine Pauschale von 12,00 Euro netto berechnet.

Bei weiteren Fragen stehen wir Ihnen selbstverständlich gerne zur Verfügung.

Wir würden uns über Ihren Auftrag sehr freuen.

Mit freundlichen Grüßen

i. A. Demir Manyas

Demir Manyas
Golf Products OHG

Situation 2

Sie befinden sich weiterhin in der Abteilung Einkauf.

Des Weiteren wurden aufgrund von Angeboten bei der Golf Outlet AG mehrere Positionen bestellt:

- 50 Poloshirts, Modell »Performance Plus«, blau, 100 % Acryl
- 250 Schlägergriffe, Modell »Standard« aus Gummi, extra griffig
- 100 Schlägerschäfte, Modell »Supercomp«, reguläre Härte

Die Waren wurden heute geliefert. Der Ausbildungsleiter bittet Sie, die Warenprüfung durchzuführen. Ihnen liegen hierzu der Lieferschein und ein Bildausschnitt zweier gelieferter Waren vor (siehe Anlagen 3 und 4).

1. Führen Sie die Wareneingangsprüfung durch und beschreiben Sie ausführlich drei von Ihnen gemachte Feststellungen.

Sie überlegen, wie die Hole in One Golf GmbH auf jede der Feststellungen reagieren sollte.

2. Erläutern Sie, welche Rechte der Hole in One Golf GmbH vorrangig zustehen. Wählen Sie daraus das Recht, das bei Ihrer jeweiligen Feststellung in Anspruch genommen werden sollte. Begründen Sie dies ausführlich.

Anlage 3

Golf Outlet AG

Golf Outlet AG, Münchner Str. 21, 60329 Frankfurt am Main

Hole in One Golf GmbH
Baierbrunner Straße 5
81379 München

Telefon: 069 23 00 80-0
Telefax: 069 22 25 80-1

Lieferschein Nr. 101   Frankfurt am Main, 29.06.20..

Sehr geehrte Damen und Herren,

hiermit liefern wir Ihnen wie vereinbart:

Pos.	Artikel	Ausführung	Menge	VPE
1	Art. 6852 Poloshirt »Performance Plus«	Farbe blau, Material: 100 % Polyester	50	Stück
2	Art. 3498 Schlägergriff »Standard«	Material: Gummi, extra griffig	210	Stück
3	Art. 8711 Schlägerschaft »Supercomp«	reguläre Härte	100	Stück

Vielen Dank für Ihr Vertrauen.

Mit freundlichen Grüßen

i. A. Josef Müller

Josef Müller
Golf Outlet AG

Anlage 4

Bei der Lieferung der Schlägerschäfte vom Modell »Supercomp« sehen zwei Schäfte folgendermaßen aus:

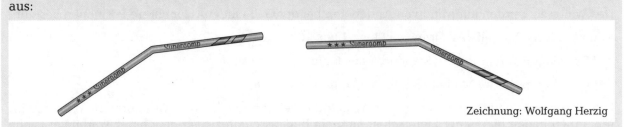

Zeichnung: Wolfgang Herzig

Situation 3

Sie befinden sich jetzt in der Marketingabteilung.

Der Kundenkreis soll deutlich ausgeweitet werden. Es spielen immer häufiger auch jüngere Leute unter 45 Jahren Golf. Diese sollen auch als Kunden gewonnen werden. Ihre Kollegen haben dazu folgende Vorschläge erarbeitet:

Vorschlag 1: Um die Kunden gezielt anzusprechen, werden ab sofort Newsletter an Kunden aus der bestehenden Kundendatei verschickt.

Vorschlag 2: Der 27-jährige deutsche Spitzengolfer Martin Kaymer wird von der Hole in One GmbH ausgerüstet und gesponsert.

Vorschlag 3: Der Vertrieb wird komplett auf Direktvertrieb über das Internet umgestellt.

Ihr Ausbildungsleiter zeigt Ihnen die Vorschläge und möchte Ihre Meinung dazu hören.

1. Beurteilen Sie jeden der drei Vorschläge hinsichtlich des vorgegebenen Ziels.

2. Führen Sie zusätzlich drei Ziel führende Vorschläge auf.

Lösung Prüfung 2012

Situation 1

1.

	Rund ums Golf AG	Golf Products OHG
Listeneinkaufspreis	10.935,00 € (24,30 € · 450 Stück)	5.845,50 € (12,99 € · 450 Stück)
– Liefererrabatt	1.093,50 €	292,28 €
=Zieleinkaufspreis	9.841,50 €	5.553,22 €
– Lieferersskonto	196,83 €	5.386,62 €
= Bareinkaufspreis	9.644,67 €	5.386,62 €
+ Bezugkosten	20,00 €	60,00 €
= Bezugspreis für 450 Stück	9.664,67 €	5.446,62 €

Das Angebot der Golf Products OHG ist das preisgünstigste.

2. Z. B.

- **Qualität:** Die Rund ums Golf AG bietet mit den Materialien Acryl, Schafsledereinsätzen und einem zusätzlichen Innenfutter aus Fleece die bessere Qualität. Die Golf Products OHG verwendet nur geringwertigen Polyester, ihre Haube hat kein zusätzliches Innenfutter. Die OHG bietet daher die schlechtere Qualität.

- **Gewicht:** Das leichtere Produkt ist das der Golf Products OHG. Der Unterschied beträgt aber nur 15 Gramm, was beim Tragen der Schläger auf einer Golfrunde wohl nicht sehr spürbar ist.

- **Ökologie:** Die Rund ums Golf AG verwendet bei der Herstellung nur umweltverträgliche Rohstoffe. Der Lieferweg ist innerhalb von München und daher wesentlich kürzer und umweltschonender als der Weg von Hamburg nach München. Die Golf Products OHG macht keine Angaben über eine ökologische Herstellung oder Verpackung. Da sie in China produziert und sie die Produkte daher sehr weit anliefern muss, wird der umweltschädigende Transportweg enorm verlängert.

- **Schnelle, zuverlässige Lieferung:** Schneller liefert die Rund ums Golf AG mit sieben Tagen nach Bestellungseingang, erheblich länger dauert die Lieferung bei der Golf Products OHG mit vier Wochen. Da die Produkte hier auch mit dem Schiff von China nach Deutschland gebracht werden, ist es weniger sicher, dass die Lieferung auch zuverlässig ankommt.

3. Z. B.

Obwohl der Bezugspreis wesentlich höher ist, entscheide ich mich für das Produkt »Driver super pro«. Es bietet beste Qualität, dies erwarten unsere Kunden. Sie sind bereit, dafür auch höhere Preise zu bezahlen. Ferner sind die Vorteile bei der schnellen und zuverlässigen Lieferung sowie der Ökologie höher zu bewerten als der Nachteil beim Gewicht.

Situation 2

1.
- Der Artikel 6852 »Performance Plus« wurde nicht in der vereinbarten Qualität geliefert, statt aus 100 % Acryl bestehen die Poloshirts nur aus 100 % Polyester.

- Vom Artikel 3498 »Standard« wurden zu wenig geliefert, statt der bestellten 250 Stück kamen nur 210 Stück (40 Stück zu wenig).

- Zwei Stück des Artikels 8711 »Supercomp« sind gebrochen und können nicht für die Produktion verwendet werden.

2. Die Hole in One Golf GmbH hat zunächst das Recht auf Nacherfüllung. Sie kann dabei wählen zwischen Nachbesserung oder Neu-/Nachlieferung.

- Die Hole in One Golf GmbH sollte bei Artikel 6852 das Recht auf Neulieferung geltend machen.
    - → Begründung: Eine Reparatur ist nicht möglich, da das verwendete Material falsch ist. Polyester ist minderwertiger als Acryl und die Kunden haben höchste Qualitätsansprüche.

- Bei Artikel 3498 muss die Golf Outlet AG die fehlenden 40 Stück nachliefern.
    - → Begründung: Die Schlägerschäfte sind Vorprodukte, auf die man bei der Produktion nicht verzichten kann.

- Bei Artikel 8711 soll die GmbH auf Neulieferung der zwei gebrochenen Schlägerschäfte bestehen.
    - → Begründung: Eine Nachbesserung ist nicht möglich, da reparierte Schlägerschäfte nicht als Vorprodukte für die Produktion von neuen Schlägern verwendet werden können.

Situation 3

1. Z. B.:

- **Vorschlag 1:**

  Newsletter an Kunden aus der bestehenden Kundendatei bringen keine neuen Kunden, außerdem fühlen sich die angesprochenen Kunden durch die Newsletter vielleicht belästigt.
  - Kein zielführender Vorschlag.

- **Vorschlag 2:**

  Mit einem jungen Spitzensportler als Werbendem für die Produkte der Hole in One Golf GmbH erzielt man auf jeden Fall Aufmerksamkeit. Insbesondere jüngere Leute könnten sich mit einem erfolgreichen jungen Sportler gut identifizieren.
  - Guter Vorschlag.

- **Vorschlag 3:**

  Dieser Vorschlag ist zwar zielführend für die Gewinnung junger Kunden, da durch den Internetauftritt ein größeres Potenzial an Kunden angesprochen werden kann. Jedoch besteht die Gefahr, die Kunden durch den Wegfall der Läden zu verlieren, welche insbesondere im Premiumsegment großen Wert auf persönlichen Kontakt und Beratung legen.

2. Z. B.

- Zusätzliche Einführung eines Onlineshops unter Beibehaltung des herkömmlichen Vertriebsweges.
- Veranstaltungen für junge Golfspieler anbieten (Jugendturniere, Golf-Ferien).
- Mitaufnahme von günstigeren Produkten in das Sortiment.

Prüfung 2013

Fallaufgabe

Klaus Schön, 44 Jahre alt, ledig, arbeitete bis vor kurzem im Einzelhandel im Regensburger Fotoladen Stiller. Dort absolvierte er bereits seine Ausbildung. Der Ein- und Verkauf von Kameras und Zubehör ist ihm genauso vertraut wie das Erstellen von Abzügen digitaler Bilder in allen Formaten.

Anfang des Jahres hat sich Klaus Schön selbstständig gemacht. Er übernahm in einem Regensburger Wohnviertel ein kleines Fotogeschäft. Für die Waren, wie digitale Fotoapparate und Zubehör, sowie die gesamte Einrichtung bezahlte er eine Ablösesumme von 40.000,00 €. Diese Summe entspricht den in der aktuellen Bilanz ausgewiesenen Werten.

Sein Kerngeschäft ist der Handel mit Kameras und Zubehör sowie der Druck von Bildern in allen Größen. Die Kunden aus der nahen Umgebung bringen ihre Dateien auf einem digitalen Speichermedium und bekommen innerhalb kürzester Zeit ihre Abzüge. Die Kunden schätzen diesen Service vor ihrer Haustüre, da sie sich die Fahrt in die Regensburger Innenstadt sparen. Was er nicht anbietet, ist das Fotografieren von Personen oder auf Veranstaltungen. Die Kunden fragen jedoch immer wieder nach diesen Leistungen.

Das Geschäft von Klaus Schön liegt neben einem Supermarkt, einer Bäckerei, einer Metzgerei und einem Blumenladen. Seit kurzem hat er auch eine Internetadresse. Unter www.fotoladen.de können sich die Kunden informieren und unter info@fotoladen.de Klaus Schön eine E-Mail schreiben. Die Räumlichkeiten des Fotogeschäfts sind nicht groß. Sie bestehen aus einem Verkaufsraum mit der neuesten technischen Ausstattung für den Bilddruck. Ein weiterer Nebenraum, der als Fotostudio eingerichtet ist, wird momentan nicht genutzt.

Klaus Schön hat von Montag bis Freitag von 10:00 Uhr bis 18:00 Uhr für seine Kunden geöffnet. Mit den Umsätzen des Fotogeschäfts ist er zufrieden. Nach Abzug aller Kosten kann er vom erwirtschafteten Gewinn leben. Den Wunsch seiner Kundschaft, das Fotogeschäft auch am Samstag zu öffnen, will er überdenken.

Situation

Die Fotoladen Schön GmbH erhielt letzte Woche den Auftrag, am 29.06. ein Hochzeitspaar zu fotografieren. Die dafür dringend benötigte Studioleuchte ist nicht mehr funktionsfähig und musste ersetzt werden. Klaus Schön bestellte daher eine neue Leuchte und erhielt von der Fototechnik GmbH eine schriftliche Auftragsbestätigung (siehe Anlage). Die Leuchte wurde jedoch bis heute (28.06.) nicht geliefert.

Klaus Schön ruft deshalb bei der Fototechnik GmbH an und erfährt von dem Sachbearbeiter, Herrn Tenner, dass die Leuchte versehentlich an einen anderen Kunden versendet wurde. Herr Tenner kann eine Lieferung erst am kommenden Montag (01.07.) zusagen. Klaus Schön lehnt dies ab und kündigt an, dass er sich nochmals melden werde. Er sucht daraufhin einen anderen Lieferanten. Er findet einen 80 km entfernten Händler, der die gleiche Leuchte für 890,00 € brutto anbietet, allerdings zur Selbstabholung. Klaus Schön beauftragt einen Kurierdienst mit der Abholung und bezahlt dafür 170,00 €.

Formulieren Sie in der Vorlage für Klaus Schön bis zur Grußformel eine E-Mail an die Fototechnik GmbH, in der Sie die Rechte von Klaus Schön begründet geltend machen.

Vorlage

Neue Nachricht	
An:	
Betreff:	
Text:	

Anlage

Fototechnik GmbH
Fotostudiozubehör & Fotozubehör

Fototechnik GmbH, Esperantostr. 8, 70197 Stuttgart

Fotoladen Schön GmbH
Amselweg 5
93059 Regensburg

Auftragsbestätigung

Auftragsnr.: 01698203

Pos.	Menge	Artikelnr.	Artikelbezeichnung	Einzelpreis	Gesamtpreis
1	1 Stück	80169870	Studioleuchte Daylight Kit A	750,00 €	750,00 €
			– 20 % Einführungsrabatt		150,00 €
			= Nettobetrag		600,00 €
			+ 19 % Umsatzsteuer		114,00 €
			= Bruttorechnungsbetrag		714,00 €

Lieferung am 27.06. .. fix, Nachlieferung nicht erwünscht.

Lieferbedingung: frei Haus.

Zahlungsart: Vorauskasse durch Lastschrift am 24.06… von Kontonr. 6 713 567, Sparkasse Regensburg, BLZ 750 500 00.

Volksbank Stuttgart
BLZ: 600 901 00
Kontonummer: 620 083 440

Amtsgericht Stuttgart HRB 5603

Lösung Prüfung 2013

Neue Nachricht	
An:	info@fototechnik.de
Betreff:	Rücktritt vom Kaufvertrag
	Auftragsnummer 1698203

Sehr geehrter Herr Tenner,

ich beziehe mich auf unser heute geführtes Telefongespräch. Da Sie die Studioleuchte nicht fristgerecht liefern konnten, trete ich vom Kaufvertrag zurück. Ich habe die Leuchte zu einem Preis von 890,00 € bei einem anderen Händler erhalten. Für die Lieferung der Leuchte musste ich zusätzlich 170,00 € aufwenden.

Da Sie den Rechnungsbetrag von 714,00 € bereits von meinem Konto abgebucht haben, bitte ich um Erstattung. Zudem bitte ich Sie um die Übernahme der Mehrkosten von 176,00 € für den Ersatzkauf und von 170,00 € für die Abholung.

Bitte zahlen Sie bis spätestens 15.07. den Betrag von 1.060,00 € auf mein Girokonto mit der Kontonummer 6 713 567 bei der Sparkasse Regensburg, BLZ 750 500 00.

Mit freundlichen Grüßen

Prüfung 2014

Fallaufgabe

Unternehmensbeschreibung	
Firma	Eisdiele Luna e.K. Inhaber: Hans Fröhlich 94315 Straubing Die kleine Eisdiele im italienischen Design mit 32 Sitzplätzen liegt in der Fußgängerzone am Marktplatz von Straubing. Die Räume für Eisherstellung und -verkauf befinden sich im Erdgeschoss. Im vergangenen Winter wurde die Eisdiele mit erheblichem finanziellem Aufwand von Hans Fröhlich renoviert. Die Eisdiele besitzt nun große Glasfronten, die Tageslicht in den Innenraum bringen und einen herrlichen Blick auf die Fußgängerzone bieten. Außerdem sind die technischen Geräte für die Herstellung und Lagerung von Speiseeis modernisiert worden.
Unternehmensgegenstand	• Herstellung und Vertrieb von Speiseeis • Verkauf von Eisbechern sowie Getränken in der Eisdiele • Straßenverkauf von Eis in Waffeln und Bechern
Personal	Hans Fröhlich beschäftigt: • seine Ehefrau Gisela Fröhlich im Einkauf und in der Produktion, • Nina Strobl und Julia Baier im Service und Verkauf, • und Sie als Mitarbeiter/in im Büro. Die beiden Kinder, die 18-jährige Maria und der 19 Jahre alte Simon, helfen bei Bedarf aus.

Sortiment	Die Eisdiele Luna stellt 18 überwiegend klassische Eissorten in unterschiedlichen Geschmacksrichtungen, z. B. Vanille, Schokolade, Erdbeere, Nuss und Stracciatella, her. Das Speiseeis wird täglich frisch ohne künstliche Aromen, Farbstoffe oder Geschmacksverstärker hergestellt.
	Die Rohstoffe, wie Milch und Obst, bezieht Hans Fröhlich von Biobauern aus der Region und von einem Lebensmittelgroßhändler für ökologisch zertifizierte Waren in der Nähe.

Situation

Vor zwei Wochen hat Hans Fröhlich einen Eislieferservice realisiert. Er beliefert Veranstaltungen und Familienfeiern im Nahbereich von Straubing mit frischen Eisspezialitäten.

Der erste Auftrag kam vom Spargelerzeugerverband Südbayern. Dieser bestellte für eine Tagung in Geiselhöring eine große Eisbombe in der besonderen Geschmacksrichtung »Spargel«.

Hans Fröhlich hat die Bestellung mit einer Auftragsbestätigung ordnungsgemäß angenommen (siehe Anlage).

Gestern Abend fuhr Maria Fröhlich die bestellte Eisbombe nach Geiselhöring. Als sie gegen 20:00 Uhr an der Labertalhalle ankam, war die Halle dunkel und es stand kein Auto vor dem Gebäude. Die Eingangstür war verschlossen, nur der Hausmeister war anwesend. Dieser erklärte, die Tagung sei kurzfristig abgesagt worden.

Maria informierte ihren Vater und fuhr mit der Eisbombe zurück nach Straubing. Die Eisbombe wurde entsorgt, da sie, obwohl sie im Fahrzeug gekühlt wurde, aufgrund der speziellen Geschmacksrichtung nicht mehr verkauft werden konnte. Hans Fröhlich war sehr verärgert und ist nicht bereit, die Sache auf sich beruhen zu lassen.

Heute Morgen erteilte er Ihnen daher den Auftrag, bei der Geschäftsstelle des Spargelerzeugerverbandes Südbayern anzurufen. Der telefonisch von Ihnen kontaktierte Mitarbeiter erklärte Ihnen, er sei für die Angelegenheit nicht zuständig. Sie sollen Ihre Beschwerde und Ihre Forderungen bitte schriftlich einreichen.

Formulieren Sie ein entsprechendes Anschreiben an den Spargelerzeugerverband Südbayern vom Betreff bis zur Unterschrift.

Anlage

Eisdiele Luna

Ihre Eisdiele mit Herz ❤ – im Herzen ❤ von Straubing

Eisdiele Luna e. K., Theresienplatz 12 a, 94315 Straubing

Spargelerzeugerverband Südbayern e. V.
Bürgermeister-Stocker-Ring 33
86523 Schrobenhausen

Eisdiele Luna e. K.
Theresienplatz 12 a
94315 Straubing

Telefon: 0921 670325
Telefax: 0921 670326
E-Mail: eisdieleluna@t-online.de

Ihr Zeichen, Ihre Nachricht vom	Unser Zeichen, unsere Nachricht vom	Name	Datum
ud, 11.06.20..	hf	H. Fröhlich	13.06.20..

Auftragsbestätigung

Sehr geehrte Damen und Herren,

wie von Ihnen gewünscht, bestätige ich hiermit schriftlich Ihre Bestellung vom 11.06.20...

Pos.	Artikel	Netto-betrag (€)	Steuer-satz (%)	Steuer-betrag (€)	Brutto-betrag (€)
1	Eisbombe Asparagus (Spargel-geschmack) für 70 Personen	259,00	19	49,21	308,21
2	Leihgebühr Geschirr (verpflichtend)	70,00	19	13,30	83,30
3	Reinigung (bei Nutzung des Geschirrs)	35,00	19	6,65	41,65
4	Lieferung	30,00	19	5,70	35,70
	Summe				**468,86**

Lieferung am 26.06.20.. zu Ihrer Veranstaltung um 20:00 Uhr in die Labertalhalle in Geiselhöring.

Zahlung rein netto bis 7 Tage nach Lieferung.

Besten Dank für Ihren Auftrag.

Mit freundlichen Grüßen

Eisdiele Luna e. K.

Hans Fröhlich

Sitz der Gesellschaft: Straubing
Registergericht: Amtsgericht Straubing
HRA 2597
Inhaber: Hans Fröhlich

Bankverbindung: Sparkasse Niederbayern-Mitte
Kto. Nr. : 32 165 789, BLZ 742 500 00
IBAN: DE52 7425 0000 0032 1657 89
BIC: BYLADEM1SRG

Lösung Prüfung 2014

Z. B.:

Lieferung vom 26.06.20.., Annahmeverzug

Sehr geehrte Damen und Herren,

Sie hatten bei uns eine Eisbombe Asparagus bestellt. Diese Eisbombe ist am 26.06.20.. ordnungsgemäß um 20:00 Uhr zur Labertalhalle in Geiselhöring geliefert worden. Der Hausmeister vor Ort teilte uns mit, dass Ihre Veranstaltung abgesagt wurde. Durch die Nicht-Annahme der Eisbombe befinden Sie sich im Annahmeverzug.

Da es sich bei der Eisbombe um eine Sonderanfertigung handelte, konnten wir diese Eisbombe nicht anderweitig verwenden und mussten sie entsorgen.

Wir fordern deshalb von Ihnen die Zahlung von insgesamt 427,21 € für die Eisbombe, das Leihgeschirr und die Lieferung nach Geiselhöring. Bitte überweisen Sie den Gesamtbetrag innerhalb der in der Auftragsbestätigung vereinbarten Frist von einer Woche auf unser Bankkonto.

Mit freundlichen Grüßen

i. A. Schülername

Prüfung 2014

Fallaufgabe

Die Gesellschafter

Herr Erwin Dämer, wohnhaft in 63739 Aschaffenburg, Bechtholdstraße 45,

Frau Susanne Dämer, wohnhaft in 63739 Aschaffenburg, Yorckstraße 9 und

Herr Markus Dämer, wohnhaft in 63741 Aschaffenburg, Kopernikusstraße 21

verbinden sich zu einer Kommanditgesellschaft und schließen zu diesem Zweck folgenden Gesellschaftsvertrag ab.

Gesellschaftsvertrag

§ 1 Zweck der Gesellschaft

(1) Die Gesellschafter gründen eine Kommanditgesellschaft.

(2) Zweck der Gesellschaft ist der Betrieb einer Tennishalle mit sechs Hallentennisplätzen.

§ 2 Firma und Sitz der Gesellschaft

(1) Die Gesellschaft führt die Firma Tennishallen Dämer KG.

(2) Der Sitz der Gesellschaft ist 63739 Aschaffenburg, Sportallee 4.

§ 3 Beginn, Dauer, Geschäftsjahr

(1) Die Gesellschaft beginnt am 01.07.2001 mit unbestimmter Dauer.

(2) Das Geschäftsjahr läuft vom 01.07. eines Jahres bis zum 30.06. des Folgejahres.

§ 4 Gesellschafter, Einlagen

(1) Persönlich haftender Gesellschafter ist Erwin Dämer.

　　Kommanditisten sind Susanne Dämer und Markus Dämer.

(2) Erwin Dämer erbringt folgende Einlage:　　50.000,00 €

　　Susanne Dämer erbringt folgende Einlage: 30.000,00 €

　　Markus Dämer erbringt folgende Einlage:　10.000,00 €

(…)

§ 9 Verteilung von Gewinn und Verlust

(1) Die Einlagen aller Gesellschafter gemäß § 4 Abs. 2 des Gesellschaftsvertrages werden mit 5 % verzinst.

(2) An dem danach verbleibenden Gewinn oder Verlust der Gesellschaft sind die Gesellschafter entsprechend ihrer Anteile am Gesellschaftsvermögen gemäß § 4 Abs. 2 des Gesellschaftsvertrages beteiligt.

(3) Eine andere Gewinnbeteiligung kann mit der Mehrheit der Stimmen beschlossen werden.

(…)

Sie sind Mitarbeiterin/Mitarbeiter in der Verwaltung der Tennishallen Dämer KG und verfügen über allgemeine Handlungsvollmacht.

Situation 2

Weiterhin händigte Ihnen ihr Chef heute (27.06.20..) die neuen Mahnrichtlinien aus. Diese gelten ab dem 01.07.20..

1. Mahnung: 30 Tage nach Fälligkeit der Rechnung, keine Gebühren;

2. Mahnung: 45 Tage nach Fälligkeit der Rechnung, 2,00 € Bearbeitungsgebühr;

3. Mahnung: 60 Tage nach Fälligkeit der Rechnung, weitere 5,00 € Bearbeitungsgebühr, 4,0 % Verzugszinsen ab Fälligkeit der Rechnung auf den offenen Rechnungsbetrag mit tagesgenauer Berechnung der Verzugszinsen und Androhung der Weitergabe an ein Inkassobüro 14 Tage nach dem Datum der 3. Mahnung, sofern kein Zahlungseingang festzustellen ist;

Damit wurden im Vergleich zur alten Regelung die Bearbeitungsgebühren um jeweils 1,00 € erhöht und die Verzugszinsen um 0,5 Prozentpunkte gesenkt.

Wie bisher werden auf jeder Mahnung Bankverbindung, Rechnungsnummer und -datum, der gesamte zu zahlende Betrag sowie dessen nachvollziehbare Zusammensetzung stichpunktartig aufgeführt.

Weiterhin gilt die bereits seit 01.06.20.. bestehende Regelung, wonach auf die neue Bankverbindung bei der Sparkasse Aschaffenburg-Alzenau,

　IBAN: DE05 7955 0000 0004 9687 48, BIC: BYLADEM1ASA hinzuweisen ist.

Verfassen Sie für die vorliegende, bis heute noch nicht bezahlte Ausgangsrechnung (siehe Anlage) ab der Betreffzeile die 3. Mahnung entsprechend der gültigen Mahnrichtlinien und Ihrer Vollmacht.

Anlage

Tennishallen Dämer KG

Tennishallen Dämer KG, Sportallee 4, 63739 Aschaffenburg

Tennishallen Dämer KG

Tennishallen Mainfranken GmbH
Wolfgang Grassmann
Germanenstraße 28
97072 Würzburg

Sportallee 4
63739 Aschaffenburg
Telefon +49 6021 64626-0
Telefax +49 6021 64626-1
E-Mail info@daemer.de
USt-IdNr. DE132553879

Datum: 11.04.20..

Rechnung
Rechnungsnummer 763519

Pos.	Menge	Artikel-Nr.	Artikelbezeichnung	Einzelpreis	Gesamtpreis
1	3 Stück	999999	3 Ballmaschinen, gebraucht	300,00 €	900,00 €
			= Nettobetrag		900,00 €
			+ 19 % Umsatzsteuer		171,00 €
			Bruttorechnungsbetrag		1.071,00 €

Lieferung: Selbstabholung durch Wolfgang Grassmann am 11.04.20..

Zahlungsart: Barzahlung eines Teilbetrages von 100,00 € (Steueranteil 15,97 €) bei Abholung, Zahlung des Restbetrages bis zum 25.04.20.. auf das unten aufgeführte Konto.

100,00 € am 11.04.20..
dankend erhalten
Erwin Dämer

Raiffeisenbank Aschaffenburg eG
Bankleitzahl: 795 625 14
Kontonummer: 732 100
IBAN: DE55 7956 2514 0000 7321 00
BIC: GENODEF1AB1

Amtsgericht Aschaffenburg
HRA 4456

Lösung Prüfung 2014

Z. B.

3. Mahnung

Sehr geehrter Herr Grasser,

wir beziehen uns auf unsere Rechnung mit der Rechnungsnummer 763519 vom 11.04.20..

Trotz mehrerer Mahnungen konnten wir bis heute keinen Zahlungseingang auf unserem Bankkonto feststellen.

Der offene Gesamtbetrag ergibt sich wie folgt:

Rechnungsbetrag	1.071,00 €
– Anzahlung	100,00 €
+ Bearbeitungsgebühr 2. Mahnung	1,00 €
+ Bearbeitungsgebühr 3. Mahnung	4,00 €
+ Zinsen für 63 Tage	7,54 €
= Gesamtbetrag	983,54 €

Wir fordern Sie letztmalig auf, diesen Betrag bis zum 11.07.20.. auf unser Konto: IBAN: DE05 7955 0000 0004 9687 48 bei der Sparkasse Aschaffenburg-Alzenau, BIC: BYLADEM1ASA zu überweisen.

Sollten Sie dieser Zahlungsaufforderung nicht nachkommen, sehen wir uns gezwungen, die Angelegenheit einem Inkassobüro zu übergeben.

Mit freundlichen Grüßen

i. V. Schülername

Lösungshinweis:

Die laut Mahnrichtlinien geforderten Inhalte müssen beachtet werden.

Tagesgenaue Berechnung der Zinsen:

Zinsen = 971,00 € · 4,5 · 63/100 · 365 = 7,54 €

Prüfung 2014

Modul

Sie haben beim Onlineauktionshaus Engels folgendes Verkaufsangebot eingestellt:

Onlineauktionshaus Engels

Kunstdruck der Oper in Sydney (gerahmt, auf Leinwand)

Artikelzustand: neu

Preis (Sofortkauf) EUR 450,00 Lieferzeit: 2 Tage

+ Versandkosten EUR 41,70 Zahlung: per Nachnahme

Die Versandkosten beinhalten auch eine Verpackungskostenpauschale, da der Versand in einer hochwertigen, auf die Bildgröße abgestimmten Versandbox aus Hartpappe erfolgt.

Größe und Gewicht:

Bildgröße: Breite: 118 cm, Höhe: 79 cm, Tiefe: 5 cm   Gewicht: 1,2 kg

© pixabay.com

Herr Zwick, ein Kaufinteressent aus München, hat nachgefragt, warum die Versandkosten so hoch sind. Er bittet Sie um eine Aufstellung, wie sich diese Kosten genau zusammensetzen.

Ihnen liegen folgende Informationen vor.

Preise für den nationalen Versand von Paketen (versichert bis zu einem Wert von 500,00 €)		
Maße (Breite · Höhe · Tiefe)	**Gewicht**	**Preis**
bis 60 cm · 30 cm · 15 cm	bis 2 kg	4,10 €
bis 120 cm · 90 cm · 60 cm	bis 10 kg	6,90 €
bis 120 cm · 90 cm · 60 cm	bis 20 kg	11,90 €
Zusätzliche Kosten (nicht im Versandpreis enthalten)		
		Preis
Sperrgut [1]		23,80 €
Nachnahme		5,00 €
Extra-Versicherung (von 500,01 € bis 2.500,00 €)		3,50 €

[1] Das maximale Gurtmaß (= 2 · Breite + 2 · Höhe + 2 · Tiefe) ist 300 cm. Nur wenn das Gurtmaß über dem Wert von 300 cm liegt, muss verbindlich für ein Sperrgut bezahlt werden.

Erstellen Sie ein kurzes Schreiben, in welchem Sie die Frage von Herrn Zwick beantworten und die Kostenzusammensetzung der Versandkosten stichpunktartig darlegen.

Lösung Prüfung 2014

Z. B.:

Sehr geehrter Herr Zwick,

die Höhe der Kosten ist berechtigt.

Im Einzelnen ergeben sich folgende Kosten:

Paketversand	6,90 €
+ Sperrgut	23,80 €
+ Nachnahme	5,00 €
+ Verpackung	6,00 €
= Summe	41,70 €

Mit freundlichen Grüßen

Schülername

Lösungshinweis:

Die 6,00 € für die Verpackung ergeben sich aus der Differenz der 41,70 € und den übrigen genannten Kosten.

Prüfung 2014

Modul

Sie absolvieren ein Praktikum bei einem Onlinehändler. Ihr Chef händigt Ihnen folgende Bestellbestätigung eines 14-jährigen Kunden aus.

Bestellbestätigung
Bestellung # 304-5388742-0674738

Lieferung voraussichtlich
Dienstag, 01.07.20..

Die Bestellung geht an
Philipp Wehner

Versandart
Standardversand

Merkurstr. 31
93051 Regensburg

Guinness World Records Buch — 19,99 €

Jim Beam Black Triple Aged, 0,7 l, 43 % Alkohol — 26,99 €

Samsung UE32F5070 (32 Zoll), LED-Backlight-Fernseher — 299,00 €

2 Jahre Garantie-Verlängerung für Fernseher bis 32 Zoll, erste Monatsrate, Folgeraten werden abgebucht — 5,00 €

Bruttobetrag — 350,98 €

Dieser Betrag enthält 55,24 € Umsatzsteuer und 0,80 € Versicherungssteuer.

Bitte beachten Sie: Diese E-Mail dient lediglich der Bestätigung des Eingangs Ihrer Bestellung und stellt noch keine Annahme Ihres Antrags auf Abschluss eines Kaufvertrags dar.

1. Prüfen Sie die Bestellung und begründen Sie kurz, ob für die einzelnen Positionen jeweils ein Vertragsverhältnis zustande kommen wird.

Ihr Chef berichtet Ihnen, dass sich in letzter Zeit zunehmend Jugendliche unter Angabe falscher Geburtsdaten anmelden und vorgeben, volljährig zu sein. Die Jugendlichen bestellen dann Waren, die ihnen aufgrund gesetzlicher Bestimmungen aber nicht verkauft werden dürfen.

2. Beschreiben Sie, wie eine wirksame Alterskontrolle konkret stattfinden könnte.

Lösung Prüfung 2014

1. Z.B.:

Position 1: Der Kaufvertrag kommt zustande, da der Kunde zwar beschränkt geschäftsfähig ist, der Kauf des Buchs aber im Rahmen des Taschengeldes mit eigenen Mitteln getätigt werden kann.

Position 2: Der Kaufvertrag kommt nicht zustande, da hochprozentiger Alkohol nicht an Personen unter 18 Jahren abgegeben werden darf.

Position 3: Der Kaufvertrag kommt unter Umständen nicht zustande, da der Kunde beschränkt geschäftsfähig ist und der Kauf unter Umständen nicht mit eigenen Mitteln getätigt werden kann. In diesem Fall ist die Zustimmung der Eltern erforderlich, die eingeholt werden sollte, um Rechtssicherheit zu erlangen. Solange ist der Kauf schwebend unwirksam.

Position 4: Der Dienstleistungsvertrag kommt nicht zustande, da der Kunde beschränkt geschäftsfähig ist und ihm Ratengeschäfte somit untersagt sind.

2. Z.B.:

Bei der Anmeldung könnte durch eine vor der ersten Bestellung zu übermittelnde Kopie des Personalausweises festgestellt werden, ob das angegebene Alter korrekt und der Kunde tatsächlich volljährig ist.

Lernbereich 3: Lagerhaltung

3.1 Aufgaben der Lagerhaltung

- **Reifungsfunktion** (z. B. Käse, Holz)
- **Zeitüberbrückungsfunktion** (z. B. Zeit zwischen Einkauf, Produktion und Verkauf)
- **Sicherheitsfunktion** (z. B. um einen Produktionsstopp zu vermeiden)
- **Preisausgleichsfunktion** (z. B. bei Preisschwankungen)
- **Kostensenkungsfunktion** (z. B. durch größere Bestellmengen günstigere Preise)

3.2 Lagerrisiken

- **spezielle Risiken,** z. B. Feuer-, Diebstahl-, Wasserschaden
  → **sind versicherbar!**

- **allgemeines Unternehmerrisiko,** z. B. Verderb, nachlassende Qualität, Preisrisiko, Kundennachfrage sinkt
  → **ist nicht versicherbar!**

3.3 Lagerkosten

- **Personalkosten**
  sind z. B. Löhne, Gehälter für Lagermitarbeiter, Arbeitgeberanteil zur Sozialversicherung und freiwillige Sozialleistungen.

- **Sachkosten**
  - **Raumkosten**
    → Eigene Lagerräume müssen gebaut oder angemietet werden,
    → für den Bau wird evtl. Fremdkapital benötigt, für das man Zinsen zahlen muss,
    → die Lagerräume verlieren mit der Zeit an Wert (Abschreibungen vornehmen!),
    → die Lagerräume müssen von Zeit zu Zeit repariert werden,
    → die Lagerräume werden gegen Schäden versichert.

  - **Kosten der Lagereinrichtung,**
    → Es müssen z. B. Regale, Hochregallager, Transporteinrichtungen wie Hubwagen oder Ameise sowie Büromöbel gekauft werden,
    → für den Kauf wird evtl. Fremdkapital benötigt, für das man Zinsen zahlen muss,
    → die Lagereinrichtung verliert mit der Zeit an Wert (Abschreibungen vornehmen!),
    → die Lagereinrichtung muss von Zeit zu Zeit repariert werden,
    → wertvolle Lagereinrichtung sollte versichert werden,
    → es fallen Kosten für Energie an (z. B. Strom, Beleuchtung, Belüftung).

  - **Lagerzinsen,** für das in Vorräten (Waren, Roh-/Hilfs- und Betriebsstoffe) gebundene Kapital.
    → Das Unternehmen muss Handelswaren oder Stoffe zunächst einkaufen und bezahlen (vorfinanzieren), bis durch den Verkauf wieder Umsatzerlöse in das Unternehmen fließen.

3.4 Der optimale Lagerbestand

ist der Lagerbestand, bei dem die **größte Wirtschaftlichkeit** erreicht wird.

Ziel: ein zu großer bzw. zu kleiner Bestand soll vermieden werden.

→ Bei zu großen Lagerbeständen fallen hohe Lagerkosten und Lagerrisiken an,

→ ist der Lagerbestand zu klein, ist die Gefahr gegeben, dass es zu einem Produktionsstopp kommt oder Kunden nicht mehr beliefert werden können.

3.5 Lagerkennziffern

- **Istbestand** = Bestand an Waren, der tatsächlich im Lager vorhanden ist (z. B. festgestellt durch die Inventur).

- **Sollbestand** = Bestand an Waren, der laut Lagerbuchführung im Lager vorhanden sein sollte.

- **Mindestbestand** = eiserner Bestand = muss immer vorhanden sein (sichert Produktions- bzw. Lieferfähigkeit).

- **Höchstbestand** = passt höchstens ins Lager.

- **Meldebestand** = Bestand, bei dem nachbestellt werden muss.

3.5.1 Meldebestand

Berechnung des Meldebestands

$$= (\text{durchschnittlicher Tagesverbrauch} \cdot \text{Beschaffungszeit}) + \text{Mindestbestand}$$

3.5.2 Durchschnittlicher Lagerbestand

$$= \frac{\text{Jahresanfangsbestand} + \text{Jahresendbestand}}{2}$$

oder

$$= \frac{\text{Jahresanfangsbestand} + 12 \text{ Monatsendbestände}}{13}$$

oder

$$= \frac{\text{Wareneinsatz}}{\text{Umschlagshäufigkeit}}$$

Der durchschnittliche Lagerbestand gibt an, welche **Menge** einer Ware **durchschnittlich in einem bestimmten Zeitraum** (z. B. ein Jahr) **auf Lager** ist.

Je geringer der Lagerbestand, desto geringer die Kapitalbindung und das Lagerrisiko sowie die Lagerkosten (und umgekehrt).

Je geringer der Lagerbestand, desto besser.

3.5 Lagerkennziffern

3.5.3 Lagerumschlagshäufigkeit (Lagerumschlagsgeschwindigkeit)

$$= \frac{\text{Wareneinsatz}}{\text{durchschnittlicher Lagerbestand}}$$

oder

$$= \frac{\text{Jahresabsatz}}{\text{durchschnittlicher Lagerbestand}}$$

Die Lagerumschlagshäufigkeit gibt an, **wie oft sich der Lagerbestand in einem bestimmten Zeitraum umschlägt (= das Lager geleert wird).**

Je höher die Lagerumschlagshäufigkeit, desto geringer die Kapitalbindung und das Lagerrisiko sowie die Lagerkosten (und umgekehrt).

Je höher die Lagerumschlagshäufigkeit, desto besser.

3.5.4 Durchschnittliche Lagerdauer

$$= \frac{360}{\text{Lagerumschlagshäufigkeit}}$$

Die durchschnittliche Lagerdauer (in Tagen) gibt an, **wie lange eine Ware im Lager ist,** bevor sie das Lager verlässt.

Je geringer die Lagerdauer, desto geringer die Kapitalbindung und das Lagerrisiko sowie die Lagerkosten (und umgekehrt).

Je kürzer die Lagerdauer, desto besser.

3.5.5 Lagerzinssatz (Lagerzinsfuß)

$$= \frac{\text{Jahreszinssatz} \cdot \text{durchschnittliche Lagerdauer}}{360}$$

oder

$$= \frac{\text{Jahreszinssatz} \cdot \text{durchschnittlicher Lagerbestand}}{\text{Wareneinsatz}}$$

oder

$$= \frac{\text{Jahreszinssatz}}{\text{Lagerumschlagshäufigkeit}}$$

Der Lagerzinssatz gibt die prozentuale Belastung des Lagergutes mit **Zinsen für das gebundene Kapital** an.

Lagerzinsen fallen an für das in den Vorräten (Waren, Roh-, Hilfs- und Betriebsstoffen) gebundene Kapital.

→ Das Unternehmen muss Handelswaren oder Stoffe zunächst einkaufen und bezahlen (vorfinanzieren), bis wieder Umsatzerlöse durch sie in das Unternehmen fließen.

Je kürzer die Lagerdauer, umso niedriger ist der Lagerzinssatz.

Je niedriger der Lagerzinssatz, desto besser für das Unternehmen.

Prüfungsfragen zum Lernbereich 3:
Lagerhaltung

Prüfung 2006

Fallaufgabe

Angeregt durch die Überlegungen zur Veränderung der Gesellschaftsform untersucht Herr Petz, Gesellschafter der Reitsport-Petz OHG (Herstellung von Reitbekleidung, Handel mit Reitartikeln wie Helme, Schuhe, Zubehör) die einzelnen Unternehmensbereiche auf Verbesserungsmöglichkeiten. Er überprüft die Entwicklung der Lagerkennzahlen für Reitartikel.

Umschlagshäufigkeit der Reitartikel	2011	2012	2013
In der Reitsport-Petz OHG	4,9	4,4	4,0
In der Branche	4,7	4,6	5,3

Durchschnittliche Lagerdauer der Reitartikel in Tagen	2011	2012	2013
In der Reitsport-Petz OHG	73,5	81,8	90,0
In der Branche	76,6	78,3	67,9

1. Vergleichen und bewerten Sie die Entwicklung der Lagerumschlagshäufigkeit für Reitartikel bei der Reitsport-Petz OHG und in der Branche.

2. Erklären Sie den Zusammenhang zwischen Lagerumschlagshäufigkeit und durchschnittlicher Lagerdauer und nennen Sie zwei Maßnahmen, mit denen die Reitsport-Petz OHG bei der durchschnittlichen Lagerdauer wieder Anschluss an die Branchenentwicklung finden kann.

Lösung Prüfung 2006

1.
   - Die Lagerumschlagshäufigkeit hat sich bei der Reitsport-Petz OHG von 4,9 im Jahr 2011 auf 4,0 im Jahr 2013 verringert.
   - In der Branche ist die Lagerumschlagshäufigkeit im selben Zeitraum von 4,7 auf 5,3 gestiegen.
   - Im Jahr 2011 war die Umschlagshäufigkeit bei der Reitsport Petz OHG folglich noch höher als die Umschlagshäufigkeit der Branche.
   - Im Jahr 2012 ist die Kennzahl bei der Reitsport-Petz OHG und in der Branche gesunken.
   - Während die Lagerumschlagshäufigkeit in der Branche im Jahr 2013 wieder stark angestiegen ist, ist sie bei der Reitsport-Petz OHG weiter gesunken.
   - Die Lagerkennzahlen haben sich bei der Reitsport-Petz OHG insgesamt stark verschlechtert, dies hatte sicherlich Auswirkungen auf die Lagerkosten, denn sie sind mit Sicherheit angestiegen. Die Entwicklung in der Branche ist gegenläufig, was zu einer Senkung der Lagerkosten geführt haben wird.

2. Je höher die Lagerumschlagshäufigkeit ist, umso kürzer ist die durchschnittliche Lagerdauer und umgekehrt.

Maßnahmen zur Senkung der durchschnittlichen Lagerdauer könnten z. B. sein:

- Einkauf geringerer Mengen.
- Auswahl von Lieferanten mit kürzerer Lieferzeit.
- Bereinigung des Sortiments um die Artikel, die am längsten auf Lager liegen.
- Gewährung von Frühbesteller-Rabatten.
- Sonderangebote für länger auf Lager liegende Artikel.
- Verstärkte Werbeaktivitäten in Reitclubs und entsprechenden Fachzeitschriften zur Steigerung des Absatzes.

Prüfung 2007

Modul

Die Möbelgroßhandlung Holzer GmbH lagert alle ihre Holzmöbel in einem zentralen Lager.

1. Geben Sie drei Lagerrisiken für die Holzer GmbH an.

2. Die Möbelgroßhandlung will eine höhere Lagerumschlagshäufigkeit in ihrem Lager erzielen. Erläutern Sie, wie sich eine Erhöhung der Lagerumschlagshäufigkeit auf das Lagerrisiko auswirkt.

3. Von den Kinderstühlen »Elefant« werden täglich 25 Stück verkauft. Um Verkaufsstockungen zu vermeiden, soll der Vorrat für 5 Tage reichen. Die Lieferzeit beträgt 10 Tage. Der Lieferant der Holzer GmbH teilt nun mit, dass sich künftig die Lieferzeit um 2 Tage verlängert. Führen Sie drei Folgen an, die diese Verlängerung bei gleichem Absatz hat.

Lösung Prüfung 2007

1. Lagerrisiken der Holzer GmbH
- Brandrisiko
- Feuchtigkeitseinwirkungen
- Diebstahl
- Möbeldesign wird unmodern
- unsachgemäße Lagerung

2. Eine Erhöhung der Lagerumschlagshäufigkeit bedeutet eine geringere Lagerdauer und damit ein geringeres Risiko, dass die Ware z. B. unmodern wird.

3.
- Der Meldebestand erhöht sich.
- Die Lagerkosten erhöhen sich.
- Das Lager muss möglicherweise erweitert werden.

Prüfung 2008

Fallaufgabe

Unternehmensbeschreibung	
Firma	Fruchtig Frisch GmbH
Geschäftssitz	Großhaderner Straße 25, 81375 München
Telefon	089 14141919
Internet	www.fruchtigfrischgetraenke.de
E-Mail	info@fruchtigfrischgetraenke.de
Gegenstand des Unternehmens	Herstellung von Limonaden Groß- und Einzelhandel mit verschiedenen alkoholfreien Getränken
Geschäftsführung	Eheleute Andreas Huber und Magdalena Franzen
Produkte	**Handelswaren:** Mineralwasser, Fruchtsäfte, Softdrinks, Saftschorlen **Eigene Produkte:** Limonaden mit verschiedenen Geschmacksrichtungen wie Zitronix, Orangix, Melonix, Mandarinix, Lemonix

Sie sind Mitarbeiter/in der Fruchtig Frisch GmbH.

Frau Franzen und Herr Huber sind mit der Gewinnentwicklung nicht zufrieden. Andreas Huber vermutet die Ursachen für den Gewinnrückgang unter anderem in den Bereichen Einkauf und Lager. Er möchte die Lagerhaltung und die Einkaufsgewohnheiten überprüfen und bittet Sie um Unterstützung. Sie sollen sich um den Multivitaminsaft XP kümmern.

1. Erstellen Sie mit Hilfe des Auszugs aus der Lagerkartei (siehe Anlage 1) eine Skizze auf der Anlage 2, die den Lagerbestand des Artikels »Multivitaminsaft XP« im Zeitablauf darstellt. Zeichnen Sie auch den Mindest-, den Höchst- und den Meldebestand ein.

2. Die Geschäftsführerin betrachtet die Skizze und sagt zu Ihnen: »Wie erwartet ist hier Handlungsbedarf. Überprüfen Sie bitte unsere Einkaufs- und Lagergewohnheiten bei diesem Artikel und legen Sie mir konkrete Verbesserungsvorschläge vor.« Beschreiben Sie vier Vorschläge. Orientieren Sie sich auch an dem Auszug aus der Liefererkartei (Anlage 1).

Besonders drastisch ist der Gewinnrückgang bei Melonix. Hier ist der Umsatz sehr schleppend. Melonix ist ein Produkt der Warengruppe Limonaden. Dies sind sehr zuckerhaltige, künstlich aromatisierte Erfrischungsgetränke mit verschiedenen Geschmacksrichtungen. Auch bei Zitronix, Orangix, Mandarinix sowie Lemonix könnte die Nachfrage besser sein. Magdalena Franzen, Horst Maier (Vertrieb) und Simone Zahn (Produktmanagement) sitzen sich im Besprechungsraum gegenüber:

Magdalena Franzen »*Der Umsatz bei den Limonaden ist schleppend. Der kann uns nicht zufriedenstellen.*«

Horst Maier »*Ja, das kann ich nur bestätigen. Ich spreche sehr viel mit unseren Kunden. Die bestätigen mir alle, dass Limonaden – egal von welchem Hersteller – nicht mehr so gefragt sind.*«

Simone Zahn »*Es gibt zwei Möglichkeiten aus meiner Sicht: Wir werfen die Limonaden komplett raus oder wir verändern die Produktpolitik bei den Limonaden.*«

Horst Maier »*Der Endverbraucher stellt heute an Erfrischungsgetränke neue Anforderungen. Wir müssen versuchen, uns dem Fitness- und Gesundheitstrend anzupassen.*«

Magdalena Franzen »*Ganz will ich auf die Limonaden nicht verzichten. Zitronix und Orangix gibt es, seit mein Vater das Unternehmen gegründet hat.*«

Horst Maier »Wenn ich ehrlich sein darf, so sehen unsere Limonadenflaschen auch aus.«

Magdalena Franzen »O.k., ich verschließe mich Veränderungen nicht. Wir brauchen ein Konzept für eine deutliche Umsatzsteigerung. Ich bin offen, sowohl für sortiments- als auch produktpolitische Maßnahmen.«

3. Entwerfen Sie ein Konzept mit insgesamt drei entsprechenden Maßnahmen aus den Bereichen Sortiments- und/oder Produktpolitik, das Frau Franzen überzeugt.

Anlage 16

Auszug aus der Lagerkartei

Artikelnummer:	1002	Lagerbestandsgrößen:	
Artikelbezeichnung:	**Multivitaminsaft XP**	Mindestbestand:	200 Kästen
durchschnittliche Lieferzeit:	2 Tage	Höchstbestand:	1200 Kästen
		Meldebestand:	300 Kästen

Datum	Zugang	Abgang	Bestand (Kästen)
			450
1. April	800	50	1.200
2. April		30	1.170
3. April		60	1.110
4. April		60	1.050
7. April		70	980
8. April		50	930
9. April		60	870
10. April		40	830
11. April		50	780
14. April		60	720
15. April		50	670
16. April		40	630
17. April		60	570
18. April		70	500
21. April		50	450
22. April	800	50	1.200
23. April		30	1.170
24. April		50	1.120
25. April		50	1.070
28. April		60	1.010
29. April		40	970
30. April		20	950

Auszug aus der Liefererkartei	
Name:	**Justus e. K.**
Straße:	Bahnhofstr. 25
PLZ/Ort:	81380 München
Tel.:	089 616161-60
Fax:	089 616161-65
Mail:	info@getraenke-justus.de
Bank:	Sparkasse München
Bankleitzahl:	701 500 00
Kontonummer:	800 800 737
Sachbearbeiterin:	Frau Jickel
Rabatt:	ab 500 Kästen 3 %
	ab 2000 Kästen 5 %
Zahlungsbedingungen:	10 Tage netto Kasse
Lieferbedingungen:	3 Tage, frei Haus
Produkte:	Mineralwasser Afroditis Kasten 6,50 €
	Mineralwasser Quelle Kasten 5,90 €
	Mulitvitaminsaft XP Kasten 7,50 €

Anlage 2

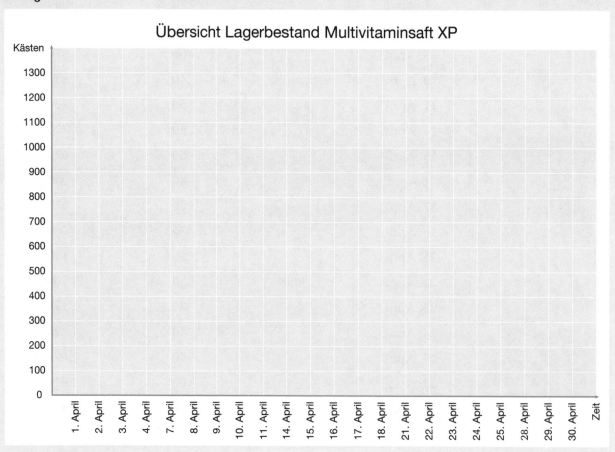

Lösung Prüfung 2008

1.

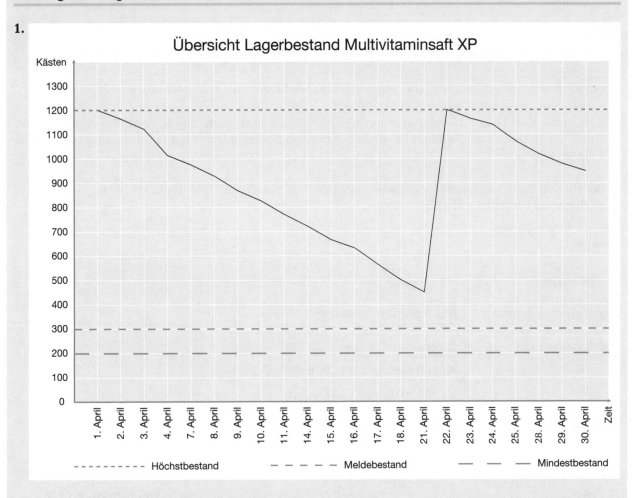

2.
- Es wird vor dem Meldebestand bestellt, die Zugänge erfolgen, bevor der Mindestbestand erreicht wird. Es sollte erst zum Meldebestand bestellt werden.

- Der Mindestbestand könnte bei einem durchschnittlichen Tagesverbrauch von 50 Kästen und einer bisher maximalen Absatzmenge von 70 Kästen reduziert werden auf 150 Kästen. Entsprechend reduziert sich der Meldebestand. Der Lagerbestand könnte dadurch verringert werden.

- Es wird eine zu hohe Menge (800 Kästen) bestellt, die unnötige Lagerkosten verursacht. Schon bei einer Menge von 500 Kästen erhält man Rabatt und durch zusätzliche Bestellungen entstehen aufgrund der Lieferbedingung »frei Haus« keine zusätzlichen Kosten. Man könnte u.U. auch auf den Rabatt von 3 % verzichten und weniger Kästen bestellen, um Lagerkosten zu reduzieren.

- Der Höchstbestand kann bei dem geringen durchschnittlichen Tagesbedarf zu Gunsten anderer Waren reduziert werden.

3. Momentan sind Erfrischungsgetränke mit wenig Zucker oder Süßstoff gefragt, auch die künstlichen Aromen entsprechen nicht dem Wellness- und Biotrend, deshalb

- bei Limonaden den Zucker reduzieren, evtl. durch Süßstoff ersetzen und die künstlichen Aromen durch natürliche ersetzen,

- möglicherweise den Namen ändern,

- die Verpackung (Flasche) und das Etikett modernisieren.

Prüfung 2009

Modul

Sie sind in der Lagerverwaltung tätig und Ihnen liegt folgende Lagerkarte vor (siehe Anlage).

1. Berechnen Sie den Meldebestand und ergänzen Sie diesen in der Lagerkarte (siehe Anlage).

2. Ihr Kunde, Karl Huber, Kundennummer KU-2400-234, kauft heute 20 Flaschen Bio-Apfelsaft und nimmt diese sofort mit. Nehmen Sie dazu die notwendigen Eintragungen in der Lagerkarte (siehe Anlage) vor.

3. Begründen Sie, wann und wie viele Flaschen Sie bei Ihrem Lieferer nach dem Verkauf der 20 Flaschen bestellen müssen.

Anlage

Lagerkarte						
Artikelbezeichnung	**Bio-Apfelsaft naturtrüb**					
Einkaufspreis:	2,30 €, ab 100 Flaschen 5 % Rabatt, ab 150 Flaschen 10 % Rabatt					
Art. Nr.	**83362698**					
20..	Lieferant: **LI-4400-154**	Lieferzeit: **5 Tage**	Durchschnittlicher Tagesverbrauch: **15 Flaschen**		**Höchstbestand 250**	
Tag, Monat	**Vorgang**	Bestellung, Menge	Lagervorgang		**Meldebestand**	**Mindestbestand 60**
			Ein	Aus	Lagerbestand	
29.06.	**Übertrag**				201	
29.06.	KU-2400-233, Bestellung vom 29.06.			20	181	
30.06.	KU-2400-101, Bestellung vom 29.06.			22	159	
01.07.	KU-2400-258, Bestellung vom 30.06.			14	145	
02.07.	KU-2400-623, Bestellung vom 01.07.			9	136	

Lösung Prüfung 2009

1. Meldebestand = (15 Flaschen · 5 Tage) + 60 Flaschen = 135 Flaschen

Meldebestand muss in die Lagerkarte eingetragen werden.

2.

Lagerkarte					
Artikelbezeichnung	**Bio-Apfelsaft naturtrüb**				
Einkaufspreis:	2,30 €, ab 100 Flaschen 5 % Rabatt, ab 150 Flaschen 10 % Rabatt				
Art. Nr.	**83362698**				
20..	Lieferant: **LI-4400-154**	Lieferzeit: **5 Tage**	Durchschnittlicher Tagesverbrauch: **15 Flaschen**	Höchstbestand 250	
Tag, Monat	Vorgang	Bestellung, Menge	Lagervorgang	Meldebestand 135	Mindestbestand 60
			Ein / Aus	Lagerbestand	
29.06.	**Übertrag**			201	
29.06.	KU-2400-233, Bestellung vom 29.06.		20 (Aus)	181	
30.06.	KU-2400-101, Bestellung vom 29.06.		22 (Aus)	159	
01.07.	KU-2400-258, Bestellung vom 30.06.		14 (Aus)	145	
02.07.	KU-2400-623, Bestellung vom 01.07.		9 (Aus)	136	
03.07.	**KU-2400-234, Bestellung vom 03.07.**		20 (Aus)	116	

3.
- Sofortige Bestellung, da Unterschreitung des Meldebestandes.
- Sinnvolle Bestellmenge möglich ab 150 bis 209 Flaschen zur Ausnutzung des Mengenrabattes von 10 %. Bis zum Eintreffen der Bestellung sind nur noch 41 Flaschen auf Lager (Lieferzeit 5 Tage, durchschnittlicher Tagesverbrauch 15 Flaschen: 116 − (5 · 15) = 41). Zieht man diese vom Höchstbestand ab, dann passen höchstens 209 Flaschen ins Lager (250 − 41 = 209).

Prüfung 2012 (aktualisiert)

Modul (Lagerhaltung)

Sie sind Mitarbeiter/in der Schokodesign OHG, die mit exklusiven Pralinen handelt. Ihnen liegen folgende Daten zum Pralinenset Deluxe Box vor.

Artikel:	Deluxe Box	2012	2012	2012	2012	2013	2013
Art.Nr.:	3254900	Quartal 1	Quartal 2	Quartal 3	Quartal 4	Quartal 1	Quartal 2
Lagerumschlagshäufigkeit		13,1	11,3	10,1	7,5	6,4	3,9
Verkaufte Stücke		358	371	342	387	375	369

Sie überlegen, inwiefern Handlungsbedarf besteht.

1. Erläutern Sie, welche Einflussgröße hier für die Veränderung der Umschlagshäufigkeit im Zeitverlauf verantwortlich ist.

2. Bewerten Sie kritisch die Entwicklung der Größen »Lagerumschlagshäufigkeit« und »Verkaufte Stücke«.

3. Formulieren Sie zwei begründete Vorschläge zur Optimierung der Lagerhaltung.

Lösung Prüfung 2012

1. Z. B.:

Da die Verkaufszahlen relativ konstant bleiben, kann nur ein steigender durchschnittlicher Lagerbestand für die sinkende Umschlagshäufigkeit verantwortlich sein.

2. Z. B.:

- Das Absinken der Lagerumschlagshäufigkeit ist ungünstig, da das Pralinenset im Laufe der Zeit immer länger im Lager liegt und der Lagerbestand weniger umgesetzt wird. Qualitätseinbußen sind möglich.

- Dass die Absatzzahlen relativ konstant bleiben, ist zwar positiv zu bewerten, eine deutlichere Steigerung wäre aber wünschenswert.

3. Z. B.:

- Ich würde das Bestellsystem optimieren, die Bestellmenge und den Bestellzeitpunkt bedarfsgerecht anpassen.

- Ich würde durch gezielte Werbemaßnahmen und Preissenkungen versuchen, den Absatz des Pralinensets zu steigern und somit den Lagerbestand zu senken.

Prüfung 2013

Modul

Sie arbeiten in der Autowerkstatt Lindner KG. Der Artikel Ölfilter 650401 soll neu in einem digitalen Lagerhaltungsprogramm erfasst werden.

Sie haben dazu folgende Informationen vorliegen:

- Es können nicht mehr als 30 Stück dieses Artikels gelagert werden.
- Der Listenpreis beträgt 9,60 €.
- Es sollen immer mindestens 4 Stück dieses Artikels vorrätig sein.
- Der Lieferant gewährt bei einer Abnahme von mindestens 10 Stück 5 % Mengenrabatt, bei mindestens 30 Stück 10 % und liefert innerhalb von 3 Tagen.
- Die Versandkosten von 20,00 € entfallen ab einem Zieleinkaufspreis von insgesamt 220,00 €.
- Der Ist-Bestand am heutigen Tag (28.06.) beträgt 5 Stück.
- Verbrauchsstatistik:

Ölfilter 650401	
Datum	**Verbrauch**
03.06.	4
04.06.	0
05.06.	3
06.06.	3
07.06.	0
10.06.	0
11.06.	3
12.06.	3
13.06.	2
14.06.	2
17.06.	0
18.06.	0
19.06.	3
20.06.	2
21.06.	5
24.06.	3
25.06.	4
26.06.	3
27.06.	0
28.06.	0

1. Berechnen Sie den Meldebestand.

2. Nehmen Sie die nötigen Eintragungen in die Eingabemaske in der Vorlage vor.

3. Entscheiden Sie begründet, wie viele Ölfilter Sie heute bestellen.

Vorlage: Eingabemaske

Artikel:
Ölfilter 650401

Lieferant:

Burkhard GmbH
Badstraße 4
90403 Nürnberg

Lieferzeit:	Mindestbestand:	Höchstbestand:	Meldebestand:

Lösung Prüfung 2013

1. Durchschnittlicher Tagesverbrauch: 40 Stück / 20 Tage = 2 Stück/Tag

   Meldebestand: 4 Stück + (3 Tage * 2 Stück/Tag) = 10 Stück

2.

Artikel:
Ölfilter 650401

Lieferant:

Burkhard GmbH
Badstraße 4
90403 Nürnberg

Lieferzeit:	Mindestbestand:	Höchstbestand:	Meldebestand:
3 Tage	4 Stück	30 Stück	10 Stück

3. Es werden 30 Stück Ölfilter bestellt, da nur so der maximale Rabatt in Höhe von 10 % gewährt wird und zudem die Bezugskosten wegfallen. Der Höchstbestand wird voraussichtlich bei der Lieferung nicht überschritten. Es ist davon auszugehen, dass die 5 Stück, die aktuell auf Lager sind, bei einem durchschnittlichen Tagesverbrauch von 2 Stück bei einer Lieferzeit von 3 Tagen bis zur Lieferung verbraucht werden.

Alternative Lösung:

Bestellung von 25 Stück, da der Tagesverbrauch eine unsichere Rechengröße ist.

Lernbereich 4: Zahlungsverkehr

4.1 Barzahlung

- **Barzahlung durch den Käufer selbst bzw. einen Boten:**

Als Beleg für eine Barzahlung erhält man eine **Quittung**!

Quittung Nr. 4879	netto	150	€	00	
	+ .... % MWST	28	€	50	
	gesamt	178	€	50	← Betrag in Zahlen
Betrag in Worten					und Worten
--- einhundertachtundsiebzig ---		Cent wie oben			
von **Sport Fit GmbH**					← Käufer
für **Kauf von Büromaterial**					← Zahlungsgrund
dankend erhalten!					
Ort/Datum **Nördlingen, 14.08.20..**					← Ort, Datum
Buchungsvermerke	Anschrift/Unterschrift des Empfängers				
	i. A. Miller, Schuster Bürotechnik GmbH				← Unterschrift des Verkäufers

- **Barzahlung durch Western Union Bargeld Transfer:**

Ermöglicht den Transfer von Bargeld ins In- und Ausland, wenn sowohl Zahler als auch Geldempfänger kein Konto besitzen bzw. eine persönliche Geldübergabe nicht möglich ist
  - → **Bar**einzahlung des Zahlers bei einer Postbank (Ausfüllen eines Vordrucks).
  - → Der Einzahler erhält eine Auftragsnummer (Money Transfer Control Number) mitgeteilt.
  - → Er ruft den Empfänger des Geldes an und teilt ihm diese Auftragsnummer mit.
  - → Der Empfänger des Geldes holt sich (unter Vorlage des Personalausweises) das Geld **bar** bei einem Vertragspartner der Western Union ab.

- **Vorteile der Barzahlung:** Der Verkäufer hat das Geld sofort, es sind keine Mahnungen nötig.
- **Nachteile der Barzahlung:** Verlust, Diebstahl, Fälschung des Bargelds.

4.2 Halbbare Zahlung

- **Bareinzahlung per Zahlschein:** Einzahler zahlt bar ein (hat kein Konto), Gutschrift auf dem Konto des Empfängers.
- **Zahlung per Nachnahme:** Bestellt ein Kunde z. B. bei einem Versandhaus, so ist es oft üblich, dass er per Nachnahme bezahlen muss. Der Paket- bzw. Postzusteller händigt ihm die Ware nur gegen Barzahlung aus, das Geld wird dem Konto des Verkäufers gutgeschrieben. Es wird zusätzlich eine Nachnahmegebühr fällig. Verkäufer wie beispielsweise Versandhäuser nutzen die Zahlung per Nachnahme v. a. bei neuen Kunden, deren Zahlungsfähigkeit noch nicht bekannt ist, um sicher zu stellen, dass der Zahlungseingang mit Lieferung der Ware erfolgt.
- **Barauszahlung am Bankschalter** oder **Barabhebung an einem Geldautomaten:** Geld geht vom Konto ab, Empfänger erhält es bar.

4.3 Bargeldlose Zahlung

Überweisung

Durch die Einführung der **SEPA-Überweisung** (Single Euro Payments Area) soll das Zahlungssystem auf europäischer Ebene einheitlicher und transparenter gestaltet werden, Überweisungen sollen schneller ausgeführt werden.

An die Stelle von Kontonummer und Bankleitzahl treten **IBAN** (International Banking Account Number) sowie die internationale Bankleitzahl **BIC**.

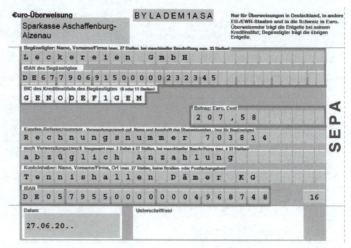

- **Vorteile der Überweisung:** kostengünstig, bequem, sicher.

- **Einzelüberweisung:** eine Überweisung an einen Empfänger.

- **Sammelüberweisung:** mehrere Überweisungen an **verschiedene Empfänger,** die von **einem** bestimmten Konto **abgehen,** können so vorgenommen werden.

- **Weg der Überweisung:**

  Der Kontoinhaber/Zahler gibt den Überweisungsauftrag an seine Bank.

  Diese belastet den Betrag seinem Konto.

  Sie beauftragt die Bank des Zahlungsempfängers, den Betrag auf dessen Konto gutzuschreiben.

  Der Zahler kann auf seinem Kontoauszug den Zahlungsausgang kontrollieren.

- **Vorteile für den Zahler:** keine/geringe Gefahr der Falschabbuchung, Widerruf nicht notwendig, der Zahler bestimmt den Zeitpunkt der Zahlung selbst.

Dauerauftrag

- **Wesen:** der **Zahlungspflichtige gibt** hier seiner **Bank den Auftrag,** von seinem Konto einen **festen Betrag** zu **festen Terminen** auf ein angegebenes Konto abzuführen.

- **Anwendungsgebiete:** Miete, Sparrate, Leasingrate, Monatsbeitrag für Sportverein

- **Weg des Dauerauftrags:**

  – Der Kontoinhaber/Zahler gibt den Dauerauftrag an seine Bank.

  – Diese belastet den Betrag seinem Konto.

  – Sie beauftragt die Bank des Zahlungsempfängers, den Betrag auf dessen Konto gutzuschreiben.

  – Auf dem Kontoauszug kann der Zahlungsausgang vom Zahler kontrolliert werden.

- **Vorteile für den Zahler:** er übersieht keinen Zahlungstermin, Arbeitserleichterung.

Lastschriftverfahren

- **Anwendungsgebiete:** üblich bei **wiederkehrenden Zahlungen in unterschiedlicher Höhe** und/oder zu **verschiedenen Terminen,** z. B. Telefon- oder Handyrechnung.

- **Vorteil für den Zahler:** er übersieht keinen Zahlungstermin, Arbeitserleichterung.

4.3 Bargeldlose Zahlung

Lastschriftverfahren	
Abbuchungsauftrag	**Einzugsermächtigung**
Der Zahler gibt **seiner Bank** sein Einverständnis, dass Lastschriften eines bestimmten Zahlungsempfängers immer eingelöst werden dürfen. Der Zahler kann mit seinem Kontoauszug die Zahlungsausgänge überprüfen. Ein Widerspruch bei falsch abgebuchten Beträgen ist hier nicht möglich.	Die **Einzugsermächtigung** wird vom Kontoinhaber ausgefüllt und **an den Zahlungsempfänger weitergeleitet.** Der **Zahlungsempfänger** kann mit dem Einverständnis des Kontoinhabers Beträge von dessen Konto **einziehen.** Der Zahler kann mit seinem Kontoauszug die Zahlungsausgänge überprüfen. Unberechtigten Abbuchungen kann bei Einzugsermächtigungen **innerhalb von 6 Wochen widersprochen** werden. **Vorteil für den Zahlungsempfänger:** er kann das Geld selbst einziehen.

Zahlung mit Kreditkarte

- **Voraussetzungen:** festes Einkommen, Kreditwürdigkeit.
- **Anbieter:** Mastercard, Visa, American Express.
- **Vorgehen bei Zahlung:** Kreditkarte vorlegen, Beleg unterschreiben
- Beträge werden per Lastschrift vom Konto des Karteninhabers abgebucht.
- Überprüfung der Zahlungen durch **Sammelabrechnung** am Monatsende.
- Weitere Serviceleistungen sind für Kreditkarteninhaber möglich: Flug-, Hotelreservierung, Mietwagen.
- **Vorteile für den Zahler:** kein Bargeld nötig, weltweite Akzeptanz, zeigt Bonität des Karteninhabers, Geld wird bei manchen Kreditkarten erst später dem Konto belastet.
- **Nachteile für den Zahler:** hohe Jahresgebühren, teure Bargeldbeschaffung.
- **Vorteile für den Zahlungsempfänger:** Stärkung der Wettbewerbsfähigkeit, da die Kunden auch einkaufen können, wenn sie kein Bargeld zur Hand haben; Kunden geben evtl. mehr Geld aus.
- **Nachteile für den Zahlungsempfänger:** Unternehmen, die Kreditkartenzahlung annehmen, müssen meist hohe Provision an Kartengesellschaft zahlen!

Zahlung mit Debitkarte (Bankkarte) und PIN (Persönliche Identifikationsnummer) = Electronic Cash = POS-System

- **Vorgehen bei Zahlung:**
  - → Kaufbetrag wird angezeigt,
  - → Karte wird in Kartenleser eingeführt, (entweder vom Kunden selbst oder vom Verkaufspersonal)
  - → Kaufbetrag wird vom Kunden bestätigt,
  - → **Kunde gibt seine Geheimnummer ein,**
  - → Karte wird geprüft (Echtheit der Karte, Kontostand),
  - → »Zahlung erfolgt«, wenn alles o.k.,
  - → am Kontoauszug kann Zahlung später überprüft werden.

- **Vorteile für den Zahler:** er braucht kein Bargeld, muss nur die Karte vorlegen.
- **Nachteile für den Zahler:** er muss seine PIN kennen.
- **Vorteile für den Zahlungsempfänger:**
  → Unternehmen kann sicher sein, dass es sein Geld bekommt, da die Bank des Kunden die Zahlung sofort prüft und nur zulässt, wenn das Konto gedeckt ist.
  → Schnelle Zahlungsabwicklung, da keine Unterschrift des Kunden oder weitere Prüfvorgänge nötig sind oder Bargeld nachgezählt werden muss.
  → Kunden geben evtl. mehr Geld aus (»Spontankäufe«), was zu höherem Umsatz führen kann.
- **Nachteile für den Zahlungsempfänger:** höhere Gebühren für akzeptierendes Unternehmen als beim elektronischen Lastschriftverfahren.

Zahlung mit Debitkarte (Bankkarte) und Unterschrift = Elektronisches Lastschriftverfahren (ELV) (keine PIN nötig!)

- **Vorgehen bei Zahlung:**
  → Kaufbetrag wird angezeigt,
  → Karte wird in Kartenleser eingeführt,
  → die Kontendaten werden gelesen,
  → Ausdruck einer Lastschrift mit Einzugsermächtigung,
  → es erfolgt **keine Prüfung des Kontostands oder ob Karte gesperrt ist,**
  → **Kunde unterschreibt Beleg,**
  → am Kontoauszug kann Zahlung später überprüft werden.
- **Vorteile für den Zahler:** er braucht keine PIN, er kann ohne Bargeld zahlen.
- **Nachteile für den Zahler:** wenn er seine Karte verliert und diese noch nicht gesperrt ist, kann auch ein Unberechtigter damit zahlen, wenn dieser die Unterschrift fälscht (siehe Rückseite Karte).
- **Vorteile für den Zahlungsempfänger:** geringere Gebühren als bei Electronic Cash.
- **Nachteile für den Zahlungsempfänger:** geringere Sicherheit des Zahlungseingangs, denn wenn das Konto nicht gedeckt ist, kann die Lastschrift zurückgehen, das Unternehmen bekommt dann von der Bank Name und Adresse des Kunden und muss so versuchen, an sein Geld zu kommen, also birgt das Verfahren ein höheres Risiko für den Zahlungsempfänger.

Zahlung mit Geldkarte = Elektronische Geldbörse

- **Vorgehen bei Zahlung:**
  → Kunde lädt die Geldkarte am Geldautomaten auf (höchstens bis 200,00 €).
  → Bei der Zahlung wird der Betrag von der Geldkarte abgebucht.
- **Beispiele:** Zahlung beim Bäcker, Metzger, Parkhaus, Bus, Deutsche Bahn.
- **Vorteile für den Zahler:** keine PIN nötig, die man vergessen kann.
- **Nachteile für den Zahler:** nicht alle Unternehmen akzeptieren die Geldkarte, auch Unberechtigte können mit der Geldkarte zahlen (da keine PIN nötig ist), nur für kleine Geldbeträge geeignet.
- **Vorteile für den Zahlungsempfänger:** schneller Kassiervorgang.
- **Nachteile für den Zahlungsempfänger:** Kosten für Geräte.

Prüfungsfragen zum Lernbereich 4:
Zahlungsverkehr

Prüfung 2006

1. Welche Vorteile hat es für einen Händler, wenn die Kunden mit Bankkarte bezahlen können?

2. Nennen Sie zwei Voraussetzungen zur Teilnahme am Online-Banking (Internet-Banking)?

Lösung Prüfung 2006

1.
- Bei der Bankkarte wird jeder Umsatz i. d. R. nach 1 bis 2 Tagen dem Konto des Zahlungsempfängers direkt gutgeschrieben.
- Da die Kunden durch die Bankkarte in hohem Maße liquide sind, geben sie eher Geld für Einkäufe aus.
- Die Akzeptanz von Kartenzahlungen ist auch bei ausländischen Kunden ein Werbeargument.
- Das Risiko, Falschgeld zu bekommen oder sich beim Kassieren zu verzählen, fällt für den Händler weg. Außerdem hat er weniger Bargeld in der Kasse (Diebstahlgefahr geringer).

2. Computer, Internetzugang, geeignete Software, Girokonto.

Prüfung 2007

Fallaufgabe

Unternehmensbeschreibung	
Firma	Keppler Zweirad GmbH, Zeppelinstraße 40, 87700 Memmingen
Bankverbindungen	**Sparkasse Memmingen – Lindau – Mindelheim** Konto 2345584, BLZ 731 500 00 BIC-Code BYLADEM1MLM Kontostand + 90.754,00 € Kontokorrentkreditlimit 100.000,00 € zu 9 % p. a. **Deutsche Bank AG, Filiale Memmingen** Konto 6457321, BLZ 733 700 24 BIC-Code DEUTDEMM734/DEUTDEDB734 Kontostand + 102.457,00 € Kontokorrentkreditlimit 70.000,00 € zu 8,5 % p. a.

Der Keppler Zweirad GmbH liegt eine Rechnung aus Österreich vor **(siehe Anlage 1)**.

Prüfen Sie Ihre Kontostände und überweisen Sie die Rechnung zum heutigen Datum. Füllen Sie dazu folgende PC-Maske aus.

Kontonummer des Auftraggebers	BLZ des beauftragten Kreditinstitutes
Empfänger: Name, Vorname/Firma	
IBAN des Begünstigten	**BIC des Kreditinstituts des Begünstigten**
Bei Kreditinstitut	**Land**
	Betrag
Verwendungszweck	**noch Verwendungszweck**
Kontoinhaber	

Anlage 1:

Cycle AG · Am Mühlbach 1
6850 Dornbirn
Österreich

Keppler Zweirad GmbH
Zeppelinstraße 40
87700 Memmingen
Deutschland

USt-ID: DBA87325693

Telefon +43 5572 372018
Telefax +43 5572 372160

Rechnung

Kundennummer	Rechnungsnummer	Versandart	Lieferdatum	Rechnungsdatum
D-12345	GS-3001	Frei Haus	18.06.20..	25.06.20..

Pos.	Artikel-Nr.	Artikelbezeichnung	Menge	Preis in €	Gesamt in €
1	C-34 02	Bremssystem BR-M960 V-Brakes vorne und hinten	600	154,90	92.940,00

Steuerfreie innergemeinschaftliche Lieferung

netto	92.940,00
USt.	–
brutto	92.940,00

Umsatzsteuer-ID:
ATU57314828

IBAN:
AT26 2060 2000 0225 1710

Zahlungsbedingung:
innerhalb 14 Tagen abzüglich 2 % Skonto,
innerhalb 30 Tagen rein netto

Bankverbindung:
Dornbirner Sparkasse
Konto 225 171 0
Bankleitzahl: 20602
Swift Code/BIC: DOSPAT 2 D

Lösung Prüfung 2007

Beachten Sie bei der Lösung:
- Die richtige Bank ist auszuwählen.
- Skonto ist richtig abzuziehen.

Kontonummer des Auftraggebers	BLZ des beauftragten Kreditinstitutes
6457321	73370024
Empfänger: Name, Vorname/Firma	
Cycle AG, Dornbirn	
IBAN des Begünstigten	**BIC des Kreditinstituts des Begünstigten**
AT26 2060 20000 0225 1710	DOSPAT 2D
Bei Kreditinstitut	**Land**
Dornbirner Sparkasse	Österreich
	Betrag
	91081,20 €
Verwendungszweck	**noch Verwendungszweck**
ReNr. GS-3001 vom 25.06.20..	abzüglich Skonto
Kontoinhaber	
Keppler Zweirad GmbH	

Prüfung 2007

Modul

Dieter Sauer hat ein Girokonto bei der Deutschen Bank.

1. Dieter Sauer hat mehrere Zahlungen zu leisten.

    a) Für seine Miete muss er jeden Monat 350,00 € bezahlen.

    b) Die Handyrechnung beträgt monatlich im Durchschnitt 45,00 €.

    c) Ein Strafzettel für zu schnelles Fahren von 120,00 € ist zu begleichen.

    Wählen Sie für jede Zahlung die geeignete Zahlungsart aus und begründen Sie Ihre Wahl.

2. Dieter Sauer kauft sich einen Koffer. Bei der Bezahlung erhält er den unten abgedruckten Beleg. Mit welchem Zahlungsmittel hat er bezahlt und warum sollte er diesen Beleg aufheben?

```
            Warenhaus
           Berger-Kauf AG

           Filiale München


     Terminal-ID:      6577832
     21. 06. 20..    16:17       01
     POS-Nr. 056678   BNr. 6770


            Kartenzahlung
            ec-Lastschrift

           Zahlung EUR 299,00


     Konto 70051102/00003451287
        Karte 1 gültig bis 12/20..


           Berger-Kauf AG

     9823 H23 104 45637 21. 06. 20.. 16:17
```

Lösung Prüfung 2007

1. a) Dauerauftrag: er ist möglich, da die Höhe der Zahlung immer gleich bleibt und in der Regel zu festen Terminen stattfindet. Er ist zudem bequem und man kann die Bezahlung nicht vergessen.

b) Lastschrift: Sie wird angewandt, wenn die Zahlung regelmäßig stattfindet, die Höhe des zu zahlenden Betrages aber unterschiedlich ist (Zahlungsbedingung im Handy-Vertrag).

c) Überweisung: Es handelt sich um eine einmalige Zahlung.

2. Die Zahlung erfolgte mittels Bankkarte.

Die Aufbewahrung dient zur Kontrolle der Abbuchung und als Beweis bei einer fehlerhaften Abbuchung.

Prüfung 2008

Modul

Elektronischer Opferstock

In knalligem Rot steht im Kreuzgang der Augsburger St. Annakirche seit Mittwoch der erste elektronische Operstock in einer bayerischen evangelischen Kirche. Mit ec-Karte und Geheimzahl können Besucher Spenden für die Kirchenrenovierung von ihrem Konto abbuchen lassen. Der Automat gibt anschließend zwei Quittungen aus: eine für den Kontoinhaber, die andere ist die Spendenbescheinigung für das Finanzamt. Neben dem elektronischen Opferstock steht – ebenfalls in auffälligem Rot – sein altmodischer Bruder, in den man wie gewohnt Münzen oder Scheine einwerfen kann. Etwa sieben Millionen Euro wird die Renovierung der Kirche in den kommenden Jahren kosten.

Aus: Süddeutsche Zeitung, 12. Dezember 2007

1. Zeigen Sie vier mögliche Gründe auf, die die Kirchenverwaltung bewogen haben könnten, in diesen elektronischen Opferstock zu investieren.

2. Erläutern Sie, was folgende Symbole bedeuten und welches Symbol sich wohl als Aufkleber auf dem Opferstock befindet.

Lösung Prüfung 2008

1. • Die Höhe der Spende ist unabhängig von dem Bargeld, das man bei sich hat.
   • Es sind spontane Spenden ohne Bargeld möglich.
   • Es ist diebstahlsicher.
   • Der Verwaltungsaufwand für Leerung, Transport und Einzahlung entfällt.

2. • Maestro: Blau-rotes Symbol auf der Vorderseite der ec-Karte der Banken oder Sparkassen (Bankkarte). Mit Maestro kann man weltweit in Geschäften, Restaurants oder an Tankstellen bargeldlos bezahlen oder Geld am Automaten abheben.
   • Geldkarte: Elektronische Geldbörse zur bargeldlosen Zahlung. Die Geldkarte muss geladen sein.
   • Visa und Mastercard sind Kreditkarten zur bargeldlosen Zahlung von Waren und Dienstleistungen.

   Auf dem Opferstock befindet sich der Aufkleber »Maestro«, da man laut Zeitungsartikel nur mit ec-Karte (Bankkarte) zahlen kann.

Prüfung 2010

Fallaufgabe

Unternehmensgründung in Bayreuth

Weltberühmt ist Bayreuth, das über 70.000 Einwohner hat, durch die jährlich im Bayreuther Festspielhaus auf dem Grünen Hügel stattfindenden Bayreuther Festspiele, die Gäste aus aller Welt in die Stadt locken.

Susanne Brehm ist dort geboren und aufgewachsen. Sie ist Kauffrau im Einzelhandel und arbeitete jahrelang begeistert als Abteilungsleiterin in der Damenoberbekleidung in einem alteingesessenen Bekleidungsfachgeschäft für die ganze Familie in Bayreuth. In ihren Zuständigkeitsbereich fiel auch der Einkauf. Zum 30. Juni wurde das Fachgeschäft von den Inhabern aus Altersgründen geschlossen. Von ihren Kunden weiß Frau Brehm, dass die Geschäftsaufgabe eine große Lücke in Bayreuth hinterlassen wird und dass viele ehemalige Kunden nun in die umliegenden Städte fahren werden, um ihrem Modegeschmack entsprechend einkaufen zu können.

Nach reiflicher Überlegung beschließt Susanne, sich ihren langjährigen Traum zu verwirklichen und sich mit ihrer Boutique selbstständig zu machen. Finanzielle Sorgen muss sich Susanne im Moment nicht machen. Ihr wird am 9. Juli noch eine Abfindung in Höhe von 19.000,00 € überwiesen. Darüber hinaus rechnet sich am 14. Juli mit einer fälligen Termineinlage in Höhe von 25.000,00 €. Sie wohnt mietfrei in ihrer geerbten Wohnung, Albert-Einstein-Ring 4, 95448 Bayreuth. Den Mietvertrag für die 150 qm Verkaufsräume in der Fußgängerzone von Bayreuth hat sie bereits unterschrieben. Ab 1. August kann sie dort den Geschäftsbetrieb aufnehmen. Zwei ehemalige Kolleginnen bieten ihre Mitarbeit an. Die eine als Vollzeitkraft, die andere in Teilzeit 12 Stunden wöchentlich.

Susanne will ihre Boutique möglichst schnellt eröffnen und möchte daher ein Franchisekonzept übernehmen.

Weitere Informationen zu Frau Brehm und ihrer geplanten Boutique:

Persönliches	Susanne Brehm geb. 18.05.1977, ledig deutsche Staatsangehörigkeit Tel.: 0173 8967448
Verkaufsräume	Cosima-Wagner-Str. 2 95444 Bayreuth Tel.: 0921 837150, Fax: 0921 8371533
Fremdkapital	Kreditangebot der Hausbank über 50.000,00 €, Zinsen 6,5 %

Situation

Susanne Brehm besuchte ein Existenzgründerseminar ihrer Hausbank. Unter anderem ging es bei dem Seminar darum, welche Zahlungsmöglichkeiten der Einzelhandel seinen Kunden anbieten kann. Auch Susanne Brehm steht vor dieser Frage und überdenkt folgende Zusammenstellung aus den Seminarunterlagen:

Barzahlung	Der Bargeldbestand hängt vom Tagesumsatz ab. Ein Kassenbericht muss täglich angefertigt werden.
ELV-Verfahren	Elektronisches Lastschriftverfahren: Die Zahlung erfolgt mit der Girocard und der Unterschrift des Kunden. Aus dem Magnetstreifen/Chip werden die Kontonummer und die Bankleitzahl mit einem Kartenlesegerät ausgelesen. Auf eine Online-Verbindung und die Prüfung des Kontostandes wird verzichtet. Pro Lastschrift fallen 0,07 Euro Kosten an.
Geldkarte	Die Geldkarte ist ein System für eine elektronische Geldbörse, das die bargeldlose Offline-Zahlung ohne Benutzeridentifizierung (PIN-Prüfung) ermöglicht. Für ein Entgelt von 0,3 % des Umsatzes erhält der Händler eine Zahlungsgarantie für die umgesetzte Summe. Es können maximal 200,00 Euro gespeichert werden.

Bei folgenden Bezahlvorgängen sind eine spezielle Hard- und Software sowie eine Internetverbindung notwendig. Die monatlichen Hardwarekosten betragen mindestens 18,00 Euro. Für jede Online-Transaktion fallen weitere 0,04 Euro an.

Kreditkarten	Internationales Zahlungsmittel wie z. B. Visa- oder Master-Card: Einzelhändler müssen bis zu 4 % des Rechnungsbetrages an die Kreditkartenorganisationen abführen. Es besteht eine Zahlungsgarantie für den Händler.
EC-Cash-Verfahren	Zahlung mit Girocard und PIN: Die Händler erhalten eine Zahlungsgarantie nach erfolgreich durchgeführter Online-Prüfung. Die Kosten für eine EC-Zahlung betragen 0,3 % des Umsatzes, mindestens aber 0,08 Euro.

1. Wählen Sie drei Zahlungsarten aus, die Susanne Brehm anbieten sollte und zwei, auf die sie verzichten kann. Begründen Sie Ihre Wahl mit je einem Argument.

2. »Kauf auf Rechnung: Zahlbar innerhalb 30 Tagen, bei Zahlung innerhalb von 8 Tagen 2 % Skonto« – das schlägt Susannes Freund vor. Er hält dies für sehr kundenfreundlich. Wägen Sie diesen Vorschlag mit drei Argumenten ab.

Lösung Prüfung 2010

1. Z. B.

Entscheidung für:

- Bargeld, da die Barzahlung vor allem bei kleineren Beträgen, wie bei T-Shirts, üblich ist und die Kunden dies auch erwarten.

- Kreditkarte, da sie ein internationales Zahlungsmittel ist und gerade durch die Festspiele regelmäßig internationale Gäste nach Bayreuth kommen, die damit bezahlen wollen.

- EC-Cash-Verfahren, da Frau Brehm eine Möglichkeit mit der Girocard anbieten muss, um die Kunden zu Spontankäufen anzuregen. Hier ist das Risiko für Frau Brehm ausgeschaltet, da eine Online-Prüfung bei jeder Zahlung erfolgt.

Entscheidung gegen:

- ELV-Verfahren, da hier keine Zahlungsgarantie gegeben ist, da nur die Bankdaten gelesen werden und nicht überprüft wird, ob das Konto gedeckt ist.

- Geldkarte, da Kleidungseinkäufe häufig den gespeicherten Betrag von maximal 200,00 € überschreiten können. Das Risiko möglicher Umsatzeinbußen besteht.

2. Z. B.

- Dies ist eine interessante Möglichkeit, Anreize für Stammkunden zu schaffen und sie damit zu binden.

- Frau Brehm muss die persönlichen Daten der Kunden aufnehmen, wie Name, Wohnort. Für den Fall, dass sie die Kunden nicht persönlich kennt, muss sie sich den Personalausweis vorlegen lassen.

- Sie muss die Zahlungseingänge kontrollieren und das Mahnverfahren bei Bedarf durchführen.

Prüfung 2010

Modul

Sie arbeiten in dem Schreibwarengeschäft Mewe KG, Bahnhofsstraße 36, 83043 Bad Aibling, an der Kasse. Die Kundin, Monika Maron, Westendstraße 6c, 83043 Bad Aibling, steht mit folgenden Artikeln vor Ihnen:

4 Pack Rund-Magnete 10 mm	12,99 €
4 Pack Rund-Magnete 7 mm	11,96 €
25 Pack InkJet-Papier einseitig 250 g/qm	259,75 €
Gesamtsumme netto	284,70 €
Gesamtsumme brutto	338,79 €

Frau Maron zahlt bar und verlangt eine Quittung. Füllen Sie diese in der Anlage aus.

Quittung

Nr.

netto _____ €
+ .... % MWST _____ €
gesamt _____ €

Betrag in Worten

Cent wie oben

von

für

dankend erhalten!

Ort/Datum

Buchungsvermerke

Anschrift/Unterschrift des Empfängers

Lösung Prüfung 2010

Quittung Nr.	netto		284	€	70
	+ 19% MWST		54	€	09
	gesamt		338	€	79

Betrag in Worten

dreihundertachtunddreißig --

Cent wie oben

von

Monika Maron

für

Magnete, InkJet-Papier

dankend erhalten!

Ort/Datum

Bad Aibling, 02.07.20..

Buchungsvermerke	Anschrift/Unterschrift des Empfängers
	Mewe KG **Bahnhofsstraße 36** **83043 Bad Aibling** i.A. Schülername

Prüfung 2011

Modul

Max König möchte seine Freundin zu ihrem Geburtstag mit einer »Brada«-Handtasche überraschen. Er recherchiert heute (Anmerkung: Freitag, 08. Juli) im Internet, um die Handtasche günstig und rechtzeitig, spätestens am Dienstag, den 12. Juli, zu erhalten.

Er findet sie schließlich für 300,00 €. Obwohl Max bei Internetkäufen Angst vor Betrug und immer ein gewisses Unbehagen bezüglich der Datensicherheit verspürt, entschließt er sich, die Handtasche dort zu kaufen.

Der Online-Shop bietet folgende Zahlungsmöglichkeiten an:

Vorkasse	Vorauskasse mit 3 % Skonto auf den Warenwert.
	Zustellung erfolgt am zweiten Werktag nach dem Zahlungseingang.
	(Bitte beachten: Die Gutschrift Ihrer Überweisung erfolgt in der Regel am zweiten Bankgeschäftstag nach der Auftragserteilung.)

Nachnahme 	Nachnahmegebühr in Höhe von insgesamt 7,00 €. Zustellung erfolgt am zweiten Werktag nach dem Bestellungseingang.
Kreditkarte  	Zustellung erfolgt am zweiten Werktag nach dem Bestellungseingang.
PayPal	Zustellung erfolgt am ersten Werktag nach der Zahlungsgarantie durch PayPal.

Max König verfügt über eine VISA-Card (Abrechnung jeweils zu Monatsbeginn) und ein Girokonto mit einem Guthaben von 150,00 € (Dispolimit 2.000,00 €). Zahlungseingänge sind erst Anfang August zu erwarten. Auf seinem PayPal-Konto hat er derzeit kein Guthaben. Einen Werktag, nach dem er einen Überweisungsauftrag an sein PayPal-Konto erteilt, erfolgt eine Meldung der Zahlungsgarantie an den Internet-Händler.

Beurteilen Sie jede Zahlungsmöglichkeit, inwieweit sie für die konkrete Situation von Max König geeignet ist. Formulieren Sie dazu für jede Zahlungsmöglichkeit ein Argument, das dafür spricht, und eines, das dagegen spricht.

Lösung Prüfung 2011

Z. B.:

Vorkasse:

- Dafür: Da Max König kostenbewusst ist, empfiehlt sich diese Zahlungsmöglichkeit. Durch die Gewährung von 3 % Skonto wäre sie die kostengünstigste Möglichkeit.

- Dagegen: Da eine Überweisung, die heute ausgeführt wird, voraussichtlich erst am Dienstag gutgeschrieben wird, kommt die Tasche erst am Donnerstag, den 14. Juli, an. Dies ist für den Geburtstag zu spät.

Nachnahme:

- Dafür: Die Angst vor Betrug bei Internetkäufen kann verringert werden, da die Ware erst in dem Moment, in dem die Lieferung auch tatsächlich erfolgt, bezahlt werden muss.

- Dagegen: Durch die 7,00 € Nachnahmegebühr ist die Nachnahme die teuerste Variante.

Kreditkarte:

- Dafür: Max König hat nur ein geringes Guthaben auf dem Girokonto. Die Kreditkartenabrechnung erfolgt erst zu einem Zeitpunkt, an dem sein Girokonto vermutlich wieder ein Guthaben aufweist.

- Dagegen: Max König muss seine Kreditkartennummer in den Computer eingeben, dies verstärkt sein Unbehagen wegen der Gefahr von Datenmissbrauch.

PayPal:

- Dafür: PayPal schützt vor Betrug und Datenmissbrauch.

- Dagegen: Er muss ein PayPal-Konto durch Überweisung von seinem Girokonto auffüllen. Dazu muss er aber sein Girokonto überziehen, da er momentan nicht über genügend Geld verfügt.

Prüfung 2012 (aktualisiert)

Modul

Sie sind Mitarbeiter in der Buchhaltung der Ebert OHG. Ihnen liegt folgender Brief vor, der heute bearbeitet werden muss.

SEC GmbH
Friedrich-Ebert-Straße 9a
97230 Estenfeld

Telefon: 09305 423-0
Telefax: 09305 423-36
E-Mail: info@sec-security.de

SEC GmbH, Friedrich-Ebert-Straße 9a, 97230 Estenfeld

Ebert OHG
Lindenstraße 33
97230 Estenfeld

Bankverbindung:
Sparkasse Mainfranken
BLZ: 790 500 00
BIC: BYLADEMISWU
Kontonummer: 13011939

Lindenstraße 33, Kundennummer: 141270

Sehr geehrte Damen und Herren,

wir danken Ihnen für Ihren Auftrag vom 13.06.2013. Wunschgemäß werden wir Ihr Gewerbeobjekt ab 01.07.2013 bis zum 30.06.2015 bewachen.

Wir bieten Ihnen dazu folgende Zahlungsmodalitäten an:

1. Monatspauschale von 2.000,00 € + 19 % Umsatzsteuer, falls Sie zu Beginn eines jeden Quartals im Voraus überweisen.

2. Monatspauschale von 2.020,00 € + 19 % Umsatzsteuer, falls Sie zu Beginn eines jeden Monats im Voraus überweisen.

Mit freundlichen Grüßen

i. A. Werner Müller

SEC GmbH
Friedrich-Ebert-Straße 9a
97230 Estenfeld
Amtsgericht Würzburg: HR-B 3442

Telefon: 09305 423-0
Telefax: 09305 423-36
E-Mail: info@sec-security.de
Geschäftsführer: Paul Hufschmied

Prüfung 2012

1. Die Ebert OHG entscheidet sich für die 1. Zahlungsvariante. Die Zahlung soll online in Auftrag gegeben werden. Füllen Sie hierzu die Eingabemaske der Bank für den Dauerauftrag in der Anlage aus.

2. Erläutern Sie einen möglichen Grund, der aus Sicht der Ebert OHG für die 2. Zahlungsvariante sprechen könnte.

Anlage

Onlinebanking Eingabemaske Dauerauftrag			
Empfänger			
Kontonummer Empfänger		Bankleitzahl	
bei Kreditinstitut			
		Betrag in Euro	
Verwendungszweck 1		Verwendungszweck 2	
Ausführung		Turnus	wöchentlich
erstmals am			monatlich
letztmalig am			vierteljährlich

Lösung Prüfung 2012

1.

Onlinebanking Eingabemaske Dauerauftrag			
Empfänger	SEC GmbH		
Kontonummer Empfänger	13011939	Bankleitzahl	790 500 00
bei Kreditinstitut	Sparkasse Mainfranken		
		Betrag in Euro	7.140,00
Verwendungszweck 1	Lindenstraße 33	Verwendungszweck 2	Kd.Nr. 141270
Ausführung		Turnus	wöchentlich
erstmals am	01.07.2013		monatlich
letztmalig am	01.04.2015	x	vierteljährlich

2. Z. B.

Falls sich die Ebert OHG gegenwärtig in einer angespannten Liquiditätslage befindet, könnte es sinnvoll sein, die 2. Zahlungsvariante zu wählen, bei der Vorauszahlungen in geringerer Höhe pro Zahlung erforderlich sind.

Prüfung 2013

Fallaufgabe

Klaus Schön, 44 Jahre alt, ledig, arbeitete bis vor kurzem im Einzelhandel im Regensburger Fotoladen Stiller. Dort absolvierte er bereits seine Ausbildung. Der Ein- und Verkauf von Kameras und Zubehör ist ihm genauso vertraut wie das Erstellen von Abzügen digitaler Bilder in allen Formaten.

Anfang des Jahres hat sich Klaus Schön selbstständig gemacht. Er übernahm in einem Regensburger Wohnviertel ein kleines Fotogeschäft. Für die Waren, wie digitale Fotoapparate und Zubehör, sowie die gesamte Einrichtung bezahlte er eine Ablösesumme von 40.000,00 . Diese Summe entspricht den in der aktuellen Bilanz ausgewiesenen Werten.

Sein Kerngeschäft ist der Handel mit Kameras und Zubehör sowie der Druck von Bildern in allen Größen. Die Kunden aus der nahen Umgebung bringen ihre Dateien auf einem digitalen Speichermedium und bekommen innerhalb kürzester Zeit ihre Abzüge. Die Kunden schätzen diesen Service vor ihrer Haustüre, da sie sich die Fahrt in die Regensburger Innenstadt sparen. Was er nicht anbietet, ist das Fotografieren von Personen oder auf Veranstaltungen. Die Kunden fragen jedoch immer wieder nach diesen Leistungen.

Das Geschäft von Klaus Schön liegt neben einem Supermarkt, einer Bäckerei, einer Metzgerei und einem Blumenladen. Seit kurzem hat er auch eine Internetadresse. Unter www.fotoladen.de können sich die Kunden informieren und unter info@fotoladen.de Klaus Schön eine E-Mail schreiben. Die Räumlichkeiten des Fotogeschäfts sind nicht groß. Sie bestehen aus einem Verkaufsraum mit der neuesten technischen Ausstattung für den Bilddruck. Ein weiterer Nebenraum, der als Fotostudio eingerichtet ist, wird momentan nicht genutzt.

Klaus Schön hat von Montag bis Freitag von 10:00 Uhr bis 18:00 Uhr für seine Kunden geöffnet. Mit den Umsätzen des Fotogeschäfts ist er zufrieden. Nach Abzug aller Kosten kann er vom erwirtschafteten Gewinn leben. Den Wunsch seiner Kundschaft, das Fotogeschäft auch am Samstag zu öffnen, will er überdenken.

Situation

Am letzten Samstag hatte Sabine Bauer einen Fotoauftrag im benachbarten Supermarkt. Sie hat die Bilddateien bearbeitet und ausgedruckt. Heute holt der Supermarktleiter die bestellten Bilder im Fotogeschäft ab. Er legt seine Visitenkarte vor (siehe Anlage 1), zahlt bar und bittet darum, zusätzlich zum Kassenbon (siehe Anlage 2) eine Quittung zu erhalten.

Füllen Sie die Quittung in der Vorlage unterschriftsreif für Sabine Bauer aus.

Prüfung 2013

Quittung	netto		€	
	+ .... % MWST		€	
	gesamt		€	
Betrag in Worten				
				Cent wie oben
von				
für				
Betrag dankend erhalten!				
Ort		Datum		
Buchungsvermerke		Anschrift/Unterschrift des Empfängers		

Anlage 1

nah & gut

nah & gut Supermarkt GmbH

Dipl.-Kfm. Alfred Böhm
– Geschäftsführer –

Amselweg 1
93059 Regensburg
Tel.: 0941 901287

E-Mail: alfred.boehm@regensburg.nahundgut.de

Anlage 2

Fotoladen Schön GmbH

Amselweg 5 · 93059 Regensburg · Tel.: 0941 993012

Beleg-Nr.	**1183667**
50 Bilder 40 cm · 30 cm	224,50 €
Total	224,50 €
Summe	224,50 €
Bar	250,00 €
Rückgeld	25,50 €

USt. 19,0 % = 35,84 €

Es bediente Sie Frau Bauer.

Umtausch und Reklamation nur gegen Vorlage des Kassenbons.

Vielen Dank für Ihren Einkauf.

28.06.....   09:09 Uhr

Lösung

Quittung	netto	188	€	66
	+ .... % MWST	35	€	84
	gesamt	224	€	50

Betrag in Worten	
Zweihundertvierundzwanzig --	Cent wie oben

von
nah & gut Supermarkt GmbH
für
50 Bilder 40 cm · 30 cm
Betrag dankend erhalten!

Ort	Datum
Regensburg	**28.06. ..**
Buchungsvermerke	Anschrift/Unterschrift des Empfängers

Prüfung 2014

Fallaufgabe

Die Gesellschafter

Herr Erwin Dämer, wohnhaft in 63739 Aschaffenburg, Bechtholdstraße 45,

Frau Susanne Dämer, wohnhaft in 63739 Aschaffenburg, Yorckstraße 9 und

Herr Markus Dämer, wohnhaft in 63741 Aschaffenburg, Kopernikusstraße 21

verbinden sich zu einer Kommanditgesellschaft und schließen zu diesem Zweck folgenden Gesellschaftsvertrag ab.

Gesellschaftsvertrag

§ 1 Zweck der Gesellschaft

(1) Die Gesellschafter gründen eine Kommanditgesellschaft.

(2) Zweck der Gesellschaft ist der Betrieb einer Tennishalle mit sechs Hallentennisplätzen.

§ 2 Firma und Sitz der Gesellschaft

(1) Die Gesellschaft führt die Firma Tennishallen Dämer KG.

(2) Der Sitz der Gesellschaft ist 63739 Aschaffenburg, Sportallee 4.

§ 3 Beginn, Dauer, Geschäftsjahr

(1) Die Gesellschaft beginnt am 01.07.2001 mit unbestimmter Dauer.

(2) Das Geschäftsjahr läuft vom 01.07. eines Jahres bis zum 30.06. des Folgejahres.

§ 4 Gesellschafter, Einlagen

(1) Persönlich haftender Gesellschafter ist Erwin Dämer.

   Kommanditisten sind Susanne Dämer und Markus Dämer.

(2) Erwin Dämer erbringt folgende Einlage: 50.000,00 €

   Susanne Dämer erbringt folgende Einlage: 30.000,00 €

   Markus Dämer erbringt folgende Einlage: 10.000,00 €

(…)

§ 9 Verteilung von Gewinn und Verlust

(1) Die Einlagen aller Gesellschafter gemäß § 4 Abs. 2 des Gesellschaftsvertrages werden mit 5 % verzinst.

(2) An dem danach verbleibenden Gewinn oder Verlust der Gesellschaft sind die Gesellschafter entsprechend ihrer Anteile am Gesellschaftsvermögen gemäß § 4 Abs. 2 des Gesellschaftsvertrages beteiligt.

(3) Eine andere Gewinnbeteiligung kann mit der Mehrheit der Stimmen beschlossen werden.

(…)

Sie sind Mitarbeiterin/Mitarbeiter in der Verwaltung der Tennishallen Dämer KG und verfügen über allgemeine Handlungsvollmacht.

Prüfungsfragen zum Lernbereich 4: Zahlungsverkehr

Situation

Bei der heutigen Besprechung berichtete Ihnen Ihr Chef von der mangelhaften Lieferung der Leckereien GmbH. Er akzeptiert deren Vorschlag: »Nachlass von 20 % auf den noch offenen Rechnungsbetrag und Abzug von 3 % Skonto auf den dann zu zahlenden Betrag«. Die Rechnung liegt Ihnen vor (siehe Anlage).

Füllen Sie den Überweisungsträger (siehe Vorlage) entsprechend Ihrer Vollmacht aus. Beachten Sie, dass die Berechnung des Überweisungsbetrages in einer Nebenrechnung nachvollziehbar ist.

Vorlage

€uro-Überweisung

Sparkasse Aschaffenburg-Alzenau

Für Überweisungen in Deutschland, in andere EU-/EWR-Staaten und in die Schweiz in Euro.

Bitte Meldepflicht gemäß Außenwirtschaftsverordnung beachten!

Angaben zum Begünstigten: Name, Vorname/Firma (max. 27 Stellen, bei maschineller Beschriftung max. 35 Stellen)

IBAN

BIC des Kreditinstituts (8 oder 11 Stellen)

Betrag: Euro, Cent

Kunden-Referenznummer - Verwendungszweck, ggf. Name und Anschrift des Überweisenden - (nur für Begünstigten)

noch Verwendungszweck (insgesamt max. 2 Zeilen à 27 Stellen, bei maschineller Beschriftung max. 2 Zeilen à 35 Stellen)

Angaben zum Kontoinhaber: Name, Vorname/Firma, Ort (max. 27 Stellen, keine Straßen- oder Postfachangaben)

IBAN

16

Datum

Unterschrift(en)

SEPA

Anlage

Leckereien GmbH

Leckereien GmbH, Buchenweg 3, 97816 Lohr am Main

Tennishallen Dämer KG
Sportallee 4
63739 Aschaffenburg

Leckereien GmbH
Buchenweg 3
97816 Lohr am Main

Telefon +49 9352 58589-0
Telefax +49 9352 58589-1

E-Mail: kontakt@lecker.de

USt-IdNr. DE461524616

Datum: 06.06.20..

Rechnung

Rechnungsnummer 703814

Pos.	Menge	Artikel-Nr.	Artikelbezeichnung	Einzelpreis	Gesamtpreis
1	100 Stück	KK23	Kleine Kuchen	4,00 €	400,00 €
2	100 Stück	SZ12	Individueller Schriftzug »Tennishallen Dämer«	1,00 €	100,00 €
			= Nettobetrag		500,00 €
			+ 7 % Umsatzsteuer		35,00 €
			Bruttorechnungsbetrag		535,00 €

Lieferung: Lieferung frei Haus am 20.06.20..

Zahlungsart: Vorabüberweisung von 50 % des Bruttorechnungsbetrages bis 13.06.20.., Bezahlung des Restbetrages bis zum 27.06.20..

*vereinbarter Teilbetrag
wurde am 11.06.20..
überwiesen*

Erwin Dämer

Bankverbindung:
Raiffeisenbank Main-Spessart eG
Bankleitzahl: 790 691 50
Kontonummer: 232 345
IBAN: DE67 7906 9150 0000 2323 45
BIC: GENODEF1GEM

Amtsgericht Gemünden
HRB 9565

Lösung

Nebenrechnung:

Berechnung des Betrages:

(535,00 € · 0,5 · 0,8 · 0,97) = 207,58 €

535,00 € – 50 % Vorabüberweisung → 267,50 €

267,50 € – 20 % Nachlass → 214,00 €

214,00 € – 3 % Skonto → 207,58 €

€uro-Überweisung — BYLADEM1ASA

Sparkasse Aschaffenburg-Alzenau

Für Überweisungen in Deutschland, in andere EU-/EWR-Staaten und in die Schweiz in Euro.
Bitte Meldepflicht gemäß Außenwirtschaftsverordnung beachten!

Angaben zum Begünstigten: Leckereien GmbH

IBAN: DE67 7906 9150 0000 2323 45

BIC: GENODEF1GEM

Betrag: 207,58

Kunden-Referenznummer / Verwendungszweck: Rechnungsnummer 703814

noch Verwendungszweck: abzüglich Anzahlung

Angaben zum Kontoinhaber: Tennishallen Dämer KG

IBAN: DE05 7955 0000 0000 4968 748   16

SEPA

Datum: 27.06.20..

Unterschrift(en): *i.V. Schülername*

Lernbereich 5: Personalmanagement

5.1 Personalbeschaffung

a) Personalbedarf

- **quantitativer Personalbedarf:** Ermittlung der Anzahl der benötigten Mitarbeiter.
- **qualitativer Personalbedarf:** Ermittlung der Qualifikationen/Fähigkeiten der benötigten Mitarbeiter.

b) Personalbeschaffung

- **interne Personalbeschaffung (aus dem Unternehmen selbst):** Durch Versetzung, Stellenausschreibung am Schwarzen Brett.
- **externe Personalbeschaffung (von außerhalb des Unternehmens):** Durch Stellenanzeigen in Zeitungen oder im Internet, Vermittlungsbüros, Agentur für Arbeit, Head-Hunter, Personal-Leasing, Zeitarbeitsfirmen, Jobbörsen.

c) Mögliches Vorgehen beim Einstellen eines neuen Mitarbeiters:

- Stellenausschreibung,
- Bewerbungen werden gesichtet (Bewerbungsunterlagen),
- evt. Einstellungstest, Assessment-Center (= Einstufungstest),
- persönliches Vorstellungsgespräch,
- Einstellung – Arbeitsvertrag.

5.2 Berufsausbildungsvertrag

- **Gesetzliche Grundlage: Berufsbildungsgesetz (BBiG).**
  Berufsausbildung findet in Deutschland im **dualen System** (Zusammenarbeit von Ausbildungsbetrieb und Berufsschule) statt.

- **Ausbildungsvertrag:** Wird zwischen dem **Auszubildenden,** dem **Ausbildungsbetrieb** und den **Erziehungsberechtigten** (wenn der Azubi noch nicht volljährig ist) abgeschlossen.

- **Form:** Schriftlicher Vertrag, aus Beweisgründen.
  Vertrag wird bei der **Industrie- und Handelskammer (IHK)** in das **Verzeichnis der Berufsausbildungsverhältnisse** aufgenommen.

- **Inhalte:** Berufsbezeichnung, Urlaub, Probezeit, tägliche Arbeitszeit, Beginn und Dauer der Ausbildung, Vergütung, Kündigungsvoraussetzungen.

- **Probezeit:** Mindestens 1, höchstens 4 Monate.

- **Kündigung des Ausbildungsverhältnisses:**

  Während der **Probezeit** können **beide Seiten jederzeit ohne Kündigungsfrist und ohne Angabe von Gründen** kündigen.

  Nach der **Probezeit** ist eine Kündigung **nur aus wichtigem Grund** möglich, z. B.
  - **bei Aufgabe oder Wechsel** der Berufsausbildung (Kündigungsfrist 4 Wochen),
  - **bei Auflösung** des Ausbildungsverhältnisses in beiderseitigem Einvernehmen,
  - **bei fristloser Kündigung,** z. B. wegen Diebstahls.

Pflichten des Auszubildenden = Rechte des Ausbildenden	Pflichten des Ausbildenden = Rechte des Auszubildenden
Weisungen müssen befolgt werden.	Ausbildung laut **Ausbildungsordnung.**
Berufsschulpflicht muss wahrgenommen werden.	Ein fachlich und persönlich geeigneter **Ausbilder** muss gestellt werden.
Schriftliche **Ausbildungsnachweise** müssen geführt werden.	Der Auszubildende muss zum Berufsschulbesuch **freigestellt** werden.
Betriebsgeheimnisse müssen gewahrt werden. **Lernpflicht.**	Es muss eine angemessene **Vergütung** gezahlt werden.
Einrichtungen und Geräte müssen pfleglich behandelt werden.	Es muss **Urlaub** gewährt werden.
	Pflicht zur Ausstellung eines **Zeugnisses.**
	Die **Fürsorgepflicht** gegenüber dem Auszubildenden muss wahrgenommen werden.

5.3 Jugendarbeitsschutzgesetz (JArbSchG)

- Zu dem geschützten Personenkreis gehören **alle Jugendlichen unter 18 Jahren.**

- **Beschäftigungsverbot für Kinder** (unter 15 Jahren),
  Ausnahme: leichte Tätigkeiten, wie Zeitungen austragen, mit Einverständnis der Eltern.

- **Für Jugendliche gilt ein besonderer Schutz,** da ihre volle Leistungsfähigkeit noch nicht gegeben ist.

- Laut JArbSchG sind folgende **Tätigkeiten verboten:** gefährliche Arbeiten, Arbeiten unter Tage (im Bergbau), Akkordarbeit.

- Die **maximale Arbeitszeit** beträgt 40 Stunden wöchentlich bzw. 8 Stunden täglich.

- Jugendliche dürfen zu folgenden Zeiten nicht arbeiten: von 20:00 bis 06:00 Uhr, an Samstagen und Sonntagen.
  In folgenden Branchen gelten Ausnahmen: Gastronomie, Bäckereien, Einzelhandel, u. A.

- Der **Urlaub** ist nach Alter gestaffelt: von 25 – 30 Tagen.

- **Pausen:** mindestens 30 Minuten bei Arbeit von 4,5 bis 6 Stunden,
  mindestens 60 Minuten bei Arbeit von mehr als 6 Stunden.

- Jugendliche, die ins Berufsleben eintreten, müssen vor Antritt der Arbeit/Ausbildung eine **Erstuntersuchung** und spätestens nach einem Jahr eine **weitere Untersuchung** vorweisen.

5.4 Mutterschutzgesetz

- Es gilt ein **Beschäftigungsverbot** 6 Wochen vor und 8 Wochen nach der Geburt.

- Körperlich schwere Arbeiten sind verboten.

- **Mütter genießen einen besonderen Kündigungsschutz** während der Schwangerschaft bis 4 Monate nach der Entbindung und während der Elternzeit.

- Es besteht ein Anspruch auf **Elternzeit** bis zum 3. Lebensjahr des Kindes.

5.5 Jugend- und Auszubildendenvertretung

- Sie vertritt die Interessen jugendlicher Arbeitnehmer und Auszubildender.

- In Betrieben mit mindestens 5 Arbeitnehmern unter 18 Jahren oder Auszubildenden unter 25 Jahren wird eine Jugend- und Auszubildendenvertretung gewählt.

- **Wahlberechtigt** sind alle Arbeitnehmer unter 18 und alle Azubis unter 25 Jahren.

- **Wählbar** sind alle Arbeitnehmer/Azubis unter 25 Jahren.

- Die Anzahl der Jugend- und Auszubildendenvertreter steigt mit zunehmender Zahl der beschäftigten Jugendlichen und Azubis.

- Gewählt wird eine Jugend- und Auszubildendenvertretung für 2 Jahre.

- **Aufgaben:**
  - Beantragung von Maßnahmen zu Gunsten junger Betriebsangehöriger beim Betriebsrat.
  - Einhaltung von Gesetzen zu Gunsten junger Betriebsangehöriger.
  - Berechtigte Beschwerden an den Betriebsrat weiterleiten.
  - Teilnahme an gemeinsamen Besprechungen zwischen Betriebsrat und Arbeitgeber, soweit die Interessen junger Betriebsangehöriger betroffen sind.

5.6 Betriebsvereinbarung

- Sie wird zwischen **Betriebsrat und Arbeitgeber** geschlossen.

- Sie regelt **soziale Angelegenheiten eines Betriebes,** z. B. Rauchen am Arbeitsplatz, Umgang mit alkoholkranken Mitarbeitern.

- Das Regelungswerk heißt **Betriebsordnung.**

5.7 Sozialpartner/Tarifpartner

- Gewerkschaften und Arbeitgeberverbände sind die Sozialpartner.
  Gewerkschaften vertreten **Arbeitnehmer**interessen.
  Arbeitgeberverbände vertreten **Arbeitgeber**interessen.

- Die Sozialpartner schließen gemeinsam **Tarifverträge** ab.

5.8 Tarifvertrag

Tarifverträge legen einheitlich die Arbeitsbedingungen für die Berufsgruppen eines Wirtschaftszweiges für eine bestimmte Dauer fest.

- **Tarifpartner = Sozialpartner = Gewerkschaften und Arbeitgeberverbände.**

- **Manteltarifvertrag:** Er gilt für mehrere Jahre, legt allgemeine Arbeitsbedingungen wie Urlaub und Arbeitszeit fest.

- **Lohn- und Gehaltstarifvertrag:** Er gilt für 1 – 2 Jahre, hier werden Vereinbarungen über die Höhe von Löhnen und Gehältern getroffen.

- **Tarifautonomie:** Die Tarifpartner handeln den Tarifvertrag selbstständig aus, die Politik darf sich nicht einmischen.

- **Friedenspflicht:** Während der Geltungsdauer eines Tarifvertrags dürfen **keine Arbeitskampfmaßnahmen** stattfinden.

- Der Bundesarbeitsminister kann einen **Tarifvertrag** für **allgemeinverbindlich** erklären, d. h. der Tarifvertrag gilt dann auch für die nicht tarifgebundenen Arbeitnehmer und Arbeitgeber.

5.9 Arbeitskampf

Können die Tarifpartner sich nicht auf einen neuen Tarifvertrag einigen, kann es zum Arbeitskampf kommen.

- **Streik (= Arbeitsniederlegung):** auf Seiten der Gewerkschaften.

- **Aussperrung (Arbeitnehmer werden nicht in den Betrieb gelassen):** auf Seiten der Arbeitgeber.

- **Ablauf eines Arbeitskampfes:**
  → **Scheitern** der Verhandlungen (keine Einigung bei Tarifverhandlungen).
  → **Schlichtungsverfahren, scheitert die Schlichtung,**
  → so schließt sich die **Urabstimmung** über Kampfmaßnahmen an.
  → Zum **Streik** kommt es, wenn mindestens 75 % der Gewerkschaftsmitglieder zustimmen.
  → Mögliche Gegenmaßnahme: **Aussperrung** durch Arbeitgeber.
  → **Neue Verhandlungen** finden statt.
  → Das **Streikende** erfolgt, wenn 25 % der Gewerkschaftsmitglieder dem Verhandlungsergebnis zustimmen.
  → Ein **neuer Tarifvertrag** kommt zustande.

5.10 Betriebsrat

Betriebliche Mitbestimmung nach dem Betriebsverfassungsgesetz (BetrVG)

1. Der Betriebsrat (BR) ist **eine Vertretung der Arbeitnehmer (AN)** gegenüber **dem Arbeitgeber (AG).**

2. Voraussetzungen für die Errichtung eines BR:

   In Betrieben mit **mindestens 5 wahlberechtigten AN,** von denen **3 wählbar** sind, kann ein BR gewählt werden.

   Die Betriebsratswahlen finden alle 4 Jahre in der Zeit vom 01. März bis 31. Mai statt.

3. Wahl:

   - **Wahlberechtigt** sind **alle AN,** die **das 18. Lebensjahr vollendet** haben.
   - **Wählbar** sind **alle AN über 18 Jahre,** die dem **Betrieb mindestens 6 Monate** angehören (auch Azubis). Mitglieder des BR können nicht zu Jugend- und Auszubildendenvertretern gewählt werden.

4. Zahl der Betriebsratsmitglieder:

   Die Zahl der Betriebsratsvertreter steigt mit zunehmender Zahl der wahlberechtigten AN, z. B.:
   - 5 – 20 AN: ein Betriebsratsvertreter,
   - 21 – 50 AN: 3 Betriebsratsvertreter.

5.10 Betriebsrat

5. Betriebsversammlung: Der BR hat einmal in jedem Kalendervierteljahr eine Betriebsversammlung einzuberufen und in ihr einen Tätigkeitsbericht zu erstatten.

6. Betriebsratsitzungen: Die Sitzungen finden i. d. R. während der Arbeitszeit statt.

7. Allgemeine Aufgaben:

Der BR wacht über die Einhaltung der Arbeitsschutzbestimmungen, macht Vorschläge und vertritt die Interessen der AN gegenüber dem AG.

8. Rechte des Betriebsrats:

Mitbestimmung in **sozialen** Angelegenheiten über:	**Mitwirkung** in **personellen** Angelegenheiten über:	**Informations- und Beratungsrechte** in **wirtschaftlichen** Angelegenheiten über:
• Betriebsordnung	• Einstellungen	• Neubau/Umbau/ Erweiterungsbau
• Arbeitszeit und Pausen	• Versetzungen	• Sozialplan
• Urlaubsplan	• Kündigungen: **(eine Kündigung ohne Anhörung des BR ist unwirksam).**	• Betriebsänderungen wie Stilllegung, Einschränkung des Betriebs, Verlegung von Betriebsteilen, Zusammenschluss, Einführung neuer Fertigungsverfahren.
• Unfallverhütung		
• Arbeitsbedingungen		
• Betriebliche Berufsbildung	• Personalplanung	
• Betriebliche Sozialeinrichtungen		
• Gruppenarbeit		
Zwingende Mitbestimmung, der BR muss zustimmen. Bei Meinungsverschiedenheiten ist bei Bedarf eine **Einigungsstelle** einzurichten. Sie besteht aus einer gleichen Anzahl an Beisitzern, die vom Arbeitgeber und Betriebsrat bestellt werden und einem unparteiischen Vorsitzenden, auf den sich beide Seiten einigen müssen.	**Eingeschränkte Mitbestimmung, der BR macht Vorschläge und nimmt Stellung.**	**Recht auf Information und Beratung, der Arbeitgeber kann letztendlich alleine entscheiden.**

5.11 Die gesetzliche Sozialversicherung (Stand 1. Januar 2014)

Zweige \ Merkmale	Gesetzliche Krankenversicherung	Gesetzliche Pflegeversicherung	Gesetzliche Rentenversicherung	Gesetzliche Arbeitslosenversicherung	Gesetzliche Unfallversicherung
Träger	Allgemeine Ortskrankenkassen (AOK), Innungs-, Betriebs-, Ersatzkrankenkassen.	Pflegekassen bei den Krankenkassen.	Deutsche Rentenversicherung Bund.	Bundesagentur für Arbeit (Nürnberg)	Berufsgenossenschaften
Versicherungspflichtige Personen	Alle AN bis zu einem Monatseinkommen von 4.462,50 € (Versicherungspflichtgrenze). 4.050,00 € (BBG).	Alle Mitglieder der gesetzlichen und privaten Krankenkassen. 4.050,00 € (BBG)	Alle AN, Azubis. 5.950,00 € (BBG West)	Alle AN, Azubis. 5.950,00 € (BBG West)	Alle Beschäftigten.
Beitragszahler	AG und AN: Einheitlicher Beitragssatz 14,6 % + 0,9 % Sonderbeitrag AN für Zahnersatz und Krankengeld	AG 50 % AN 50 % Kinderlosenzuschlag von 0,25 % zahlt nur AN	AG 50 % AN 50 %	AG 50 % AN 50 %	AG 100 %
Beitragshöhe	15,5 %, davon • 7,3 % AG • 8,2 % AN Spezialfall: 450,00-Euro-Jobs	2,05 % (allgemeiner Satz) 1,025 % für AN sowie AG 2,3 % (Kinderlose ab 23 J.) 1,025 % AG, 1,275 % AN	18,9 % 9,45 % AG, 9,45 % AN	3,0 % 1,5 % AG, 1,5 % AN	Nach Unfallgefahren
Leistungen	• Arzt-, Krankenhaus-, Arzneikosten • Krankengeld ab 7. Woche (70 % vom Bruttolohn, max. 90 % des Nettolohns) • Vorsorgeuntersuchungen • Mutterschaftshilfe • Familienhilfe	**Häusliche Pflege:** Sachleistung (Pflege durch Pflegedienste) oder Pflegegeld für pflegende Angehörige. **Stationäre Pflege**	**Rentenzahlung:** • Rente wegen Alters • Rente wegen Berufs- oder Erwerbsunfähigkeit • Witwen- und Waisenrente **Rehabilitationsmaßnahmen**	• Arbeitslosengeld I und II • Kurzarbeitergeld • Winterausfallgeld • Insolvenzausfallgeld • KV-Beiträge von Arbeitslosen • Arbeitsvermittlung	**Arbeitsunfallfolgen (auch Wegeunfälle):** • Krankenhilfe • Berufshilfe • Renten an Verletzte und Hinterbliebene **Unfallverhütung:** • Aufklärung • Belehrung • Überwachung

Zweige \ Merkmale	Gesetzliche Krankenversicherung	Gesetzliche Pflegeversicherung	Gesetzliche Rentenversicherung	Gesetzliche Arbeitslosenversicherung	Gesetzliche Unfallversicherung
Leistungen	• Zuzahlungen zu Arzneimitteln durch Versicherte	**Sonstige Leistungen:** z. B. Rollstühle, Krankenbetten, Zuschüsse zu notwendigen Umbauten, soziale Sicherung der Pflegepersonen.		• Umschulungen • Bewerbungstraining …	

BBG = Beitragsbemessungsgrenze = Betrag, von dem höchstens die Sozialversicherungsbeiträge berechnet werden.

Versicherungspflichtgrenze = Einkommensgrenze, ab der sich ein AN nicht mehr gesetzlich versichern muss, sondern freiwillig versichern kann.

5.12 Der Arbeitsvertrag

Vertragspartner: Arbeitnehmer und Arbeitgeber

Das Arbeitsverhältnis wird bestimmt durch:

- gesetzliche Vorschriften,
- Tarifverträge,
- Betriebsvereinbarungen,
- und Einzelarbeitsverträge.

Der Vertrag kann schriftlich oder mündlich abgeschlossen werden, spätestens vier Wochen nach Arbeitsantritt muss ein schriftlicher Vertrag vorliegen (Beweiskraft!).

Mögliche **Inhalte eines Arbeitsvertrages:**

- Name, Anschrift von Arbeitgeber und Arbeitnehmer,
- Beginn des Arbeitsverhältnisses,
- evtl. Dauer des Arbeitsverhältnisses (bei befristeten Arbeitsverträgen),
- Kündigungsfristen,
- Dauer der Probezeit,
- genaue Tätigkeitsbeschreibung,
- Art der Entlohnung (z. B. Stundenlohn, Monatslohn),
- Höhe der Entlohnung/Vergütung,
- weitere Bezüge (evtl. Provisionen, Zulagen, Urlaubsgeld),
- Sozialleistungen,
- Arbeits- und Pausenzeiten,
- Urlaub,
- erlaubte oder verbotene Nebentätigkeiten,
- Hinweis auf geltende Tarifverträge oder Betriebsvereinbarungen.

Rechte und Pflichten der Vertragspartner

Arbeitgeber	Arbeitnehmer
Vergütung zahlen	Pflicht zur Arbeitsleistung
Fürsorgepflicht	Gehorsamspflicht
Urlaub gewähren	Verschwiegenheitspflicht
Zeugnispflicht (einfaches oder qualifiziertes Zeugnis)	Wettbewerbsverbot (keine Geschäfte in der Branche des Arbeitgebers)

5.13 Kündigungsschutz

Ziele des Kündigungsschutzes

Für einen Arbeitnehmer ist der Arbeitsplatz Grundlage zur Sicherung seiner Existenz. Aus diesem Grund soll das Kündigungsschutzgesetz Arbeitnehmer vor willkürlichen Kündigungen durch den Arbeitgeber schützen. Kündigungen sind demnach **rechtsunwirksam,** wenn sie »**sozial ungerechtfertigt**« sind (§ 1 KSchG). Bei personen- oder verhaltensbedingten Kündigungen müssen vorherige **Abmahnungen** (Hinweis auf Verhaltensänderung!) erfolgt sein, soweit sie den Leistungsbereich betreffen. Nur wenn der Vertrauensbereich (z.B. Unterschlagung, Diebstahl) betroffen ist, muss keine Abmahnung erfolgen.

Voraussetzungen für die Anwendung des Kündigungsschutzgesetzes (KSchG)

1. Der Betrieb beschäftigt mindestens 11 Mitarbeiter.
2. Der Mitarbeiter ist mindestens 6 Monate (ohne Unterbrechung) im Betrieb beschäftigt.

Arten der Kündigung

1. **Ordentliche Kündigung:** Einhaltung einer Kündigungsfrist (fristgerecht).
2. **Außerordentliche Kündigung:** Aus wichtigem Grund (z.B. Diebstahl) ohne Einhaltung einer Kündigungsfrist (fristlos), da hier die Vertrauensbasis zerstört ist.

Gründe, die aus der Sicht des KSchG eine Kündigung sozial rechtfertigen:

1. **Personenbedingte Gründe:**
   (Abmahnung erforderlich!)
   z.B. fehlende Eignung, mangelhafte Leistung, häufige Erkrankungen, Alkoholabhängigkeit.
2. **Verhaltensbedingte Gründe:**
   (Abmahnung erforderlich!)
   z.B. unberechtigte Krankmeldungen, Störung des Betriebsfriedens, Beleidigung von Kollegen und Vorgesetzten, häufige Unpünktlichkeit, unentschuldigtes Fehlen.
3. **Betriebsbedingte Kündigung:**
   z.B. Rationalisierung, Einschränkung der Produktion, Auftragsmangel, Umsatzrückgang.

Ordentliche und außerordentliche Kündigungen sind nur dann sozial gerechtfertigt, wenn einer der drei oben genannten Gründe vorliegt.

Sozialauswahl bei betriebsbedingter Kündigung

Soll mehreren Personen eine sozial gerechtfertigte Kündigung zugehen, so müssen die Betroffenen nach sozialen Kriterien ausgewählt werden.

Kriterien: 1. Dauer der Betriebszugehörigkeit,
2. Lebensalter,
3. Unterhaltspflichten,
4. Schwerbehinderung.

Mitbestimmung des Betriebsrats bei Kündigungen

Der **Betriebsrat** ist vor jeder Kündigung anzuhören. Eine ohne Anhörung des Betriebsrats ausgesprochene Kündigung ist unwirksam.

Besonderer Kündigungsschutz besteht für Schwerbehinderte, Wehrpflichtige, Auszubildende, Betriebsratsmitglieder, Jugendvertreter, Schwangere, Mütter oder Väter während der Elternzeit.

Grundkündigungsfrist

- Frist von 4 Wochen (28 Tage) zum 15. oder zum Ende eines Kalendermonats.
- Die Kündigungsfrist verlängert sich mit zunehmender Betriebszugehörigkeit (bis 7 Monate).
- Die verlängerten Kündigungsfristen gelten nur bei Kündigung durch den Arbeitgeber (zum Schutz des Arbeitnehmers).

5.14 Übersicht über die Lohnformen

Lohnformen:	Zeitlohn	Akkordlohn	Prämienlohn
Vorteile:	• einfache Berechnung • sinkende Lohnkosten je Stück bei steigender Leistung • Arbeiten ohne Zeitdruck • Schonung von Mensch und Maschine • bessere Qualität	• kein Leistungsrisiko für den Betrieb • fixe Lohnkosten je Stück • Leistungsanreiz für Arbeitnehmer	• Arbeiten ohne Zeitdruck möglich (da Fixum = Grundgehalt) • trotzdem Leistungsanreiz (da leistungsorientierte Prämie) • Arbeitnehmer und Arbeitgeber profitieren von Leistungssteigerung
Nachteile:	• Betrieb trägt das Leistungsrisiko • kein Mehrleistungsanreiz • steigende Lohnkosten je Stück bei sinkender Leistung • Arbeitskontrolle notwendig	• Überbeanspruchung von Mensch und Maschine • überhöhter Materialverbrauch → Ausschuss • schlechte Qualität	• komplizierte Berechnung • unter Umständen Überbeanspruchung oder erhöhter Ausschuss (z.B. bei reinen Mengenprämien)
Anwendungsgebiete:	• Wenn Leistungen nur schwer messbar sind, z.B. Lager-, Entwicklungs-, Reparatur-, Kontrollarbeiten. • Wenn Qualität vor Quantität geht. • Wenn das Arbeitstempo von Maschinen bestimmt wird, z.B. bei Fließbandarbeit.	• Wenn Leistung nur mengenmäßig gemessen werden kann, d.h. bei gleichartigen, regelmäßig wiederkehrenden Arbeiten.	• Wenn Leistungslohn nicht möglich ist, aber trotzdem ein Leistungsanreiz geschaffen werden soll. • Wenn Qualität zwar im Vordergrund steht, das Arbeitstempo aber von Maschinen bestimmt wird, z.B. bei Gruppenarbeit in der Automobilherstellung.

5.15 Steuern

a) Einteilung der Steuern

Steuern sind zwangsweise zu zahlende Abgaben an den Staat ohne direkte Gegenleistung.

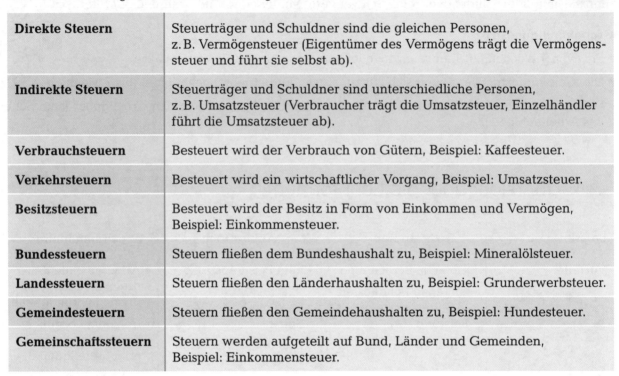

Direkte Steuern	Steuerträger und Schuldner sind die gleichen Personen, z.B. Vermögensteuer (Eigentümer des Vermögens trägt die Vermögensteuer und führt sie selbst ab).
Indirekte Steuern	Steuerträger und Schuldner sind unterschiedliche Personen, z.B. Umsatzsteuer (Verbraucher trägt die Umsatzsteuer, Einzelhändler führt die Umsatzsteuer ab).
Verbrauchsteuern	Besteuert wird der Verbrauch von Gütern, Beispiel: Kaffeesteuer.
Verkehrsteuern	Besteuert wird ein wirtschaftlicher Vorgang, Beispiel: Umsatzsteuer.
Besitzsteuern	Besteuert wird der Besitz in Form von Einkommen und Vermögen, Beispiel: Einkommensteuer.
Bundessteuern	Steuern fließen dem Bundeshaushalt zu, Beispiel: Mineralölsteuer.
Landessteuern	Steuern fließen den Länderhaushalten zu, Beispiel: Grunderwerbsteuer.
Gemeindesteuern	Steuern fließen den Gemeindehaushalten zu, Beispiel: Hundesteuer.
Gemeinschaftssteuern	Steuern werden aufgeteilt auf Bund, Länder und Gemeinden, Beispiel: Einkommensteuer.

b) Einkommensteuer – Einkunftsarten

Einkünfte aus:	Beispiele:
1. Land- und Forstwirtschaft	Gewinne eines landwirtschaftlichen Betriebes.
2. Gewerbebetrieb	Gewinne eines Einzelhändlers.
3. selbstständiger Arbeit	Einkünfte eines Rechtsanwalts.
4. nicht selbstständiger Arbeit	Einkünfte eines Industriekaufmanns.
5. Kapitalvermögen	Zinsen.
6. Vermietung und Verpachtung	Miete, Pacht.
7. Sonstige Einkünfte	Spekulationsgewinne.

c) Einkommensteuer: abzugfähige Beträge

- **Werbungskosten** sind alle Aufwendungen, die zum Erwerb, zur Sicherung und zur Erhaltung der Einkünfte dienen, z.B. Fahrtkosten zur Arbeit, Arbeitskleidung, Fachliteratur, Bewerbungskosten, Beiträge zu Berufsverbänden.

- **Sonderausgaben** sind vom Staat steuerbegünstigte Ausgaben, z.B. Kirchensteuer, Beiträge zur gesetzlichen Sozialversicherung, Spenden, private Kranken-, Unfall-, Haftpflichtversicherung.

- **Außergewöhnliche Belastungen** sind z.B. Krankheitskosten, Unterhalt an bedürftige Personen, Scheidungskosten.

5.15 Steuern

d) Berechnung des zu versteuernden Einkommens

Einkünfte z. B. aus nicht selbstständiger Tätigkeit

– Werbungskosten

= Summe der Einkünfte

– Sonderausgaben

– außergewöhnliche Belastungen

= Einkommen

– Kinderfreibetrag

– Haushaltsfreibetrag

= zu versteuerndes Einkommen

e) Lohnsteuer

Sie ist eine Sonderform der Einkommensteuer; sie wird bei Einkommen aus nicht selbstständiger Tätigkeit erhoben.

f) Elektronische Lohnsteuerkarte 2013

Ab 2013 wird die elektronische Lohnsteuerkarte eingeführt, das Verfahren heißt »Elektronische Lohn Steuer Abzugs Merkmale« (ELStAM). Das neue Verfahren ersetzt die bisherige Papierform.

Die Finanzverwaltung wird alle Angaben der Vorderseite der Lohnsteuerkarte in die ELStAM-Datenbank eintragen. Der Arbeitgeber wird dann mit der Steuer Identifikationsnummer und dem Geburtsdatum des Arbeitnehmers die Angaben aus der Lohnsteuerkarte, wie Steuerklasse, Kirchensteuer, Kinderfreibetrag, Freibetrag, usw. elektronisch übermittelt bekommen. Die Steuer ID wird an alle Arbeitnehmer versendet und ist ab Geburt des Steuerpflichtigen lebenslang gültig.

Für Änderungen der Lohnsteuerkarte und Anmeldung wichtiger lohnsteuerrechtlicher Merkmale ist seit 2010 das Finanzamt zuständig, z.B. Eintragung von Freibeträgen, Religionszugehörigkeit (Kirchensteuer) oder Änderung der Steuerklasse.

g) Lohnsteuerklassen

Steuerklasse I	Ledige, geschiedene, verwitwete oder verheiratete, aber dauernd getrennt lebende Arbeitnehmer ohne Kind.
Steuerklasse II	Die unter Steuerklasse I genannten Arbeitnehmer, in deren Haushalt mindestens 1 Kind gemeldet ist.
Steuerklasse III	Verheiratete Arbeitnehmer, wenn der andere Ehegatte nicht arbeitet oder der andere (weniger verdienende) Ehegatte die Steuerklasse V hat.
Steuerklasse IV	Verheiratete Arbeitnehmer, wenn beide arbeiten (beide verdienen in etwa gleich viel).
Steuerklasse V	Verheiratete Arbeitnehmer, wenn der andere Ehegatte auch arbeitet und der andere (besser verdienende) Ehegatte die Steuerklasse III hat.
Steuerklasse VI	Wenn gleichzeitig mehrere Arbeitsverhältnisse bestehen oder wenn die Lohnsteuerkarte nicht rechtzeitig abgegeben wurde.

Prüfungsfragen zum Lernbereich 5:
Personalmanagement

Prüfung 2006 (aktualisiert)

Fallaufgabe

Unternehmensbeschreibung

Firma	Reitsport-Petz OHG
Geschäftssitz	Turmstraße 54, 82362 Weilheim
Gesellschafter	Herbert Petz, Sylvia Winter, Rita Maller
Geschäftsführer	Herbert Petz und Sylvia Winter
Gegenstand des Unternehmens	Herstellung von Reitbekleidung Handel mit Reitartikeln (Helme, Schuhe, Zubehör usw.)
Mitarbeiter	38 Angestellte in der Produktion 4 Auszubildende 3 Verwaltungsangestellte Ausbildungsleiterin: Charlotte Roeder
Feste Arbeitszeiten im Unternehmen	Montag bis Freitag von 08:00 Uhr bis 12:00 Uhr und von 13:00 Uhr bis 17:00 Uhr
Urlaubsanspruch	30 Tage pro Jahr für alle Mitarbeiter und Auszubildenden

Ausbildungsrichtungen	Vergütung	Produktionsbereich	Kaufmännischer Bereich
	1. Jahr	540,00 €	620,00 €
	2. Jahr	580,00 €	660,00 €
	3. Jahr	610,00 €	690,00 €

Bewerberinnen für den Beruf der Kauffrau für Bürokommunikation zum 01.09.13

	Bewerberin 1	**Bewerberin 2**
Name	Stefanie Erb	Katrin Held
Adresse	Bankgasse 17, 82362 Weilheim	Lohengrinstr. 3, 81925 München
geboren	30. April 1995 in Weilheim	12. Juni 1993 in München
Schulabschluss	Wirtschaftsschulabschluss	Abitur
Zeugnis	Gute Bemerkung; Notendurchschnitt 2,1 (u. a. Note 2 in Rechnungswesen, Textverarbeitung, Übungsfirmenarbeit und Sport, jedoch Note 4 in Volkswirtschaft).	Sehr gute Bemerkung; Notendurchschnitt 2,4 (u. a. Note 2 in Deutsch, Englisch, Französisch und Musik, jedoch Note 4 in Mathematik und Sport).
Hobbys	Skifahren, Reiten, Pfadfinderinnen (Gruppenleiterin).	Lesen, Reisen, Geigespielen.
äußeres Erscheinungsbild und Auftreten	Sportlich-elegant gekleidet, sicheres Auftreten, mundartlich gefärbte Sprache, natürlich, höfliches Benehmen.	Sehr gepflegt, modisch gekleidet, sehr sicheres Auftreten, gehobene Sprache, gute Umgangsformen.

Sie sind Mitarbeiter/in in der Personalabteilung der Reitsport-Petz OHG. Zum 01. September soll eine Auszubildende/ ein Auszubildender für den kaufmännischen Bereich eingestellt werden.

1. Wie kann die Reitsport-Petz OHG erreichen, dass möglichst viele passende Bewerbungen bei ihr eingehen? Schlagen Sie zwei Maßnahmen vor, die Sie hier für besonders geeignet halten und begründen Sie Ihre Wahl.

Frau Roeder muss letztendlich zwischen zwei Bewerberinnen für den Ausbildungsberuf der Kauffrau für Bürokommunikation auswählen (siehe Basisinformationen).

2. Entscheiden Sie sich für eine Bewerberin und begründen Sie Ihre Auswahl mit drei Argumenten.

3. Füllen Sie so weit wie möglich den Ausbildungsvertrag für die von Ihnen gewählte Auszubildende aus **(Anlage 1)**.

Der Mitarbeiter Gerhard Kramer ist 34 Jahre alt und seit seinem 16. Lebensjahr in der Reitsport-Petz OHG beschäftigt. Er gilt als fachlich qualifizierter Mitarbeiter. Am 22. und 23. Juni ist er erst um 09:00 Uhr zur Arbeit erschienen. Am 1. Juni hat er für fortgesetztes Fehlverhalten bereits eine Abmahnung mit Androhung der Kündigung für den Wiederholungsfall erhalten.

4. Herr Petz möchte sich nun so schnell wie möglich vom ihm trennen. Stellen Sie mit Hilfe des Gesetzestextes **(Anlage 2)** fest, zu welchem Zeitpunkt Herrn Kramer hierzu spätestens ordentlich gekündigt werden müsste. Geben Sie auch das Datum des letzten Arbeitstages an.

Frau Winter möchte Herrn Kramer trotz seiner Verfehlungen gern als Mitarbeiter behalten.

5. Führen Sie zwei Überlegungen an, die dafür sprechen könnten, ihn doch weiter zu beschäftigen.

Anlage 1

Berufsausbildungsvertrag
(§§ 10, 11 Berufsbildungsgesetz – BBiG)

Zwischen dem Ausbildenden (Ausbildungsbetrieb) und der / dem Auszubildenden männlich ☐ weiblich ☐

KNR	Firmenident-Nr.	Tel.-Nr.
	24	0881 9506023

Anschrift des Ausbildenden

Reitsport Petz OHG
Turmstraße 54
82362 Weilheim

Straße, Haus-Nr.

PLZ   Ort

E-Mail-Adresse des Ausbildenden

Verantwortliche/r Ausbilder/in
Herr / Frau   geb. am

Name   Vorname

Straße, Haus-Nr.

PLZ   Ort

Geburtsdatum   Geburtsort

Staatsangehörigkeit   Gesetzliche Vertreter[1]
deutsch

Namen, Vornamen der gesetzlichen Vertreter

Straße, Hausnummer

PLZ   Ort

Wird nachstehender Vertrag zur Ausbildung im Ausbildungsberuf mit der Fachrichtung/ dem Schwerpunkt/ dem Einsatzgebiet/ dem Wahlbaustein nach Maßgabe der Ausbildungsordnung[2] geschlossen.

Änderungen des wesentlichen Vertragsinhaltes sind vom Ausbildenden unverzüglich zur Eintragung in das Verzeichnis der Berufsausbildungsverhältnisse bei der Industrie- und Handelskammer anzuzeigen.

Die beigefügten Angaben zur sachlichen und zeitlichen Gliederung des Ausbildungsablaufs (Ausbildungsplan) sind Bestandteil dieses Vertrages.

A Die Ausbildungszeit beträgt nach der Ausbildungsordnung 36 Monate.
Die vorausgegangene Berufsausbildung/Vorbildung:

wird mit ___ Monaten angerechnet, bzw. es wird eine entsprechende Verkürzung beantragt.

Das Berufsausbildungsverhältnis
beginnt am ___   endet am ___

B Die Probezeit (§ 1 Nr. 2) beträgt 4 Monate.[3]

C Die Ausbildung findet vorbehaltlich der Regelungen nach D (§ 3 Nr. 12) in

und den mit dem Betriebssitz für die Ausbildung üblicherweise zusammenhängenden Bau-, Montage- und sonstigen Arbeitsstellen statt.

D Ausbildungsmaßnahmen außerhalb der Ausbildungsstätte (§ 3 Nr. 12) (mit Zeitraumangabe)

E Der Ausbildende zahlt der/dem Auszubildenden eine angemessene Vergütung (§ 5); diese beträgt zur Zeit monatlich brutto

EUR				
	im ersten	zweiten	dritten	vierten

Ausbildungsjahr.

F Die regelmäßige tägliche Ausbildungszeit beträgt ___ Stunden.[4]
Die regelmäßige wöchentliche Ausbildungszeit beträgt ___ Stunden.[4]

G Der Ausbildende gewährt der/dem Auszubildenden Urlaub nach den geltenden Bestimmungen. Es besteht ein Urlaubsanspruch

Im Jahr	2013	2014	2015	2016
Werktage				
Arbeitstage				

H Sonstige Hinweise auf anzuwendende Tarifverträge und Betriebsvereinbarungen

J Die beigefügten Vereinbarungen sind Gegenstand dieses Vertrages und werden anerkannt

_____, den _____

Der Ausbildende:

_____
Stempel und Unterschrift

Die/Der Auszubildende:

_____
Vor- und Familienname

Die gesetzl. Vertreter der/des Auszubildenden:

_____
Vater und Mutter/Vormund

---

[1] Vertretungsberechtigt sind beide Eltern gemeinsam, soweit nicht die Vertretungsberechtigung nur einem Elternteil zusteht. Ist ein Vormund bestellt, so bedarf dieser zum Abschluss des Ausbildungsvertrages der Genehmigung des Vormundschaftsgerichtes.
[2] Solange die Ausbildungsordnung nicht erlassen ist, sind gem. § 104 Abs. 1 BBiG die bisherigen Ordnungsmittel anzuwenden.
[3] Die Probezeit muss mindestens einen Monat und darf höchstens vier Monate betragen.
[4] Das Jugendarbeitsschutzgesetz sowie für das Ausbildungsverhältnis geltende tarifvertragliche Regelungen und Betriebsvereinbarungen sind zu beachten.

Anlage 2

Auszug aus dem BGB

§ 622 Kündigungsfristen bei Arbeitsverhältnissen

(1) Das Arbeitsverhältnis eines Arbeiters oder eines Angestellten (Arbeitnehmers) kann mit einer Frist von vier Wochen zum Fünfzehnten oder zum Ende eines Kalendermonats gekündigt werden.

(2) Für eine Kündigung durch den Arbeitgeber beträgt die Kündigungsfrist, wenn das Arbeitsverhältnis in dem Betrieb oder Unternehmen

1. zwei Jahre bestanden hat, einen Monat zum Ende eines Kalendermonats,
2. fünf Jahre bestanden hat, zwei Monate zum Ende eines Kalendermonats,
3. acht Jahre bestanden hat, drei Monate zum Ende eines Kalendermonats,
4. zehn Jahre bestanden hat, vier Monate zum Ende eines Kalendermonats,
5. zwölf Jahre bestanden hat, fünf Monate zum Ende eines Kalendermonats,
6. 15 Jahre bestanden hat, sechs Monate zum Endes eines Kalendermonats,
7. 20 Jahre bestanden hat, sieben Monate zum Ende eines Kalendermonats.

Lösung Prüfung 2006

1. • Inserat in der lokalen Zeitung (spricht Schulabgänger vor allem aus der näheren Umgebung an, nicht zu kostspielig).
   • Aushang in den Schulen (kostenlos, Schüler gehen täglich vorbei).
   • Aushang in Reitschulen oder Reitställen (kostenlos, viele Jugendliche, die reiten, kommen vorbei).

2. Die Reitsport OHG sollte sich für Stefanie Erb entscheiden, z. B.:
   • weil sie am Ort wohnt und deshalb keinen weiten Anfahrtsweg hat,
   • weil sie durch den Wirtschaftsschulabschluss bereits eine gute wirtschaftliche Grundbildung mitbringt,
   • weil sie in wichtigen Schlüsselfächern gute Noten vorweisen kann,
   • weil sie durch ihr Hobby »Reiten« einen Bezug zu den Produkten der Reitsport-Petz OHG hat.

   Sollte die Wahl auf Katrin Held fallen, könnte man z. B. folgende Kriterien heranziehen:
   • Sie hat mit dem Abitur eine höherwertige Schulbildung.
   • Sie hat im Abiturzeugnis eine sehr gute Bemerkung.
   • Sie hat gute Fremdsprachenkenntnisse, die im Geschäftsverkehr mit ausländischen Kunden bzw. Lieferanten sehr hilfreich sein können.
   • Sie hat ein sehr sicheres Auftreten und spricht eine gehobene Sprache.

3. Siehe Anlage!

   Hinweis: *Sollte davon ausgegangen werden, dass die zwölfmonatige Verkürzung der Ausbildungszeit nicht gewährt wird, sind das Ende der Ausbildungsdauer und die Zahl der Urlaubstage entsprechend anzupassen.*

Berufsausbildungsvertrag
(§§ 10, 11 Berufsbildungsgesetz – BBiG)

Zwischen dem Ausbildenden (Ausbildungsbetrieb)   und der / dem Auszubildenden   männlich ☐   weiblich ☒

KNR	Firmenident-Nr. 24	Tel.-Nr. 0881 9506023

Anschrift des Ausbildenden
Reitsport Petz OHG
Turmstraße 54
82362 Weilheim

Straße, Haus-Nr.

PLZ   Ort

E-Mail-Adresse des Ausbildenden

Verantwortliche/r Ausbilder/in
Herr / Frau   geb. am
Roeder, Charlotte

Name Erb	Vorname Stefanie

Straße, Haus-Nr.
Bankgasse 17

PLZ   Ort
82362   Weilheim

Geburtsdatum   Geburtsort
30.04.1995   Weilheim

Staatsangehörigkeit   Gesetzliche Vertreter[1]
deutsch

Namen, Vornamen der gesetzlichen Vertreter

Straße, Hausnummer

PLZ   Ort

Wird nachstehender Vertrag zur Ausbildung im Ausbildungsberuf mit der Fachrichtung/ dem Schwerpunkt/ dem Einsatzgebiet/ dem Wahlbaustein nach Maßgabe der Ausbildungsordnung[2] geschlossen.

Kauffrau für Bürokommunikation

Änderungen des wesentlichen Vertragsinhaltes sind vom Ausbildenden unverzüglich zur Eintragung in das Verzeichnis der Berufsausbildungsverhältnisse bei der Industrie- und Handelskammer anzuzeigen.

Die beigefügten Angaben zur sachlichen und zeitlichen Gliederung des Ausbildungsablaufs (Ausbildungsplan) sind Bestandteil dieses Vertrages.

A Die Ausbildungszeit beträgt nach der Ausbildungsordnung **36** Monate.
Die vorausgegangene Berufsausbildung/Vorbildung:
Wirtschaftsschulabschluss
wird mit **12** Monaten angerechnet, bzw. es wird eine entsprechende Verkürzung beantragt.

Das Berufsausbildungsverhältnis
beginnt am **01.09.2013**   endet am **31.08.2016**

B Die Probezeit (§ 1 Nr. 2) beträgt **4** Monate.[3]

C Die Ausbildung findet vorbehaltlich der Regelungen nach D (§ 3 Nr. 12) in

und den mit dem Betriebssitz für die Ausbildung üblicherweise zusammenhängenden Bau-, Montage- und sonstigen Arbeitsstellen statt.

D Ausbildungsmaßnahmen außerhalb der Ausbildungsstätte (§ 3 Nr. 12) (mit Zeitraumangabe)

E Der Ausbildende zahlt der/dem Auszubildenden eine angemessene Vergütung (§ 5); diese beträgt zur Zeit monatlich brutto

EUR	620,00	660,00	690,00	
im	ersten	zweiten	dritten	vierten

Ausbildungsjahr.

F Die regelmäßige tägliche Ausbildungszeit beträgt **8,00** Stunden.[4]
Die regelmäßige wöchentliche Ausbildungszeit beträgt **40,00** Stunden.[4]

G Der Ausbildende gewährt der/dem Auszubildenden Urlaub nach den geltenden Bestimmungen. Es besteht ein Urlaubsanspruch

Im Jahr	2013	2014	2015
Werktage			
Arbeitstage	10,00	30,00	20,00

H Sonstige Hinweise auf anzuwendende Tarifverträge und Betriebsvereinbarungen

J Die beigefügten Vereinbarungen sind Gegenstand dieses Vertrages und werden anerkannt

_____ , den _____

Der Ausbildende:

_____
Stempel und Unterschrift

Die/Der Auszubildende:

_____
Vor- und Familienname

Die gesetzl. Vertreter der/des Auszubildenden:

_____
Vater und Mutter/Vormund

---

[1] Vertretungsberechtigt sind beide Eltern gemeinsam, soweit nicht die Vertretungsberechtigung nur einem Elternteil zusteht. Ist ein Vormund bestellt, so bedarf dieser zum Abschluss des Ausbildungsvertrages der Genehmigung des Vormundschaftsgerichts.
[2] Solange die Ausbildungsordnung nicht erlassen ist, sind gem. § 104 Abs. 1 BBiG die bisherigen Ordnungsmittel anzuwenden.

[3] Die Probezeit muss mindestens einen Monat und darf höchstens vier Monate betragen.
[4] Das Jugendarbeitsschutzgesetz sowie für das Ausbildungsverhältnis geltende tarifvertragliche Regelungen und Betriebsvereinbarungen sind zu beachten.

4. Herr Kramer müsste spätestens am 30. Juni gekündigt werden. Sein letzter Arbeitstag wäre dann der 31. Dezember.

Begründung:

Herr Kramer ist seit 18 Jahren im Unternehmen beschäftigt. Die Kündigungsfrist beträgt demnach sechs Monate zum Monatsende.

5.
- Herr Kramer ist ein langjähriger Mitarbeiter (18 Jahre im Unternehmen beschäftigt).
- Er ist fachlich qualifiziert.
- Sein Fehlverhalten beruht möglicherweise auf vorübergehenden privaten Problemen, für die eine Lösung absehbar ist.

Prüfung 2006 (aktualisiert)

Fallaufgabe

Firma	ZUMO Zunhammer Präzisions AG
Geschäftssitz	Nymphenburger Str. 122, 80636 München
Produktionsstandorte	Deutschland: München und Passau (nur bis Mai 2008) Tschechien (seit Februar 2007)
Gegenstand des Unternehmens	Zulieferer der Automobilindustrie
Patent	Seit 2006: Weltneuheit – ZUMO-Solarschiebedach: das Schiebedach wird mit Sonnenenergie betrieben. Bereits zwei bekannte deutsche Automobilhersteller konnten als Kunden gewonnen werden.
Produktion in Serienfertigung, völlig automatisiert und computergesteuert.	Sitze, Kopfstützen, Schiebedächer aller Art, Standheizungen. Die Kunden von ZUMO sind die deutschen Automobilhersteller.

Das Ziel der Unternehmensführung für die nächsten Jahre ist eine Umsatzsteigerung von jährlich 5 %. Um dies zu erreichen, sollen neue Absatzmärkte erschlossen werden, um das Solarschiebedach zu vermarkten. Mögliche neue Kunden sind vor allem die Automobilhersteller in Frankreich, aber auch in Italien.

Die deutschen Automobilhersteller, die bereits Kunden sind, produzieren ebenfalls im Ausland – in Portugal, Spanien oder Großbritannien. Die Lieferwege dorthin sind lang, weit und teuer. Die Entfernung zum Kunden bringt Probleme in der Kundenbetreuung mit sich.

Aus diesen Gründen soll eine neue Fertigungsstätte gebaut werden, die den Weg zum Kunden verkürzt. Dafür wird ein neuer Standort gesucht.

Sie sind in der Personalabteilung von ZUMO tätig und beschäftigen sich hauptsächlich mit Personalbedarf und Personalbeschaffung.

1. Setzen Sie sich mit der Grafik zu den Mitarbeiterzahlen auseinander (siehe Basisinformationen). Geben Sie zwei mögliche Gründe für die Entwicklung zwischen 2011 und 2012 an.

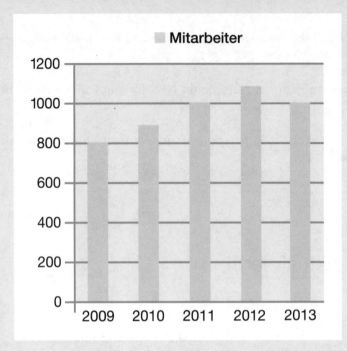

Sie sind an der Personalbeschaffung für den neuen Standort beteiligt. Unter anderem wird für die neue Niederlassung ein/e Bereichsleiter/in für den Bereich Marketing gesucht.

2. Entwerfen Sie eine Stellenanzeige, die in der Süddeutschen Zeitung veröffentlicht werden soll. Wichtig ist hier der Inhalt.

Ihre Vorgesetzte, Marianne Reuter, macht den Vorschlag, die Stelle nicht extern, sondern intern zu besetzen.

3. Nennen Sie je zwei Argumente für und gegen eine interne Besetzung der Stelle.

Lösung Prüfung 2006

1. Mögliche Gründe für den Anstieg zwischen 2011 und 2012 könnten sein:

- Neuer Standort in Tschechien
- Nachfrageschub durch Patenterteilung wegen neuer Technik (Weltneuheit – ZUMO-Solarschiebedach

2. Inhalt der Stellenanzeige:

- Bezeichnung und nähere Beschreibung der Stelle
- Vorstellung des inserierenden Unternehmens
- Evtl. Anforderungen: Erfahrung im Marketing, Fremdsprachenkenntnisse
- Leistungen des Unternehmens
- Bewerbungsart und -frist
- Kontaktdaten
- Evtl. Ansprechpartner

Die Stellenanzeige könnte z. B. folgendermaßen gestaltet sein:

ZUMO
Zunhammer Präzisions AG

Wir sind	ein Zulieferer der Automobilindustrie und fertigen Sitze, Kopfstützen, Standheizungen und Schiebedächer aller Art.
Wir suchen	für unsere Niederlassung in Toulouse eine/n Bereichsleiter/in für den Bereich Marketing.
Wir erwarten	von Ihnen Flexibilität und Einsatzfreude, Erfahrungen im Bereich Marketing und Sprachkenntnisse in Englisch und Französisch.
Wir bieten	eine eigenverantwortliche Tätigkeit in einem qualifizierten und motivierten Team, ein leistungsorientiertes Gehalt, Sozialleistungen eines modern geführten Unternehmens und eine flexible Arbeitszeit.

Nutzen Sie Ihre Chance und senden Sie Ihre vollständigen Bewerbungsunterlagen bis 31. Juli …. an die

ZUMO
Zunhammer Präzisions AG
Nymphenburger Str. 112
80636 München

---

3. Zum Beispiel:

Für eine interne Besetzung	Gegen eine interne Besetzung
Eigener Mitarbeiter ist mit Abläufen, Produkten, etc. bestens vertraut.	Neid der ehemaligen Kollegen.
Hohe Motivation des Mitarbeiters durch das in ihn gesetzte Vertrauen.	Durch Stellenumbesetzung fehlt an der alten Stelle ein qualifizierter Mitarbeiter.

Prüfung 2007

Modul

Linda Reger, geboren am 12. Juli 1995, will am 01. September JJ eine Ausbildung zur Bürokauffrau bei der Holzer GmbH beginnen.

1. Am 05. Juli JJ soll der Vertrag abgeschlossen werden. Wer muss den Ausbildungsvertrag unterschreiben?

2. Welche Kündigungsmöglichkeiten haben Linda und die Holzer GmbH während der Probezeit?

3. Begründen Sie für beide Vertragspartner, warum eine Probezeit sinnvoll ist.

4. In dem Ausbildungsvertrag wurde für Linda eine Ausbildungsvergütung von 629,00 € vereinbart. Auf dem Kontoauszug wurde aber ein geringerer Betrag gutgeschrieben. Wodurch ergibt sich diese Differenz?

Lösung Prüfung 2007

1. - Vertreter der Holzer GmbH (Ausbildungsbetrieb)
   - Linda Reger (Auszubildende)
   - Erziehungsberechtigte von Linda (falls Linda zum Zeitpunkt des Vertragsabschlusses noch nicht 18 Jahre alt ist)

2. Während der Probezeit können beide jederzeit ohne Angabe von Gründen und ohne Einhaltung einer Frist kündigen (schriftlich).

3. Linda Reger kann überprüfen, ob ihr der Beruf gefällt und ob sie sich für das richtige Unternehmen entschieden hat.

Die Holzer GmbH kann ausprobieren, ob Linda für den Beruf geeignet ist und ob sie zur Belegschaft passt.

4. Die Differenz entsteht durch den Abzug der Sozialversicherungsbeiträge. Linda trägt den Arbeitnehmerbeitrag für die Krankenversicherung, Rentenversicherung, Arbeitslosenversicherung und Pflegeversicherung selbst.

Prüfung 2008

Modul

Der Zulieferbetrieb für Autoelektronik Peschl GmbH beschäftigt nun 327 Mitarbeiter/innen in der Produktion und 38 Mitarbeiter/innen im kaufmännischen Bereich.

1. Die Stelle Leiter/in der Abteilung Marketing soll kurzfristig neu besetzt werden. Entscheiden und begründen Sie mit zwei Argumenten, ob die Peschl GmbH die Stelle mit einem/einer Betriebsangehörigen oder einem/einer externen Mitarbeiter/in besetzen sollte.

2. Die Peschl GmbH möchte die Motivation ihrer Mitarbeiter/innen steigern, ohne ihnen mehr Gehalt bzw. Lohn zu zahlen. Führen Sie vier Möglichkeiten an.

Lösung Prüfung 2008

1. Die Stelle sollte intern besetzt werden, da die Besetzung kurzfristig erfolgen soll. Eine interne Besetzung ist schneller möglich als eine externe. Die interne Ausschreibung kann zügig durchgeführt werden, die Auswahl unter den Bewerbern ist leichter und schneller zu treffen, da man die Fähigkeiten der Mitarbeiter schon genau kennt und man gut einschätzen kann, ob sie als Führungskräfte geeignet sind. Auch die Bewerber können sich schneller entscheiden, da ihnen das Unternehmen, die Produkte und die Arbeitsabläufe bereits vertraut sind.

(Auch gut begründete Antworten für eine externe Besetzung sind möglich, wenn sie zur konkreten Situation passen).

2. Die Motivation kann gesteigert werden durch

   - Job Rotation: Die Mitarbeiter wechseln die Arbeitsaufgaben. Eintönigkeit wird dadurch verhindert.
   - Incentive-Wettbewerbe als Anreiz für Mitarbeiter: Sachpreise, z.B. ein Wellness-Wochenende, für besonders gute Leistungen wie geringen Ausschuss oder hohe Umsätze oder Verbesserungsvorschläge.
   - individuell ausgesprochenes Lob und Ausdruck von Wertschätzung gegenüber den Mitarbeitern.
   - soziale Einrichtungen und Dienste, wie z.B. ein Werkskindergarten, Urlaubsheime u.Ä.

Prüfung 2009

Fallaufgabe

Firma	PM-Fahrrad OHG
Geschäftssitz	Laubanger 15, 96052 Bamberg
Gesellschafter	**Helmut Maier:** Ingenieur, Mitglied des Radsportclubs Bamberg (RSC), ehemaliger Radprofi, Einlage 90.000,00 €, zuständig für Produktentwicklung und Produktion. **Dr. Peter Pfeifer:** Sportmediziner und Mountainbiker, Einlage 40.000,00 €, zuständig für Personal, Vertrieb, Marketing.

Gegenstand des Unternehmens	Herstellung und Vertrieb von qualitativ hochwertigen Fahrradteilen: Rahmen, Beleuchtung, Schaltung usw., aus denen sich die Kunden nach dem Baukastenprinzip ihr persönliches Fahrrad zusammenstellen. Der Zusammenbau erfolgt durch die Kunden selbst. Die Kunden haben dabei folgende Vorteile: Günstige Fahrräder, die genau ihren individuellen Wünschen entsprechen. Besonders junge Erwachsene und Studenten schätzen dieses Konzept. Das teuerste Modell kostet ca. 750,00 €. Den Kunden wird auch eine Service-Montage gegen Aufpreis angeboten.
Vertrieb	Zwei direkte Vertriebswege: • Fahrradshop am Firmensitz in Bamberg: Dort kann der Kunde sein Fahrrad gegen Aufpreis auch montieren lassen. • Online-Versandhandel: www.pm-fahrrad.de
Marktsituation	Da es die Kunden sehr schätzen, sich ihr persönliches Fahrrad zusammenzustellen und durch Eigenbau Geld zu sparen, hat sich die OHG, besonders der Online-Shop, in den letzten drei Jahren rasant entwickelt. Auch dank der guten Kontakte zu den örtlichen Radsportlern hat die OHG eine marktbeherrschende Stellung.
Standort	Bamberg hat ca. 70.000 Einwohner. Die Stadt wird von ihrer Universität und ihren Studenten geprägt. Das Radwegenetz ist überdurchschnittlich gut und sicher ausgebaut, es besteht aus mehr als 200 km Radwegen mit nur geringen Steigungen.
Durchschnittlicher Jahresgewinn	200.000,00 €

Sie sind Mitarbeiter/in der PM-Fahrrad OHG und für die Verwaltung zuständig.

Im Fahrradshop der PM-Fahrrad OHG herrscht schlechte Stimmung, obwohl der Umsatz gut ist. Dr. Peter Pfeiffer kommt zu Ohren,

- dass Kunden das Geschäft verlassen, weil sie keine Beratung finden,
- dass das Personal gestresst und mürrisch ist,
- dass die Kunden enttäuscht sind, weil sie zwei Wochen auf die Montage ihres Traumrades warten müssen,
- dass das Verhältnis des Personals untereinander nicht das beste ist, und Unzufriedenheit über unklare Entscheidungsbefugnisse herrscht.

Im Verkauf und in der Service-Montage sind folgende Mitarbeiter/innen beschäftigt:

Manfred Sieber	61 Jahre; einziger Monteur; sehr verantwortungsbewusst; zunehmend weniger belastbar; nach verkaufsstarken Zeiten häufiger krank; seit 18 Jahren im Betrieb;
Klaus Huber	20 Jahre; Auszubildender zum Kaufmann im Einzelhandel im letzten Ausbildungsjahr; arbeitet nur auf Anweisung; kommt häufig zu spät; spielt Fußball und hat keine Begeisterung für den Radsport und die Technik;
Stefan Schmidt	55 Jahre; Angestellter seit 20 Jahren; Kaufmann im Einzelhandel; Ausbilder von Klaus Huber; Trainer der Rad-Mannschaft des Radsportclubs Bamberg; deshalb häufig am Wochenende unterwegs; spielt den Chef, ohne es zu sein;

Sabine Maurer	53 Jahre; Kauffrau im Einzelhandel; Ausbildung im Bereich Lebensmittel; seit 3 Jahren im Betrieb; sehr engagiert; bedauert immer wieder, dass sie wenig Ahnung von den technischen Details hat;
Fritz Kuhn	32 Jahre; gelernter Maurer; seit 2 Jahren im Verkauf tätig; handwerklich geschickt und sehr fortbildungswillig;
Hanna Meier	48 Jahre; Verstärkung am Samstag für den Verkauf für 5 Stunden; hauptberuflich vollbeschäftigte Arzthelferin; ehemalige Junioren-Straßen-Europameisterin; in der Radfahrszene bekannt und sehr beliebt;

1.1 Führen Sie für fünf Mitarbeiter Ihrer Wahl jeweils zwei Maßnahmen bzw. Veränderungen an, um die Stimmung innerhalb des Personals und die Kundenzufriedenheit zu verbessern.

Die PM-Fahrrad OHG will wieder ausbilden. Man sucht zum 01.09.20.. eine/n Auszubildende/n zur Kauffrau/zum Kaufmann im Einzelhandel für den Fahrradshop.

1.2 Formulieren Sie für die PM-Fahrrad OHG den Text für eine Stellenanzeige, die in Schulen und Sportvereinen ausgehängt werden soll.

Ihre Anzeige hängt nun auch beim Radsportclub Bamberg aus. Daraufhin ruft der Vorstand Franz Burger bei Helmut Maier an:

Franz Burger »Hallo Helmut! Ich habe euren Aushang gelesen. Du, ich hätte da jemanden für euch!«

Helmut Maier »O.K., sag schon. Wer ist es?«

Franz Burger »Tamara Müller, unser Nachwuchstalent, ein nettes, sympathisches Mädchen, das auf Menschen zugeht. Sie wird jetzt mit der Schule fertig, allerdings sind ihre Noten nicht besonders. Aber du weißt ja, das Training, die Rennen – nicht einfach für die jungen Leute.«

Helmut Maier »Das war bei uns nicht anders damals und aus uns ist auch etwas geworden.«

Franz Burger »Kennst du Tamara? Sie ist die Tochter von unserem Servicemann. Praktisch im Fahrerlager aufgewachsen.«

Helmut Maier »Franz, aber ein Problem habe ich. Wie überzeuge ich Peter? Er hat schon Probleme mit den Fehlzeiten von Stefan ....«

Franz Burger »Na komm, du weißt aber auch um die Vorteile ...«

Helmut Maier »O.K., lass mal, mir wird schon was einfallen ...«

1.3 Formulieren Sie drei Argumente, mit denen Helmut Maier versucht, Dr. Peter Pfeiffer zu überzeugen, Tamara zu einem Vorstellungsgespräch einzuladen.

Helmut Maier und Dr. Peter Pfeiffer treffen sich in regelmäßigen Abständen, um wichtige Zukunftsthemen des Unternehmens zu besprechen. Folgende Tagesordnungspunkte sind heute vorgesehen:

- **TOP 1: Beteiligung**
- **TOP 2: Sortimentsgestaltung**
- **TOP 3: Vermögensanlage**

TOP 1:

Dr. Peter Pfeiffer hat 450.000,00 € geerbt. Er plant, die Höhe seiner Kapitalbeteiligung an die von Helmut Maier anzupassen. Mit dem Rest möchte er für sich und seine Familie ein Haus bauen. Dieses Haus soll keinem Risiko ausgesetzt werden. Er möchte weiterhin mit Helmut Maier die Geschäfte führen.

2.1 Erläutern Sie, warum die OHG unter diesen Voraussetzungen nicht die geeignete Rechtsform ist und schlagen Sie eine andere passende Form vor.

TOP 2:

Dr. Peter Pfeiffer liegt folgender Zeitungsartikel vor:

Akku-Bikes nehmen Fahrt auf!

(re) Auf der Friedrichshafener Messe EUROBIKE ist ein starker Trend zu Elektrofahrrädern erkennbar. Dieser Fahrradtyp verfügt über einen batteriebetriebenen Hilfsmotor, der am Stromnetz wieder aufgeladen wird. Die Akku-Bikes sind ab 1.400,00 € erhältlich.

Die Zahl der Aussteller dieser Fahrräder ist von fünf auf neun angewachsen. Die Hersteller erwarten eine Verdoppelung der Verkaufszahlen in den kommenden Jahren auf über 20.000 Räder jährlich in Deutschland, was allerdings einem Anteil von nur 4 % des Umsatzes der Fahrradbranche entsprechen würde. Besonders ältere Menschen, die gerne an der frischen Luft sind, aber die Bequemlichkeit schätzen, sind die Zielgruppe.

Probleme bereitet der Vertrieb, denn der Fahrradhandel reagiert zurückhaltend. Im Servicebereich sind Investitionen im oberen fünfstelligen Bereich notwendig.

Daraufhin schlägt er vor, Akku-Bikes in das Sortiment aufzunehmen. Er ist der festen Überzeugung, dass dieser Trend anhalten wird und die PM-Fahrrad OHG ihn nicht vernachlässigen sollte.

2.2 Entscheiden Sie, ob Akku-Bikes in das Sortiment aufgenommen werden sollten. Begründen Sie Ihre Entscheidung mit drei Argumenten.

TOP 3:

Die Gesellschafter denken darüber nach, nicht den kompletten Gewinn zu verteilen, sondern jedes Jahr eine Rücklage in Höhe von 60.000,00 € zu bilden. Auch die Kapitalerhöhung durch Dr. Peter Pfeiffer muss für eventuelle Investitionen möglichst sicher und Gewinn bringend angelegt werden. Das Geld sollte mindestens innerhalb von drei Monaten verfügbar sein. Finanzielle Verluste wollen die Gesellschafter vermeiden. Die Frage ist nun, welche Anlageform sinnvoll ist. Ihre Hausbank bietet neben Tagesgeld und Festgeldern mit unterschiedlichen Laufzeiten auch festverzinsliche Bundesanleihen, Unternehmensanleihen, Aktienfonds sowie Aktien an.

2.3 Geben Sie eine begründete Empfehlung für zwei geeignete Anlageformen.

2.4 Begründen Sie, von welchen Anlageformen Sie auf alle Fälle abraten.

Lösung Prüfung 2009

1.1	Manfred Sieber	• In-Aussicht-Stellen einer Einstellung bzw. Anlernen eines weiteren Monteurs (evtl. Fritz Kuhn) zu seiner Unterstützung und Entlastung;
		• Lob und Anerkennung seiner Leistungen;

Klaus Huber	• Mitarbeitergespräch zur Erhöhung der Motivation, Erörterung der beruflichen Eignung;
	• Andeutung der Nichtübernahme nach der Ausbildung, wenn sich sein Verhalten nicht ändert;
Stefan Schmidt	• Mitarbeitergespräch zur Verbesserung seines Verhaltens gegenüber den anderen Mitarbeitern;
	• Einräumen einer Führungsposition aufgrund der langjährigen Erfahrungen und Tätigkeit als Ausbilder;
Sabine Maurer	• Fortbildung im technischen Bereich;
	• Lob und Anerkennung ihres Engagements;
Fritz Kuhn	• Fortbildungen zur Weiterqualifizierung;
	• Einsatz in der Montage zur Unterstützung und Entlastung von Manfred Siebert;
Hanna Meier	• Abwerben und Angebot einer Vollzeit-Stelle mit entsprechender Entlohnung;
	• Mitarbeitergespräch mit dem Hinweis auf ihre Stärken und Fähigkeiten;

1.2 Die ausformulierte Anzeige sollte enthalten:
- Ausbildungsbezeichnung,
- Ausbildungsbeginn,
- diverse Voraussetzungen für die Stelle,
- Kontaktaufnahmemöglichkeiten.

1.3 Argumente für die Einstellung von Tamara Müller:
- Nutzung ihrer Erfahrungen im Radsport für überzeugende Verkaufsgespräche.
- Großer Bekanntenkreis aus dem Radsport als potenzielle Neukunden.
- Werbewirksamer Einsatz der Förderung von Nachwuchstalenten.
- Freundliches, sympathisches Auftreten.

2.1 Unbeschränkte, unmittelbare und solidarische Haftung in der OHG:
- Haftung der Gesellschafter mit ihrem Privatvermögen.
- Gefahr des Heranziehens des Hauses von Dr. Peter Pfeiffer zur Haftung.
- Vorschlag: z. B. GmbH.

2.2 Für die Aufnahme von Akku-Bikes spricht:
- Es wird eine Verdopplung der Verkaufszahlen erwartet.
- Es könnte eine neue Zielgruppe (ältere Menschen) gewonnen werden.
- Akku-Bikes sind eine wirtschaftlich günstigere Alternative zu den steigenden Benzinpreisen.
- Bisher gibt es nur wenig Konkurrenz im Fachhandel.

Gegen die Aufnahme von Akku-Bikes spricht:
- Der Preis der Akku-Bikes ist deutlich höher als der der anderen Modelle im Sortiment.
- Der Anteil der Akku-Bikes am Gesamtumsatz der Fahrradbranche entspricht nur 4 %.
- Es sind hohe Investitionen im Servicebereich notwendig.
- Die bisherige Zielgruppe des Unternehmens interessiert sich nicht für Akku-Bikes.

2.3 Tagesgeld oder Festgeld mit einer Laufzeit von drei Monaten sind hier geeignete Anlageformen, da

- eine Verfügbarkeit innerhalb von drei Monaten möglich ist,
- kein oder nur ein geringes Risiko besteht,
- eine angemessene Verzinsung vorhanden ist.

2.4 Abzuraten ist von einer Anlage in Aktien oder Aktienfonds, da hier das Risiko von Wertverlusten besteht.

Prüfung 2010

Modul

Sie helfen Ihrer Freundin bei der Einkommensteuererklärung für das vergangene Jahr. Sie wohnt in Regensburg und arbeitet fünf Tage in der Woche in Burglengenfeld in einem Krankenhaus als Krankenschwester. Sie hat Ihnen folgende Informationen zusammengestellt:

- Spende an die Wasserwacht Regensburg in Höhe von 50,00 €.
- Monatlicher Beitrag von 26,25 € für die Gewerkschaft ver.di.
- Fahrt von Regensburg nach Burglengenfeld, Krankenhausstraße 2, zur Arbeit mit eigenem Pkw, die gesamte Strecke alleine, Kennzeichen R KA 123, 251 Arbeitstage, davon 29 Urlaubstage; Hin- und Rückfahrt gesamt 54 km.
- Gezahlte Kirchensteuer in Höhe von 340,20 €.
- Bücher:
  - »Klinisches Wörterbuch«   39,95 €
  - »Harry Potter, Band 7«   24,90 €

Füllen Sie den Auszug aus der Einkommensteuererklärung in der Anlage aus.

Lösung Prüfung 2010

Werbungskosten — Wege zwischen Wohnung und regelmäßiger Arbeitsstätte (Entfernungspauschale) [8]

Die Wege wurden ganz oder teilweise zurückgelegt mit einem eigenen oder zur Nutzung überlassenen: [X] privaten Kfz [ ] Firmenwagen (Kz 101) Letztes amtl. Kennzeichen: R KA 123

Regelmäßige Arbeitsstätte in (PLZ, Ort und Straße): **Burglengenfeld, Krankenhausstraße 2** — Arbeitstage je Woche: 5 — Urlaubs- und Krankheitstage: 29

Arbeitsstätte lt. Zeile	aufgesucht an Tagen	einfache Entfernung	davon mit eigenem oder zur Nutzung überlassenem Pkw zurückgelegt	davon mit Sammelbeförderung des Arbeitgebers zurückgelegt	davon mit öffentl. Verkehrsmitteln, Motorrad, Fahrrad o. Ä., als Fußgänger, als Mitfahrer einer Fahrgemeinschaft zurückgelegt	Aufwendungen für Fahrten mit öffentlichen Verkehrsmitteln (ohne Flug- und Fährkosten) EUR	Behinderungsgrad mind. 70 oder mind. 50 und Merkzeichen "G"
32 [110]	222 [111]	27 km [112]	27 km [113]	0 km	0 km [114]	[115]	1=Ja
[130]	[131]	km [132]	km [133]	km	km [134]	[135]	1=Ja
[150]	[151]	km [152]	km [153]	km	km [154]	[155]	1=Ja
[170]	[171]	km [172]	km [173]	km	km [174]	[175]	1=Ja

Arbeitgeberleistungen lt. Nr. 17 und 18 der Lohnsteuerbescheinigung und von der Agentur für Arbeit gezahlte Fahrtkostenzuschüsse — steuerfrei ersetzt [290] — pauschal besteuert [295]

Beiträge zu Berufsverbänden (Bezeichnung der Verbände): **ver.di** — [310] 315 [315]

Aufwendungen für Arbeitsmittel soweit nicht steuerfrei ersetzt (Art der Arbeitsmittel bitte einzeln angeben.)
Klinisches Wörterbuch — 40 EUR
+ [320] 40

Prüfung 2011

Fallaufgabe

Firma	Friseursalon Hair-Creative
Geschäftssitz	Hauptstr. 24 82319 Starnberg Tel. 08151 22454 info@hair-creative.de www.hair-creative.de
Inhaberin	Die Friseurmeisterin Tabea Windisch führt seit 20 Jahren das Friseurgeschäft, welches sich in ihrem Wohn- und Geschäftshaus befindet, das sie von ihren Eltern geerbt hat. Dieses Haus hat sie soeben mit Eigenmitteln neu renovieren und modernisieren lassen. Tabea Windisch arbeitet durchschnittlich 52 Stunden in der Woche in dem neu eingerichteten Salon. Zusätzlich erledigt sie selbst die Buchführung und die Betreuung der Homepage. Frau Windisch pflegt einen ausgeprägt autoritären Führungsstil.
Vermögenslage	Geschäftsvermögen: 250.000,00 €, Eigenkapitalquote 90 %.
Mitarbeiter	7 Angestellte in Vollzeit.

Öffnungszeiten	Montag bis Freitag von 07:00 Uhr bis 20:00 Uhr.
	Samstag von 07:00 Uhr bis 16:00 Uhr.
Terminvergabe	Grundsätzlich werden Termine vereinbart. Häufig werden Stammkunden auch ohne Termin eingeschoben und bedient.
Kundenkreis	Der Kundenkreis umfasst ca. 2.500 überwiegend zahlungskräftige und anspruchsvolle Damen und Herren mit großem Trendbewusstsein aus der Region um Starnberg. Die Kunden erwarten perfekte Schnitte, modernes Styling, individuelle Farb- und Typberatung sowie gepflegte und anspruchsvolle Gespräche.
Ergebnisse einer Kundenbefragung im Juni 2011 (Auszüge)	• 80 % der Kund(inn)en wünschen zusätzlich kosmetische Behandlungen. • 20 % der Kund(inn)en würden alle zwei Monate den Haarschaum »Stylingmousse XL« im Salon kaufen und für 500 ml höchstens 16,00 € zahlen. • 50 % der Kund(inn)en würden alle zwei Monate das Haargel »Pierre« im Salon kaufen und für 250 ml höchstens 12,00 € zahlen. • 40 % der Kund(inn)en würden alle drei Monate das Haarwachs »Kikos« im Salon kaufen und für 250 ml maximal 12,00 € zahlen.

Situation 1

Frau Windisch möchte aufgrund der Umfrageergebnisse zukünftig auch kosmetische Behandlungen in einem bisher noch nicht umgebauten Nebenraum anbieten. Sie überlegt, ob sie dazu eine Kosmetikerin zu den Bedingungen entsprechend des Arbeitsvertrags (siehe Anlage) fest anstellen soll. Als Alternative zur Einstellung einer Kosmetikerin könnte Frau Windisch auch den Nebenraum an eine selbstständig tätige Kosmetikerin vermieten. Die Kosmetikerin müsste den Raum auf eigene Kosten umbauen lassen und eine monatliche Miete von 500,00 € zahlen. Der Mietvertrag würde fünf Jahre laufen und könnte vorher nicht gekündigt werden.

Frau Windisch ist sich nicht sicher, welche der beiden Alternativen, nämlich

• eine angestellte Kosmetikerin oder

• eine selbstständige Kosmetikerin,

für sie vorteilhafter wäre und möchte für eine spätere Entscheidung die Vorteile der jeweiligen Alternativen gegeneinander abwägen.

1. Beschreiben Sie bei jeder Alternative jeweils zwei Vorteile für Frau Windisch, die diese Alternative gegenüber der anderen hat.

Frau Windisch entscheidet sich für den Einsatz einer selbstständigen Kosmetikerin. Diese soll mit Hilfe von einer oder mehreren geeigneten Maßnahmen gefunden werden. Frau Windisch möchte bei möglichst geringem Arbeitsaufwand viele geeignete Bewerberinnen finden. Nach Möglichkeit sollten Interessierte bereits über Berufserfahrung verfügen und im Landkreis Starnberg wohnen. Für die Suche möchte sie höchstens 1.500,00 € ausgeben. Frau Windisch stehen folgende Maßnahmen zur Verfügung, eine geeignete Kosmetikerin zu finden:

• Veröffentlichung des Stellengesuchs auf der eigenen Homepage.

• Anzeige in der regionalen Tageszeitung »Starnberger Nachrichten«.
Auflage: 21.000 Stück, Seitenpreis für eine einmalige Anzeige: 6.000,00 €,
achtelseitige, viertelseitige, halbseitige und ganzseitige Anzeigen möglich.

• Anzeige in der monatlich erscheinenden Fachzeitschrift »Beauty«
Auflage: 20.000 Stück, Seitenpreis für eine einmalige Anzeige: 11.500,00 €,
achtelseitige, viertelseitige, halbseitige und ganzseitige Anzeigen möglich.

2. Untersuchen Sie jede Maßnahme dahingehend, ob die Forderungen von Frau Windisch hinsichtlich Budget, Arbeitsaufwand und Wirksamkeit erfüllt sind.

Anlage

Arbeitsvertrag

zwischen
Arbeitgeberin
Tabea Windisch, Hauptstraße 24, 82319 Starnberg

und

Arbeitnehmer/in

_____

werden folgende Vereinbarungen getroffen:

§ 1 Vertragsgegenstand

_____ wird eingestellt als Kosmetiker/in.

Der Aufgabenbereich umfasst folgende Arbeitsbereiche: kosmetische Behandlungen.

Frau Windisch behält sich vor, dem Arbeitnehmer/der Arbeitnehmerin eine andere gleichwertige Arbeit zuzuweisen, wenn der betriebliche Ablauf es erforderlich macht.

§ 2 Beginn, Probezeit

Das Arbeitsverhältnis beginnt am _____. Die Probezeit beträgt sechs Monate mit sofortiger Kündigungsfrist.

Ordentliche und außerordentliche Kündigung richten sich nach den gesetzlichen Vorschriften.

§ 3 Vergütung

Das Bruttogehalt beträgt monatlich 2.000,00 €.

§ 4 Arbeitszeit

Die Arbeitszeit umfasst wöchentlich 40 Stunden. Die regelmäßige tägliche Arbeitszeit beträgt 8 Stunden. Der Arbeitnehmer/die Arbeitnehmerin erklärt sich einverstanden, im gesetzlich zulässigen Rahmen Überstunden abzuleisten, die durch Freizeit ausgeglichen werden.

Die regulären Arbeitszeiten von Dienstag bis Samstag beinhalten eine Kernzeit von 10:00 Uhr bis 17:00 Uhr, ansonsten ist die Arbeitszeit flexibel unter Berücksichtigung der Bedürfnisse des Betriebs in der Zeit von morgens 07:00 Uhr bis abends 20:00 Uhr zu gestalten.

§ 5 Urlaub

Der Erholungsurlaub beträgt 30 Arbeitstage je Kalenderjahr.

§ 6 Nebenbeschäftigung

Der Arbeitnehmer/die Arbeitnehmerin ist nicht berechtigt, ohne Zustimmung der Arbeitgeberin einer Nebenbeschäftigung nachzugehen.

Ort, Datum _____   Ort, Datum _____

_____   _____
Arbeitgeberin   Arbeitnehmer/in

Lösung Prüfung 2011

1. Z.B.

Angestellte Kosmetikerin:

- Frau Windisch kann die Kosmetikerin laut Arbeitsvertrag auch für andere Tätigkeiten einsetzen. Dies ist vor allem dann sinnvoll, wenn die Angestellte zeitlich mit kosmetischen Behandlungen nicht ausgelastet ist. Dies wäre bei der selbstständigen Kosmetikerin nicht möglich.

- Durch die Probezeit von sechs Monaten kann Frau Windisch lange testen, ob die neue Kosmetikerin den Erwartungen entspricht und durch die gesetzliche Kündigungsfrist ggf. das Arbeitsverhältnis relativ kurzfristig beenden. Auch dies wäre bei der selbstständigen Kosmetikerin nicht möglich, da der Mietvertrag fünf Jahre läuft.

Selbstständige Kosmetikerin:

- Die Kosmetikerin kann flexibel auf Terminwünsche der Kundinnen reagieren und z.B. bei Bedarf auch am Montag arbeiten. Die angestellte Kosmetikerin hingegen hat laut Arbeitsvertrag festgelegte Arbeitstage mit bestimmten Kernarbeitszeiten.

- Frau Windisch wären monatliche Einnahmen in Höhe von 500,00 € für fünf Jahre garantiert. Dies wäre bei der anderen Alternative nicht so, da nicht sicher vorausgesagt werden kann, ob die Kosten, z.B. Lohn- und Lohnnebenkosten, niedriger sind als der zusätzliche Umsatz.

2. Z.B.

Homepage:

- **Budget:** Frau Windisch müsste nichts zahlen, da es ihre eigene Homepage ist und diese von ihr selbst gepflegt wird. Das Budget würde daher ausreichen.

- **Arbeitsaufwand:** Frau Windisch müsste die Anzeige auf der Homepage selbst gestalten und online stellen. Bei ihrer ohnehin schon hohen Wochenarbeitszeit wäre dies problematisch.

- **Wirkung:** Es ist unwahrscheinlich, dass eine Stellen suchende Kosmetikerin, die dem Anforderungsprofil von Frau Windisch entspricht, die Stellenanzeige auf der Homepage entdeckt. Der Erfolg dieser Maßnahme ist mit einem hohen Risiko behaftet.

Tageszeitung:

- **Budget:** Frau Windisch müsste für eine achtelseitige Anzeige 750,00 € zahlen, sodass der Budgetrahmen eingehalten werden könnte. Eine einmalige Wiederholung der Anzeige wäre möglich. Ebenso wäre eine einmalige viertelseitige Anzeige für 1.500,00 € möglich.

- **Arbeitsaufwand:** Frau Windisch müsste lediglich eine Stellenanzeige erstellen und an die Redaktion schicken, sodass der Arbeitsaufwand relativ gering wäre.

- **Wirkung:** Die Tageszeitung spricht zwar potenzielle Bewerberinnen aus der Region an, sodass das Kriterium des Wohnorts erfüllt sein dürfte. Jedoch befinden sich unter den 21.000 Lesern überwiegend Personen, die nicht in der Kosmetikbranche arbeiten und somit nicht dem Personenkreis angehören, auf den die Stellenanzeige abzielt.

Fachzeitschrift:

- **Budget:** Frau Windisch müsste für eine achtelseitige Anzeige 1.437,50 € zahlen, sodass der Budgetrahmen eingehalten werden könnte. Eine Wiederholung der Anzeige ist allerdings, bei Beachtung des vorgegebenen Budgets von 1.500,00 €, nicht möglich.

- **Arbeitsaufwand:** Frau Windisch müsste lediglich eine Stellenanzeige erstellen und an die Redaktion schicken, sodass der Arbeitsaufwand relativ gering wäre.

- **Wirkung:** Die Zeitschrift erscheint mit einer Auflage von 20.000 Stück und spricht, da es sich um eine Fachzeitschrift handelt, überwiegend die Personen an, auf die die Stellenanzeige grundsätzlich abzielt. Allerdings sind vermutlich unter den 20.000 Lesern auch zahlreiche Personen, die weit weg wohnen und nicht die Bereitschaft besitzen, an den Standort zu ziehen.

Situation 2

Ein Vertreter des Haarpflege-Herstellers Miwella AG macht Frau Windisch folgendes Angebot über zwei Produkte, die in Kürze neu auf dem Markt erscheinen werden:

Produkt	Verpackungseinheit	Bezugspreis
Haarschaum »Stylingmousse XL« 500 ml	100er Packung	800,00 €
	500er Packung	3.600,00 €
Haargel »Pierre« 250 ml	100er Packung	900,00 €
	500er Packung	3.900,00 €

Frau Windisch kalkuliert für den Haarschaum einen Nettoverkaufspreis pro Stück von 10,80 € und 11,70 € für das Haargel. Dabei berechnet sie einen Zuschlag auf den Bezugspreis für die Handlungskosten in Höhe von 20 % und plant mit einem Gewinnzuschlag von 25 %.

Überprüfen Sie, inwiefern das Angebot für Frau Windisch aufgrund der Umfrageergebnisse wirtschaftlich sinnvoll ist und begründen Sie, ob und wie viel sie von den Produkten bestellen sollte.

Lösung Prüfung 2011

	Haarschaum		Haargel	
	100er	500er	100er	500er
Bezugspreis/Stück	8,00 €	7,20 €	9,00 €	7,80 €
+ 20 % Handlungskosten	1,60 €	1,44 €	1,80 €	1,56 €
= Selbstkosten	9,60 €	8,64 €	10,80 €	9,36 €
+ 25 % Gewinn	2,40 €	2,16 €	2,70 €	2,34 €
= Nettoverkaufspreis (NVP)	12,00 €	10,80 €	13,50 €	11,70 €
+ 19 % USt.	2,28 €	2,05 €	2,57 €	2,22 €
= Bruttoverkaufspreis (BVP)	14,28 €	12,85 €	16,07 €	13,92 €
Kunden sind höchstens bereit zu zahlen	NVP 13,45 € BVP 16,00 €		NVP 10,08 € BVP 12,00 €	

Z. B.

Haarschaum:

Der Bruttoverkaufspreis beträgt pro Stück 12,85 € (NVP 10,80 €) und liegt noch relativ weit unter dem Preis von 16,00 € brutto bzw. 13,45 € netto, den die Kunden bereit wären zu zahlen. Daher kann der Gewinnzuschlag sogar höher als die geplanten 25 % sein.

Das Stylingmousse XL wollen ca. 500 Kunden in einem Zeitraum von zwei Monaten im Salon kaufen. Da der Bezugspreis pro Stück bei einer Bestellung einer 500er Packung geringer ist als bei einer 100er Packung, sollte eine 500er Packung bestellt werden, die vermutlich auch verkauft werden kann. Es liegen noch keine Erfahrungen über die tatsächliche Nachfrage vor, deshalb sollte zunächst nur eine 500er Packung bestellt werden. Die Bestellhäufigkeit und Bestellmenge kann dann aufgrund zukünftiger Erfahrungswerte angepasst werden.

Haargel:

Der Bruttoverkaufspreis beträgt pro Stück 13,92 € (NVP 11,70 €). Die Kunden sind aber nur bereit, maximal 12,00 € brutto bzw. 10,08 € netto für das Haargel zu zahlen. Da bei einer Bestellung von 500 Stück der Bezugspreis plus Handlungskosten bei 9,36 € liegt, kann dennoch ein Gewinn, jedoch ein weit niedrigerer als der geplante, erwirtschaftet werden.

Da aber 50 % der Kunden dieses Produkt wünschen, sollte aufgrund der bei anspruchsvollen Kunden besonders notwendigen Kundenorientierung bestellt werden. Da die Nachfrage laut Umfrage bei 1.250 Stück in zwei Monaten liegt, müssten zunächst mindestens 1.500 Stück bestellt werden. Die Bestellhäufigkeit und Bestellmenge kann dann aufgrund zukünftiger Erfahrungswerte angepasst werden.

Situation 3

Frau Badstöber, eine angestellte Friseurin mit großem Kundenstamm, kündigt zum 1. September. Daher sucht Frau Windisch nach einer neuen Mitarbeiterin. Für die Bewerberin Frau Hammer liegen bereits Bewerbungsunterlagen vor, die zeigen, dass sie eine sehr hohe Fachkompetenz besitzt. Während eines Vorstellungsgesprächs und einer Probearbeit wurden folgende Eindrücke gewonnen:

- Frau Hammer trägt sehr modische und auffallende Kleidung.
- Sie hat ein gepflegtes Äußeres.
- Sie hat zahlreiche Haarschneidekurse für modische Trends besucht.
- Sie hat in einem Friseursalon ca. 10 Minuten entfernt vom Salon Hair-Creative gearbeitet und wohnt in unmittelbarer Nähe ihrer alten Arbeitgeberin.
- Das Verhältnis zu ihrer Chefin war dort nicht gut.
- Sie steht nicht gerne früh auf.
- Sie arbeitet geschickt.
- Sie zeigt sich einfühlsam und interessiert an den Themen, die von den Kunden angesprochen werden.
- Die Gespräche mit den Kunden wirken sehr angeregt.
- Eine Stammkundin ohne Termin wurde zusätzlich zu den bereits bedienten Kundinnen ohne Anzeichen von Stress bedient.

Frau Windisch ist von den handwerklichen Fähigkeiten der Bewerberin beeindruckt. Allerdings reichen ihr diese allein nicht aus, um Frau Hammer als Friseurin einzustellen.

Überprüfen Sie, ob die Bewerberin, abgesehen von ihrer Fachkompetenz, den Anforderungen des Friseursalons genügt. Finden Sie hierzu drei notwendige Persönlichkeitsmerkmale und wägen Sie dabei jedes von Ihnen gefundene Merkmal mit den von Frau Windisch gewonnenen Eindrücken ab.

Lösung Prüfung 2011

Z. B.:

- **Kommunikationsfähigkeit:**

  Die Kundinnen von Frau Windisch sind es gewohnt, gepflegte Gespräche zu führen. Während des Probearbeitens wurde beobachtet, dass Frau Hammer sich mit den Kundinnen angeregt unterhielt. Dies lässt den Rückschluss zu, dass sie den kommunikativen Ansprüchen genügt.

- **Belastbarkeit:**

    Sie scheint belastbar zu sein, da eine Stammkundin ohne Termin zusätzlich stressfrei bedient wurde. Dies ist im Hinblick auf die anspruchsvollen Kunden und der Handhabung bei der Terminvergabe von Bedeutung.

- **Erscheinungsbild:**

    Ein gepflegtes Erscheinungsbild mit modisch aktueller Kleidung ist im Hinblick auf die Kunden des Salons dringend erforderlich. Dies ist aufgrund der von Frau Hammer getragenen Kleidung und des gepflegten Äußeren gegeben.

Situation 3

Frau Bauer, eine sehr engagierte und bei den Kunden äußerst beliebte Friseurin, hat von einem Konkurrenten das Angebot, mit ihrem nahezu gesamten Vermögen, das sie besitzt, in Höhe von 30.000,00 € als Gesellschafterin in dessen OHG einzusteigen. Sie würde bei Frau Windisch bleiben, wenn diese ebenfalls eine OHG mit ihr gründen würde. Frau Windisch ist sich nicht sicher, ob sie dies machen soll.

Wägen Sie hierzu die Kriterien Haftung, Kapitalzufuhr, Mitsprache und Gewinnbeteiligung einzeln ab und erläutern Sie, ob Frau Windisch diesem Vorschlag zustimmen sollte.

Lösung Prüfung 2011

Z. B.:

- **Haftung:**

    Bei einer OHG würde Frau Windisch mit ihrem umfangreichen Privatvermögen und damit auch für Fehler von Frau Bauer haften. Da sie unbeschränkt haftet und über viel mehr Vermögen verfügt als Frau Bauer, ist ihr Haftungsrisiko weitaus höher als das von Frau Bauer.

- **Kapitalzufuhr:**

    Die Einlage der 30.000,00 € würden keinen Vorteil bringen. Es besteht vermutlich kein Investitionsbedarf, denn der Friseursalon wurde erst renoviert und neu eingerichtet. Die Eigenkapitalquote ist mit 90 % sehr hoch, sodass eine zusätzliche Einlage auch kein Anlass für neue Investitionen sein dürfte.

- **Mitsprache:**

    Der autoritäre Führungsstil von Frau Windisch spricht gegen das gemeinsame Treffen von Entscheidungen. Frau Windisch müsste sich bei der Geschäftsführung mit Frau Bauer absprechen, was ihr vermutlich schwer fallen würde.

- **Gewinnbeteiligung:**

    Eine Gewinnbeteiligung als Gesellschafterin würde eine bessere Bindung der wichtigen Mitarbeiterin Frau Bauer an das Unternehmen bewirken und vermutlich zu noch mehr Einsatz führen. Allerdings würde sich der für Frau Windisch verbleibende Gewinn verringern. Nach gesetzlicher Regelung würden die jeweiligen Kapitaleinlagen zunächst mit 4 % verzinst und der Rest würde nach Köpfen verteilt werden.

    → Frau Windisch sollte sich dagegen entscheiden, da der Vorteil, dass Frau Bauer bleibt und sie keine Kunden verliert, nicht im Verhältnis zu den Nachteilen einer OHG im Hinblick auf Haftung, Mitsprache und Gewinnbeteiligung steht.

Prüfung 2012 (aktualisiert)

Fallaufgabe

Informationen zu Mathilda Gruber:

Mathilda Gruber ist unbefristet in der Kundenbetreuung der Substar Onlineversand GmbH beschäftigt. Sie wohnt alleine in einer großzügigen 2-Zimmer-Wohnung, 25 km entfernt von ihrem Arbeitsplatz. Mathilda Gruber ist schwanger. Für ihr Kind wird sie alleine sorgen, auch finanziell. Der voraussichtliche Geburtstermin ist der 17. Oktober 20... Nach dem Mutterschutz wird sie wieder in Vollzeit an ihren Arbeitsplatz zurückkehren. Für ihr Kind wurde bereits ein Platz in der betriebseigenen Kinderkrippe zugesagt.

Eckdaten ihrer derzeitigen finanziellen Situation:
- Sie fährt mit öffentlichen Verkehrsmitteln zur Arbeit und zahlt für die Jahresfahrkarte 1.034,40 €.
- Für ihre Mitgliedschaft in der Gewerkschaft überweist sie monatlich 8,00 €.
- 180,00 € kostet jährlich ihre private Haftpflichtversicherung.
- Für ihre private Altersvorsorge bei der Bayern-Secura werden von ihrem Konto jährlich insgesamt 720,00 € abgebucht.
- Für ihre Wohnung fällt monatlich 420,00 € Miete inklusive Nebenkosten an.
- Für Funk, Fernsehen, Telefon und Internet entstehen monatliche Kosten von 78,00 €.
- Für ein Jahres-Abonnement der Fachzeitschrift »Office aktuell« werden ihr 72,00 € im Januar abgebucht.
- Sie erhält pro Jahr insgesamt 600,00 € von einer Nachbarin für die Nutzung von Mathildas Garage.
- Sie bezahlt 85,00 € im Monat für die Mitgliedschaft in einem Fitness-Studio.
- Ein nicht angemeldeter Vespa-Roller im Wert von 1.500,00 € steht in der Garage.
- Sie besitzt keine weiteren Vermögenswerte.

Konto-Nr. 2445583	BLZ 711 500 00	Kontoauszug	25
SPARKASSE ROSENHEIM UST-ID DE 133551165		Blatt	1

Datum	Erläuterungen	Wert	Betrag
	Kontostand in EUR am 27.06.20..		91,00+
28.06.	Einzug/Belastung ROWE sagt Danke 46400383 ELV65118135 2807 13.36	28.06. 13213233485333353335534780 ME5	23,00 −
	Kontostand in EUR am 28.06.20.., 17:30 Uhr		68,00+

Frau
Mathilda Gruber 2445583
Eschenweg 10
83022 Rosenheim

Ihr Dispositionskreditrahmen: 1.500,00 EUR

Lohn- und Gehaltsabrechnung

	Abrechnung für	**Juni 20..**	Eintrittsdatum	**12.10.2008**
	Bundesland	**Bayern**	St.-Kl.	**I**
			Urlaub	
Substar Online-versand GmbH Bahnhofstr. 34, 83209 Prien	Geburtsdatum	28.02.1984	Anspr. VJ	4
	Personalnummer	0284-G-1008	Anspr. LJ	30
Frau Mathilda Gruber Eschenweg 10 83022 Rosenheim			genommen	24
			Verbl.	10
	Kreditinstitut	Sparkasse Rosenheim		
	Kontonummer	244 55 83		
	BLZ	711 500 00		

Ermittlung Brutto	ST Brt.	SV Brt.	Gesamt-Brt.
Gehalt	2.000,00 €	2.000,00 €	2.000,00 €
Summe	2.000,00 €	2.000,00 €	2.000,00 €

Abzüge	Betrag
Lohnsteuer	219,33 €
Solidaritätszuschlag	12,06 €
Kirchensteuer	17,54 €
Rentenversicherung	196,00 €
Krankenversicherung	164,00 €
Pflegeversicherung	24,50 €
Arbeitslosenversicherung	30,00 €
Summe	663,43 €

Differenz	Betrag
Ges. Brt.	2.000,00 €
Ges. Abz.	663,43 €
Netto	**1.336,57 €**

Situation 1

Mathilda Gruber macht sich Gedanken über ihre künftige finanzielle Situation als Mutter. Nach der Geburt wird sie ihr Kind vollständig auf ihre Lohnsteuerkarte eintragen lassen. Ihre Lohnsteuerklasse ändert sich und ihr Beitrag zur Pflegeversicherung sinkt von 1,275 % auf 1,025 %. Sie hofft auf ein erheblich höheres Nettoeinkommen.

Monatslohnsteuertabelle

Lohn bis	St.-Kl.	LSt.	Kinderfreibetr. 0		Kinderfreibetr. 0,5		Kinderfreibetr. 1,0		Kinderfreibetr. 1,5	
			KiSt	SolZ	KiSt	SolZ	KiSt	SolZ	KiSt	SolZ
1.998,00	I	218,66	17,49	12,02	11,41	7,84	5,72	0,00	1,20	0,00
	II	189,75	0,00	0,00	9,24	6,35	3,86	0,00	0,00	0,00
	III	37,66	3,01	0,00	0,00	0,00	0,00	0,00	0,00	0,00
	IV	218,66	17,49	12,02	14,40	9,90	11,41	7,84	8,51	5,08
	V	440,66	35,25	24,23	0,00	0,00	0,00	0,00	0,00	0,00
	VI	472,16	37,77	25,96	0,00	0,00	0,00	0,00	0,00	0,00
2.001,00	I	219,33	17,54	12,06	11,46	7,88	5,77	0,00	1,23	0,00
	II	190,41	0,00	0,00	9,28	6,38	3,90	0,00	0,00	0,00
	III	38,16	3,05	0,00	0,00	0,00	0,00	0,00	0,00	0,00
	IV	219,33	17,54	12,06	14,46	9,94	11,46	7,88	8,56	5,20
	V	441,66	35,33	24,29	0,00	0,00	0,00	0,00	0,00	0,00
	VI	473,00	37,84	26,01	0,00	0,00	0,00	0,00	0,00	0,00

1. Ermitteln Sie die monatliche Entlastung bei den Abzügen vom Bruttogehalt durch die Geburt ihres Kindes.

Mathilda Gruber möchte sich jetzt einen Überblick über ihre Einnahmen und ihre festen monatlichen Ausgaben, die sie nach der Geburt hat, verschaffen. Der Platz in der Betriebskinderkrippe kostet monatlich 124,00 €. Vom Staat erhält sie pro Monat 317,00 € (Kindergeld und Unterhaltsvorschuss).

2. Berechnen Sie, wie viel Geld Mathilda Gruber durchschnittlich im Monat noch für das tägliche Leben zur Verfügung hat. Stellen Sie dazu die Einnahmen den festen monatlichen Ausgaben gegenüber.

3. Formulieren Sie zwei begründete Vorschläge, wie Frau Gruber ihre finanzielle Lage in ihrer künftigen Lebenssituation optimieren könnte.

Lösung Prüfung 2012

1. Frau Gruber wechselt in Lohnsteuerklasse II und muss den Kinderfreibetrag von 1,0 berücksichtigen.

   Ihre Lohnsteuer sinkt von monatlich 219,33 € auf 190,41 €, die Kirchensteuer von 17,54 € auf 3,90 € und der Solidaritätszuschlag von 12,06 € auf 0,00 €. Somit wird sie monatlich um insgesamt 54,62 € (248,93 € – 194,31 €) entlastet.

   Beitrag zur Pflegeversicherung:

   Statt 25,50 € nun 20,50 €

   Ersparnis von 5,00 €

   Entlastung insgesamt **59,62 €**

2.

Nettogehalt	1.336,57 €
+ Entlastung	59,62 €
+ Kindergeld	317,00 €
+ Garagenmiete	50,00 €
Summe Einnahmen	**1.763,19 €**
Jahresfahrkarte	86,20 €
+ Gewerkschaftsbeitrag	8,00 €
+ Haftpflichtversicherung	15,00 €
+ Altersversorgung	60,00 €
+ Wohnungsmiete	420,00 €
+ Funk, Fernsehen, Telefon, Internet	78,00 €
+ Fachzeitschriften	6,00 €
+ Krippe	124,00 €
+ Fitnessstudio	85,00 €
Summe Ausgaben	**882,20 €**

1.763,19 € − 882,20 € = 880,99 €

Frau Gruber hat noch 880,99 € im Monat zur Verfügung für das tägliche Leben.

3. Z. B.

Sie sollte den Roller verkaufen, da sie ihn nicht nutzt und er durch das lange Stehen an Wert verliert.

Sie sollte die Mitgliedschaft im Fitnessstudio kündigen, da sie Sport auch ohne Kosten z. B. Joggen im Freien treiben kann.

Situation 2

Mathilda Grubers Alltag mit Kind wird sich stark verändern. Es gibt zwei Wünsche, die auf Mathildas Liste stehen:

- Ein Auto, weil die Fahrt mittels Bus und Zug zur Arbeit mit dem Baby sehr beschwerlich ist. Ein Kollege bietet ihr seinen gebrauchten Pkw (fünf Jahre alt, 95.000 km) für ca. 7.000,00 € an.
- Neue Möbel für das Kinderzimmer und eine Schlafcouch für ihr Wohnzimmer, 3.000,00 €.

Insgesamt bräuchte Mathilda Gruber also 10.000,00 €, um sich diese Wünsche zu erfüllen. Mathilda macht sich Gedanken über die Finanzierung.

1. Sie hat bereits zwei Kreditangebote bei ihrer Bank und im Internet eingeholt (siehe Anlage 1). Entscheiden Sie unter Beachtung von Mathildas Lebenssituation, welches Angebot sie auswählen sollte. Begründen Sie mit zwei Argumenten Ihre Entscheidung.

Mathilda Gruber erzählt ihrer Freundin von ihren Plänen. Diese findet die monatliche Belastung der Kreditangebote im Verhältnis zu Mathildas finanzieller Situation als zu hoch. Sie zeigt ihr Angebote aus der Wochenendzeitung (siehe Anlage 2) und macht den Vorschlag,

- nicht das Fahrzeug des Kollegen zu kaufen, sondern einen neuen Kleinwagen über das Autohaus Combi zu leasen,
- die Möbel ebenfalls nicht mittels eines Bankkredits zu finanzieren, sondern die Einrichtung für Kinderzimmer und Wohnzimmer bei Möbo-Möbelmarkt zu finanzieren.

2. Entscheiden Sie begründet unter Beachtung der Lebenssituation von Frau Gruber, welche Ratenlaufzeiten bei der Möbelfinanzierung und welche Variante des Leasings sie wählen sollte.

3. Berechnen Sie die Gesamtbelastung der vorgeschlagenen Finanzierung.

4. Beschreiben Sie zwei Vor- bzw. zwei Nachteile für Frau Gruber in ihrer Lebenssituation, die im Falle des Leasings im Vergleich zum Kauf des gebrauchten Fahrzeugs entstehen könnten.

5. Treffen Sie eine begründete Entscheidung, inwieweit Mathilda Gruber den Vorschlag, ein Auto zu leasen und die Möbel in Raten zu zahlen, umsetzen sollte.

Anlage 1

Creditdirect-Bank

Ihr Spezialist für online-Banking

Unser Angebot

Datum: 28.06.20..

Allzweckdarlehen 3 Jahre Laufzeit

Nettokreditbetrag	10.000,00 €
Zu finanzierender Betrag	10.000,00 €
Festzinsen für die vereinbarte Laufzeit	1.208,10 €
Bearbeitungskosten	0,00 €
Gesamtkreditbetrag	11.208,10 €
35 Raten über	311,40 €
Schlussrate	309,10 €
Nominaler Jahreszins	7,58 %
Effektiver Jahreszins	7,85 %

Unser Angebot versteht sich vorbehaltlich einer Bonitätsprüfung.

Dieses Schreiben wurde maschinell erstellt und wird nicht unterschrieben.

SPARKASSE ROSENHEIM

Berater(in): Robert Schiller
Tel.: 08 00 6 73 00 96
Datum: 28.06.20..

Sehr geehrte Frau Gruber,

aufgrund Ihres Antrags vom 27.06.20.. unterbreiten wir Ihnen ein sehr günstiges, auf Ihren persönlichen Bedarf zugeschnittenes Angebot für ein Privatdarlehen.

	Dauer/ Anzahl	%-Satz	Datum	Betrag in EUR
Darlehensbetrag/ Auszahlungsbetrag				10.000,00
Gesamtlaufzeit	36 Monate			
Bearbeitungsgebühr		0,50		50,00
Verwaltungskosten	monatlich			1,00
Auszahlungstag			01.08.20..	
Tilgungsbeginn			31.08.20..	
Nominalzins pro Jahr		7,75		
Effektiver Jahreszins		8,73		
Zinsbindung	36 Monate			
Monatlicher Rückzahlungsbetrag				313,64
Anzahl Raten	36			
Gesamtaufwand Zinsleistungen				1.240,65
Gesamtaufwand Tilgungsleistungen				10.050,00
Gesamtaufwand sonstige Kosten				36,00
Gesamtaufwand				11.326,65
Sicherheiten	entfallen (Antragstellerin persönlich bekannt)			

Anlage 2

Möbo-Möbelmarkt
Land des Wohlfühlens und Renovierens

Finanzieren Sie Ihre Möbel zu absolut günstigen Konditionen.
Eine Finanzierung, die sich für Sie auszahlt!
Schnell, sicher und sofort!

Warengutschein in Höhe von 50,00 € pro 1.000,00 € Warenwert für künftige Einkäufe.

Der Möbo-Finanzierungsservice

Damit Sie sich Ihre Wünsche sofort erfüllen können, bietet Ihnen Möbo einen unkomplizierten Finanzierungsservice zu traumhaft günstigen Konditionen an. Und durch schnelle Entscheidungen vor Ort ist Ihre Traumeinrichtung schon wenige Tage später bei Ihnen zu Hause.

Kaufvertrags-betrag	Laufzeit				
	6 Monate	12 Monate	18 Monate	24 Monate	48 Monate
1.500,00	250,00	130,00	90,00	69,00	38,00
1.750,00	292,00	151,00	105,00	80,00	44,00
2.000,00	334,00	173,00	120,00	92,00	50,00
2.250,00	376,00	194,00	135,00	103,00	57,00
2.500,00	417,00	216,00	150,00	115,00	63,00
2.750,00	459,00	238,00	165,00	126,00	69,00
3.000,00	501,00	259,00	180,00	138,00	75,00
3.250,00	543,00	281,00	195,00	149,00	82,00
3.500,00	584,00	302,00	209,00	161,00	88,00
3.750,00	626,00	324,00	224,00	172,00	94,00
4.000,00	668,00	346,00	239,00	184,00	101,00
4.250,00	709,00	367,00	254,00	195,00	107,00
4.500,00	751,00	389,00	269,00	207,00	113,00
4.750,00	793,00	410,00	284,00	218,00	119,00
5.000,00	835,00	432,00	299,00	230,00	126,00
Effektiver Jahreszins	0,5 %	6,9 %	9,9 %	9,9 %	9,9 %

Alle Ratenbeträge sind gerundete Richtwerte und freibleibend!
Voraussetzung für das Zustandekommen eines Finanzkaufes ist immer eine Genehmigung der Partnerbank.

Kleinwagen Passion
EZ 06/2013

Aktionspreis 12.900,00 € bar

oder Leasing

mit Jahresleistung von 12.000 km
Laufzeit 60 Monate

Variante I	Variante II
Keine Leasingsonder-zahlung zu Vertragsbeginn	Leasingsonderzahlung von 2.000,00 €
monatliche Leasing-rate 160,00 €	monatliche Leasing-rate 120,00 €

Inklusive Haftpflicht- und Vollkaskoversicherung
5 Jahre Gewährleistung

Autohaus Combi

Lösung Prüfung 2012

1. Z. B.

Frau Gruber sollte sich für das Darlehensangebot der Sparkasse Rosenheim entscheiden.

Begründung:

Frau Gruber hat zwar bei der Sparkasse Rosenheim etwas höhere Gesamtkosten als bei der Creditdirect-Bank, kann aber durch die bereits bestehende Geschäftsbeziehung auch mehr Service und persönliche Betreuung erwarten.

Sie braucht keine Sicherheiten zu stellen, da sie ihrer Hausbank als zuverlässig bekannt ist. Die Creditdirect-Bank macht dagegen die Kreditgewährung von einer Bonitätsprüfung abhängig.

2. Leasing:

Wahl der Variante I:

Frau Gruber hat laut Kontostand und Dispositionskreditrahmen nicht die Möglichkeit, die Anzahlung für Variante II zu leisten.

Möbelfinanzierung:

Z.B.:

Laufzeit von 48 Monaten:

Die monatliche Belastung sollte trotz höherer Zinsbelastung so gering wie möglich sein, da Frau Gruber nicht viel Geld zum täglichen Leben zur Verfügung hat.

3. Gesamtbelastung:

(160,00 € · 60 Monate) + (75,00 € · 48 Monate) = 13.200,00 €

4. In der Begründung muss ein Situationsbezug gegeben sein!

Z.B.:

Vorteile:

- Frau Gruber hätte ein neues Fahrzeug. Reparaturen sind daher unwahrscheinlich und würden ggf. im Rahmen der Gewährleistung übernommen. Gerade im Hinblick auf das knappe Budget ist es sehr hilfreich, wenn sie über die gesamte Laufzeit hohe Kosten für Reparaturen ausschließen kann.

- Die monatliche Leasingrate enthält bereits die Haftpflicht und Kaskoversicherung. Frau Gruber entstehen somit keine zusätzlichen monatlichen Kosten. Dies ist ebenfalls im Hinblick auf ihr knappes Budget von Vorteil.

Nachteile:

- Die angegebene Laufleistung ist zu niedrig. Alleine für die Fahrten zur Arbeitsstelle würde sie die Jahresleistung von 12.000 km aufbrauchen. Ihr droht daher eine Nachzahlung.

- Frau Gruber hätte am Ende der Laufzeit von fünf Jahren kein Auto, da sie es am Ende der Laufzeit abgeben muss, sofern sie das Fahrzeug nicht übernimmt. Für die dann anfallende Schlussrate müsste sie aber angesichts ihrer momentanen finanziellen Lage abermals einen Kredit aufnehmen.

5. Z.B.:

Sie sollte den Vorschlag umsetzen.

Über die komplette Laufzeit gesehen sind die Gesamtkosten des Leasings und der Ratenzahlung zwar höher als bei der Kreditfinanzierung durch die Bank, aber die monatliche Belastung ist geringer. Dieser Vorteil ist bei ihrem monatlich zur Verfügung stehenden Budget entscheidend. Ferner sind die mit dem Auto verbundenen Nebenkosten durch den Wegfall der Reparaturkosten und Versicherungsbeiträge beim Leasing entscheidend geringer.

Prüfung 2012

Modul (Personalmanagement)

Sie arbeiten in der Personalabteilung des Reinigungsunternehmens Hoffmann GmbH. Die Stadt Schwabach hat der Hoffmann GmbH den Auftrag für die Reinigung der städtischen Parkanlagen erteilt. Die Hoffmann GmbH konnte sich zuvor in einem sehr starken Bewerberfeld durchsetzen, da sie der Stadt Schwabach, aufgrund einer sehr knappen Kostenkalkulation, ein sehr günstiges Angebot vorgelegt hat.

Prüfung 2012

Durch diesen Auftrag ist möglicherweise zusätzliches Personal nötig. Bisher sind 18 Mitarbeiter beschäftigt mit einer regelmäßigen Monatsarbeitszeit von 164 Stunden je Mitarbeiter. Es wird mit einem Zusatzbedarf von 656 Arbeitsstunden pro Monat und einem Zuschlag von 15 % für urlaubs- und krankheitsbedingte Ausfallzeiten gerechnet. Einer der Mitarbeiter hört auf, dafür kommen zwei Mitarbeiter zum selben Datum zurück. Die Stadt Schwabach musste aus Kostengründen zwei Mitarbeiter entlassen und hat die Hoffmann GmbH darüber informiert, dass diese Mitarbeiter eventuell für sie geeignet wären.

1. Berechnen Sie mithilfe der in der Anlage abgebildeten Tabelle den Personalbedarf. Runden Sie dabei auf eine Dezimalstelle.

2. Begründen Sie aufgrund der Ergebnisse aus Aufgabe 1, wie viele Mitarbeiter Sie einstellen, um den Auftrag erfüllen zu können.

3. Erläutern Sie, ob Sie die ehemaligen Mitarbeiter der Stadtverwaltung übernehmen.

Anlage

geplanter monatlicher Zusatzbedarf durch den Auftrag in Stunden			Stunden pro Monat
daraus abgeleiteter Bedarf an Mitarbeitern			Mitarbeiter
+ 15 % Zuschlag für Ausfallzeiten			Mitarbeiter
= zusätzlicher Bedarf an Mitarbeitern			Mitarbeiter
geplanter gesamter Personalstand inklusive Zusatzauftrag		+	Mitarbeiter
– gegenwärtiger Personalstand			Mitarbeiter
+ Abgänge			Mitarbeiter
– Zugänge			Mitarbeiter
= Ersatzbedarf			Mitarbeiter

Lösung Prüfung 2012

1.

geplanter monatlicher Zusatzbedarf durch den Auftrag in Stunden		656	Stunden pro Monat
daraus abgeleiteter Bedarf an Mitarbeitern		4,0	Mitarbeiter
+ 15 % Zuschlag für Ausfallzeiten		0,6	Mitarbeiter
= zusätzlicher Bedarf an Mitarbeitern		4,6	Mitarbeiter
geplanter gesamter Personalstand inklusive Zusatzauftrag	18,0 +	4,6	Mitarbeiter
– gegenwärtiger Personalstand		18,0	Mitarbeiter
+ Abgänge		1,0	Mitarbeiter
– Zugänge		2,0	Mitarbeiter
= Ersatzbedarf		3,6	Mitarbeiter

2. Ich stelle drei zusätzliche Mitarbeiter ein. Auf eine weitere Einstellung verzichte ich, da der restliche Bedarf an Mitarbeitern keiner ganzen Stelle entspricht und daher wirtschaftlich, insbesondere bei einer sehr knappen Kostenkalkulation, nicht vertretbar ist.

3. Z. B.

Ich stelle die ehemaligen Mitarbeiter der Stadtverwaltung Schwabach ein, weil sie ihre Erfahrungen einbringen können.

Prüfung 2013

Fallaufgabe

Auszug aus dem Businessplan:

I. Auf einen Blick

Firma: Concerts and More GmbH

Standort: Pirckheimerstraße 6, 90408 Nürnberg

Inhaber: Carlo Eisen, geb. 28.03.1978

Unternehmenszweck: Konzeption, Organisation und Durchführung von Konzerten

Unternehmensgründung: 01.01.2013

II. Liquiditätsplan für das aktuelle Geschäftsjahr

	1. Quartal	2. Quartal	3. Quartal	4. Quartal
Übertrag voriges Quartal	---	44.500,00 €	44.000,00 €	48.000,00 €
Liquiditätsanfangsbestand	50.000,00 €	44.500,00 €	44.000,00 €	48.000,00 €
+ Einzahlungen aus Ticketverkäufen	21.500,00 €	32.500,00 €	45.000,00 €	56.000,00 €
– Auszahlungen für Gagen	8.000,00 €	12.500,00 €	14.000,00 €	16.500,00 €
– Werbung für Veranstaltungen	8.000,00 €	9.000,00 €	10.000,00 €	11.000,00 €
– sonstige Kosten (Miete, Personal)	11.000,00 €	11.500,00 €	17.000,00 €	25.000,00 €
= Liquiditätsendbestand	44.500,00 €	44.000,00 €	48.000,00 €	51.500,00 €

Sie sind Mitarbeiter/in bei der Concerts and More GmbH.

Situation

In der Concerts and More GmbH steigt der Arbeitsanfall. Sie und Ihr Chef können die Aufgaben nicht mehr alleine bewältigen. Daher will Herr Eisen einen neuen Mitarbeiter/eine neue Mitarbeiterin einstellen. Die Vorstellungsgespräche sind abgeschlossen, drei Personen sind in der engeren Auswahl. Sie sollen nun die Personalentscheidung für Carlo Eisen vorbereiten. Hierfür liegen Ihnen der Auswertungsbogen für die Bewerber und die Stellenbeschreibung vor (siehe Anlage).

Füllen Sie zur Entscheidungsvorbereitung die Vorlage 1 aus. Leiten Sie hierzu aus der Stellenbeschreibung (siehe Anlage) vier Auswahlkriterien ab. Finden Sie dazu passend den jeweils geeignetsten Bewerber und begründen Sie Ihre Wahl.

Auszug aus der Stellenbeschreibung für den neuen Mitarbeiter/die neue Mitarbeiterin

> Sie sind für Künstler aus England und den USA verantwortlich und arbeiten mit diesen Verträge eigenverantwortlich unter Beachtung der geltenden Rechtsvorschriften aus. Sie besitzen Verhandlungsgeschick und können Künstler sowohl vor, während als auch nach den Veranstaltungen betreuen und beraten. Dabei beachten Sie insbesondere die speziellen Bedürfnisse der Künstler. Sie führen zielsicher und redegewandt die Verhandlungen mit den Künstlern. Sie arbeiten in Vollzeit und stehen für kurzfristig angesetzte Termine jederzeit zur Verfügung.

Anlage: Auswertungsbogen

Name:	Manuel Wagner	Elena Kastner	Rolf Solbach
Anschrift:	Hanauer Str. 14 63739 Aschaffenburg	Dachauer Str. 112 80797 München	Sonnenweg 1 92224 Amberg
Geburtsdatum:	29.07.1964	03.03.1980	17.11.1974
Familienstand:	Verheiratet, 2 Kinder	Ledig	Geschieden, 1 Kind
Ausbildung:	Abgeschlossene Berufsausbildung zum Versicherungskaufmann	Abgeschlossene Berufsausbildung zur Veranstaltungskauffrau	Abgeschlossene Berufsausbildung zum Veranstaltungskaufmann
Derzeitige Tätigkeit:	In ungekündigter Stellung bei einer Veranstaltungsagentur in Aschaffenburg	In befristetem Arbeitsverhältnis bei einer Veranstaltungsagentur in München	Arbeitssuchend, Dozent für Wirtschaftsrecht an der Volkshochschule in Amberg
Sprachkenntnisse:	Spricht fließend Englisch	Besitzt gute Englisch- und Russisch-Kenntnisse, Grundkenntnisse in Französisch und Spanisch	Spricht fließend Französisch, sehr gute Spanischkenntnisse in Wort und Schrift, Grundkenntnisse in Englisch
Notizen aus dem Vorstellungsgespräch:	Zeigt sich offen und interessiert für neue Tätigkeiten Ist in Nürnberg geboren und möchte wieder dorthin ziehen Hat bei seiner Argumentation ein ausgeprägtes Selbstbewusstsein gezeigt und wirkt sehr dominant War bisher für die Organisation von Messen eigenverantwortlich tätig	Plant pro Woche zwei Nächte in einer Pension in Nürnberg zu übernachten, an den anderen Tagen will sie die 167 km nach Nürnberg pendeln Wirkt zurückhaltend, fast schüchtern Sucht abwechslungsreiche, neue Tätigkeit Stand als Sängerin einer Band viele Jahre selbst auf der Bühne Hat bisher im Controlling einer Veranstaltungsagentur gearbeitet	Plant die 70 km nach Nürnberg zu pendeln Ist kompromissbereit, ohne dabei die eigenen Ziele aus den Augen zu verlieren Sucht neue Herausforderung War bisher ausschließlich für das Marketing von Konzerten verantwortlich

Vorlage:

Kriterium	Geeignetster Bewerber	Begründung

Vorlage:

Kriterium	Geeignetster Bewerber	Begründung

Lösung Prüfung 2013

Kriterium	Geeignetster Bewerber	Begründung
Rechtskenntnisse	Rolf Solbach	Für Vertragsverhandlungen sind spezielle Rechtskenntnisse notwendig. Herr Solbach hat diese, da er entsprechende Kurse an der VHS hält.
Sprachkenntnisse	Manuel Wagner	Für die britischen und amerikanischen Künstler benötigt der Bewerber perfekte Englischkenntnisse. Er spricht von allen Bewerbern am besten Englisch.
Flexibilität	Manuel Wagner	Es wird ein Mitarbeiter gesucht, der kurzfristig zu Terminen erscheinen kann. Herr Wagner will nach Nürnberg ziehen und hat somit den kürzesten Anfahrtsweg.
Verständnis für Künstler	Elena Kastner	Sie war selbst Sängerin in einer Band und hat somit mehr Einfühlungsvermögen für die Belange von Künstlern.
Verhandlungsgeschick	Rolf Solbach	Es wird ein Mitarbeiter gesucht, der Vertragsverhandlungen zielgerichtet führen kann. Herr Solbach ist weder zu dominant noch zu zurückhaltend.

Prüfung 2013

Modul

Sie sind Mitglied der Jugend- und Auszubildendenvertretung des Autohauses Kehm GmbH. Eine Kollegin, die 16-jährige Julia Reichard, hat ihren Wocheneinsatzplan bekommen und ist unzufrieden.

Wochenarbeitsplan: Julia Reichard							Zeitraum: 01.07.20.. – 05.07.20..						
	06:30 – 07:30	07:30 – 08:30	08:30 – 09:30	09:30 – 10:30	10:30 – 11:30	11:30 – 12:30	12:30 – 13:30	13:30 – 14:30	14:30 – 15:30	15:30 – 16:30	16:30 – 17:30	17:30 – 18:30	18:30 – 19:30
Mo							■	■	■	Pause	■	■	■
Di	■	■	■	Pause			Pause	■	■				
Mi	Berufsschule von 08:00 Uhr bis 16:00 Uhr												
Do	Berufsschule von 08:00 Uhr bis 12:00 Uhr												
Fr		■	■	■	■	■		Pause	■	■	■		
Sa							■	■	■	■			

Begründen Sie mit Hilfe des Gesetzesauszugs (siehe Anlage), inwieweit Verstöße gegen das Jugendarbeitsschutzgesetz vorliegen.

Anlage: Auszug aus dem Jugendarbeitsschutzgesetz (JArbSchG)

§ 4 Arbeitszeit

(1) Tägliche Arbeitszeit ist die Zeit vom Beginn bis zum Ende der täglichen Beschäftigung ohne die Ruhepausen (§ 11).

(2) Schichtzeit ist die tägliche Arbeitszeit unter Hinzurechnung der Ruhepausen (§ 11).

(…)

§ 8 Dauer der Arbeitszeit

(1) Jugendliche dürfen nicht mehr als acht Stunden täglich und nicht mehr als 40 Stunden wöchentlich beschäftigt werden.

(…)

(2 a) Wenn an einzelnen Werktagen die Arbeitszeit auf weniger als acht Stunden verkürzt ist, können Jugendliche an den übrigen Werktagen derselben Woche achteinhalb Stunden beschäftigt werden.

(…)

§ 9 Berufsschule

(1) Der Arbeitgeber hat den Jugendlichen für die Teilnahme am Berufsschulunterricht freizustellen. Er darf den Jugendlichen nicht beschäftigen

1. vor einem vor 9 Uhr beginnenden Unterricht; dies gilt auch für Personen, die über 18 Jahre alt und noch berufsschulpflichtig sind,

2. an einem Berufsschultag mit mehr als fünf Unterrichtsstunden von mindestens je 45 Minuten, einmal in der Woche,

3. in Berufsschulwochen mit einem planmäßigen Blockunterricht von mindestens 25 Stunden an mindestens fünf Tagen; zusätzliche betriebliche Ausbildungsveranstaltungen bis zu zwei Stunden wöchentlich sind zulässig.

(2) Auf die Arbeitszeit werden angerechnet

1. Berufsschultage nach Absatz 1 Nr. 2 mit acht Stunden,

2. Berufsschulwochen nach Absatz 1 Nr. 3 mit 40 Stunden,

3. im Übrigen die Unterrichtzeit einschließlich der Pausen.

(…)

§ 11 Ruhepausen, Aufenthaltsräume

(1) Jugendlichen müssen im Voraus feststehende Ruhepausen von angemessener Dauer gewährt werden. Die Ruhepausen müssen mindestens betragen

1. 30 Minuten bei einer Arbeitszeit von mehr als viereinhalb bis zu sechs Stunden,

2. 60 Minuten bei einer Arbeitszeit von mehr als sechs Stunden.

Als Ruhepause gilt nur eine Arbeitsunterbrechung von mindestens 15 Minuten.

(2) Die Ruhepausen müssen in angemessener zeitlicher Lage gewährt werden, frühestens eine Stunde nach Beginn und spätestens eine Stunde vor Ende der Arbeitszeit. Länger als viereinhalb Stunden hintereinander dürfen Jugendliche nicht ohne Ruhepause beschäftigt werden.

(...)

§ 13 Tägliche Freizeit

Nach Beendigung der täglichen Arbeitszeit dürfen Jugendliche nicht vor Ablauf einer ununterbrochenen Freizeit von mindestens 12 Stunden beschäftigt werden.

§ 15 Fünf-Tage-Woche

Jugendliche dürfen nur an fünf Tagen in der Woche beschäftigt werden. Die beiden wöchentlichen Ruhetage sollen nach Möglichkeit aufeinander folgen.

Lösung Prüfung 2013

Es liegt ein Verstoß gegen § 8 Abs. 2a JArbSchG vor, da Julia am Freitag neun Stunden arbeitet, jedoch nur maximal achteinhalb Stunden arbeiten dürfte.

Am Freitag liegt ein Verstoß gegen § 11 Abs. 2 JArbSchG vor, da die einstündige Pause erst nach sechs Stunden beginnt. Julia darf aber maximal viereinhalb Stunden am Stück arbeiten.

Es liegt ein Verstoß gegen § 13 JArbSchG vor, da nur elf Stunden Freizeit zwischen Montag und Dienstag liegen, Julia jedoch das Recht auf zwölf Stunden ununterbrochene Freizeit hat.

Es liegt ein Verstoß gegen § 15 JArbSchG vor, da Julia sechs Tage in der Woche beschäftigt ist, jedoch nur fünf Tage in der Woche beschäftigt werden dürfte.

Prüfung 2014

Modul

Sie sind Mitarbeiter/in bei der Lohnsteuerhilfe. Veronica Gerber bittet Sie heute um Hilfe, da sie ihr Arbeitszimmer steuerlich geltend machen möchte. Dazu muss sie einen Fragenkatalog des Finanzamtes Augsburg-Stadt (siehe Vorlage) ausfüllen.

Ihnen ist Folgendes bekannt:

- Veronica Gerber ist im Rahmen ihrer beruflichen Tätigkeit vorwiegend mit dem Auto im Außendienst unterwegs. Da sie kein Büro bei ihrem Arbeitgeber hat, benötigt sie ein Arbeitszimmer zu Hause. Der Schwerpunkt ihrer Tätigkeit liegt jedoch im Außendienst.

- Die im Kontoauszug (siehe Anlage) aufgeführten Belastungen sind das ganze Jahr über in stets gleicher Höhe angefallen. Weder für Erdgas noch für Strom hat Veronica Gerber eine Nachzahlung geleistet oder eine Erstattung bekommen.

- Das von Veronica Gerber gemietete Haus besteht aus einem Wohnzimmer (24 qm), Arbeitszimmer (12 qm), Schlafzimmer (15 qm), Badezimmer (13 qm), Küche (14 qm), Flur (4 qm) und Gästezimmer (14 qm).

Füllen Sie den Fragenkatalog des Finanzamtes Augsburg-Stadt aus.

Anlage:

KONTOAUSZUG					
Kontonummer	Bankleitzahl	Datum	Umsatzzeitraum	Auszug	Blatt
4 646 232	720 200 70	14.12.20..	14.12... – 14.12...	33	1/1

Kontoinhaber	Kontohinweis
Veronica Gerber Gaußstr. 27 86167 Augsburg	**Filiale** Filiale Augsburg
	Ansprechpartner / **Telefon** Herr Krainer / 0821 25919-37

Buchung	Wert	Buchungsinformation	Belastung in €	Gutschrift in €
		Ihr alter Kontostand		3.586,72
14.12.	14.12.	Lastschrift Erdgas Schwaben GmbH Gas Dezember 20.. Kd.Nr. 978462	93,00	
14.12.	14.12.	Lastschrift Stadtwerke Augsburg Strom Dezember 20.. Kd.Nr. 6011969	71,00	
14.12.	14.12.	Dauerauftrag VISAG GmbH, Monatspauschale Reinigung Gaußstr. 27	70,50	
14.12.	14.12.	Dauerauftrag Hausverwaltung Priese OHG Reinigung Gaußstr. 27	1.045,00	
		Ihr neuer Kontostand		2.307,22

Vorlage:

Finanzamt Augsburg-Stadt

Fragenkatalog zur Ermittlung der Aufwendungen für ein Arbeitszimmer

1. Bildet das Arbeitszimmer den qualitativen Mittelpunkt der gesamten beruflichen Betätigung?

   ☐ ja

   ☐ nein (Ein Abzug der Aufwendungen kommt bis zur Höhe von 1.250,00 € in Betracht. Bitte beantworten Sie unbedingt auch die weiteren Fragen!)

2. Angaben zur Wohnfläche

   Gesamtwohnfläche _____ qm

   Größe des Arbeitszimmers _____ qm

   Prozentualer Anteil an der Gesamtwohnfläche _____ %

3. Wie hoch sind Ihre Mietkosten pro Jahr? _____ €

4. Wie hoch sind die anfallenden jährlichen Gesamtkosten für

   – Heizung _____ €

   – Strom _____ €

   – Reinigung _____ €

   – Sonstiges _____ €

5. Ermittlung der Kosten insgesamt (Fragen 3–4) _____ €

   davon entfallen 12,5 % auf das Arbeitszimmer (vgl. Frage 2) _____ €

6. Steuerlich anerkannte Gesamtaufwendungen
   für das Arbeitszimmer im Jahr 20.. _____ €

Lösung

Finanzamt Augsburg-Stadt

Fragenkatalog zur Ermittlung der Aufwendungen für ein Arbeitszimmer

1. Bildet das Arbeitszimmer den qualitativen Mittelpunkt der gesamten beruflichen Betätigung?

    ☐ ja

    ☒ nein (Ein Abzug der Aufwendungen kommt bis zur Höhe von 1.250,00 € in Betracht. Bitte beantworten Sie unbedingt auch die weiteren Fragen!)

2. Angaben zur Wohnfläche

Gesamtwohnfläche	96 qm
Größe des Arbeitszimmers	12 qm
Prozentualer Anteil an der Gesamtwohnfläche	12,5 %

3. Wie hoch sind Ihre Mietkosten pro Jahr?   12.540,00 €

4. Wie hoch sind die anfallenden jährlichen Gesamtkosten für

– Heizung	1.116,00 €
– Strom	852,00 €
– Reinigung	846,00 €
– Sonstiges	0 €

5. Ermittlung der Kosten insgesamt (Fragen 3–4)   15.354,00 €

    davon entfallen 12,5 % auf das Arbeitszimmer (vgl. Frage 2)   1.919,25 €

6. Steuerlich anerkannte Gesamtaufwendungen für das Arbeitszimmer im Jahr 20..   1.250,00 €

Prüfung 2014

Modul

Sie sind Betriebsratsmitglied der HM Medizintechnik GmbH in Bamberg mit 48 Arbeitnehmern. Heute kommt Magdalena Tehn zu Ihnen. Sie regt an, eine Jugend- und Auszubildendenvertretung einzurichten und würde sich auch gerne dort engagieren, da sie bereits in ihrem vorherigen Ausbildungsbetrieb in der Jugend- und Auszubildendenvertretung aktiv war. Bei der HM Medizintechnik GmbH ist sie nicht im Betriebsrat tätig. Sie versprechen, Magdalenas Wunsch zu klären. Ihnen liegt die folgende Liste aller Auszubildenden und jugendlichen Arbeitnehmer de HM Medizintechnik GmbH vor.

Name, Vorname	Geburtsdatum	Ausbildungsberuf	Ausbildungs-dauer	Ausbildungs-ende
Bott, Manuel	02.04.1995	Kaufmann im Groß- und Außenhandel	3 Jahre	Juli 2015
Ganser, Paul	21.12.1996	Servicefachkraft für Dialogmarketing	Ausbildung beendet	
Herbert, Martina	10.12.1996	Servicefachkraft für Dialogmarketing	Ausbildung beendet	
Illig, Andrea	17.01.1997	Kauffrau im Groß- und Außenhandel	3 Jahre	Juli 2016
Müller, Clara	18.05.1998	Servicefachkraft für Dialogmarketing	2 Jahre	Juli 2015
Tehn, Magdalena	20.08.1989	Kauffrau im Groß- und Außenhandel	3 Jahre	Juli 2015

1. Prüfen und begründen Sie mit Hilfe des Betriebsverfassungsgesetzes unter Verweis auf den entsprechenden Paragrafen (siehe Anlage), ob eine Jugend- und Auszubildendenvertretung errichtet werden muss.

2. Magdalena ist aus Ihrer Sicht eine geeignete Kandidatin. Begründen Sie mit Hilfe des Betriebsverfassungsgesetzes unter Verweis auf die entsprechenden Paragrafen (siehe Anlage), ob Magdalena für die Jugend- und Auszubildendenvertretung kandidieren dürfte.

Anlage: Auszug aus dem Betriebsverfassungsgesetz (BetrVG)

Dritter Teil – Betriebliche Jugend- und Auszubildendenvertretung

§ 60 Errichtung und Aufgabe

(1) In Betrieben mit in der Regel mindestens fünf Arbeitnehmern, die das 18. Lebensjahr noch nicht vollendet haben (jugendliche Arbeitnehmer) oder die zu ihrer Berufsausbildung beschäftigt sind und das 25. Lebensjahr noch nicht vollendet haben, werden Jugend- und Auszubildendenvertretungen gewählt.

(2) Die Jugend- und Auszubildendenvertretung nimmt nach Maßgabe der folgenden Vorschriften die besonderen Belange der in Absatz 1 genannten Arbeitnehmer wahr.

§ 61 Wahlberechtigung und Wählbarkeit

(1) Wahlberechtigt sind alle in § 60 Abs. 1 genannten Arbeitnehmer des Betriebs.

(2) Wählbar sind alle Arbeitnehmer eines Betriebs, die das 25. Lebensjahr noch nicht vollendet haben; (…) Mitglieder des Betriebsrats können nicht zu Jugend- und Auszubildendenvertretern gewählt werden.

(…)

§ 64 Zeitpunkt der Wahlen und Amtszeit

(1) Die regelmäßigen Wahlen der Jugend- und Auszubildendenvertretung finden alle zwei Jahre in der Zeit vom 1. Oktober bis 30. November statt. (…)

(2) Die regelmäßige Amtszeit der Jugend- und Auszubildendenvertretung beträgt zwei Jahre. (…)

Lösung Prüfung 2014

1. Z. B.:

Es wird eine Jugend- und Auszubildendenvertretung errichtet, wenn nach § 60 Abs. 1 BetrVG mindestens fünf

- Arbeitnehmer unter 18 Jahren
- oder Auszubildende, die das 25. Lebensjahr noch nicht vollendet haben,

im Betrieb beschäftigt sind.

Im vorliegenden Fall sind zwei Personen beschäftigt,

- die die Ausbildung beendet haben und noch keine 18 Jahre alt sind,
- sowie weitere drei Personen in der Ausbildung, die das 25. Lebensjahr noch nicht vollendet haben.

Hinweis:

Alternativ kann hier auch Magdalena Tehn als vierte Person in Ausbildung genannt werden, da sie zum jetzigen Zeitpunkt (Juni 2014) noch keine 25 Jahre alt ist, jedoch zum Zeitpunkt der Wahl).

2. Z. B.:

Eine Kandidatur ist nicht möglich, da nach § 64 Abs. 1 BetrVG die Wahl zwischen dem 1. Oktober und dem 30. November stattfinden muss. Zu diesem Zeitpunkt ist Magdalena Tehn 25 Jahre alt und damit nach § 61 Abs. 2 BetrVG nicht mehr wählbar.

Lernbereich 6: Marketing

6.1 Marktforschung

- Ein Unternehmen benötigt vor der Entwicklung eines Produktes bzw. vor dem Kauf von Waren Informationen über den Markt, z.B. welche Produkte kaufen Kunden.

- Um an diese Informationen zu kommen, gibt es **zwei Formen** der

Marktuntersuchung:

Markterkundung	**Marktforschung**
ist die **unsystematische, gelegentliche** Untersuchung des Marktes z.B. durch Kundengespräche, Infos aus Fachzeitschriften, vom Unternehmen selbst.	ist die Untersuchung des Marktes mit wissenschaftlichen Mitteln; **systematische, gezielte Beschaffung von Informationen über den Markt,** z.B. durch Marktforschungsinstitute.

- Während die Markterkundung ohne große vorherige Planung durchgeführt werden kann, muss die **Marktforschung genau geplant** werden und ist **relativ teuer** (Erhebung der Daten durch Marktforschungsinstitute mit speziellen Fragebögen und Auswertung).

- Aus Kostengründen muss ein Unternehmen deshalb genau planen, wann und wie lange es den Markt untersuchen will.

    Möglichkeiten:

    Marktanalyse: Eine **einmalige** Untersuchung des Marktes, z.B. vor der Einführung eines neuen Produktes.

    Marktbeobachtung: Eine **fortlaufende** Untersuchung des Marktes, z.B. mehrmalige Untersuchung, wie sich ein eingeführtes Produkt am Markt entwickelt.

    Aus den gewonnenen Informationen kann man eine **Marktprognose** ableiten.

    Dies ist eine Vorhersage, wie sich ein Produkt **in Zukunft** am Markt entwickeln wird.

Verfahren der Marktforschung:

- **Primäre Marktforschung:** Informationen werden **direkt aktuell am Markt** erhoben und ausgewertet (z.B. Kundenbefragung, Beobachtung der Kunden im Geschäft).

- **Sekundäre Marktforschung: bereits vorhandene** Informationen werden ausgewertet (z.B. Auswertung von Statistiken).

6.2 Marketing-Mix

= **alle** Maßnahmen, die der **Absatzförderung** dienen

- Produkt- und Sortimentspolitik
- Preis- und Konditionenpolitik
- Kommunikationspolitik
- Distributionspolitik

Marketing-Mix
= alle Möglichkeiten, die ein Unternehmen hat, um seine Produkte möglichst erfolgreich zu verkaufen

6.2.1 Produkt- und Sortimentspolitik

- **Sortiment** = Alle Waren/Produkte, die ein Unternehmen anbietet.

- **Sortimentsumfang:**
  - → **Breites Sortiment:** Es gibt viele verschiedene Warengruppen nebeneinander, z. B. Lebensmittel, Kleidung, ...
  - → **Tiefes Sortiment:** Es gibt nur wenige Warengruppen, aber eine große Auswahl innerhalb dieser Warengruppen, z. B. Schokoladensorten Vollmilch, Nuss, Nougat, ...
  - → **Kernsortiment:** Es erbringt den Hauptumsatz.
  - → **Randsortiment:** Es ergänzt das Kernsortiment.

- **Sortimentspolitik:** Alle Maßnahmen zur Gestaltung des Warenangebotes, z. B.
  - → **Sortimentsbereinigung:** Schlecht verkäufliche Artikel werden aus dem Sortiment entfernt.
  - → **Sortimentserweiterung:** Neue Warengruppen werden aufgenommen bzw. es gibt eine größere Auswahl innerhalb der Warengruppen.
  - → **Diversifikation:** Es werden Warengruppen aufgenommen, die mit dem bisherigen Sortiment nichts zu tun haben (z. B. Tchibo verkauft Versicherungen).
  - → **Trading up:** Hochwertige und hochpreisige Ware wird ins Sortiment genommen.
  - → **Trading down:** Sehr preisgünstige Waren bestimmen das Sortiment.

- **Produktpolitik**
  - → **Produktinnovation:** Völlig neue Produkte werden angeboten, z. B. iPhone.
  - → **Produktgestaltung:** Unterscheidung eigener von fremden Produkten, z. B. durch Farbgebung (Milka verpackt Produkte lila).
  - → **Produktvariation:** Bereits vorhandene Produkte werden verändert, z. B. bei Autos Designveränderungen.
  - → **Produktelimination:** Ein Produkt wird aus dem Sortiment genommen.

6.2.2 Preis- und Konditionenpolitik

Preispolitik

- **= Gestalten der Absatzpreise** (herauf- oder herabsetzen) mit dem Ziel, den Umsatz oder Gewinn zu erhöhen.
- Kunden kaufen bei niedrigen Preisen mehr und bei hohen Preisen weniger ein.
- Einflussgrößen auf den Preis: Konkurrenz, Kosten, Nachfrage, ...
- Ziele: Gewinn- oder Umsatzerhöhung, Steigerung des Marktanteils.

Konditionenpolitik

Konditionen = Verkaufsbedingungen, z. B.

- **Preisnachlässe,** wie Rabatt, Skonto, Bonus (z. B. für treue Kunden, um sich von der Konkurrenz abzuheben),
- **Zahlungsfristen** gewähren (z. B. zinsloser Kreditkauf),
- **Verpackungskosten** übernehmen,
- **Rückgaberecht** (z. B. wenn Ware nicht gefällt),

6.2 Marketing-Mix

- **Garantieleistungen** gewähren,
- **Transportkosten** übernehmen (z. B. Lieferung frei Haus).

6.2.3 Kommunikationspolitik

a) **Ziele der Werbung:** Umsatz erhöhen, Image steigern, Marktanteil und Gewinn erhöhen.

b) **Aufgaben der Werbung:** Bedürfnisse wecken, Information über Produkte.

c) **Werbeplanung:** Es muss festgelegt werden: Wofür, wie, mit welchen Werbeträgern und Werbemitteln soll geworben werden, wie hoch ist das Werbebudget?

- **Werbearten:**
    - **Alleinwerbung:** Ein Unternehmen wirbt für sich allein, z. B. »Sport Fit GmbH – Sportmode und mehr«.
    - **Sammelwerbung/Verbundwerbung:** Mehrere Unternehmen werben zusammen, z. B. Geschäfte in der Innenstadt, Geschäfte in einem Einkaufszentrum (»Wir aus Nördlingen«).
    - **Gemeinschaftswerbung:** Unternehmen der gleichen Branche werben gemeinsam, z. B. »Die Milch macht´s«.
    - **Direktwerbung:** Kunde wird direkt angesprochen, z. B. durch Kundenbriefe, E-Mails.
    - **Massenwerbung:** Viele Kunden werden gleichzeitig angesprochen, z. B. TV-Spot.

- **Werbemittel** = Mit Hilfe verschiedener Werbemittel, die die Sinne wie Hören, Sehen, Schmecken, usw. ansprechen, soll den Kunden die **Werbebotschaft** verdeutlicht werden.

- **Werbeträger** = Träger der Werbebotschaft

Werbemittel	Werbeträger
Anzeige, Inserat	in Zeitung, Zeitschrift
Plakat	auf Litfasssäule, Hauswand
Aufschrift	auf Geschäftsautos, Bus, U-Bahn
Werbespot	im Kino, TV, Radio
Durchsagen	im Radio, Lautsprecher

- **Werbeplan:**
    - **Streukreis:** Welche Zielgruppe soll angesprochen werden? (z. B. Jugendliche)
    - **Streugebiet:** In welchem Gebiet soll geworben werden? (z. B. Süddeutschland)
    - **Streuzeit:** In welchem Zeitraum soll geworben werden? (z. B. Sommer, September)
    - **Werbemedien:** Welche Werbeträger und Werbemittel werden eingesetzt?

- **Werbebudget:** Wie viel Geld steht für die Werbung zur Verfügung?

- **Werbegrundsätze:**
  - **Wahrheit:** Keine falschen Angaben machen, sonst sind die Kunden verärgert.
  - **Klarheit:** Kurze, verständliche Werbebotschaften formulieren.
  - **Wirksamkeit:** Werbung soll Erfolg haben, soll die Kunden ansprechen.
  - **Wirtschaftlichkeit:** Der Verkaufsgewinn soll höher als die Kosten der Werbung sein.
  - **Stetigkeit:** Werbespots sollen regelmäßig gezeigt werden, damit sie sich einprägen.

- **AIDA-Formel:** Eine erfolgreiche Werbung sollte folgendermaßen aufgebaut sein:
  - **A: Attention:** Aufmerksamkeit erregen
  - **I: Interest:** Interesse wecken
  - **D: Desire:** Kaufwunsch wecken
  - **A: Action:** Kaufhandlung erzeugen

- **Werbeerfolgskontrolle:** Der Werbeerfolg muss ermittelt werden:
  - Durch Kundenzählung: Wurden neue Kunden gewonnen?
  - Hat sich der Umsatz erhöht?
  - Hat sich der Gewinn erhöht?
  - Durch Kundenumfrage: Sind die Kunden zufrieden?

6.2.4 Distributionspolitik

Wie bringt man die Produkte zum Kunden?

Welche Vertriebswege wählt ein Unternehmen?

Welche Absatzhelfer werden eingesetzt?

Direkter Absatz: Hersteller liefert direkt an den Kunden **(keine** Zwischenhändler).

- Vorteile: mehr Gewinn für Hersteller, niedrigere Preise für Kunden.
- Nachteile: weniger Service für den Kunden, Hersteller trägt Vertriebskosten.

Indirekter Absatz: Hersteller verkauft über Groß- und/oder Einzelhändler an den Kunden.

- Vorteile: Hersteller gibt Vertriebskosten, Lager- und Absatzrisiko an Einzelhändler/Großhändler weiter, mehr Service für den Kunden.
- Nachteile: längerer Absatzweg, Handel beansprucht Gewinnanteile, höherer Preis für Kunden.

6.2 Marketing-Mix

6.2.4 Distributionspolitik: Absatzhelfer

Merkmale	Handlungsreisender	Handelsvertreter	Kommissionäre
Begriff	– Fest angestellter Mitarbeiter. – Er **muss** die **Anweisungen seines Arbeitgebers** befolgen. – Geschäfte werden **in fremdem Namen auf fremde Rechnung** (im Namen und auf Rechnung seines Arbeitgebers) abgeschlossen.	– **Selbstständiger Kaufmann.** – Geschäfte werden **in fremdem Namen auf fremde Rechnung** (im Namen und auf Rechnung seines Auftraggebers) abgeschlossen.	– **Selbstständiger Kaufmann.** – Geschäfte werden **in eigenem Namen auf fremde Rechnung** (in seinem eigenen Namen und auf Rechnung seines Auftraggebers) abgeschlossen. Beispiel: Möbelgeschäfte verkaufen Waren eines Möbelherstellers auf Kommission.
Vergütung	– **Gehalt (Fixum)** – **Umsatzprovision** – Spesenersatz	– **Umsatzprovision (Zahlung nach Leistung)** – Delkredereprovision	– **Umsatzprovision (Zahlung nach Leistung)** – Delkredereprovision
Aufgabengebiet	– Pflicht zur Arbeitsleistung, Schweigepflicht, Wettbewerbsverbot, Weisungsgebundenheit – Er muss Mängelrügen von Kunden entgegennehmen, bei Inkassovollmacht beim Kunden kassieren. – Für seinen Arbeitgeber muss er Reiseberichte über seine Kundenkontakte führen.	– Er muss ein Wettbewerbsverbot einhalten (er darf nicht gleichzeitig für mehrere Auftraggeber derselben Branche tätig sein). – Er muss sich im Sinne seines Auftraggebers um Geschäftsabschlüsse bemühen und diese sorgfältig abschließen. – Er muss seinen Auftraggeber über diese Aufträge informieren. – Er hat die Schweigepflicht einzuhalten.	– Er muss sich im Sinne seines Auftraggebers um Geschäftsabschlüsse bemühen und diese sorgfältig abschließen. – Er muss seinen Auftraggeber über diese Aufträge informieren. – Aufträge müssen mit dem Auftraggeber abgerechnet werden.
Vorteile für das Unternehmen	– **Weisungsgebundenheit.** – **Eine spezielle Kundenorientierung ist möglich** (vertritt nur Produkte des eigenen Unternehmens).	– **Handelsvertreter sind im Absatzgebiet ansässig, daher besteht ein enger Kundenkontakt.** – **Provision muss nur bei Verkaufserfolg gezahlt werden (Zahlung nach Leistung).**	– **Einsparung von Lagerkosten.** – **Ware ist in Kundennähe.**
Nachteile für das Unternehmen	– **Personalkosten fallen auch an, wenn der Verkaufserfolg nur gering ist** (da ein Fixum bezahlt wird). – Der Kundenkontakt ist nicht sehr eng (Reisender betreut ein großes Absatzgebiet).	– **Bei großem Verkaufserfolg sind die Kosten für die Provision höher als bei Reisenden.**	– **Absatzrisiko** (nicht verkaufte Ware kann der Kommissionär zurückgeben). – Bezahlung erst bei Verkauf.

6.2.5 Distributionspolitik: Franchising

Unter Franchising versteht man, dass ein **Franchisegeber** sein **Geschäftskonzept** einem **Franchisenehmer gegen Bezahlung** überlässt.

Der Franchisegeber	Der Franchisenehmer
• entwickelt das Geschäftskonzept/-idee. • unterstützt und berät den Franchisenehmer bei der Werbung, Buchführung, usw. • stellt die Waren zur Verfügung, der Franchisenehmer muss ihm die Waren abkaufen. • kauft die Waren in großen Mengen günstig ein. • kontrolliert den Franchisenehmer.	• muss Gebühren für das Geschäftskonzept bezahlen. • muss die Waren vom Franchisegeber abkaufen. • verpflichtet sich, eine bestimmte, einheitliche Ausstattung zu übernehmen. • trägt das finanzielle Risiko.
Vorteile des Franchise-Systems:	**Nachteile des Franchise-Systems:**
• umfassende Beratung und Unterstützung durch den Franchisegeber. • hoher Bekanntheitsgrad der Franchisemarke. • Franchisenehmer kann sich mit der Geschäftsidee selbstständig machen. • Risiko für den Franchisenehmer geringer, da bekannter Name.	• starke Abhängigkeit des Franchisenehmers. • immer gleichbleibendes Angebot.

Beispiele für Franchising:
Coca-Cola-Abfüllstationen, OBI Bau- und Gartenmärkte, McDonalds, Vom Fass.

6.3 Wichtige Begriffe aus der Werbung

- **Öffentlichkeitsarbeit = Public Relations:** Unternehmen wirbt für sein Ansehen, seinen guten Ruf in der Öffentlichkeit, z. B. durch Spenden für einen guten Zweck, Betriebsbesichtigungen, Tag der offenen Tür.
- **Verkaufsförderung = Sales Promotion:** Alle Maßnahmen, die der Absatzsteigerung dienen, wendet sich an den Endverbraucher, z. B. Sonderangebote, Abgabe von Proben, Gutscheinaktionen, Preisausschreiben, usw.
- **Merchandising:** Hersteller schult Verkaufspersonal eines Einzelhändlers, stellt ihm Werbematerialien zur Verfügung, hilft ihm bei der Warenplatzierung mit dem Ziel der Umsatzsteigerung.

6.4 Wettbewerbsrecht

Ziel: Schutz von Kunden und Konkurrenten vor unfairen Methoden.

Das Gesetz gegen den unlauteren Wettbewerb (UWG)

Erlaubt:

vergleichende Werbung, wenn

- Verbraucher/Kunden nicht getäuscht/irregeführt werden.
- Konkurrenzunternehmen nicht schlecht gemacht werden.

Verboten:

Irreführende oder täuschende Angaben

→ über Größe und Bedeutung des eigenen Unternehmens

→ über Qualität und Herkunft der Waren

Anlocken von Kunden mit unzulässigen Werbemitteln

»Lockvogelwerbung«

Geschäftsschädigende Behauptungen (»Anschwärzen«) gegenüber Konkurrenzunternehmen

Üble Nachrede (ohne Beweis Falsches behaupten)

Verleumdung (mit Absicht Falsches behaupten)

Falsche oder fehlende Preisangaben

Die Preisangabenverordnung schreibt vor:

– Angabe des Verkaufspreises einschließlich Mehrwertsteuer.

– Preisauszeichnung von Waren in Schaufenstern, Regalen, Preislisten bei Friseuren, usw.

– Preise müssen leicht erkennbar, deutlich lesbar sein.

Rechtliche Folgen bei Verstoß gegen UWG:

– Unterlassungsanspruch des Klägers,

– Schadenersatzanspruch des Klägers,

– unter Umständen strafrechtliche Verfolgung.

6.5 Gewerbliche Schutzrechte

a) Patentschutz

- Durch ein **Patent** erhält der Erfinder das **alleinige Verwertungsrecht an der Erfindung.**
- Das Patent wird eingetragen in das **Patentregister beim Deutschen Patent- und Markenamt** in München.
- Der Patentschutz dauert **20 Jahre.**
- Mit einer **Lizenz** verkauft oder verpachtet der Erfinder das Verwertungsrecht an seiner Erfindung an einen anderen.

b) Musterschutz

- Der Musterschutz gewährt das alleinige Verwertungsrecht an Gebrauchs- und Geschmacksmustern.
- **Gebrauchsmuster** = Erfindungen, die neu sind, eine verbesserte Funktion haben, gewerblich nutzbar sind, z. B. Gartenkralle, Flaschenverschluss, Brillengestell.
- Gebrauchsmuster werden in das **Gebrauchsmusterregister** beim Patentamt eingetragen.
- Ihr Rechtsschutz dauert **3 Jahre** und kann **höchstens bis 10 Jahre** verlängert werden.

- **Geschmacksmuster** = neue Form- bzw. Farbgebung von Sachen, z. B. neues Muster auf Tapeten, neues Design für Geschirr oder Autos.
- Geschmacksmuster werden in das **Musterregister** beim Patentamt eingetragen.
- Die Schutzfrist dauert **5 Jahre** und kann auf höchstens **25 Jahre** verlängert werden.

c) Markenschutz

- Marken dienen zur Unterscheidung der eigenen Waren von Konkurrenzprodukten, z. B. Pepsi versus Coca-Cola, Mercedes versus BMW.
- **Unternehmen** können ihre Marken im **Markenregister** schützen lassen.
- Schutzfrist **10 Jahre,** beliebig oft verlängerbar.

d) Gütezeichenschutz

- Gütezeichen garantieren eine bestimmte Mindestqualität.
- Gütezeichen werden von **Verbänden oder dem Gesetzgeber** vergeben.
- Beispiele Umweltgütezeichen: Euro-Blume, Blauer Umweltengel, Grüner Punkt.
- Beispiel Gütezeichen: »Reine Schurwolle«.

Prüfungsfragen zum Lernbereich 6:
Marketing

Prüfung 2007

Fallaufgabe

Ralf Beck, Gesellschafter der Design-Möbel KG in Würzburg (Produktion und Vertrieb von Design-Möbelstücken sowie Handel mit Gegenständen zur Raumausstattung), wertet Informationen von seinen Handelsvertretern über ihre Beobachtungen der letzten Woche aus. Es liegen drei schriftliche Berichte und eine Telefonnotiz vor.

Bericht 1 von Heinrich Reiter

a) Computertische: Nachfrage rückläufig; Mitbewerber bei gleicher Qualität 10 % günstiger.

b) Umsatzverschiebung von geometrischen auf Blumenmuster bei Vorhangstoffen.

c) Polstersessel: gute Aufträge in Passau, da Konkurrenten Preise um 5 bis 9 % erhöht haben.

Bericht 2 von Helga Rosner

a) Beschwerden zu Computertischen: Arbeitsfläche sehr kratz- und druckempfindlich.

b) Vorhangstoffe mit geometrischem Dekor: Umsatz stagniert.

c) Steigende Nachfrage im Raum Würzburg (5 Unternehmen) nach DVD-Boxen.

Bericht 3 von Arnold Leitner

a) Im Stadtbereich von Nürnberg wird häufig nach flexibel einstellbaren PC-Tischen gefragt.

b) Vorhang- und Polsterstoffe: Umsatz rückläufig, Lieferzeiten der Konkurrenz wesentlich kürzer.

Gesprächsnotiz

Für Abteilungsleitung Verkauf ☒ telefonisch ☐ persönlich

Tag 18-06-.. Uhrzeit 15:00 Uhr

Betreff: Reisebericht 26. Woche – Franz Lauber

1. Kunden fragen verstärkt nach Polstersesseln Modell »Pingu«.

2. Absatz Couchtische konstant.

3. Kunden verlangen zunehmend Blumenmuster bei Vorhängen.

4. Starker Umsatzrückgang bei Computertischen. Kunden fragen nach Rabatten.

5. Weiterhin hohe Nachfrage nach DVD-Boxen (Großkunde Sellner/Mainz fragt nach Sonderrabatt für Firmenjubiläum).

Beschreiben Sie drei konkrete Maßnahmen aus den Bereichen Sortiments- bzw. Produktpolitik und Preispolitik, die Herr Beck aus den Berichten ableiten sollte.

Lösung Prüfung 2007

Sortimentspolitik bzw. Produktpolitik, z.B.

- Es sollten weitere Modelle der DVD-Boxen ins Sortiment aufgenommen werden, da die Nachfrage weiterhin sehr gut ist.

- Bei den Vorhangstoffen sollten verstärkt Blumenmuster angeboten werden, da der Umsatz mit geometrischem Dekor eher rückläufig ist.

- Die Computertische sollten qualitativ verbessert werden (flexibel einstellbar und strapazierfähigere Arbeitsfläche) oder aus dem Sortiment bzw. der Produktion genommen werden.

Preispolitik, z.B.

- Durch Preisnachlässe (Sonderrabatte) sollten die noch auf Lager befindlichen Computertische konkurrenzfähig gemacht werden.

- Durch maßvolle Preiserhöhung bei den DVD-Boxen sollte der momentane Nachfrageboom ausgenutzt werden.

- Bei den Polstersesseln Modell »Pingu« könnte eine Preiserhöhung ebenfalls das Nachfragehoch nutzen.

Prüfung 2008

Fallaufgabe

Ausschnitt aus einer Lokalzeitung vom 28.06.2008:

Heimische Unternehmen stellen sich vor

Die Alpin Carving Ski (ACS) GmbH etabliert sich im Skisport

Die ACS GmbH steht für Innovation im alpinen Skilauf. Der Betrieb aus Garmisch-Partenkirchen produziert und vertreibt qualitativ sehr hochwertige und handgemachte Carvingski, die sich auch durch ein sehr aufwändig gemachtes und exklusives Design auszeichnen. ACS gilt in Deutschland nach wie vor als sehr kleiner Hersteller, der sich insbesondere in der oberen Preiskategorie, dem so genannten Premiumsegment, bewegt. Die Produkte sprechen speziell sportliche Kunden an, die sich einen Ski kaufen wollen, der technisch auf dem neuesten Stand ist, qualitativ neue Maßstäbe setzt und ein unverwechselbares Aussehen hat. Die Geschichte des Unternehmens, das seinen Firmensitz heute in der Zugspitzstraße 50 in 82467 Garmisch-Partenkirchen hat, begann bereits im Jahr 1995. Anton Wedler, der als Skilehrer tätig und als Tüftler bekannt war, baute sich in einer kleinen Werkstatt im Keller sehr kurze, taillierte Carvingski für den Eigenbedarf. Damals gab es den Begriff Carvingski noch gar nicht. Er stellte bald fest, dass die Ski ein ganz neues Fahrgefühl vermitteln und auch im Skiunterricht sehr gut einsetzbar sind. Nach anfänglicher Skepsis fand er sehr bald begeisterte Fürsprecher seines neuartigen Skis, die ihn beim Bau unterstützten. Somit war der Grundstein gelegt. Im Jahr 2000 gründete Anton Wedler dann die ACS GmbH und verlagerte die Produktion auf das firmeneigene Grundstück in der Eibspitzstraße 27, wo auch heute noch produziert wird.

Nach anfänglich sehr geringen Stückzahlen steigerte sich der Absatz bereits 2003 von 200 auf 400 Paar Ski pro Jahr.

Das Jahr 2004 brachte für ACS den ersten Durchbruch. Der Supercarving 2000 wurde im Skitest einer Fachzeitschrift von den Fahreigenschaften her mit der Note »ausgezeichnet« bewertet, was den Absatz auf 700 Paar/Jahr steigen ließ. Im Jahr 2006 führte ACS ein zweites Modell ein. Der »Allround 66« gilt als Ski, der sich für jede Piste und jede Schneeart eignet. Zudem wurde auch das Design weiterentwickelt und verbessert. Im vergangenen Skiwinter steigerte dies den Absatz auf insgesamt 1.200 Paar/Jahr. Für die kommende Saison bringt die ACS GmbH ein weiteres Modell auf den Markt. Der neue »Megapowder 99« soll ein Ski für den Könner im Tiefschnee sein, der sich ein unverwechselbares, sehr hochwertiges Produkt leisten will, das auf dem neuesten Stand der Technik ist. Die Besonderheit liegt hier im Detail. So kann der Kunde zwischen zwei Ausführungen im Edelholzdesign (Buche oder Eiche) wählen und sich zudem seinen Namen eingravieren lassen. Der Verkaufspreis des neuen Modells liegt bei 1.230,00 €. Alle Modelle der Firma ACS sind mit einer speziell entwickelten Bindungsplatte auf dem Ski, aber ohne Bindung ausgestattet. Die Bindungen aller namhaften Hersteller passen auf diese Platte.

Vertrieben werden die Produkte von ACS in einem Fabrikverkauf vor Ort und bei sieben ausgewählten Händlern in der Region Garmisch-Partenkirchen und den umliegenden Landkreisen.

Die ACS GmbH will auch weiterhin neue Maßstäbe in der Qualität ihrer Produkte setzen.

Sie sind Mitarbeiter/in der ACS GmbH und insbesondere für die Bereiche Planung und Vertrieb verantwortlich.

Neue Märkte zu erschließen und neue Kunden zu gewinnen sind Ziele der ACS GmbH. Dazu ist geplant, das Sortiment in der Wintersaison 2008/09 auf drei Modelle zu erweitern und das neue Modell »Megapowder 99« auf dem Markt einzuführen.

1.1 Die Einführung des neuen Skimodells soll durch Werbung unterstützt werden. Erstellen Sie einen genauen Werbeplan für das neue Topmodell »Megapowder 99«. Nutzen Sie hierfür das Formular der Anlage 1.

Anlage 1

Auszug aus dem Werbeplan der ACS GmbH	
Werbeziel	**Werbebotschaft**
Zielgruppe	**Streugebiet der Werbung**
Werbemittel und Werbeträger	**Streuzeit der Werbung**

Der Auszubildende im Bereich Marketing, Jonas Müller, hat von Ihnen den Auftrag erhalten, für die deutsche Fachzeitschrift »Skimagazin« eine Werbeanzeige zu gestalten. Er stellt Ihnen folgenden Entwurf vor:

Der qualitativ hochwertigste und exklusivste Ski der Welt!

Mit dem »Megapowder 99« entscheiden Sie sich für den Formel-1-Wagen unter den Skiern, denn die veralteten Tiefschneemodelle der Firmen Volkmann, Fischlein, Atollnik usw. können mit unserem Produkt bei weitem nicht mithalten!

Einzigartig! Megapowder 99

Fahren Sie die Abfahrten von Kitzbühel und Garmisch-Partenkirchen so schnell wie die Profis!

Der Megapowder 99 für sensationelle 1.230,00 €!

1.2 Ihnen ist wichtig, dass die Anzeige werbewirksam und sachlich richtig ist, außerdem dürfen keine rechtlichen Probleme entstehen. Begründen Sie mit jeweils einem Argument, ob die Anzeige diesen drei Ansprüchen gerecht wird.

Um die Ziele der GmbH zu erreichen, hinterfragen Sie auch Ihr Händlernetz. In der folgenden Karte sind alle Verkaufsstätten ersichtlich.

(Händler: ▲   Werksverkauf: ■)

1.3 Beurteilen Sie das Händlernetz der ACS GmbH und machen Sie zwei Veränderungsvorschläge.

Die Kapazität der Produktionsmaschine muss ausgelastet werden. Sie überlegen, neben der bisherigen Produktion im Premiumsegment ein Modell im Billigsegment anzubieten. Das neue Produkt muss in der Herstellung wesentlich günstiger sein. Erreicht werden kann dies durch:

- Verzicht auf hochwertige Materialien
- günstigere, weniger aufwändige Verarbeitung

- keine Bindungsplatte
- einfacheres Design

Damit könnte das Modell zu einem Verkaufspreis von 400,00 €, vergleichbar mit den Preisen anderer Skifirmen, angeboten werden.

2.1 Geben Sie zwei mögliche Vor- und Nachteile als Folgen einer solchen Entscheidung für die ACS GmbH an.

Das Modell des Billigsegments und die Einführung des Modells »Megapowder 99« bedeuten verstärkte Kundenkontakte. Herr Wedler möchte deshalb zwei Absatzhelfer einstellen.

Folgende Möglichkeiten gibt es:

Alternative 1	Alternative 2
zwei Reisende	zwei Handelsvertreter
je 1.650,00 € Fixum (je Monat)	5 % Umsatzprovision für Megapowder
2,5 % Umsatzprovision für Megapowder	4,5 % Umsatzprovision für Billigsegment
2 % Umsatzprovision für Billigsegment	

2.2 Prüfen Sie rechnerisch, welche der vorgeschlagenen Alternativen die kostengünstigere im Jahr ist, wenn mit einem Absatz des Modells »Megapowder 99« von 1.000 Paar pro Jahr und zusätzlich mit einem erwarteten Absatz des Billigproduktes von 500 Ski/Jahr gerechnet wird.

Lösung Prüfung 2008

1.1 Zum Beispiel:

Werbeziel	Werbebotschaft
Skifahrer, die sich ein unverwechselbares Produkt leisten wollen, auf »Megapowder 99« aufmerksam machen und sie dafür gewinnen.	Der »Megapowder 99« bürgt für Exklusivität, Qualität und für ein einzigartiges Tiefschnee-Erlebnis.
Zielgruppe	**Streugebiet der Werbung**
Versierte Tiefschneefahrer, die bereit sind, für Qualität und Exklusivität viel Geld auszugeben und entsprechende Händler für diese Zielgruppe.	Deutschland, Österreich und Schweiz, insbesondere im Bereich der Alpen, weil es hier die meisten Skifahrer gibt, und in den nahe gelegenen Großstädten.
Werbemittel und Werbeträger	**Streuzeit der Werbung**
Anzeigen in Urlaubsprospekten, Plakate an Bergbahnen, Anzeigen in Fachzeitschriften für Skifahrer.	Von September bis ca. Februar, weil hier die Leute am ehesten an den Winter und an Skifahren denken und die Händler Winterware vertreiben.

1.2 Die **Werbewirksamkeit** ist hier sehr gering, weil der Name der Firma ACS GmbH in der Werbeanzeige nicht auftaucht und die Kunden gar nicht wissen, wo sie die Skier kaufen können. Die Anzeige ist auch optisch schwach gestaltet. Unterschiedliche Schriftarten erzeugen Unruhe, der Name des Ski sowie der Preis sollten im Fettdruck hervorgehoben werden.

Es können **rechtliche Probleme** auftreten, weil der Slogan »die veralteten Tiefschneemodelle der Firmen Volkmann, Fischlein, Atollnik usw. können mit unserem Produkt bei weitem nicht mithalten« gegen das UWG verstößt (vergleichende Werbung mit Verunglimpfung der Konkurrenz).

Sachliche Schwächen zeigt der Slogan »Fahren Sie die Abfahrten von Kitzbühel und Garmisch-Partenkirchen so schnell wie die Profis«. Es spielen nämlich dabei nicht nur die Skier eine große Rolle, sondern vor allem auch das Fahrkönnen der Skifahrer.

1.3 Beurteilung:

- Die Verkaufsstätten sind alle konzentriert in der Region Garmisch-Partenkirchen und den benachbarten Landkreisen, d.h. es können nur wenige potentielle Kunden erreicht werden.
- In den Bereichen um die Großstädte (z.B. München, Nürnberg) gibt es keine Verkaufsstätten, obwohl sich hier ein großer Kundenkreis befindet.

Verbesserungsvorschläge:

- Vertriebsbereich regional ausweiten, eventuell auch ins nahe gelegene Ausland, z.B. um auch Kunden in den anderen Alpenländern anzusprechen.
- Vertrieb in die süddeutschen Großstädte ausweiten, um potentielle Kunden besser zu erreichen.

2.1 Vorteile:

- Der Absatz wird gesteigert, weil durch die Erweiterung der Modellpalette im Billigsegment der Kundenkreis erweitert wird.
- Das Unternehmen steigert seinen Bekanntheitsgrad.

Nachteile:

- Das Image des Unternehmens, das sich einen Namen im Premiumsegment gemacht hat, kann sich durch die Produktion eines qualitativ nicht so hochwertigen Produktes verschlechtern.
- Die Gewinnspanne ist im Billigsegment geringer, daher muss das Unternehmen den Absatz speziell für dieses Produkt stark ausbauen. Hierfür sind womöglich aber nicht genügend Produktionskapazitäten vorhanden.

2.2 Alternative 1:

Fixum: (1.650,00 € · 12 Monate) · 2 Reisende	39.600,00 €
Umsatzprovision:	
Megapowder (1.000 Paar · 1.230,00 €) · 2,5 %	30.750,00 €
Billigsegment (500 Paar · 400,00 €) · 2 %	4.000,00 €
Kosten (im Jahr) für beide Handlungsreisende	**74.350,00 €**

Alternative 2:

Umsatzprovision:	
Megapowder (1.000 Paar · 1.230,00 €) · 5 %	61.500,00 €
Billigsegment (500 Paar · 400,00 €) · 4,5 %	9.000,00 €
Kosten (im Jahr) für beide Handelsvertreter	**70.500,00 €**

Alternative 2, d. h. die Einstellung von zwei Handelsvertretern, wäre die deutlich kostengünstigere Entscheidung.

Prüfung 2008

Modul

Die HEG GmbH, ein traditionsreicher Hersteller von Geschirrspülautomaten, der seit 2001 sein Produktionsprogramm nicht verändert hat, musste in den letzten drei Jahren ständig Absatzrückgänge verzeichnen. Eine Marktanalyse hat ergeben, dass das Produktionsprogramm insbesondere aus ökologischen Gründen modernisiert werden sollte.

1. Beschreiben Sie drei konkrete Produkteigenschaften, die in dieser Situation eine Absatzsteigerung versprechen könnten.

2. Nennen Sie drei Möglichkeiten, den Einzelhandel auf diese Verbesserungen aufmerksam zu machen.

Die Geschäftsführung der HEG GmbH beschließt als Absatz fördernde Maßnahme, für jedes verkaufte Gerät 10,00 € an eine Umweltschutz-Organisation zu spenden. Diese Maßnahme wird in einer Pressekonferenz der Öffentlichkeit vorgestellt.

3. Führen Sie zwei Vorteile an, die sich die HEG GmbH von dieser Maßnahme erhofft.

Lösung Prüfung 2008

1. Produkteigenschaften wie
   - geringerer Wasserverbrauch
   - geringerer Stromverbrauch
   - geringerer Verbrauch an Reinigungsmitteln

   zur Verringerung der Verbrauchskosten und zur Verbesserung der Ökobilanz.

2.
   - Fachmessen bzw. -ausstellungen
   - Schulung des Verkaufspersonals im Einzelhandel
   - Versendung von Werbespots auf DVD an die Einzelhändler
   - Versendung von Werbematerial (z. B. Prospekte) an die Einzelhändler

3. • Ein positives Image als besonders umweltbewusstes Unternehmen, das aktiv zum Klimaschutz beiträgt.

• Eine Absatzsteigerung der Geräte, da das Umweltbewusstsein der Verbraucher im Zeichen des Klimawandels gestiegen ist.

Prüfung 2009

Modul

Ihr Arbeitgeber, die Reinlich AG, stellt u. a. den Allzweckreiniger Quickclean her. Die bunten 0,5-l-Flaschen stehen in den Regalen von Drogerien und Supermärkten und kosten ca. 2,79 €. Die Reinlich AG gewährt dem Einzelhandel einen Wiederverkäuferrabatt von 35 % und liefert in Kartons je 6 Flaschen. Die Reinlich AG möchte nun Gebäudereinigungsunternehmen in Deutschland als Großabnehmer gewinnen, die pro Tag 100 Liter verbrauchen.

1. Beschreiben Sie insgesamt drei konkrete Maßnahmen im Bereich der Produkt- und/oder Preispolitik, um den Absatzmarkt zu erschließen.

2. Führen Sie zwei Weg an, wie Sie an Adressen von Gebäudereinigungsunternehmen kommen könnten, um sich direkt an sie zu wenden.

Lösung Prüfung 2009

1. • Großzügigere Zahlungsziele einräumen,

• zusätzlichen Mengenrabatt ab einer bestimmten Abnahmemenge anbieten,

• größere Verpackungseinheit, sowohl was die Flaschengröße als auch die Kartongröße betrifft, einführen.

2. • Branchenbücher der größeren Städte Bayerns.

• Internetrecherche mit Hilfe von Suchmaschinen.

Prüfung 2010

Fallaufgabe

Unternehmensgründung in Bayreuth

Weltberühmt ist Bayreuth, das über 70.000 Einwohner hat, durch die jährlich im Bayreuther Festspielhaus auf dem Grünen Hügel stattfindenden Bayreuther Festspiele, die Gäste aus aller Welt in die Stadt locken.

Susanne Brehm ist dort geboren und aufgewachsen. Sie ist Kauffrau im Einzelhandel und arbeitete jahrelang begeistert als Abteilungsleiterin in der Damenoberbekleidung in einem alteingesessenen Bekleidungsfachgeschäft für die ganze Familie in Bayreuth. In ihren Zuständigkeitsbereich fiel auch der Einkauf. Zum 30. Juni wurde das Fachgeschäft von den Inhabern aus Altersgründen geschlossen. Von ihren Kunden weiß Frau Brehm, dass die Geschäftsaufgabe eine große Lücke in Bayreuth hinterlassen wird und dass viele ehemalige Kunden nun in die umliegenden Städte fahren werden, um ihrem Modegeschmack entsprechend einkaufen zu können.

Nach reiflicher Überlegung beschließt Susanne, sich ihren langjährigen Traum zu verwirklichen und sich mit ihrer Boutique selbstständig zu machen. Finanzielle Sorgen muss sich Susanne im Moment nicht machen. Ihr wird am 9. Juli noch eine Abfindung in Höhe von 19.000,00 € überwiesen. Darüber hinaus rechnet sich am 14. Juli mit einer fälligen Termineinlage in Höhe von 25.000,00 €. Sie wohnt mietfrei in ihrer geerbten Wohnung, Albert-Einstein-Ring 4, 95448 Bayreuth. Den Mietvertrag für die 150 qm Verkaufsräume in der Fußgängerzone von Bayreuth hat sie bereits unterschrieben. Ab 1. August kann sie dort den Geschäftsbetrieb aufnehmen. Zwei ehemalige Kolleginnen bieten ihre Mitarbeit an. Die eine als Vollzeitkraft, die andere in Teilzeit 12 Stunden wöchentlich.

Susanne will ihre Boutique möglichst schnell eröffnen und möchte daher ein Franchisekonzept übernehmen.

Weitere Informationen zu Frau Brehm und ihrer geplanten Boutique:

Persönliches:	Susanne Brehm
	geb. 18.05.1977, ledig
	deutsche Staatsangehörigkeit
	Tel.: 0173 8967448
Verkaufsräume:	Cosima-Wagner-Str. 2
	95444 Bayreuth
	Tel.: 0921 837150, Fax: 0921 8371533
Fremdkapital:	Kreditangebot der Hausbank über 50.000,00 €, Zinsen 6,5 %

Situation

Zwei Franchiseanbieter haben Susanne Brehm jeweils ein Angebot unterbreitet (Anlage), mit dem sie sofort in die Selbstständigkeit starten könnte.

1. Begründen Sie, ob der Einstieg in die Franchisekonzepte für Frau Brehm aus finanzieller Sicht möglich ist. Stellen Sie hierzu jeweils den Finanzbedarf und vorhandene Mittel gegenüber.

2. Welches Franchisekonzept passt besser zu Frau Brehm und ihrem Standort? Formulieren Sie eine Empfehlung und begründen Sie diese mit vier Argumenten.

Anlage

MODA DEL MONDO

Sie wollen im Rahmen Ihrer Existenzgründung ein eigenes Modegeschäft eröffnen? Sie möchten sich auf eine erfolgreiche und starke Marke verlassen? Sie verfügen über unternehmerisches Denken und Ehrgeiz?

Dann bietet Ihnen MODA DEL MONDO die Chance zur erfolgreichen Existenzgründung!

Unser Unternehmen MODA DEL MONDO mit Sitz in Mailand (Italien) entwirft seit rund 30 Jahren modische Damenoberbekleidung im gehobenen Preissegment. Mittlerweile sind wir europaweit führend im Bereich Modedesign. Wir beliefern mit unseren Waren wichtige Handelsbetriebe sowie bekannte Warenhäuser in Südeuropa. In Italien, Spanien und Griechenland hat MODA DEL MONDO bereits 120 Boutiquen eröffnet, wovon 105 von Franchisepartnern geführt werden. Wir wollen nun nach Norden expandieren und auch im deutschen Markt vertreten sein.

**Werden auch Sie Franchisepartner!
Sichern Sie sich einen Anteil an einem Markt mit Zukunft!**

Qualifikation:	Eine kaufmännische Ausbildung ist von Vorteil, aber nicht Voraussetzung.
Standort:	Stadtzentren, Einkaufszentren; mind. 140 qm Fläche.
Investitionssumme:	Als Kaution sind 10.000,00 € beim Franchisegeber zu hinterlegen. Die Ladenausstattung erfolgt auf Kosten des Franchisenehmers (450,00 € pro qm).
Lizenzgebühr:	350,00 € pro Monat, Mindestlaufzeit 5 Jahre; Abrechnung zum Ende eines Quartals.
Werbegebühr:	3,5 % vom Nettoumsatz.

Wir von MODA DEL MONDO bieten Ihnen eine eintägige Managementschulung, damit Ihnen der Einstieg in die Selbstständigkeit erleichtert wird.

SUN FASHION

Mode für Damen, Herren, Kinder und Babys

Wir suchen engagierte und motivierte Menschen, die sich im Modebereich selbstständig machen wollen und eine Verkaufsfläche von 100 bis 180 qm in zentraler Lage zur Verfügung haben. Wenn Sie sich neben der Bekleidung auch noch für deren sozial-, umwelt- und gesundheitsverträgliche Produktion interessieren, sind Sie für unser Konzept ein idealer Franchisenehmer.

SUN FASHION wurde 2005 in Düsseldorf gegründet. Mittlerweile ist unsere Marke zu einer international erfolgreichen Life-Style-Marke geworden. In den über 600 Geschäften in mehr als zehn europäischen Ländern vertreiben wir modische Kleidung für Damen und Herren, Kinder und Babys und verschiedene Accessoires.

Momentan gibt es keinen Mitbewerber, der eine Kollektion in dieser Breite, mit diesem Preis-Leistungsverhältnis und mit einem solch hohen ökologischen Standard bei Produktion und Materialien bietet.

Ihr Vorteil: Bei uns bezahlen Sie die Ware erst, wenn sie verkauft ist. Die nicht verkaufte Ware können Sie an uns zurückgeben. Die Werbung übernehmen wir für ein geringes Entgelt von 5 % des Nettoumsatzes für Sie.

Sie benötigen lediglich flüssige Mittel für die Eintrittsgebühr in Höhe von 25.000,00 €, und die Finanzierung der Ladeneinrichtung (400,00 € pro qm). Lizenzgebühren sind nicht zu leisten.

Wir bieten:

- umfangreiche Schulungen (Produktbereich, Verkauf, Management)
- Unterstützung bei der Etablierung des Standortes
- Unterstützung bei der Schaufenstergestaltung
- Unterstützung bei der Sortimentsgestaltung

Sie möchten unverbindlich Näheres über unser Franchisekonzept erfahren? Dann füllen Sie bitte das Formular auf der nächsten Seite aus und nehmen Sie Kontakt zu einer unserer regionalen Geschäftsstellen auf.

Lösung Prüfung 2010

1. Finanzbedarf SUN FASHION:

Eintrittsgebühr	25.000,00 €
Ladeneinrichtung 150 qm · 400,00 €	60.000,00 €
Gesamtbedarf	85.000,00 €

Finanzbedarf MODA DEL MONDO:

Kaution	10.000,00 €
Ladeneinrichtung 150 qm · 450,00 €	67.500,00 €
Gesamtbedarf	77.500,00 €

Vorhandene Mittel:

fällige Termineinlagen	25.000,00 €
Abfindung	19.000,00 €
Zugesagter Kredit	50.000,00 €
Summe der Mittel	94.000,00 €

- Werbe- und Lizenzgebühren sind vom Nettoumsatz abhängig bzw. sind erst nach Beginn der Geschäftstätigkeit fällig. Daher sind sie für den Finanzbedarf zum Einstieg nicht einzubeziehen.

- Susanne Brehm hat die finanziellen Mittel zum Einstieg für beide Franchisekonzepte.

2. Z. B. Empfehlung für **SUN FASHION,** weil

- hier keine laufenden Lizenzgebühren fällig sind,

- das Sortiment Bekleidungsartikel für die gesamte Familie umfasst und dadurch die ehemaligen Kunden ihres bisherigen Arbeitgebers bei ihr einkaufen können,

- hier die unverkaufte Ware wieder zurück an den Franchisegeber gegeben werden kann, was für Susanne Brehm gerade zu Beginn ihrer Selbstständigkeit ein geringeres Risiko bedeutet,

- hier umfangreiche Schulungen vom Franchisegeber angeboten werden.

Z. B. Empfehlung für **MODA DEL MONDO,** weil

- hier die Werbegebühr nur 3,5 % des Nettoumsatzes beträgt,

- das Sortiment Damenoberbekleidung umfasst und Susanne Brehm in diesem Bereich langjährige Erfahrungen hat,

- MODA DEL MONDO seit 30 Jahren erfolgreich in der Modebranche arbeitet und Susanne Brehm daher deren Erfahrung und Wissen im Modebereich für ihre Boutique nutzen kann,

- hier keine Eintrittsgebühr fällig ist und die Kaution wieder an Susanne Brehm ausbezahlt wird, wenn der Franchisevertrag beendet ist.

Prüfung 2012

Fallaufgabe

Unternehmensbeschreibung	
Firma	Hole in One Golf GmbH
Firmensitz	Baierbrunner Straße 5, 81379 München Tel.: 089 7654320, Fax: 089 7654321 Internet: www.hole-in-one.de
Unternehmensgegenstand	• Herstellung von Golfschlägern im absoluten Premiumsegment • Handel mit sehr hochwertigem Golfzubehör wie Bekleidung, Bällen, Golftaschen
Geschäftsführer	• Julian Wagner, Gründer des Unternehmens • Susanne Meier, Betriebswirtin
Kundenkreis	Die Kunden stellen sehr hohe qualitative Anforderungen an ihre Ausrüstung, der Preis ist dabei nur zweitrangig. Es sind größtenteils Golfsportlerinnen und –sportler ab einem Alter von 45 Jahren aus den besten und teuersten Golfclubs Deutschlands. Dort müssen sehr hohe Jahresbeiträge und Aufnahmegebühren bezahlt werden.
Vertrieb	Der Vertrieb erfolgt über ausgewählte Sportfachgeschäfte und Shops in Golfclubs im ganzen Bundesgebiet.

Sie sind Auszubildende/r der Hole in One GmbH. Während Ihrer Ausbildung durchlaufen Sie mehrere Abteilungen.

Sie befinden sich jetzt in der Marketingabteilung.

Der Kundenkreis soll deutlich ausgeweitet werden. Es spielen immer häufiger auch jüngere Leute unter 45 Jahren Golf. Diese sollen auch als Kunden gewonnen werden. Ihre Kollegen haben dazu folgende Vorschläge erarbeitet:

Vorschlag 1: Um die Kunden gezielt anzusprechen, werden ab sofort Newsletter an Kunden aus der bestehenden Kundendatei verschickt.

Vorschlag 2: Der 27-jährige deutsche Spitzengolfer Martin Kaymer wird von der Hole in One GmbH ausgerüstet und gesponsert.

Vorschlag 3: Der Vertrieb wird komplett auf Direktvertrieb über das Internet umgestellt.

Ihr Ausbildungsleiter zeigt Ihnen die Vorschläge und möchte Ihre Meinung dazu hören.

1. Beurteilen Sie jeden der drei Vorschläge hinsichtlich des vorgegebenen Ziels.

2. Führen Sie zusätzlich drei Ziel führende Vorschläge auf.

Lösung Prüfung 2012

1. Z. B.:

- **Vorschlag 1:**

  Newsletter an Kunden aus der bestehenden Kundendatei bringen keine neuen Kunden, außerdem fühlen sich die angesprochenen Kunden durch die Newsletter vielleicht belästigt.

  - Kein zielführender Vorschlag.

- **Vorschlag 2:** Mit einem jungen Spitzensportler als Werbendem für die Produkte der Hole in One Golf GmbH erzielt man auf jeden Fall Aufmerksamkeit. Insbesondere jüngere Leute könnten sich mit einem erfolgreichen jungen Sportler gut identifizieren.

  - Guter Vorschlag.

- **Vorschlag 3:** Dieser Vorschlag ist zwar zielführend für die Gewinnung junger Kunden, da durch den Internetauftritt ein größeres Potenzial an Kunden angesprochen werden kann. Jedoch besteht die Gefahr, die Kunden durch den Wegfall der Läden zu verlieren, welche insbesondere im Premiumsegment großen Wert auf persönlichen Kontakt und Beratung legen.

2. Z. B.

- Zusätzliche Einführung eines Onlineshops unter Beibehaltung des herkömmlichen Vertriebsweges.
- Veranstaltungen für junge Golfspieler anbieten (Jugendturniere, Golf-Ferien).
- Mitaufnahme von günstigeren Produkten in das Sortiment.

Prüfung 2013

Modul

Der Gemüsebauer Anton Hartner aus Randersacker bei Würzburg hat eine Wuchsschablone neu entwickelt, mit der er herzförmige Gurken anbauen kann. Die ersten dieser Gurken sind erntereif und Herr Hartner möchte diese auf dem nahen Wochenmarkt in Würzburg und in seinem Hofladen verkaufen. Als mögliche Kunden sieht er Hotels und Restaurants an, aber auch Privathaushalte.

Herr Hartner steht vor der Aufgabe, seine Gurken bei den Kunden bekannt zu machen. Beschreiben Sie dazu vier Möglichkeiten, die wenig Kosten verursachen und schnell umsetzbar sind.

Lösung Prüfung 2013

Z. B.

Bauer Hartner versendet E-Mails an Hotels und Restaurants mit Fotos, die auf die besondere Form der Gurke aufmerksam machen.

Er präsentiert Deko-Vorschläge auf dem Wochenmarkt und im Hofladen, die die Möglichkeiten aufzeigen, die Herzgurke einzusetzen.

Er verteilt Flyer in der näheren Umgebung des Hofladens und des Wochenmarktes, die auf die Herzgurken hinweisen, um die potenziellen Kunden neugierig zu machen.

Er startet eine kostenlose Verkostung der Gurken auf dem Wochenmarkt, die beweist, dass die Form keinen Einfluss auf den Geschmack hat.

Prüfung 2014

Fallaufgabe

Sie sind Mitarbeiterin/Mitarbeiter in der Verwaltung der Tennishallen Dämer KG, Sportallee 4, 63739 Aschaffenburg. Sie verfügen über allgemeine Handlungsvollmacht.

Situation

Ihr Chef informierte Sie im Rahmen der heutigen Besprechung auch über ein Tennisturnier für Kinder bis 12 Jahre, das am 28.07.20.. ab 09:00 Uhr stattfinden soll. Die Veranstaltung soll mit einem Flyer, der in verschiedenen Geschäften und in der eigenen Tennishalle ausgelegt werden soll, aktiv beworben werden. Der Flyer soll aussagekräftig und werbewirksam sein, alle wesentlichen Informationen enthalten und Kinder der entsprechenden Altersgruppe zur Teilnahme motivieren. Dazu sollen verschiedene Attraktionen angeboten werden. Auf eine Teilnahmegebühr wird verzichtet. Eine Anmeldung ist allerdings für die Planung des Turniers bis spätestens eine Woche vor Beginn der Veranstaltung zwingend erforderlich. Die Gestaltung des Flyers übernimmt ein Grafiker.

Legen Sie fünf wesentliche, konkrete Inhalte für den Werbeflyer stichpunktartig fest.

Lösung Prüfung 2014

Z. B.:

- Art der Veranstaltung: Tennisturnier für Kinder bis 12 Jahre
- Zeitpunkt der Veranstaltung: 28.07.20.., ab 09:00 Uhr
- Anmeldeschluss: 21.07.20..
- Ort der Teilnahme: Tennishallen Dämer KG, Sportallee 4, 63739 Aschaffenburg
- Teilnahmegebühr: keine

Lernbereich 7: Kostenmanagement

7.1 Begriff »Kostenmanagement«

In den betrieblichen Bereichen Beschaffung, Produktion, Absatz und Verwaltung sollen die entstehenden **Kosten so niedrig wie möglich** gehalten werden **(Kostenoptimierung).** Kostenoptimierung heißt aber nicht nur Kosteneinsparung, sondern bedeutet auch, auf die Qualität der Produkte und die Kundenzufriedenheit zu achten.

Ziel ist es, eine **größtmögliche Wirtschaftlichkeit** und/oder den **größtmöglichen Gewinn** zu erzielen. Dies kann durch **Rationalisierung (Einsparungen)** geschehen. So kann ein Unternehmen wettbewerbsfähig bleiben und seine Existenz sichern.

7.2 Kostenmanagement im Beschaffungsbereich/Einkauf

Kostenoptimierung durch

- **Suche nach preisgünstigen Lieferanten:** Das Unternehmen sollte regelmäßig Lieferantenpreise vergleichen.

- **Inanspruchnahme von Preisnachlässen:** Das Unternehmen bekommt beim Einkauf **Skonto** (Preisnachlass für frühzeitige Zahlung), **Rabatt** (im Voraus vereinbarter Preisnachlass), **Bonus** (nachträglicher Preisnachlass).

- **Längere Zahlungsziele mit Lieferanten vereinbaren:** Die Geldmittel bleiben länger im Unternehmen. Man kann damit arbeiten, bis gezahlt werden muss.

- **Kooperationen/Zusammenarbeit beim Einkauf:** Z.B. Einkaufsverbände: Ein Unternehmen schließt sich mit anderen Unternehmen zum Großeinkauf zusammen, um günstigere Einkaufspreise bei Abnahme von großen Mengen zu bekommen.

- **Just-in-time-Lieferung (JIT):** Lieferung der R/H/B-Stoffe bzw. Handelswaren gerade rechtzeitig zur Produktion bzw. zum Weiterverkauf an den Kunden.

  → **Vorteile:** Einsparung von Lager- und Personalkosten, niedrige Lagerrisiken, verringerte Kapitalbindung.

  → **Nachteile:** Störanfällige Produktion (bei Streiks, Staus), evtl. Produktionsausfall, hohe Umweltbelastung durch vermehrte Transporte.

7.3 Kostenmanagement im Produktions- und Verwaltungsbereich

Kostenoptimierung durch

- **Outsourcing:** betriebliche Funktionen werden an fremde Unternehmen ausgegliedert, z. B. Fremdfertigung von Produkten, Buchhaltung, Servicecenter, Produktion im Ausland.

    → **Vorteile:** Einsparung von Personalkosten, Steuervorteile, stärkere Wettbewerbsfähigkeit, kürzere Produktionsdauer, Konzentration auf die Kernkompetenzen (eigentliche Aufgaben eines Unternehmens).

    → **Nachteile:** Abhängigkeit von anderen Unternehmen, Abstimmungsprobleme.

- **Schlanke Verwaltung = Lean Management:**

    → Weniger Führungspersonal und flachere Hierarchien (= Über-/Unterordnung).

    → Mehr Verantwortung für die übrigen Mitarbeiter.

    → Kurze Informations- und Kommunikationswege.

    → Auflösung »überflüssiger« Abteilungen (durch Rationalisierung).

- **Schlanke Produktion = Lean Production:**

    → Jeder Mitarbeiter handelt verantwortungsbewusst und denkt mit.

    → Es ist weniger Führungspersonal nötig.

    → Es findet ein kontinuierlicher Verbesserungsprozess durch Verbesserungsvorschläge von Mitarbeitern (= betriebliches Vorschlagswesen) statt.

    → Überflüssige Arbeitsgänge werden weggelassen.

    → **Gruppenarbeit** (»Fertigungsinseln«): Die Gruppe ist für das Ergebnis verantwortlich und wird entsprechend der Qualität ihrer Arbeit entlohnt.

    → **Job Rotation:** Mitarbeiter wechseln ihre Arbeitsaufgaben miteinander durch, jeder Mitarbeiter kann jeden Arbeitsschritt übernehmen.

- **Automatisierung:** Produktion mit Maschinen, die menschliche Arbeitskraft wird weitgehend durch Maschinen ersetzt (z.B. Einsatz von Industrierobotern).

- **Übergang zur Massenproduktion:**

    → **Serienfertigung:** Von einem Produkt werden größere Stückzahlen in begrenzter Menge hergestellt, z.B. Autos.

    → **Massenfertigung:** Von einem Produkt werden unbegrenzt hohe Stückzahlen hergestellt, z.B. Ziegelei, Konserven, Fliesen.

    Je höher die produzierte Stückzahl, desto geringer der Fixkostenanteil je Stück **(Fixkostendegression, Gesetz der Massenfertigung).**

Da Kunden zunehmend individuell auf sie zugeschnittene Produkte nachfragen, versuchen Unternehmen durch Vereinheitlichung der unterschiedlichen Bauteile Kosten zu sparen. (**»Baukastenprinzip«**)

Beispiel: Es werden verstärkt Autos mit individueller Ausstattung nachgefragt, durch Einsatz von gleichen Bauteilen in unterschiedlichen Automodellen können aber trotzdem Kosten eingespart werden.

- **Ökologische Abfallwirtschaft:**

    → Energieeinsparung, Abfallvermeidung, Recycling von Abfällen, Mülltrennung, Entsorgung.

7.4 Kostenmanagement im Absatzbereich/Verkauf

Kostenoptimierung durch

- **Kürzere Zahlungsziele für Kunden:** Kunden sollen früher zahlen, da Außenstände (noch nicht bezahlte Forderungen) Zinsverluste bedeuten (mit dem noch ausstehenden Geld kann nicht gearbeitet werden).

- **Erfolgsorientierte Entlohnung/Bezahlung nach Leistung:** Höhere Motivation der Mitarbeiter im Verkauf durch Umsatzbeteiligung oder Prämien mit dem Ziel der Absatzsteigerung.

- **Verkauf über das Internet (E-Commerce):** Die Einrichtung eines Internet-Shops ist kostengünstig, spart Personalkosten und die Kunden können rund um die Uhr einkaufen.

- **Kooperationen/Zusammenarbeit beim Verkauf/Vertrieb:**

    → **horizontale Kooperationen:** Auf der **gleichen** Wirtschaftsstufe arbeiten z.B. Einzelhändler und Einzelhändler, Großhändler und Großhändler, Hersteller und Hersteller beim Verkauf zusammen.

    → **vertikale Kooperationen:** Auf **unterschiedlichen** Wirtschaftsstufen arbeiten z.B. Einzelhändler und Großhändler, Einzelhändler und Hersteller, Großhändler und Hersteller beim Verkauf zusammen.

- **Gemeinsame Werbung:** Gemeinsame Werbeaktionen sparen Kosten, da die Werbungskosten geteilt werden können.

    → **Sammelwerbung:** Mehrere Unternehmen aus verschiedenen Branchen führen eine gemeinsame Werbeaktion durch. Bsp.: Stadtmarketing »Nördlingen ist´s wert!«

    → **Gemeinschaftswerbung:** Unternehmen der gleichen Branche werben gemeinsam.
    Bsp.: »Die Milch macht´s!«

Prüfungsfragen zum Lernbereich 7:
Kostenmanagement

Prüfung 2006

Modul

1. Erläutern Sie, ob ein Unternehmen Kosten senken kann, indem es seinen Kunden längere Zahlungsziele gewährt.

2. Erklären Sie Outsourcing anhand eines Beispiels. Geben Sie dabei auch einen Nachteil von Outsourcing an.

3. Rationalisierung durch Automatisierung kann Vor- und Nachteile sowohl für den Arbeitnehmer als auch für den Betrieb bringen. Zeigen Sie jeweils einen Vor- und Nachteil für Arbeitnehmer und Betrieb auf.

Lösung Prüfung 2006

1. Eine Kosteneinsparung ist bei einer Verlängerung der Zahlungsziele für Kunden nicht möglich, da das Unternehmen seine Zahlungseingänge später erhält und dadurch unter Umständen einen Zinsverlust hinnehmen muss.

2. Outsourcing bedeutet, betriebliche Funktionen auf fremde Betriebe zu verlagern.

    - Werbemaßnahmen werden z.B. nicht mehr von der eigenen Abteilung geplant, sondern eine Werbeagentur erhält den Auftrag. Die unternehmenseigene Abteilung wird dadurch aufgelöst.
    - Vergabe des gesamten Frachtaufkommens und dessen Steuerung durch Speditionen.
    - Übertragung der Buchhaltung an andere Unternehmen, die geschultere Mitarbeiter haben.
    - Automobilwerke konzentrieren sich auf Kernprozesse (Automobilbau) und übertragen z.B. die Fertigung von Motoren an Zulieferfirmen, die kostengünstiger fertigen können.

    Nachteile:
    - Abhängigkeit von anderen Unternehmen.
    - Wegfall von Arbeitsplätzen durch die Verringerung der Leistungstiefe.

3.

	Vorteile:	Nachteile:
Arbeitnehmer	• Entlastung von körperlich schweren Tätigkeiten.	• Verlust von Arbeitsplätzen. • hohe Konzentration bei der Arbeit kann zu nervlicher Belastung führen.
Betrieb	• Geringere Lohnkosten. • Senkung der Stückkosten bei Überschreitung der kritischen Produktionsmenge.	• Höhere Kapitalkosten.

Prüfung 2007

Fallaufgabe

Unternehmensbeschreibung

Firma	Keppler Zweirad GmbH
Geschäftssitz	Zeppelinstraße 40, 87700 Memmingen
Geschäftsführer	Rudolf Keppler, Thomas Kopp
Gegenstand des Unternehmens	Herstellung von Fahrrädern, vor allem hochwertige, spezial angefertigte Mountainbikes Die einzelnen Bauteile für Fahrräder werden von Vorlieferanten eingekauft und in Memmingen montiert.
Auszug aus der Liefererkartei	Mountainbikerahmen (gleiche Qualität)

	Lieferant	Listenpreis/ Stück in €	Zahlungs-bedingungen	Lieferbedingungen
	Hauptlieferant ab Januar dieses Jahres:			
	Gajah Tunggal, China	325,00 €	Gegen Vorauskasse	Mindestabnahme pro Bestellung 1.500 Stück Transport mit Container, Fassungsvermögen pro Container 1.500 Stück, Transportkosten 3.500,00 € je Container, Transportdauer 4 Wochen, Lieferzeit insgesamt 4 Monate
	Weitere Lieferanten:			
	Sparta, Dänemark	360,00 €	2 % Skonto innerhalb 8 Tagen, 20 Tage rein netto	Ab Werk, Fracht und Verpackung 750,00 € pro Lkw (mit max. 400 Stück), 2 Wochen Lieferzeit
	MWG-Metallwerk Gießen, Deutschland	382,00 €	2 % Skonto innerhalb 14 Tagen, 30 Tage rein netto	10 % Rabatt, Versand 10,00 €/Stück bzw. frei Haus ab Auftragswert von 50.000,00 € (Listenpreis), sofort lieferbar
	Metallfabrik Wagner, Memmingen, Deutschland	374,00 €	Zahlbar ohne Abzug innerhalb von 14 Tagen	5 % Rabatt, Lieferkosten 0,1 % vom Auftragsvolumen (Listenpreis), sofort lieferbar

Sie sind als Mitarbeiter/in in der Abteilung Controlling/Rechnungswesen der Keppler Zweirad GmbH beschäftigt (siehe Unternehmensbeschreibung).

Ihnen liegt folgendes Diagramm zur Auswertung vor.

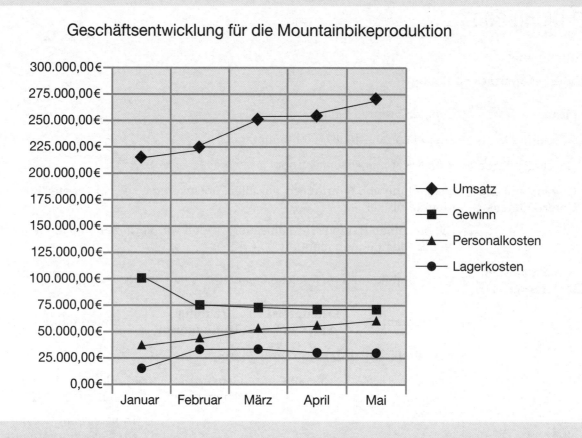

1. Sie erhalten den Auftrag, für die Geschäftsführung eine Präsentation über die Geschäftsentwicklung der letzten 5 Monate vorzubereiten. Formulieren Sie einen Text, der die Zusammenhänge und möglichen Ursachen der Situation beschreibt.

2. Erläutern Sie drei konkrete Maßnahmen, mit denen Sie der Situation entgegenwirken können.

Lösung Prüfung 2007

1. Der Umsatz zog in den letzten Monaten kräftig an, was wohl auf die gestiegenen Werbeaufwendungen und den neu eröffneten Werksverkauf zurückzuführen ist.

   Die Lagerkosten sind von Januar bis Februar gestiegen und auf einem höheren Niveau geblieben. Dies ist vermutlich eine Folge des erhöhten Lagerbestandes, der im Vergleich zum Vorjahr um 10 % gestiegen ist.

   Die Ursache des erhöhten Lagerbestandes liegt vermutlich in der Konzentration auf den Lieferer aus China, da hier die Mindestbestellmenge bei 1.500 Stück liegt und somit die Lagermenge und die Lagerdauer im Eingangslager steigen.

   Die Personalkosten sind im Zeitraum stetig gestiegen, eine mögliche Ursache hierfür könnte ein erhöhter Bedarf an Personal für den Werksverkauf sein.

   Als Folge der Kostensteigerung hat der Gewinn trotz Zunahme der Umsätze abgenommen.

2. • Kosten senken durch Verringerung des Lagerbestandes und der Lagerdauer.
   • Kalkulation der Verkaufspreise überprüfen. Handlungskostenzuschlag neu berechnen.
   • Weitere Umsatzsteigerung durch verkaufsfördernde Maßnahmen, wie z.B. die Organisation von Mountainbike-Veranstaltungen.
   • Überprüfung des höheren Werbeaufwands auf Wirksamkeit.

Prüfung 2007

Modul

> Würzburg. (...) Andere das tun lassen, was man selbst nicht ebenso gut und preiswert erledigen kann – das ist die Idee. (...) Mehrere Unternehmen berichteten, warum sie ihre Logistik (angefangen von reinen Transportaufgaben über Lagerhaltung bis hin zur gesamten Warenwirtschaft) auf einen externen Dienstleister verlagert haben. (...) Wer seine Logistik nicht professionell betreibt, hat heute einen klaren Wettbewerbsnachteil. Ein Unternehmen müsse sich nun mal auf seine Kernkompetenz konzentrieren (...)
>
> Quelle: Main-Post vom 12.03.2005

1. Welche Maßnahme wird in dem Zeitungsausschnitt beschrieben?

2. Nennen Sie zwei Vorteile und einen Nachteil dieser Maßnahme?

Umweltschutz verursacht nicht nur Kosten, sondern kann auch zur Kostensenkung beitragen.

3. Auch umweltfreundliches Verhalten der Mitarbeiter in einem Büro kann zu Kosteneinsparungen führen. Zählen Sie vier konkrete umweltfreundliche, Kosten einsparende Verhaltensweisen auf.

Lösung Prüfung 2007

1. In diesem Zeitungsausschnitt wird das Outsourcing bzw. die Verlagerung von Aufgaben auf einen externen Dienstleister beschrieben.

2. Vorteile, z. B.:
- Konzentration auf das Wesentliche, d.h. auf Kernbereiche des Unternehmens.
- Mögliche Kostenersparnis durch Personalreduzierung.
- Bessere Ausführung der Aufgaben, da externer Dienstleister höhere, spezialisierte Kompetenz dazu hat.
- Verringerung der Kapitalbindung und Freisetzung von Geldmitteln für Investitionen auf anderen Gebieten.
- Lagerhaltungskosten nehmen ab.
- Wettbewerbsfähigkeit wird erhalten oder gestärkt.

Nachteile, z. B.:
- Geringerer Einfluss auf die Art und Weise der Ausführung der Aufgabe.
- Arbeitskräfte werden häufig nicht mehr benötigt und entlassen.
- Verstärkte Abhängigkeit von Dienstleistern.
- Evtl. langfristige vertragliche Bindungen.

3. Zum Beispiel:
- Ausschalten der Beleuchtung beim Verlassen der Büroräume.
- Einsparung von Papier durch elektronische Kommunikation.
- Standby-Geräte ganz ausschalten.
- Stoßlüften.
- Heizung auf vernünftige Zimmertemperatur einstellen.
- Verwendung von Energiesparlampen.

Prüfung 2009

Modul

Sie arbeiten im Modegeschäft Hüttlinger. Dort werden T-Shirts angeboten, auf die individuelle Kundenmotive gedruckt werden. Die T-Shirts können sofort mitgenommen werden. Dafür hat das Geschäft eine geleaste Spezial-Druckmaschine, deren Bedienung nicht einfach ist. Sie wurden dafür zwei Wochen lang geschult. Der Leasingvertrag läuft jetzt aus und man überlegt, ob der Vertrag verlängert werden sollte. Im vergangenen Jahr wurden durchschnittlich 1.000 Stück im Monat zu einem Nettoverkaufspreis von 10,80 € verkauft. Die Kosten der Herstellung beliefen sich auf:

- Fixkosten (Leasing, Personal, etc.): 1.000,00 € Monat
- Variable Kosten: 6,20 pro T-Shirt

Ein Dienstleister, die Müller KG, bietet nun an:

- die komplette Abwicklung der T-Shirt-Produktion vor Ort auf eigene Rechnung,
- die Bereitstellung der Maschine und des Personals,
- den Verkauf der T-Shirts vor Ort auf eigene Rechnung zu einem Nettoverkaufspreis von 14,80 €,
- die Mietzahlung für die benötigte Verkaufsfläche im Modegeschäft Hüttlinger in Höhe von 3.200,00 €.

1. Berechnen Sie, ob das Angebot der Müller KG für das Modegeschäft finanziell interessanter ist als die eigene Herstellung der T-Shirts, wenn man davon ausgeht, dass die gleichen Zahlen wie im Vorjahr gelten.

2. Führen Sie einen weiteren Vorteil und einen Nachteil des Angebots der Müller KG an.

Lösung Prüfung 2009

1. Bei eigener Herstellung:

Umsatz im Monat:	10.800,00 €	(1.000 Stück · 10,80 €)
Gesamtaufwand pro Monat:	7.200,00 €	variable Kosten (6,20 € · 1.000 Stück) + fixe Kosten 1.000,00 €
Gewinn:	3.600,00 €	

Der Gewinn bei Eigenherstellung ist höher als die Mieteinnahmen, die sich noch um die anfallenden Aufwendungen reduzieren würden.

2. • Nachteil: Mögliche Verärgerung der Kunden durch Preissteigerung.

• Vorteil: Kein Risiko bei möglichem Umsatzrückgang.

Prüfung 2011

Fallaufgabe

Unternehmensbeschreibung	
Firma	Schloss-Apotheke Rudolf Krämer e. K.
Firmensitz	Schlossgasse 28 63739 Aschaffenburg
Öffnungszeiten	Montag bis Freitag von 08:00 Uhr bis 18:00 Uhr Samstag von 09:00 Uhr bis 13:00 Uhr
Inhaber	Apotheker Rudolf Krämer

Mitarbeiterinnen, Gehälter, Arbeitszeiten	**Apothekerin:** Cornelia Mayer, 39 Jahre, 4.200,00 € brutto, Vollzeit. Die Arbeitszeiten werden in Absprache mit Herrn Krämer, der in der Regel während der Öffnungszeiten anwesend ist, variabel festgelegt. Ein/e Apotheker/in muss immer in der Apotheke sein. **Pharmazeutisch-technische Angestellte (PTA):** Inge Stresemann, 25 Jahre, 2.300,00 € brutto, Montag bis Freitag von 08:30 Uhr bis 12:00 Uhr und von 13:00 Uhr bis 17:00 Uhr. Barbara Müller, 19 Jahre, 1.700,00 € brutto, Montag bis Freitag von 12:00 Uhr bis 18:00 Uhr. Jutta Stein, 45 Jahre, Minijob, 400,00 €, Samstag von 09:00 Uhr bis 13:00 Uhr. Die Apotheke muss immer mit einer PTA besetzt sein. **Pharmazeutisch-kaufmännische Angestellte:** Yvonne Krause, 21 Jahre, Vollzeit, 1.520,00 € brutto, Montag bis Freitag von 08:00 Uhr bis 12:00 Uhr und von 13:00 Uhr bis 17:00 Uhr. Ayshe Candemir, 17 Jahre, Auszubildende im 1. Ausbildungsjahr, 501,00 € brutto, Montag, Mittwoch, Freitag von 09:00 Uhr bis 13:00 Uhr und von 14:00 Uhr bis 18:00 Uhr; Dienstag und Donnerstag Berufsschule.
Informationen zum Unternehmen	Die Schlossapotheke, die sich in der Innenstadt von Aschaffenburg (ca. 70.000 Einwohner) befindet, wurde 1962 gegründet. Seit Januar 2005 wird die Schlossapotheke durch den Apotheker Rudolf Krämer geführt.
Marktsituation	Da die Schlossapotheke schon seit fast 50 Jahren im Dienste der Gesundheit tätig ist, kann sie auf einen großen Stammkundenkreis blicken. 50 % der Stammkunden wohnen nicht weiter als drei Kilometer von der Apotheke entfernt. Zwar lag der Jahresumsatz im letzten Jahr mit 1.406.000,00 € im bundesweiten Durchschnitt, der Apothekenmarkt in Aschaffenburg und generell in Deutschland ist derzeit jedoch sehr umkämpft.

Situation

Herr Krämer berichtet von drei Anrufen, die er heute bereits entgegengenommen hat.

Anruf 1 (09:05 Uhr)	Eine Arztpraxis in der Frohsinnstraße 14, die regelmäßig Verbandsmaterial und Salben bestellt, hat die heutige Bestellung aufgegeben und bat um Lieferung bis spätestens 16:00 Uhr. Die Lieferung ist vorrätig.
Anruf 2 (09:15 Uhr)	Sergej Krusch, 85 Jahre, gehbehindert, wohnhaft in der Frohsinnstraße 12, benötigt ein Medikament, das sofort von Frau Krause beim Großhandel bestellt wurde und um 13:00 Uhr geliefert wird. Herr Krusch ist bis 15:00 Uhr zuhause und wartet auf die Lieferung.
Anruf 3 (vor 5 Minuten)	Frau Müller, eine besorgte Mutter, die zehn Gehminuten von der Praxis entfernt in der Würzburger Str. 5 wohnt, benötigt dringend ein vom Arzt verordnetes Medikament für ihr krankes Kind mit 40 Grad Fieber. Dieses Medikament haben wir vorrätig, jedoch kann die Mutter dieses nicht selbst abholen, da sie alleine ist und bei ihrem Kind bleiben muss.

Nun ist es Freitag, 10:00 Uhr, und Herr Krämer muss die Auslieferung mit dem vorhandenen Personal organisieren.

Erarbeiten Sie einen begründeten wirtschaftlichen Vorschlag für einen Tourenplan, der die Kundenbedürfnisse ebenso berücksichtigt wie einen rationellen Personaleinsatz.

Anlage Stadtplan

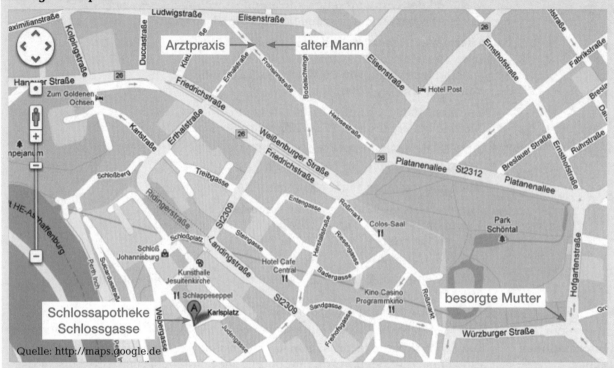

Quelle: http://maps.google.de

Lösung Prüfung 2011

Z. B.:

- Die Mutter mit dem kranken Kind braucht das Medikament sehr dringend, daher wird sie sofort beliefert. Als Bote ist jene Arbeitskraft mit den in der gegenwärtigen Situation geringsten Kosten zu wählen. Auf die Auszubildende Ayshe Candemir kann in der Apotheke im Vergleich zu erfahrenen Angestellten, wie z. B. Frau Krause, am leichtesten verzichtet werden. Frau Candemir erhält auch den geringsten Stundenlohn.

- Die Arztpraxis und das Haus von Herrn Krusch liegen nebeneinander, also werden sie zusammen beliefert. Die Lieferung kann ab 13:00 Uhr erfolgen, das das Medikament erst um 13:00 Uhr in der Apotheke eintrifft. Sinnvoll ist es, zu warten, bis Ayshe Candemir wieder aus der Mittagspause zurück ist und die Auslieferung ab 14:00 Uhr zu machen. Ayshe muss rechtzeitig losgehen, um spätestens bis 15:00 Uhr bei Herrn Krusch zu sein. Das ist die kostengünstigste Lösung.

Prüfung 2011

Modul

Einer der bekanntesten Markenartikelhersteller im Biomüslibereich, die Nöstle AG, mit 180 hoch motivierten und engagierten Mitarbeitern, steckt in der Krise. Steigende Kosten und verstärkte Konkurrenz durch andere Biomüslihersteller führen bei der Nöstle AG zu Gewinneinbrüchen. Aus dem betrieblichen Vorschlagswesen des Unternehmens liegen folgende Vorschläge vor:

1	Die Verpackungsmaschine wird nur noch alle vier Wochen gewartet statt wie bisher alle zwei Wochen.
2	Der Anteil der Nüsse im Müsli wird verringert, stattdessen wird der Anteil der günstigeren Haferflocken erhöht.

3	Die Fernsehwerbung wird künftig nur noch am Nachmittag ausgestrahlt, nicht mehr am Abend.
4	Das Fortbildungsangebot für die Mitarbeiter wird verringert.

Inwiefern können mit diesen Vorschlägen Kosten gespart werden und welche negativen Auswirkungen könnte die Umsetzung dieser Vorschläge für das Unternehmen haben? Beurteilen Sie jeden Vorschlag dahingehend.

Lösung Prüfung 2011

Z. B.:

Vorschlag	Einsparung	Negative Auswirkungen
1	Wartungs- und Personalkosten werden verringert.	Durch die fehlende Wartung fallen mehr Reparaturen an und störungsbedingte Ausfallzeiten der Maschine häufen sich.
2	Kosten für Rohstoffe können gesenkt werden, da die Nüsse teurer sind als die Haferflocken.	Eine Veränderung des Geschmacks und der Qualität des Müslis könnte Kunden dazu bewegen, beim Wettbewerber einzukaufen.
3	Da die Sendeminute am Nachmittag weniger kostet, werden die Werbekosten verringert.	Gerade bei einem verstärkten Wettbewerb kann eine Verlegung der Werbepräsenz, weg von der Hauptwerbezeit, zu einem sinkenden Absatz führen, weil am Nachmittag weniger Zuschauer fernsehen und auch weniger Zielgruppen angesprochen werden.
4	Die Personalkosten werden reduziert.	Die Kenntnisse der Mitarbeiter könnten nicht mehr auf dem aktuellsten Stand sein.

Prüfung 2013

Modul

Die Hetterich GmbH braucht für ihren Außendienstmitarbeiter Rainer Müller einen neuen Handyvertrag, weil der bisher genutzte Tarif »Komplett A« des Anbieters F-Netz nicht mehr verlängert werden kann.

Rainer Müller darf das Handy auch privat nutzen, allerdings muss er die Kosten für Privatgespräche selbst bezahlen.

Um die richtige Tarifentscheidung zu treffen, wurde die folgende statistische Auswertung der letzten Handyabrechnungen von Rainer Müller für den Zeitraum von Januar bis Juni erstellt.

Durchschnittlich dienstlich geführte Telefongespräche je Monat

Festnetz (Montag bis Freitag)	263 Minuten
Festnetz (Samstag bis Sonntag)	11 Minuten
Netzinterne Verbindungen (F-Netz)	87 Minuten
Andere Mobilfunknetze	11 Minuten

Durchschnittlich dienstlich geschriebene SMS je Monat

Netzinterne SMS (F-Netz)   10 SMS

Andere Mobilfunknetze   3 SMS

1. Begründen Sie anhand von drei Argumenten, für welchen Tarif (siehe Anlage) sich die Hetterich GmbH entscheiden sollte.

Zudem hat die Hetterich GmbH ein neues Handy im Wert von 399,00 € für Herrn Müller erworben. Dafür wird vom Hersteller eine Versicherung angeboten. Diese Versicherung ersetzt gegen eine Selbstbeteiligung von 40,00 € das Handy im Falle eines Diebstahls zum Kaufpreis. Der Versicherungsschutz besteht zwei Jahre ab Vertragsabschluss. Für diese Leistungen erhebt der Versicherer einen einmaligen Beitrag in Höhe von 49,95 €.

2. Begründen Sie, ob die Hetterich GmbH das Angebot annehmen sollte.

Anlage: Tarifangebote des Anbieters F-Netz

	Komplett B	**Komplett C**	**Komplett D**
Grundpreis je Monat:	39,95 €	59,95 €	79,95 €
Inklusivminuten bei Telefongesprächen (national)			
Festnetz	250	500	Flatrate
Netzintern (F-Netz)	100	200	Flatrate
Netzextern (andere Mobilfunknetze)	0	50	200
Verbindungspreise Telefongespräche je Minute (national)			
Preise außerhalb der Inklusivminuten	0,25 €	0,15 €	0,10 €
SMS-Preise je geschriebener SMS (national)			
SMS-Preise (netzunabhängig)	0,19 €	0,15 €	Flatrate
Internetzugang (national):			
Inklusivvolumen	Flatrate	Flatrate	Flatrate
Geschwindigkeit beim Download	21,6 Mbit/s	21,6 Mbit/s	21,6 Mbit/s
Besonderheiten:			
	• Wochenendflatrate für Telefongespräche in alle nationalen Netze zubuchbar (4,95 €) • Getrennte Abrechnung zwischen Privat- und Geschäftsanrufen möglich	• SMS-Flatrate in alle nationalen Netze zubuchbar (4,95 €) • Wochenendflatrate für Telefongespräche in alle nationalen Netze inklusive • Flatrate für Gespräche zu Festnetzanschlüssen ins Ausland zubuchbar (24,95 €)	• Flatrate für Gespräche zu Festnetzanschlüssen ins Ausland zubuchbar (24,95 €)

Lösung Prüfung 2013

1. Der Tarif »Komplett B« ist der optimale.

Z. B.

Die enthaltenen Inklusivminuten des Tarifs »Komplett B« mit dem günstigeren Grundpreis reichen größtenteils aus. Die zusätzlich anfallenden Kosten für Telefongespräche rechtfertigen nicht die höheren Grundpreise der anderen Tarife.

Die Kosten für eine geschriebene SMS sind zwar höher als bei den anderen Tarifen, jedoch wurden bisher durchschnittlich nur 13 SMS je Monat geschrieben, so dass die höheren Grundpreise der anderen Tarife nicht gerechtfertigt sind.

Der Außendienstmitarbeiter könnte das Handy auch privat nutzen, da eine getrennte Abrechnung von privaten und geschäftlichen Telefonaten möglich ist.

2. Z. B.

Die Hetterich GmbH sollte das Angebot annehmen, da mit dem Risiko eines Diebstahls immer zu rechnen ist und im Schadensfall 359,00 € ersetzt werden. Diese Sicherheit ist 49,95 € wert.

Prüfung 2013

Modul

Die Montage der Photovoltaik-Module im Haus Ihrer Eltern ist abgeschlossen. Die Rechnung hierzu liegt Ihnen vor.

Auszug aus der Rechnung:

25 Stück Singly WP Module	12.500,00 €
+ 19 % USt.	2.375,00 €
Rechnungsbetrag brutto	14.875,00 €
Zahlbar bis zum 05.07.20.. unter Abzug von 1 % Skonto oder bis spätestens 21.07.20.. rein netto.	

Die Module sollen durch einen Sparvertrag über 15.000,00 € finanziert werden, der am 19.07. dem Girokonto Ihrer Eltern gutgeschrieben wird. Ihre Eltern diskutieren nun heftig, ob sie am 05.07. oder am 21.07. zahlen sollen.

Informationen zum Kontostand des Girokontos Ihrer Eltern:

Kontoinformationen:	
Konto-Nr.:	5 732 069
Derzeitiger Kontostand:	750,00 € H
Kreditlimit:	3.000,00 €
Sollzins im Rahmen des Kreditlimits:	12,81 %
Überziehungszins für Kredite über dem Kreditlimit:	17,99 %
Zinsabrechnungszeitraum:	vierteljährlich

Mit weiteren Kontobewegungen ist nicht zu rechnen. Zudem hat die Bank signalisiert, dass sie aufgrund des fälligen Sparvertrags bereit ist, die Überziehung des Kreditlimits zu akzeptieren.

Begründen Sie rechnerisch anhand des zu zahlenden Gesamtbetrags, an welchem Tag Ihre Eltern die Rechnung überweisen sollten.

Lösung Prüfung 2013

→ **Bei Zahlung am 05.07.**

Bei Zahlung bis zum 05.07. kann 1 % Skonto in Anspruch genommen werden.

   14.875,00 €   (Rechnungsbetrag)

−   148,75 €   (Skontoersparnis)

= 14.726,25 €   (Zahlungsbetrag bei Skontoersparnis)

Es fallen aber auch Zinsen an, da das Konto kein entsprechendes Guthaben aufweist:

Zusätzliche Kosten durch Zinsen für die Zeit vom 05.07. bis 19.07. (= 14 Tage)

3.000,00 € · 12,81 % · 14 Tage/100 · 360 Tage = 14,95 €

(14.726,25 € − 3.000,00 € − 750,00 €) · 17,99 % · 14 Tage/100 · 360 Tage = 76,79 €

14,95 € + 76,79 € = 91,74 € Gesamtzinskosten

Gesamtkosten bei Zahlung am 05.07.

   14.726,25 €   (Zahlungsbetrag bei Skontoersparnis)

+   91,74 €   (Gesamtzinskosten)

= 14.817,99 €   (endgültiger Zahlungsbetrag)

→ **Bei Zahlung am 21.07.**

Gesamtkosten bei Zahlung am 21.07.

Rechnungsbetrag in Höhe von 14.875,00 € (rein netto, heißt, kein Abzug möglich)

→ **Entscheidung:**

Die Bezahlung erfolgt am 05.07., da die Gesamtkosten dann um 57,01 € (14.875,00 € − 14.817,99 €) niedriger sind.

Lernbereich 8: Unternehmensrisiken und ihre Absicherung

8.1 Unternehmensrisiken (= Gefahr für ein Unternehmen, Verluste zu erleiden)

- **Beschaffungsrisiken:** Zu späte Lieferung (z. B. durch JIT) → Produktionsstopp.

- **Lagerrisiken:** Verderb, Schwund.

- **Produktionsrisiken:** Maschine defekt, zu viel Ausschuss.

- **Absatzrisiken:** Geschmack der Kunden hat sich verändert, verminderte Kaufkraft.

- **Finanzierungsrisiken:** Banken verweigern Kredite, zu hohes Fremdkapital.

- **Transportrisiken:** Unfälle, Streiks, höhere Gewalt.

- **Innerbetriebliche Risikofaktoren:**
    - → Im menschlichen Bereich: Fehlentscheidungen, falsche Personalauswahl, Führungsschwächen, Managementfehler.
    - → Im sachlichen Bereich: Mängel bei Waren und Betriebsmitteln.

- **Außerbetriebliche Risikofaktoren:**
    - → Konjunkturentwicklung, Strukturwandel.

8.2 Welche Unternehmensrisiken können versichert werden?

→ **Versicherbare Unternehmensrisiken** (abschätzbar, i. d. R. voll versicherbar)

Beispiele: Transportschäden, Forderungsausfälle, Schäden durch Feuer, Wasserrohrbruch, Diebstahl, Einbruch, Glasbruch, Sturm, Maschinenbruch, Verkehrsunfälle, Betriebsunterbrechungen, Gewährleistungsansprüche.

Manche versicherbaren Risiken werden aber trotzdem nicht versichert (z. B. zu hohe Versicherungsbeiträge), sondern in Form »**kalkulatorischer Wagniskosten**« in die Verkaufspreise einkalkuliert.

→ **Nicht versicherbare Unternehmensrisiken**

Allgemeines Unternehmerrisiko: = Gefahr, Verluste zu erleiden (z. B. durch Fehlentscheidungen des Unternehmers) ist **nicht** versicherbar! Es muss durch Gewinne bzw. Bildung von Rücklagen/Nichtausschüttung von Gewinnen ausgeglichen werden.

8.3 Unterschied Sozialversicherungen und Individualversicherungen

Gesetzliche Sozialversicherungen	Individualversicherungen
• Pflicht	• freiwillige Entscheidung/Vorsorge
• gesetzlicher Zwang	• Versicherungsvertrag
• Beitragshöhe: nach dem Einkommen	• Beitragshöhe: vertraglich geregelt
• Leistungen gesetzlich geregelt	• Leistungen vertraglich geregelt
• Sozialgerichte bei Streit zuständig	• Ordentliche Gerichte zuständig
• Beispiele: KV, PV, AV, RV, UV	• Bsp.: Sach-, Vermögens-, Personenversicherungen

8.4 Versicherungsvertrag (Individualversicherungen)

Zustandekommen des Versicherungsvertrages durch **Antrag** des Versicherungsnehmers und **Annahme** des Versicherungsgebers (Versicherungsschein/Police).

Pflichten des Versicherungsnehmers:

- Zahlung des Beitrags, der Prämie.
- Richtige und vollständige Angaben machen.
- Meldung bei Wohnungswechsel, Gefahrerhöhung, Mehrfachversicherung.

Pflichten des Versicherungsgebers:

- Zahlung der Versicherungssumme im Schadensfall.
- Ersatz des entstandenen Schadens.

Ende des Vertrages: Bei Zeitablauf, Tod, Kündigung, Vereinbarung.

Vorteile der Versicherung:

- Das Risiko wird auf das Versicherungsunternehmen abgewälzt.
- Größere Kreditwürdigkeit des Unternehmens.
- Stärkere Leistungsfähigkeit des Unternehmens.

8.5 Beispiele für Individualversicherungen

- **Personenversicherungen:** Z.B. private Krankenversicherung, Lebensversicherung, private Unfallversicherung.

- **Vermögensversicherungen:** Z.B. Haftpflichtversicherung, Kgreditversicherung, Betriebsunterbrechungsversicherung (bei Produktionsstopp).

- **Sachversicherungen:** Z.B. Feuerversicherung, Leitungswasserversicherung, Einbruchdiebstahlversicherung, Glasversicherung, Hausratsversicherung, Transportversicherung.

8.6 Folgen einer Über- oder Unterversicherung

Versicherungswert: Wie hoch ist der tatsächliche Wert des zu versichernden Gegenstandes?

Versicherungssumme: Wie hoch wurde der Gegenstand versichert?

Bei einer **Vollversicherung entspricht die Versicherungssumme dem Versicherungswert.**

Im Schadensfall erstattet die Versicherung den vollständigen Wert des versicherten Gegenstands. Die Vollversicherung ist zu empfehlen, wenn der Versicherungswert stabil bleibt.

Beispiel:

Der Maschinenpark eines Unternehmens hat einen Wert von 300.000,00 €, was der Versicherungssumme entspricht.

Vorteile:

- Schadensrisiko wird vollständig auf die Versicherung abgewälzt.
- Es müssen keine eigenen finanziellen Mittel eingesetzt werden, um den Schaden zu beheben.
- Versicherungsprämien stellen für ein Unternehmen einen steuerlich absetzbaren Aufwand dar.

Nachteil:

- Wenn das gesamte Schadensrisiko durch Versicherungen abgedeckt wird, muss das Unternehmen hohe Versicherungsprämien bezahlen.

Bei einer **Überversicherung ist die Versicherungssumme höher als der Versicherungswert.**

Im Schadensfall erstattet die Versicherung allerdings höchstens den Wert des versicherten Gegenstandes.

Die Überversicherung wählt ein Unternehmen dann, wenn der Versicherungswert sich häufig ändert oder steigt.

Beispiel:

Der Wert des Auslieferungslagers eines Unternehmens liegt bei 200.000,00 €, nach der Auslieferung der Produkte an Kunden jedoch sinkt er wieder.

Vorteile:

- Durch eine Überversicherung muss ein Unternehmen bei sich ständig änderndem Versicherungswert die Versicherungssumme nicht laufend anpassen, was in der betrieblichen Praxis zu aufwändig wäre.
- Das gesamte Schadensrisiko ist so durch Versicherungen abgedeckt.
- Versicherungsprämien stellen für ein Unternehmen einen steuerlich absetzbaren Aufwand dar.

Nachteil:

- Wenn das gesamte Schadensrisiko durch Versicherungen abgedeckt wird, muss das Unternehmen hohe Versicherungsprämien bezahlen.

Bei einer **Unterversicherung ist die Versicherungssumme niedriger als der Versicherungswert.**

Im Schadensfall erstattet die Versicherung daher nur einen Teil des entstandenen Schadens.

Die Unterversicherung ist zu empfehlen, wenn das Schadensrisiko niedrig ist oder das Unternehmen bereit ist, einen Teil des Schadens selbst zu tragen. Ein Unternehmen kann das Schadensrisiko als kalkulatorisches Wagnis in die Verkaufspreise einkalkulieren und so finanzielle Rücklagen für mögliche Schadensfälle schaffen.

Vorteile:

- Die Versicherungsprämien sind relativ niedrig, da nicht der gesamte Wert versichert wurde.
- Die liquiden Mittel können so anderweitig in das Unternehmen investiert werden.

Nachteile:

- Im Schadensfall muss das Unternehmen einen Teil des Schadens selbst tragen.

Ein Unternehmen hat seinen Maschinenpark im Wert von 500.000,00 € mit einer Versicherungssumme von 350.000,00 € versichert. Begründen Sie, wie viel € von der Versicherung erstattet werden, falls bei einem Brand Maschinen im Wert von 65.000,00 € vernichtet werden.

Rechenweg:

500.000,00 € (Versicherungswert) = 100 %

350.000,00 € (Versicherungssumme) = x %

→ x = 70 % (Höhe des zu ersetzenden Schadens)

65.000,00 € (Schaden) · 70 % = 45.500,00 €

Das Unternehmen erhält wegen einer 70 %-Unterversicherung nur 45.500,00 € ersetzt.

Berechnung allgemein:

Versicherungswert = 100 %,

Versicherungssumme = x %

Prozentsatz · Schadenssumme = Höhe des ersetzten Schadens

Lernbereich 9: Unternehmenskrise und Insolvenz

9.1 Welche Ursachen können Unternehmenskrisen haben?

→ **Innerbetriebliche (= interne) Ursachen**

- Fehler im Bereich Rechnungswesen/Buchhaltung: Z.B. Fehlbuchungen, fehlerhafte Kalkulation.

- Zu viel oder zu wenig Organisation im Unternehmen: Z.B. zu lange Entscheidungswege, fehlende Kompetenzzuweisungen.

- Fehler im Bereich Personal: Z.B. zu viele oder zu wenig Vorgaben, schlechte Personalauswahl, hohe Fluktuation (häufiger Personalwechsel).

- Fehlerhafte Finanzierung: Z.B. zu hohes Risiko bei der Finanzierung, zu viel Fremdkapital im Verhältnis zum Eigenkapital.

- Managementfehler: Fehlentscheidungen der Unternehmensleitung.

→ **Außerbetriebliche (= externe) Ursachen**

- Höhere Gewalt (Streiks, Naturkatastrophen, Terroranschläge).

- Konjunkturrückgang, schlechte Wirtschaftslage: z.B. Rezession.

- Hohe Forderungsausfälle, Kunden zahlen nicht oder nicht rechtzeitig.

- Verluste durch politische Entscheidungen (z.B. Steuererhöhungen).

- Nachfrage der Kunden lässt nach (z.B. anderer Geschmack, große Konkurrenz).

9.2 An welchen Merkmalen/Kennzeichen kann man Unternehmenskrisen erkennen?

- sinkender Absatz, sinkende Umsätze
- Gewinne sinken
- Verluste steigen
- Verkauf von Teilen des Anlagevermögens (Grundstücke, Gebäude)
- Massenentlassungen
- Austausch der Unternehmensleitung
- laufende Zahlungsverpflichtungen können nicht eingehalten werden, Zahlungsprobleme
- steigende Verschuldung, letztlich Überschuldung

9.3 Wie können Unternehmenskrisen bewältigt werden?

Außergerichtliche Maßnahmen = freiwillige Maßnahmen		
Sanierung = »Gesundmachen« des Unternehmens	**Außergerichtlicher Vergleich** = Einigung mit Gläubigern	**Liquidation** = Auflösung des Unternehmens
Folge: Unternehmen bleibt bestehen	Folge: Unternehmen bleibt bestehen	Folge: Unternehmen wird aufgelöst!
• Durch eine Sanierung soll die drohende zwangsweise Auflösung eines Unternehmens abgewendet werden und eine **Basis für ein gesundes Fortbestehen** geschaffen werden. • Sanierungsmaßnahmen werden weitgehend vom Eigentümer des Unternehmens getragen. • Ziel der Sanierung ist es, den vorhandenen Verlust auszugleichen und der Unternehmung Kapital zuzuführen. • **Mögliche Maßnahmen:** – Stellenabbau – Verlagerung der Produktion ins Ausland – Kapitalheraufsetzung, z. B. durch die Ausgabe junger Aktien – Arbeitnehmerbeitrag, z. B. Mitarbeiter verzichten auf Weihnachtsgeld – Forderungsverzicht, z. B. durch Bank oder Gläubiger	• Im Vergleich verzichten die Gläubiger auf einen Teil ihrer Forderungen oder/und stimmen einer Stundung (= Zahlungsaufschub) zu. • Gründe, warum die Gläubiger einem Vergleich zustimmen könnten: – Schuldner bleibt als Kunde erhalten, – höherer Forderungsausfall im Falle der Insolvenz. • **Arten des Vergleichs:** – **Stundungsvergleich = Moratorium** Die Gläubiger gewähren dem Schuldner einen Zahlungsaufschub, d. h. er muss zu einem späteren Zeitpunkt die gesamten Schulden bezahlen. – **Erlassvergleich** Dem Schuldner wird ein Teil seiner Schulden erlassen. – **Liquidationsvergleich** In Abstimmung mit seinen Gläubigern zahlt der Schuldner seine Verbindlichkeiten zurück, indem er Vermögensgegenstände verkauft.	• Das gesamte Unternehmen wird in liquide (= flüssige) Mittel umgewandelt, d. h. **alle Vermögensteile werden verkauft.** Die Schulden werden vom Liquidationserlös bezahlt. Der verbleibende Überschuss steht dem Unternehmer zu. • Für die Arbeitnehmer bedeutet die Liquidation oft den Verlust des Arbeitsplatzes. • **Auflösungsursachen** können sein: **persönliche Gründe** – Tod des Unternehmers oder Vollhafters – Arbeitsunfähigkeit oder Krankheit – Streit zwischen den Erben eines Unternehmens **sachliche Gründe** – schlechte Ertragsaussichten, fehlender Gewinn – Erreichen des Unternehmensziels, z. B. Beendigung einer Arbeitsgemeinschaft – Zahlungsunfähigkeit

9.4 Maßnahmen zur Überwindung von Unternehmenskrisen

Gerichtliche Maßnahmen = Zwangsmaßnahmen

9.4.1 Eröffnung des Insolvenzverfahren

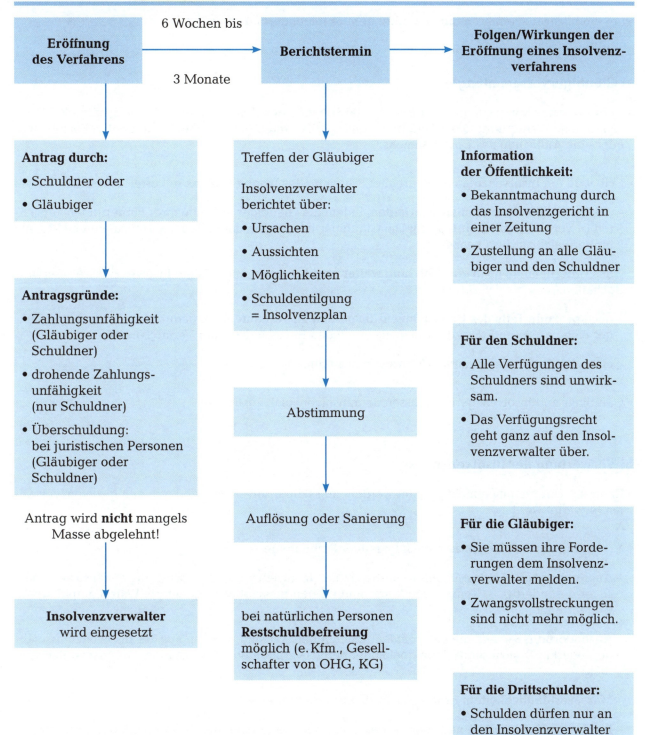

9.4.2 Ablauf des Insolvenzverfahrens

Das Insolvenzgericht entscheidet zunächst über die Eröffnung des Insolvenzverfahrens. Sollte das Vermögen des insolventen Unternehmens die Kosten des Verfahrens nicht decken, so wird das Gericht das Insolvenzverfahren **mangels Masse** ablehnen.

Wird ein Insolvenzverfahren durchgeführt, geht es folgendermaßen weiter:

a) Gläubigerversammlungen

- Der Insolvenzverwalter legt die wirtschaftliche Situation des Unternehmens dar und schätzt die Chancen für eine Weiterführung des Unternehmens ab. **Die Gläubiger entscheiden über eine Fortführung oder eine Auflösung des Unternehmens.**

- Evtl. wird ein **Insolvenzplan** ausgearbeitet. Mit Hilfe des **Insolvenzplans** soll erreicht werden:

  - das **Unternehmen am Leben zu erhalten,** indem die Gläubiger auf Teile ihrer Forderungen verzichten **(= Vergleich mit Gläubigern);** Die Gläubiger bekommen dadurch unter Umständen mehr Geld im Vergleich zur Insolvenzquote.

  - das **Unternehmen noch eine Zeit lang weiter zu führen,** um eine größere Insolvenzmasse zu erwirtschaften.

  - noch **gesunde Teile des Unternehmens insgesamt zu verkaufen,** um dadurch im Sinne der Gläubiger einen größeren Erlös zu erzielen als durch den Einzelverkauf der Vermögensteile.

  - einen **Käufer für das gesamte Unternehmen** zu finden.

- Gläubiger und Insolvenzgericht müssen dem Insolvenzplan zustimmen.

b) Verwertung der Insolvenzmasse

- Kann das Unternehmen nicht gerettet werden, muss die Insolvenzmasse durch den Insolvenzverwalter verwertet werden.

- **Verteilung der Insolvenzmasse** nach folgender Reihenfolge:

  - **Aussonderung:** *fremdes Eigentum* im Besitz des Insolvenzschuldners wird aus der Insolvenzmasse ausgesondert (z. B. Kommissionsware, unter Eigentumsvorbehalt gelieferte Waren, unpfändbare Gegenstände).

  - **Absonderung:** Sachen, die mit *fremden Rechten* belastet sind, werden aus der Insolvenzmasse abgesondert (z. B. sicherungsübereignete oder bereits verpfändete Gegenstände, Grundschuld, Hypothek).

  - **Masseverbindlichkeiten:** *Kosten* des Insolvenzverfahrens.

  - **Insolvenzgläubiger:** die nach der Befriedigung der oben genannten bevorrechtigten Forderungen übrig bleibende Insolvenzmasse wird an die restlichen Insolvenzgläubiger gleich verteilt und zwar anteilig im Verhältnis ihrer Forderungen **(= Insolvenzquote).**

$$\text{Insolvenzquote} = \frac{\text{Insolvenzmasse} \cdot 100}{\text{offene Forderungen}}$$

c) Aufhebung des Insolvenzverfahrens

- sobald die Schlussverteilung erfolgt ist

- öffentliche Bekanntmachung

- Gläubiger können ihre Restforderungen weiterhin unbeschränkt gegen den Schuldner durchsetzen.

d) Möglichkeit der Restschuldbefreiung

- **Ziel der Restschuldbefreiung:** Nach der Wohlverhaltensperiode ist der Insolvenzschuldner von den verbleibenden Schulden befreit und kann einen Neuanfang beginnen.

- **Voraussetzungen:** Schuldner ist eine natürliche Person (z. B. Einzelkaufmann, Gesellschafter einer OHG oder KG, Privatpersonen).

- **Wohlverhaltensperiode von 6 Jahren** nach Aufhebung des Insolvenzverfahrens: in dieser Zeit muss der Schuldner den pfändbaren Teil seiner Einkünfte an den Treuhänder abgeben.

- Der Treuhänder befriedigt daraus anteilsmäßig die Restforderungen der Insolvenzgläubiger.

- **Ablehnung der Restschuldbefreiung:**

    → Rechtskräftige Verurteilung wegen einer Straftat.

    → In den letzten 10 Jahren ist bereits eine Restschuldbefreiung erteilt oder abgelehnt worden.

    → Der Insolvenzschuldner hat während des Insolvenzverfahrens seine Auskunfts- und Mitwirkungspflicht vorsätzlich oder grob fahrlässig verletzt.

Prüfungsfragen zu den Lernbereichen 8 und 9:
Unternehmensrisiko und Unternehmenskrise

Prüfung 2006

Modul

1. Nennen Sie jeweils ein typisches Lager-, Produktions-, Absatz- und Finanzierungsrisiko.

2. Geben Sie zwei Pflichten des Versicherungsnehmers aus dem Versicherungsvertrag an.

3. Schlagen Sie zwei Maßnahmen vor, mit denen ein Unternehmen in der Krise vor der Insolvenz bewahrt werden könnte.

Lösung Prüfung 2006

1. Zum Beispiel:
   - Lagerrisiken: Veralterung, Diebstahl, Verderb, Schwund.
   - Produktionsrisiken: Maschinenausfall, Arbeitsunfälle, hoher Ausschuss.
   - Absatzrisiken: Mode-/Geschmackswandel, starke Konkurrenz.
   - Finanzierungsrisiko: Zinssteigerungen, Währungsschwankungen.

2. Zum Beispiel:
   - Pünktliche Zahlung der Versicherungsprämien.
   - Verhinderung von Schadensfällen.
   - Schadensbegrenzung bei Eintritt des Versicherungsfalles.
   - Anzeigepflicht bei Gefahrerhöhung.
   - Anzeigepflicht bei Wohnungswechsel in speziellen Fällen.

3. Zum Beispiel:
   - Aushandlung eines Stundungs- oder Erlassvergleichs mit den Gläubigern.
   - Zuführung von neuem Kapital aus dem Privatvermögen des Eigentümers oder Neuaufnahme von Anteilseignern/Gesellschaftern.
   - Verkauf von Gegenständen des Anlagevermögens und Leasing dieser Gegenstände (Sale and lease back).
   - Einsparung von Kosten (durch Lieferantenwechsel, Verbesserung organisatorischer Abläufe, Outsourcing, u. ä.).
   - Entlassung unfähiger oder arbeitsunwilliger Mitarbeiter.
   - Erhöhung der Kreditlinie durch neue Bürgschaften.

Prüfung 2007

Modul

1. Ein Versicherungsvertreter kommt kurz nach dem Ausbildungsbeginn zu dem unverheirateten 18-jährigen Peter Schreiner und schlägt ihm vor, folgende Versicherungen abzuschließen:

   Risikolebensversicherung, private Rentenversicherung

   Prüfen Sie für beide angebotenen Versicherungen, ob ein Abschluss für Peter Schreiner empfehlenswert ist.

2. Stellen Sie den Sachverhalt der »Unterversicherung« anhand eines Zahlenbeispiels dar. Welche Auswirkung hat eine Unterversicherung auf die Versicherungsleistung?

Lösung Prüfung 2007

1. **Risikolebensversicherung:** Der Abschluss einer Risikolebensversicherung erscheint für Peter Schreiner zum momentanen Zeitpunkt wenig sinnvoll, da eine Leistung nur im Todesfall und nicht im Erlebensfall fällig wird. Da Peter bis jetzt keine Familie zu versorgen hat, gibt es keine Hinterbliebenen, für die im Todesfall ein finanzielles Risiko bestünde.

   Private Rentenversicherung: Der Abschluss einer privaten Rentenversicherung erscheint sinnvoll, da die Rentenzahlungen in Zukunft äußerst unsicher sind. Wenn Peter eine private Rentenversicherung abschließt, wie z.B. die Riester-Rente, bekommt er vom Staat zusätzlich Zulagen.

2. Zum Beispiel:

   Versicherungswert   = 120.000,00 €

   Versicherungssumme = 90.000,00 €

   Schadenshöhe   = 80.000,00 €

   90.000,00 € · 100 : 120.000,00 € = 75 %

   Da die Versicherungssumme nur 75 % des Versicherungswertes ausmacht, werden von dem entstandenen Schaden nur anteilig 75 % von der Versicherung übernommen.

   In diesem Beispiel zahlt die Versicherung nur 75 % von 80.000,00 €, das sind 60.000,00 €. Es liegt eine Eigenbeteiligung von 20.000,00 € vor.

Prüfung 2008

Fallaufgabe

Unternehmensbeschreibung			
Firma	Fruchtig Frisch GmbH		
Geschäftssitz	Großhaderner Straße 25, 81375 München		
Telefon	089 14141919		
Internet	www.fruchtigfrischgetraenke.de		
E-Mail	info@fruchtigfrischgetraenke.de		
Bankverbindung	Sparkasse München, Konto-Nr. 902 126 770, BLZ 701 500 00 Stand am 04. Juli 20.. – 56.245,30 (Soll) Kontokorrentkredit: 60.000,00 € (Kreditlimit)		
Gegenstand des Unternehmens	Herstellung von Limonaden Groß- und Einzelhandel mit verschiedenen alkoholfreien Getränken		
Geschäftsführung	Eheleute Andreas Huber und Magdalena Franzen		
Forderungen	**Kunden**	**Betrag**	**Fälligkeit**
	Gasthof Alter Wirt	22.000,00 €	30.06.20..
	Catering Service GmbH	38.400,00 €	28.07.20..
	Trattoria Rusticana	15.300,00 €	30.07.20..
Verbindlichkeiten	**Lieferanten**	**Betrag**	**Fälligkeit**
	Spritzig GmbH	20.000,00 €	20.05.20..
	Justus e.K.	12.300,00 €	15.08.20..
	Wamm KG	5.200,00 €	20.08.20..
Produkte	**Handelswaren:** Mineralwasser, Fruchtsäfte, Softdrinks, Saftschorlen **Eigene Produkte:** Limonaden mit verschiedenen Geschmacksrichtungen wie Zitronix, Orangix, Melonix, Mandarinix, Lemonix		

Der heutige Tag ist für die Geschäftsführer Frau Franzen und Herr Huber ein Tag der schlechten Nachrichten.

- Sie erhalten die 2. Mahnung der Spritzig GmbH für die noch offene Rechnung.

- Sie finden in der Tageszeitung die folgende Meldung:

    Amtsgericht München – Insolvenzgericht

    Über das Vermögen von Walter Burger e.K. (Gasthof »Alter Wirt«) wurde am 15. Juni 20.. das Insolvenzverfahren eröffnet. Die Gläubiger werden aufgefordert, ihre Forderungen bis zum 30. Juli 20.. beim Insolvenzverwalter Rechtsanwalt Hans Streng, Mühlenweg 10, 81215 München, bekannt zu geben. Zahlungen dürfen nur noch an den Insolvenzverwalter geleistet werden.

1. Was bedeuten die beiden Nachrichten für die finanzielle Situation der Fruchtig Frisch GmbH?

2. Beschreiben Sie zwei Maßnahmen, welche die Geschäftsführer nun ergreifen sollten.

3. Erläutern Sie zwei Möglichkeiten, wie sich Magdalena Franzen und Andreas Huber in Zukunft besser gegen Forderungsausfälle schützen könnten.

Lösung Prüfung 2008

1. Die Fruchtig Frisch GmbH kann aufgrund der angespannten Liquiditätslage die Rechnung der Spritzig GmbH in Höhe von 20.000,00 € derzeit nicht begleichen, da sie dazu ihr Kreditlimit überziehen müsste. Gleichzeitig ist durch die drohende Insolvenz des Kunden »Alter Wirt« mit dem Ausfall des (eingeplanten) Geldeingangs in Höhe von 20.000,00 € zu rechnen. Die Fruchtig Frisch GmbH ist also in Gefahr, selbst zahlungsunfähig zu werden.

2. • Die Gesellschafter müssen ihre Forderungen bis zum 30. Juli 20.. beim Insolvenzverwalter anmelden, um ihre Rechte bei einer evtl. Verteilung der Insolvenzmasse zu wahren.

   • Sie sollten versuchen, mit der Spritzig GmbH einen Zahlungsaufschub auszuhandeln, oder mit ihrer Bank kurzfristig ein höheres Kreditlimit zu vereinbaren, mit dem Hinweis auf die Forderungen, die Ende Juli fällig werden.

3. Die Gesellschafter könnten

   • über ihre Kunden Auskünfte einholen und bei zweifelhaften Kunden grundsätzlich nur gegen Vorauskasse bzw. Barzahlung liefern.

   • ihre Forderungen an ein Factoring-Institut verkaufen, das gegen ein entsprechendes Entgelt das volle Risiko übernimmt, wenn die Forderungen uneinbringlich werden.

Prüfung 2010

Modul (Unternehmensrisiko und Unternehmenskrise)

Sie sind Mitarbeiter/in der Sunshine KG. Ihr Geschäftskunde, die Omaga GmbH, schuldet Ihnen seit mehreren Monaten 50.000,00 € und befindet sich bereits in einem außergerichtlichen Sanierungsverfahren. Um eine bevorstehende Insolvenz abzuwenden, schlägt Ihnen die Omaga GmbH einen Teilforderungserlass in Höhe von 10 % mit sofortiger Restzahlung oder eine Stundung von sechs Monaten vor.

Da die Sunshine KG Verbindlichkeiten in Höhe von 40.000,00 € sofort begleichen muss und ihr dafür momentan keine liquiden Mittel zur Verfügung stehen, ist sie auf den sofortigen Zahlungseingang der Omaga GmbH angewiesen. Erfolgt diese Zahlung erst später, muss die Sunshine KG einen Überbrückungskredit für den Zeitraum der Stundung mit Zinsen in Höhe von 14 % p. a. aufnehmen.

1. Prüfen Sie rechnerisch, welcher der beiden Sanierungsvorschläge für die Situation der Sunshine KG wirtschaftlich sinnvoller wäre.

2. Beschreiben Sie sowohl für den Teilforderungserlass als auch für die Stundung jeweils einen weiteren Vor- und Nachteil.

Lösung Prüfung 2010

Berechnung des Teilforderungserlasses:

50.000,00 € · 10 % = 5.000,00 €

Berechnung der Kreditkosten bei Stundung:

(40.000,00 € · 14 · 180 Tage) / (360 Tage · 100) = 2.800,00 €

Die Stundung ist wesentlich günstiger.

Z. B. **Teilforderungserlass:**

Vorteil:

- Durch den Verzicht von 10 % der Forderung erhält das Unternehmen 45.000,00 € sofort.

Nachteil:

- 10 % der Forderung sind sicher verloren und müssen abgeschrieben werden. Das mindert den Gewinn.

Stundung:

Vorteil:

- Es besteht die Chance, dass die gesamte Forderung durch eine erfolgreiche Sanierung beglichen wird.

Nachteil:

- Da sich die Omaga GmbH schon in einem Sanierungsverfahren befindet, besteht das Risiko, dass die Forderungen in sechs Monaten ganz oder teilweise uneinbringlich werden.

Prüfung 2011

Modul

Sie haben die Wasserbettenoase GmbH neu gegründet und verkaufen qualitativ hochwertige Wasserbetten, die Sie bei Bedarf auch fachgerecht aufstellen und mit Wasser füllen. Ein Ladengeschäft in Innenstadtlage haben Sie bereits gekauft, ein großes Schaufenster gewährt Einblick in den Laden. Dort zeigen Sie einen Ausschnitt Ihres Sortiments im Gesamtwert von ca. 30.000,00 €. In der Zeitung finden Sie eine Anzeige für ein Versicherungspaket speziell für neu gegründete Unternehmen.

Dewuga Versicherungen AG

– Wir kümmern uns um Ihren Schaden –

Ein Unternehmen zu gründen, ist eine große Herausforderung. Ein unzureichender Versicherungsschutz gefährdet die Existenz Ihres Unternehmens und Ihre eigene.

Unser besonderes Angebot für Unternehmensgründer:

START-UP-PAKET

Betriebshaftpflichtversicherung, Einbruchdiebstahlversicherung, Maschinenausfallversicherung, Rechtsschutzversicherung ab 780,00 € im Jahr.

So viel Sicherheit für so wenig Geld!
Rufen Sie noch heute an!

Tel.: 02 11 2 34 45 62

Beschreiben Sie, welche Schäden durch die jeweilige Versicherung des Start-up-Pakets abgedeckt sind und bewerten Sie, inwiefern die einzelnen Versicherungen für die Wasserbettenoase GmbH relevant sind.

Lösung Prüfung 2011

Versicherung/Schadensabdeckung	Bewertung
Die **Betriebshaftpflichtversicherung** deckt alle Schäden, die einem Dritten durch betriebliche Tätigkeiten verursacht werden.	Sinnvoll, da die Wasserbetten im Rahmen der Serviceleistungen auch bei Kunden aufgestellt werden und hierbei Schäden durch Mitarbeiter verursacht werden könnten.
Die **Einbruchdiebstahlversicherung** deckt neben dem Wert des gestohlenen Gutes auch die durch einen Einbruch entstehenden Schäden an Gebäuden, Möbeln usw.	Eher sinnvoll, wegen des großen Schaufensters und des wertvollen Sortiments.
Die **Maschinenausfallversicherung** deckt alle Schäden, die entstehen, weil nicht produziert werden kann. Ersetzt werden die laufenden Kosten und der während der Unterbrechung entgangene Gewinn.	Nicht sinnvoll, weil die Wasserbettenoase GmbH nicht produziert.
Eine **Rechtsschutzversicherung** bezahlt die Wahrnehmung der rechtlichen Interessen des Versicherten im vereinbarten Umfang.	Eher sinnvoll, weil es viele Anlässe für Rechtsstreitigkeiten gibt, z. B. mit Kunden, Personal und Lieferanten.

Prüfung 2013

Fallaufgabe

Klaus Schön, 44 Jahre alt, ledig, arbeitete bis vor kurzem im Einzelhandel im Regensburger Fotoladen Stiller. Dort absolvierte er bereits seine Ausbildung. Der Ein- und Verkauf von Kameras und Zubehör ist ihm genauso vertraut wie das Erstellen von Abzügen digitaler Bilder in allen Formaten.

Anfang des Jahres hat sich Klaus Schön selbstständig gemacht. Er übernahm in einem Regensburger Wohnviertel ein kleines Fotogeschäft. Für die Waren, wie digitale Fotoapparate und Zubehör, sowie die gesamte Einrichtung bezahlte er eine Ablösesumme von 40.000,00 €. Diese Summe entspricht den in der aktuellen Bilanz ausgewiesenen Werten.

Sein Kerngeschäft ist der Handel mit Kameras und Zubehör sowie der Druck von Bildern in allen Größen. Die Kunden aus der nahen Umgebung bringen ihre Dateien auf einem digitalen Speichermedium und bekommen innerhalb kürzester Zeit ihre Abzüge. Die Kunden schätzen diesen Service vor ihrer Haustüre, da sie sich die Fahrt in die Regensburger Innenstadt sparen. Was er nicht anbietet, ist das Fotografieren von Personen oder auf Veranstaltungen. Die Kunden fragen jedoch immer wieder nach diesen Leistungen.

Das Geschäft von Klaus Schön liegt neben einem Supermarkt, einer Bäckerei, einer Metzgerei und einem Blumenladen. Seit kurzem hat er auch eine Internetadresse. Unter www.fotoladen.de können sich die Kunden informieren und unter info@fotoladen.de Klaus Schön eine E-Mail schreiben. Die Räumlichkeiten des Fotogeschäfts sind nicht groß. Sie bestehen aus einem Verkaufsraum mit der neuesten technischen Ausstattung für den Bilddruck. Ein weiterer Nebenraum, der als Fotostudio eingerichtet ist, wird momentan nicht genutzt.

Klaus Schön hat von Montag bis Freitag von 10:00 Uhr bis 18:00 Uhr für seine Kunden geöffnet. Mit den Umsätzen des Fotogeschäfts ist er zufrieden. Nach Abzug aller Kosten kann er vom erwirtschafteten Gewinn leben. Den Wunsch seiner Kundschaft, das Fotogeschäft auch am Samstag zu öffnen, will er überdenken.

Situation

Sabine Bauer hat die Idee, in Schulen Klassenfotos, Bewerbungsfotos und Portraits anzubieten. Um zu den Schulen zu gelangen, benötigt Frau Bauer allerdings ein Auto. Frau Bauer schätzt, dass sie monatlich durchschnittlich 500 km zurücklegen muss. Da sich Klaus Schön vor einigen Tagen für den Kauf eines neuen Autos entschieden hat, steht die Überlegung an, dieses Fahrzeug auch für die Fahrten zu den Schulen zu nutzen. Das Fahrzeug ist zu den im Angebot der Protect-Versicherung genannten Konditionen versichert (siehe Anlage).

1. Begründen Sie anhand von zwei Argumenten, warum die im Angebot der Protect-Versicherung (siehe Anlage) genannten Vertragsbedingungen nicht für das Vorhaben von Frau Bauer geeignet sind.

Sabine Bauer entscheidet sich schließlich dazu, ihren eigenen Pkw für die Schulfahrten zu nutzen. Klaus Schön hat das Gespräch mit Sabine Bauer zum Anlass genommen, sich nochmals mit den Vertragsbedingungen der Versicherung auseinanderzusetzen, um diese zu optimieren.

2. Unterbreiten Sie Klaus Schön einen begründeten Vorschlag, welche Vertragsbedingung (siehe Anlage) er ändern könnte, um Kosten zu sparen.

Durch die Optimierung der Vertragsbedingungen konnte eine Senkung des Beitrags um 48,67 € erzielt werden. Nicht berücksichtigt wurde dabei eine Neueinstufung von Herrn Schön zum 01.07. .. in die Schadensfreiheitsklasse 5 (55 %). Zudem möchte er ab 01.07. .. den Versicherungsbeitrag halbjährlich zahlen.

3. Berechnen Sie die Höhe des Halbjahresbeitrages, den Herr Schön ab 01.07. .. zahlen muss.

PROTECT-VERSICHERUNG

– Lindenstraße 1 – 93049 Regensburg – Tel.: 0941 2612169 – E-Mail: info@protect.de

Klaus Schön
Amselweg 5

93059 Regensburg

Angebot – Haftpflichtversicherung

Sehr geehrter Herr Schön,

vielen Dank für Ihre Anfrage. Sie haben im Internetportal www.versicherung100.de einen Tarifvergleich vorgenommen.

Auf Basis der eingegebenen Daten unterbreiten wir Ihnen folgendes Angebot für Ihr Fahrzeug Volkswagen, Typ GOLF VII 2.0 TDI, 150 PS (110 kW), Baujahr 2013.

Tarifmerkmale: **Angaben zum Versicherungsnehmer:**

- Geburtsdatum: 07.01.1969
- Führerscheindatum: 07.01.1987
- Führerscheinklasse: B

Angaben zum Fahrzeug:

- Nächtlicher Stellplatz: Straße
- Fahrzeugnutzung: privat und gewerblich
- Datum der Zulassung: 02.06.20..
- Km-Stand bei Kauf: 0
- Jahreskilometerleistung: 9000
- Nutzung: ausschließlich Versicherungsnehmer

Versicherungsart: **Haftpflichtversicherung Mobil Plus:**

- Selbstbeteiligung: 150,00 € im Schadensfall
- Regionalklasse: B 5
- Schadensfreiheitsklasse: 4 (60 %). Auf Basis dieses Prozentsatzes wurde Ihr Beitrag kalkuliert. Bei Einstufung in eine höhere Schadensfreiheitsklasse sinkt Ihr Beitrag anteilig.

Beitrag: **Ihre Konditionen**

- Zahlungsweise: jährlich
- Höhe der Prämie: 498,67 €
- Alternative Zahlungsweisen:
  – Halbjährlich (Aufschlag 3 % auf anteilige Jahresprämie)
  – Monatlich (Aufschlag 5 % auf anteilige Jahresprämie)

Mit freundlichen Grüßen

i. A. Oliver Paul
– Protect-Versicherung –

Lösung Prüfung 2013

1. Z.B.:
- Die Jahreskilometerleistung ist zu gering, da sie jährlich nur 9.000 km beträgt. Dies ist nicht ausreichend, denn Sabine Bauer alleine würde ca. 6.000 km fahren. Klaus Schön kann dann das Fahrzeug nicht mehr im gewünschten Umfang nutzen.
- Die Festlegung auf die ausschließliche Nutzung durch den Versicherungsnehmer ist nicht geeignet, da dies ausschließlich Klaus Schön zur Fahrzeugführung berechtigt. Sabine Bauer dürfte das Fahrzeug nicht benutzen.

2. Z.B.:
- Klaus Schön könnte die Selbstbeteiligung erhöhen, da durch die geringere Zahlung an den Versicherungsnehmer im Schadensfall auch dessen Prämie sinkt.
- Auch bei einem Stellplatz in der Garage könnte die Prämie gesenkt werden.

3.
- 498,67 € – 48,67 € = 450,00 €   (Beitragssenkung)
- 450,00 € : 2 = 225,00 €   (Halbjahresbeitrag)
- 225,00 € + 0,3 % Aufschlag = 231,75 €   (für halbjährliche Zahlung)
- 231,75 € / 60 · 55 = 212,44 €   (Schadensfreiheitsklasse 5, 55 %)

Prüfung 2013

Fallaufgabe

Auszug aus dem Businessplan:

I. Auf einen Blick

Firma: Concerts and More GmbH

Standort: Pirckheimerstraße 6, 90408 Nürnberg

Inhaber: Carlo Eisen, geb. 28.03.1978

Unternehmenszweck: Konzeption, Organisation und Durchführung von Konzerten

Unternehmensgründung: 01.01.2013

II. Liquiditätsplan für das aktuelle Geschäftsjahr

	1. Quartal	2. Quartal	3. Quartal	4. Quartal
Übertrag voriges Quartal	– – –	44.500,00 €	44.000,00 €	48.000,00 €
Liquiditätsanfangsbestand	50.000,00 €	44.500,00 €	44.000,00 €	48.000,00 €
+ Einzahlungen aus Ticketverkäufen	21.500,00 €	32.500,00 €	45.000,00 €	56.000,00 €
– Auszahlungen für Gagen	8.000,00 €	12.500,00 €	14.000,00 €	16.500,00 €
– Werbung für Veranstaltungen	8.000,00 €	9.000,00 €	10.000,00 €	11.000,00 €
– sonstige Kosten (Miete, Personal)	11.000,00 €	11.500,00 €	17.000,00 €	25.000,00 €
= **Liquiditätsendbestand**	**44.500,00 €**	**44.000,00 €**	**48.000,00 €**	**51.500,00 €**

Prüfung 2013

Sie sind Mitarbeiter/in bei der Concerts and More GmbH.

Situation

Am 19.07. findet in der Nürnberger Messehalle ein Konzert der neugegründeten Boygroup »For One« statt. Da bis heute noch nicht alle Karten verkauft wurden, planen Sie, Flyer in einer Auflage von 12.000 Stück drucken zu lassen. Diese sollen spätestens am 11.07. in Nürnberg verteilt werden. Für Druck und Verteilung der Flyer stehen Ihnen 3% des für das dritte Quartal des aktuellen Geschäftsjahres geplanten Werbebudgets zur Verfügung.

Für Druck und Verteilung der Flyer bieten drei Unternehmen ihre Dienste an (siehe Anlage). Entscheiden Sie, welche Dienstleistung Sie bei welchem Anbieter in Anspruch nehmen und begründen Sie Ihre Entscheidung anhand von drei Argumenten.

Auszug aus Angebot 1

SpeedDruck24.de
Ihr Internetspezialist
Rathenauplatz 3, 10711 Berlin

Flyer matt 170 g, Bilderdruck matt, DIN A 7 lang

Auflage	Standard	Premium	Premium Deluxe
Anzahl in Stück	Lieferung innerhalb 3 Wochen	Lieferung innerhalb 14 Tagen	Lieferung innerhalb 14 Tagen, Verteilung gemäß Ihrer Vorgaben
10.000	39,48 €	52,61 €	212,21 €
15.000	51,66 €	67,11 €	303,64 €
20.000	62,17 €	79,61 €	387,21 €

Alle Preise verstehen sich inklusive 19% Umsatzsteuer.

Auszug aus Angebot 2

Flyer-Schreier GmbH
Pirckheimerstr. 5, 90408 Nürnberg

Flyer matt 170 g, Bilderdruck matt, DIN A 7 lang

Auflage	Discount-Druck	Standard-Druck
Anzahl in Stück	Zur Abholung bereitstehend am 15.07.	Zur Abholung bereitstehend am 10.07.
10.000	44,17 €	57,61 €
12.000	56,35 €	72,11 €
15.000	66,86 €	84,61 €

Alle Preise verstehen sich inklusive 19% Umsatzsteuer.

Auszug aus Angebot 3

> Studentenservice GmbH, Lange Gasse 17, 90408 Nürnberg
>
> Sehr geehrte Damen und Herren,
>
> für die Verteilung von bis zu 15.000 Flyern in Nürnberg nach Ihren Vorgaben berechnen wir pauschal:
>
> 210,00 € inklusive Umsatzsteuer.

Lösung Prüfung 2013

Z. B.

Ich entscheide mich beim Druck der Flyer für das Angebot des Standard-Drucks der Flyer-Schreier GmbH und bei der Verteilung für den Studentenservice.

Dieses Angebot in Höhe von 282,11 € liegt im Rahmen des Budgets von 300,00 €.

Zudem werden die Flyer frühzeitig am 10.07. geliefert und können daher problemlos am 11.07. verteilt werden.

Außerdem spricht die räumliche Nähe für die Anbieter Flyer-Schreier GmbH bzw. Studentenservice GmbH, da persönliche Absprachen schneller möglich sind.

Situation

1. Unterbreiten Sie drei kurz erläuterte Möglichkeiten der Preisdifferenzierung für die Konzertkarten der Boygroup »For One« für künftige Veranstaltungen.

Bereits am 21.06. fand ein Konzert der Boygroup »For One« in Regensburg statt. Für diese Veranstaltung hatten Sie – wie bei der Concerts and more GmbH üblich – eine Versicherung abgeschlossen. Der Versicherungsschein (siehe Anlage) liegt Ihnen vor. In Zusammenhang mit diesem Konzert sind folgende Schäden entstanden:

- Die Konzertbesucherinnen Maike Wald und Jessica Reb haben während des Konzerts gegen das Fotografier-Verbot verstoßen, da beiden diese Regelung nicht bekannt war. Der Sicherheitsdienst hatte daraufhin das Smartphone von Maike (Zeitwert: 400,00 €) und die Digitalkamera von Jessica (Zeitwert: 130,00 €) vorübergehend sichergestellt. Beide Geräte gingen anschließend verloren und müssen nun ersetzt werden.

- Während des Konzerts wurde Carlo Eisens Jacke durch eine brennende Wunderkerze beschädigt. Es entstand ein Schaden in Höhe von 300,00 €.

2. Berechnen Sie die Höhe des von der Versicherung zu ersetzenden Gesamtschadens.

Anlage: Auszug aus dem Versicherungsschein

Profi-Schutz Haftpflichtversicherung

Risikoträger:	XAX-Versicherung AG
Versicherungsnummer:	H-1010-8890
Versicherungsnehmer:	Concerts and More GmbH, Carlo Eisen
Laufzeit:	20.06. – 22.06. (jeweils von/bis 12:00 Uhr mittags)
Höhe der Prämie	762,79 €
Zahlungsweise:	einmalig
Selbstbeteiligung:	150,00 € je Schadensfall
Versicherungsumfang:	3.000.000,00 € pauschal für Personen-, Sach- und Vermögensschäden. Die Haftpflichtversicherung schützt gegen Haftpflichtansprüche, die gegen den Veranstalter und seine Mitarbeiter (inklusive Sicherheitsdienst und Catering) geltend gemacht werden.
Versicherungs-ausschlüsse:	Von der Versicherungsleistung ausgeschlossen sind:

- Versicherungsansprüche aller Personen, die einen Schaden vorsätzlich herbeigeführt haben.
- Haftpflichtansprüche wegen Schäden aus Namensrechtverletzungen.
- Haftpflichtansprüche gegen den Versicherungsnehmer aus Schadensfällen seiner Person oder seiner Familie.
- ...

Lösung Prüfung 2013

1. Z.B.

- Karten können im Vorverkauf billiger angeboten werden als an der Abendkasse, um im Vorfeld mehr Karten zu verkaufen.
- Karten können mit Zusatzleistungen wie Backstage-Ausweisen verkauft werden, da dieses Angebot zusätzliches Interesse weckt.
- Karten können in unterschiedlichen Kategorien verkauft werden. Da die Plätze in der Bühne i.d.R. begehrter sind, können diese auch teurer verkauft werden.

2. Berechnung des von der Versicherung zu ersetzenden Schadens:

Maike Wald: 400,00 € – 150,00 € (Selbstbeteiligung) = **250,00 €**

Jessica Reb: 130,00 € – 150,00 € (Selbstbeteiligung) = **0,00 €**

Carlo Eisen: kein Ersatz, da Ausschluss

Summe des zu ersetzenden Schadens: 250,00 €

Lernbereich 10: Unternehmensgründung

10.1 Persönliche Voraussetzungen

- **Rechts- und Geschäftsfähigkeit** des Gründers.
- **Fachliche Eignung:** Fachkenntnisse, betriebswirtschaftliche Grundkenntnisse, Berufserfahrung.
- **Charakterliche Eignung:** Entscheidungsfähigkeit, Fleiß, Verantwortungsbewusstsein, Motivation, Zuverlässigkeit, Führungsqualität.

10.2 Sachliche Voraussetzungen

- **Kapital** zur Finanzierung von Betriebsvermögen, Lohnzahlungen, u. ä. muss zur Verfügung stehen.
- Ein für das Unternehmen günstiger **Standort** sollte gewählt werden.
- Es muss ein entsprechender **Kundenkreis** vorhanden sein.
- **Personal** in ausreichender Menge und mit der geforderten Qualifikation muss gefunden werden.
- **Lieferanten** müssen ermittelt werden.
- **Werbung** soll das Unternehmen bekannt machen.

10.3 Überlegungen vor der Unternehmensgründung

- Welche Branche? Welche Betriebsgröße? Unternehmensidee!
- Welche Rechtsform? (abhängig von Anzahl der Gründer, Haftung, Kapital)
- Welche Firma? (abhängig von der Rechtsform)
- Welcher Standort? (vgl. auch Zusammenfassung »Der Betrieb und seine Umwelt«)
- Investition? Finanzierung?

10.4 Anmeldung des Unternehmens

Falls erforderlich bzw. gewünscht:

- **Amtsgericht**/Eintrag ins **Handelsregister** (Abteilung A oder B).
- **Gewerbeamt** der Gemeinde: Gewerbeanzeige/Gewerbeschein zur Überwachung der ansässigen Gewerbebetriebe.
- **Finanzamt:** Abführung der Steuern (Umsatzsteuer, Lohnsteuer).
- **Industrie- und Handelskammer (IHK)** oder **Handwerkskammer (HWK):** berufsständische Vertretung, Beratung, Anmeldung der Azubis.
- **Berufsgenossenschaft:** Träger der gesetzlichen Unfallversicherung.
- **Krankenkasse:** Anmeldung der Mitarbeiter zur gesetzlichen Sozialversicherung.
- **Gewerbeaufsichtsamt:** für Anlagen, die besonders überwacht werden müssen (z. B. Aufzüge, Dampfkessel).

10.5 Das Handelsregister (HR)

- **Handelsregister** = öffentliches Verzeichnis aller Kaufleute nach dem HGB eines Amtsgerichtsbezirks.

- **Aufgabe des HR:** die Rechtsverhältnisse der eingetragenen kaufmännischen Gewerbebetriebe sollen offen gelegt werden.

    → HR ist **öffentlich:** jeder kann Einsicht nehmen.

    → HR genießt »**öffentlichen Glauben«:** es gilt die Vermutung der Richtigkeit der HR-Eintragungen.

    → **Sinn: Schutz der Geschäftspartner** der eingetragenen Unternehmen.

- **Abteilungen des HR**

    → **Abteilung A:** Einzelkaufleute, Personengesellschaften: OHG, KG.

    → **Abteilung B:** Kapitalgesellschaften: AG, GmbH.

- **Mögliche Inhalte der Eintragungen:** Firma, Inhaber, Geschäftsführer, Kapital, Vertretung, Prokura, Geschäftssitz, Haftung, Gegenstand des Unternehmens.

- Ab 01.01.2007 wurde das **elektronische Handelsregister** eingeführt: Einreichung, Speicherung, Bekanntmachung und Abruf erfolgen grundsätzlich nur noch elektronisch. Wesentlich weniger Amtsgerichte als bisher sind zuständig für die Registerführung, die Einsichtnahme »vor Ort« erfolgt über Terminals.

10.6 Die Firma

- **Firma = Handelsname** eines Unternehmens, **Name,** unter dem ein Unternehmen seine Geschäfte betreibt, klagen und verklagt werden kann.

- **Firmenarten**

    → **Personenfirma:** z. B. Fritzi Huber OHG

    → **Sachfirma:** z. B. Software OHG

    → **Mischfirma:** z. B. Huber Software OHG

    → **Phantasiefirma:** z. B. Softy OHG

    → Unternehmen können die Firma **frei wählen,** der entsprechende **Rechtsformzusatz** (z. B. OHG) ist aber immer **zwingend vorgeschrieben.**

- **Firmengrundsätze**

    → **Firmenwahrheit und Firmenklarheit:** keine Täuschung über Art/Umfang des Geschäfts.

    → **Firmenöffentlichkeit:** Information der Öffentlichkeit durch HR-Eintrag.

    → **Firmenausschließlichkeit:** Firmen müssen voneinander eindeutig unterschieden werden können.

    → **Firmenbeständigkeit:** bei Inhaberwechsel kann bisherige Firma beibehalten werden (Vorteil: bekannter Name).

10.7 Der Kaufmann nach dem HGB

a) **Kapitalgesellschaften** (z. B. AG, GmbH) sind **Formkaufleute (Kaufleute kraft Rechtsform).**

- Der **Eintrag** von Kapitalgesellschaften in das **Handelsregister** ist **konstitutiv (= rechtserzeugend,** d.h. die Kapitalgesellschaft entsteht erst mit dem HR-Eintrag, vor dem HR-Eintrag ist die Haftung von Kapitalgesellschaften unbeschränkt).

- **Kapitalgesellschaften sind Kaufleute nach dem HGB!**

b) Bei den **übrigen Gewerbetreibenden (Einzelkaufleute, Personengesellschaften)** wird unterschieden, ob eine kaufmännische Organisation vorliegt oder nicht.

Eine kaufmännische Organisation liegt ab einer bestimmten Umsatzhöhe, einer bestimmten Mitarbeiterzahl, usw. vor.

Gewerbetreibende mit kaufmännischer Organisation	Gewerbetreibende ohne kaufmännische Organisation
Der Eintrag in das Handelsregister ist **deklaratorisch (= rechtsbezeugend,** d.h. die Gesellschaft besteht schon vor dem Eintrag in das HR).	Diese Gewerbetreibenden können **wählen,** ob sie sich in das Handelsregister eintragen lassen wollen. Machen sie von ihrem **Eintragungswahlrecht** Gebrauch, so sind sie **Kannkaufleute (= Kaufleute nach dem HGB).** Der Eintrag in das Handelsregister ist dann **konstitutiv (= rechtserzeugend,** d.h. die Gesellschaft entsteht erst mit dem HR-Eintrag). Lassen sie sich **nicht in das Handelsregister eintragen,** so sind sie **Nicht-Kaufleute.**

c) **Land- und Forstwirte** haben ebenfalls ein **Eintragungswahlrecht.**

- **Mit einem HR-Eintrag** sind sie **Kannkaufleute (Kaufleute nach dem HGB).**

- **Ohne einen HR-Eintrag** sind sie **Nicht-Kaufleute (Kleingewerbetreibende).**

Lernbereich 11: Rechtsformen

11.1 Die Einzelunternehmung

Begriff	• Der Einzelunternehmer ist **alleiniger** Inhaber (Gesellschafter).
	• Häufigste Unternehmensform
	• Geeignet für kleine bis mittelgroße Unternehmen
Gründung	• **Eine Person** (Einzelunternehmer)
Firma	• Personen-, Sach-, Misch- oder Phantasiefirma mit Zusatz »e. K.«, »e. Kfm.« **(eingetragener Kaufmann)**, »e. Kfr.« **(eingetragene Kauffrau)**
	• HR-Eintrag in **Abteilung A**
Kapitalaufbringung	• Das **Eigenkapital** stellt allein der Inhaber zur Verfügung.
	• Kein vorgeschriebenes Mindestkapital
Haftung	• Der Einzelunternehmer haftet **allein (hohes Risiko!), unbeschränkt (mit Privat- und Geschäftsvermögen) und unmittelbar.**
Kreditwürdigkeit	• **Nicht sehr hoch,** da zur Verfügung stehendes Eigenkapital begrenzt ist.
	• Kreditwürdigkeit hängt v. a. von der persönlichen Zuverlässigkeit, Ehrlichkeit, Erfahrung und den Fähigkeiten des Inhabers ab.
	• Sollte der Inhaber jedoch über ein hohes Privat- und Firmenvermögen verfügen, ist die Kreditwürdigkeit aufgrund der unbeschränkten und unmittelbaren Haftung gut.
Geschäftsführung	• Innenverhältnis: der Inhaber leitet das Unternehmen **alleine.**
Vertretung	• Außenverhältnis: der Inhaber vertritt **alleine** das Unternehmen nach außen (z. B. Abschluss von Kaufverträgen).
Gewinn- und Verlustverteilung	• Der Einzelunternehmer hat das Recht auf den **gesamten Gewinn.**
	• Er muss aber auch den **Verlust alleine tragen.**
Vorteile	• Schnelle Entscheidungen möglich (keine Abstimmungen mit anderen Gesellschaftern nötig)
	• Keine Streitigkeiten in der Unternehmensführung
	• Keine Gewinnteilung
	• Große Entfaltungsmöglichkeit des Einzelunternehmers (kann seine Ideen verwirklichen)
	• Braucht relativ wenig Startkapital
Nachteile	• Alleiniges Risiko, alleinige Haftung
	• Gefahr der Arbeitsüberlastung
	• Begrenzte Kapitalbeschaffungsmöglichkeiten
	• Keine sehr hohe Kreditwürdigkeit, wenn wenig Kapital vorhanden ist

11.2 Die stille Gesellschaft

Begriff	• **Eine oder mehrere Personen** sind an der Unternehmung eines Dritten mit einer **Einlage** beteiligt. • Geeignet für die Beteiligung von Betriebsangehörigen am Unternehmen • Stille Gesellschafter können bei nahezu allen Rechtsformen vorkommen. Vor allem bei Einzelunternehmen (hier als Beispiel gewählt für die weiteren Ausführungen) und Personengesellschaften spielt dies eine Rolle, da neue Teilhaber bzw. Gesellschafter oft eine Haftungsbegrenzung wünschen.
Gründung	• **Mindestens 2 Personen** (Einzelunternehmer und der stille Gesellschafter)
Firma	• **Nach außen** bleibt das Unternehmen eine **Einzelunternehmung**, der **stille Gesellschafter** erscheint **weder** im Firmennamen **noch** im Handelsregister **(reine Innengesellschaft).**
Kapitalaufbringung	• Wie bei einem Einzelunternehmen • Der stille Gesellschafter beteiligt sich mit einer **Einlage.**
Haftung	• Der Unternehmer haftet wie ein Einzelunternehmer (mit Privat- und Geschäftsvermögen). • **Der stille Gesellschafter haftet nur mit seiner Einlage.**
Kreditwürdigkeit	• Siehe Einzelunternehmen • Die stille Einlage erhöht zwar das Firmenkapital, ist jedoch von außen nicht erkennbar.
Geschäftsführung	• **Einzelunternehmer alleine** • Der stille Gesellschafter hat ein **Recht auf Einsicht in die Bilanz zwecks Gewinnfeststellung** (Kontrollrecht!), aber **kein Widerspruchsrecht.**
Vertretung	• **Einzelunternehmer alleine**
Gewinn- und Verlustverteilung	• Vertragliche Vereinbarung (angemessene Verteilung)
Vorteile	• Erhöhung des Kapitals durch Einlage des stillen Gesellschafters • Keine Einschränkung der Handlungsfreiheit des Einzelunternehmers. • Der stille Gesellschafter kann sich an einem erfolgreichen Unternehmen beteiligen und trotzdem sein Haftungsrisiko auf seine Einlage begrenzen.

11.3 OHG (Offene Handelsgesellschaft)

Begriff	• Die OHG ist eine offene Handelsgesellschaft. • Sie zählt zu den **Personengesellschaften.**

Gründung	• Mindestens **zwei Personen**
	• Abschluss eines **Gesellschaftsvertrages:**
	  – Grundsätzlich formfrei, meist wird er aus Beweisgründen schriftlich festgehalten.
	  – Wenn Grundstücke eingebracht werden, ist hierfür eine notarielle Beurkundung notwendig.
	  – Im Gesellschaftsvertrag können von den gesetzlichen Vorschriften des HGB abweichende Vereinbarungen getroffen werden.
	• **Beginn der OHG:**
	  – Im **Innenverhältnis** (unter den Gesellschaftern): mit Inkrafttreten des Gesellschaftsvertrags.
	  – Im **Außenverhältnis** (z. B. zu Lieferanten oder Kunden): mit dem HR-Eintrag. Beginnt die OHG ihre Geschäfte bereits vor dem Eintrag in das HR, so wird die Gesellschaft bereits mit diesem Geschäftsbeginn gegenüber Dritten wirksam.

Firma	• Personen-, Sach-, Misch- oder Phantasiefirma **mit Zusatz »OHG«** • HR-Eintrag in **Abteilung A** • HR-Eintrag hat **deklaratorische = rechtsbezeugende Wirkung**
Kapitalaufbringung	• Keine gesetzlichen Vorschriften • Die im Gesellschaftsvertrag vereinbarte Kapitaleinlage kann in bar, in Sachwerten, usw. eingebracht werden. • Die Einlagen werden zum Gesellschaftsvermögen. • Privatentnahmen sind möglich (4 % der Kapitaleinlage).
Haftung	• **Unbeschränkt** = mit Privat- und Geschäftsvermögen • **Unmittelbar** = jeder Gesellschafter muss direkt einzeln haften (Gläubiger kann sich aussuchen, von wem er Geld will). • **Solidarisch** = gesamtschuldnerisch = jeder haftet für jeden • **Neu in eine OHG eintretende Gesellschafter** haften auch für die Verbindlichkeiten, **die vor ihrem Eintritt** entstanden sind. Sie sollten sich deshalb vorher gut über die finanzielle Lage der OHG informieren. • **Aus einer OHG ausscheidende Gesellschafter** haften noch **fünf Jahre** lang für Verbindlichkeiten, die **vor ihrem Austreten** aus der OHG entstanden sind. Für das Ausscheiden aus der OHG gilt eine Kündigungsfrist von 6 Monaten zum Geschäftsjahresende.
Kreditwürdigkeit	• Aufgrund der unbeschränkten, unmittelbaren und solidarischen Haftung gut.

Wettbewerbsverbot	• Ein OHG-Gesellschafter darf nicht in eine weitere OHG eintreten, die in der **gleichen Branche** tätig ist.
	• Ausnahmen sind nur möglich, wenn die anderen Gesellschafter dem zustimmen.
	• Die übrigen Gesellschafter können bei einem Verstoß Schadenersatz fordern.
Geschäftsführung	• Bei **gewöhnlichen** Geschäften gilt **Einzelgeschäftsführung,** d.h. jeder Gesellschafter kann alleine entscheiden (Beispiel: Einkauf von betriebsüblichen Waren).
	• Bei **außergewöhnlichen** Geschäften gilt **Gesamtgeschäftsführung,** d.h. alle Gesellschafter müssen zustimmen (Beispiel: Kauf eines Grundstücks).
Vertretung	• Bei **gewöhnlichen und außergewöhnlichen** Geschäften gilt **Einzelvertretungsrecht.** Dadurch sollen Geschäftspartner geschützt werden (»Schutz Dritter«).
	• Es gibt jedoch folgende Möglichkeiten, dieses **Einzelvertretungsrecht zu begrenzen:**
	– Ein Gesellschafter kann von der Vertretung ausgeschlossen werden.
	– Es wird eine Gesamtvertretung vereinbart, d.h. alle Gesellschafter können nur gemeinsam vertreten.
	– Ein Gesellschafter vertritt zusammen mit einem Prokuristen.
	• Abweichungen müssen in das HR eingetragen werden!
Gewinn- und Verlustverteilung	• Jeder Gesellschafter erhält **4% Verzinsung auf seinen Kapitalanteil.**
	• Der **Restgewinn** wird **nach Köpfen** verteilt.
	• Der Verlust wird **zu gleichen Teilen** unter den Gesellschaftern aufgeteilt.
	• Im Gesellschaftsvertrag kann jedoch eine von dieser gesetzlichen Regelung abweichende Aufteilung vorgenommen werden.
Vorteile	• Gute Kreditwürdigkeit durch unbeschränkte Haftung
	• Das Risiko wird auf die Gesellschafter verteilt.
	• Mehr Eigenkapital durch Einlagen der Gesellschafter
	• Unterschiedliche Kenntnisse und Fähigkeiten der Gesellschafter ergänzen sich.
	• Arbeitsteilung unter den Gesellschaftern möglich
Nachteile	• Eventuelle Meinungsverschiedenheiten
	• Entscheidungsfreiheit eingeschränkt
	• Die unbeschränkte, unmittelbare und solidarische Haftung birgt ein hohes Risiko.
	• Gewinnteilung

11.4 KG (Kommanditgesellschaft)

Begriff	• Die KG ist eine Kommanditgesellschaft. • Sie zählt zu den **Personengesellschaften.**

Gründung	• Mindestens **zwei Personen,** d. h:
	  – Mindestens ein **Vollhafter (Komplementär)**
	  – Mindestens ein **Teilhafter (Kommanditist)**
	• Abschluss eines **Gesellschaftsvertrages:**
	  – Grundsätzlich formfrei, meist wird er aus Beweisgründen schriftlich festgehalten.
	  – Wenn Grundstücke eingebracht werden, ist hierfür eine notarielle Beurkundung notwendig.
	  – Im Gesellschaftsvertrag können von den gesetzlichen Vorschriften des HGB abweichende Vereinbarungen getroffen werden.
	• **Entstehungsmöglichkeiten der KG:**
	  – Ein Einzelunternehmer (Vollhafter) nimmt einen Teilhafter auf.
	  – Bei der Erstgründung wird eine Entscheidung für die KG getroffen.
	  – Aus einer OHG wird eine KG, da ein Gesellschafter eine beschränkte Haftung will.
	  – Durch einen Erbfall wird aus einer OHG oder einer Einzelunternehmung eine KG, da der Erbe beschränkt haften will.

Firma	• Personen-, Sach-, Misch- oder Phantasiefirma mit **Zusatz »KG«** • HR-Eintrag in **Abteilung A** • HR-Eintrag hat **deklaratorische = rechtsbezeugende Wirkung**
Kapitalaufbringung	• Keine gesetzlichen Vorschriften • Die im Gesellschaftsvertrag vereinbarte Kapitaleinlage kann in bar, in Sachwerten, usw. eingebracht werden. • Die Einlagen werden zum Gesellschaftsvermögen.
Haftung	• Der **Vollhafter einer KG** haftet **wie ein OHG-Gesellschafter,** nämlich **unbeschränkt, unmittelbar und gesamtschuldnerisch.** • **Der Teilhafter** haftet nur **beschränkt mit seiner Kapitaleinlage.** • Die Höhe dieser Kapitaleinlage muss wegen der beschränkten Haftung in das HR eingetragen werden. • Solange ein Teilhafter noch nicht in das HR eingetragen ist, haftet er wie ein Vollhafter, da die beschränkte Haftung stets erst *nach* dem HR-Eintrag gilt.
Kreditwürdigkeit	• Die Kreditwürdigkeit einer KG ist wegen der beschränkten Haftung der Kommanditisten im Vergleich zur OHG geringer.
Rechte und Pflichten der Vollhafter	• Die Komplementäre einer KG haben die gleichen Rechte und Pflichten wie die Gesellschafter einer OHG.

Rechte und Pflichten eines Teilhafters	
Wettbewerbsverbot	• Für Kommanditisten besteht **kein** gesetzliches Wettbewerbsverbot.
Geschäftsführung	• **Kommanditisten sind von der Geschäftsführung ausgeschlossen.** • Sie haben **ein Widerspruchsrecht** lediglich **bei außergewöhnlichen Rechtsgeschäften** (z. B. Grundstückskauf). • Kommanditisten haben **kein Recht auf Privatentnahmen.** • Kommanditisten haben **kein laufendes Kontrollrecht,** aber ein **Informationsrecht,** sie können z. B. eine Abschrift der Bilanz anfordern oder Einsicht in die Geschäftsbücher verlangen.
Vertretung	• **Kommanditisten sind grundsätzlich nicht zur Vertretung der KG ermächtigt.** • Die KG wird durch die Vollhafter vertreten. • Es ist jedoch möglich, einem oder mehreren Kommanditisten Handlungsvollmacht oder Prokura zu erteilen.
Gewinn- und Verlustverteilung	• Die Voll- und Teilhafter erhalten zunächst **4 % Verzinsung auf ihren Kapitalanteil.** • Der Restgewinn wird in einem »**angemessenen**« Verhältnis aufgeteilt. • Ebenso wird der Verlust in einem »**angemessenen**« Verhältnis der Kapitalanteile aufgeteilt. • Im Gesellschaftsvertrag sollte die Verteilung eindeutig geregelt werden.
Vorteile	• Leichtere Kapitalbeschaffung durch Aufnahme von Kommanditisten (erbringen Kapitaleinlage ohne große Mitspracherechte) • Haftungsbeschränkung bei Kommanditisten • Für Vollhafter: Kommanditisten haben keinen wesentlichen Einfluss auf Geschäftsführung. • Keine Mitarbeitspflicht für Kommanditisten • Höhere Kreditwürdigkeit als bei GmbH (nur beschränkte Haftung)
Nachteile	• Eventuelle Meinungsverschiedenheiten • Entscheidungsfreiheit eingeschränkt • Gewinnteilung • Hohes Risiko für Vollhafter

11.5 GmbH & Co. KG

Begriff	• Die GmbH & Co. KG ist eine **Kommanditgesellschaft,** deren **persönlich haftender Gesellschafter** eine **GmbH** ist. • Im typischen Fall sind die Gesellschafter der GmbH gleichzeitig die Kommanditisten der KG. • Die GmbH & Co. KG zählt zu den **Personengesellschaften.**
Gründung	• In die KG tritt eine GmbH als Vollhafter ein.
Firma	• **Name der GmbH** (= Komplementär) und **Zusatz »& Co. KG«** • Personen-, Sach-, Misch- oder Phantasiefirma möglich • HR-Eintrag **in Abteilung A**
Kapitalaufbringung	• Siehe KG
Haftung	• Die **GmbH** haftet als **Komplementär mit ihrem gesamten Vermögen.** • Die **Kommanditisten** haften **beschränkt mit ihrer Kapitaleinlage.**
Kreditwürdigkeit	• Aufgrund der beschränkten Haftung nicht sehr hoch.
Geschäftsführung	• Der Komplementär, nämlich die GmbH, übernimmt die Geschäftsführung. Als juristische Person handelt die GmbH durch **die Geschäftsführer der GmbH.**
Vertretung	• Die GmbH vertritt als Komplementär die GmbH & Co. KG nach außen. Als juristische Person handelt die GmbH durch die **Geschäftsführer der GmbH.**
Gewinn- und Verlustverteilung	• Siehe KG
Vorteile	• Möglichkeit der Haftungsbeschränkung: Die GmbH als Komplementär haftet unbeschränkt, d. h. als juristische Person in Höhe ihres Gesellschaftsvermögens, also de facto beschränkt. Der Kommanditist haftet beschränkt in Höhe seiner Einlage. • Oft kann in einer KG aufgrund des hohen Haftungsrisikos kein Nachfolger als Komplementär gefunden werden. Eine Umwandlung in eine GmbH & Co. KG löst dieses Problem. • Bringt steuerliche Vorteile mit sich. • Die Eigenkapitalbasis kann durch Aufnahme von Kommanditisten – ohne Geschäftsführungs- und Vertretungsbefugnis – erweitert werden.
Nachteile	• Hoher Arbeitsaufwand, da Bilanz und Gewinn- und Verlustrechnung sowohl für die KG als auch für die GmbH erstellt werden müssen. • Eingeschränkte Kreditwürdigkeit der GmbH & Co. KG im Vergleich zur KG.

11.6 GmbH (Gesellschaft mit beschränkter Haftung)

Begriff	• Die GmbH ist eine Gesellschaft mit beschränkter Haftung. • Sie zählt zu den **Kapitalgesellschaften.**
Gründung	• Mindestens **eine Person** (Teilhafter = Gesellschafter) • **Zur Errichtung der GmbH** ist ein **notariell beurkundeter Gesellschaftsvertrag (= Satzung)** notwendig, der von allen Gesellschaftern unterzeichnet werden muss. • **Inhalte:** Firma, Sitz der Gesellschaft, Gegenstand des Unternehmens, Höhe des Stammkapitals und Höhe der Stammeinlagen der Gesellschafter.
Firma	• Personen-, Sach-, Misch- oder Phantasiefirma **mit Zusatz »GmbH«** • HR-Eintrag in **Abteilung B** • HR-Eintrag hat **konstitutive = rechtserzeugende Wirkung**
Kapitalaufbringung	• **Stammkapital = gezeichnetes Kapital** • Gesellschafter sind mit **Stammeinlagen** am Stammkapital beteiligt **(Mindeststammeinlage: 1,00 €).** • **Das Stammkapital** einer GmbH beträgt **mindestens 25.000,00 €.** • Der im Gesellschaftsvertrag vereinbarte Geschäftsanteil kann in bar, in Sachwerten, usw. eingebracht werden. • Im GmbH-Gesetz wird jetzt statt des Begriffes »**Stammeinlage**« die Bezeichnung »**Nennbetrag der Geschäftsanteile**« verwendet.
Haftung	• **Keine persönliche Haftung** der Gesellschafter für Verbindlichkeiten der GmbH. • **Gesellschafter haften nur beschränkt mit ihrer Stammeinlage.** • Die **beschränkte Haftung** gilt erst **nach dem HR-Eintrag.**
Kreditwürdigkeit	• Aufgrund der beschränkten Haftung nicht sehr hoch.

Organe	Als juristische Person handelt die GmbH durch folgende Organe:
	• **Geschäftsführer → ausführendes Organ**
	  – **Bestellung** durch die Gesellschafterversammlung
	  – Ausscheiden durch **Abberufung** und Kündigung
	  – **Geschäftsführer** der GmbH können **Gesellschafter der GmbH oder andere Personen** sein (auch Kombination möglich).
	• **Gesellschafterversammlung → beschließendes Organ**
	  – Die Gesellschafterversammlung setzt sich aus der Gesamtheit aller Gesellschafter zusammen.
	  – Beschlussfassungen erfolgen grundsätzlich mit der Mehrheit der abgegebenen Stimmen.
	  – Bestellung von Prokuristen und allg. Handlungsbevollmächtigten und des Geschäftsführers.
	• **Aufsichtsrat → kontrollierendes Organ**
	  – Nur bei einer GmbH mit mehr als 500 Arbeitnehmern.
	  – Aufgaben: siehe im Wesentlichen »Aufsichtsrat der AG«

11.6 GmbH (Gesellschaft mit beschränkter Haftung)

Geschäftsführung	• Erfolgt durch die **Geschäftsführer der GmbH**
	• Entstehen für die GmbH durch Pflichtverletzungen der Geschäftsführer Schäden, so haften diese dafür gesamtschuldnerisch (= solidarisch).
Vertretung	• Erfolgt durch die **Geschäftsführer der GmbH**, die **alle gewöhnlichen und außergewöhnlichen** Geschäfte erledigen dürfen.
	• Beschränkungen gegenüber Dritten sind unwirksam.
	• Bei **mehreren Geschäftsführern** gilt **Gesamtvertretung.**
Gewinn- und Verlustverteilung	• Verteilung nach dem Verhältnis der Geschäftsanteile
	• Andere Regelungen im Gesellschaftsvertrag sind möglich.
Vorteile	• Nur geringes Startkapital nötig (25.000,00 €)
	• Beschränkte Haftung
	• Gründung bereits mit einer Person möglich
	• Durch ein enges Verhältnis zwischen Gesellschaftern und Geschäftsführern (oft sind Gesellschafter gleichzeitig Geschäftsführer) gibt es keine Abstimmungsprobleme.
Nachteile	• Geringere Kreditwürdigkeit durch beschränkte Haftung

Die haftungsbeschränkte Unternehmergesellschaft
UG (haftungsbeschränkt)

Die haftungsbeschränkte Unternehmergesellschaft ist eine Einstiegsmöglichkeit in eine GmbH (umgangssprachlich: »Mini-GmbH«). Hierbei handelt es sich aber nicht um eine neue Rechtsform.

Existenzgründer mit nur geringem Eigenkapital können so mit minimalem Stammkapital ein Unternehmen mit beschränkter Haftung gründen.

Gründung mit Musterprotokoll möglich unter folgenden Voraussetzungen:

• maximal 3 Gesellschafter

• ausschließlich Bareinlagen

• nur ein Geschäftsführer geplant

Durch die Einführung von Musterprotokollen werden Gründungen erleichtert und die Gründungskosten gesenkt.

Firma: Sach-, Personen-, Misch- oder Phantasiefirma mit Zusatz »**Unternehmergesellschaft (haftungsbeschränkt)**« oder »**UG (haftungsbeschränkt)**«

HR-Eintrag hat **konstitutive = rechtserzeugende Wirkung.**

Mindeststammkaptial: 1,00 €

Um nach und nach das Stammkapital einer GmbH von 25.000,00 € zu erreichen, **müssen** Rücklagen gebildet werden (»Anspar-GmbH«).

Erreicht das Stammkapital 25.000,00 € (Mindeststammkapital einer GmbH), so kann die UG in eine GmbH umfirmieren oder ihre bisherige Bezeichnung »UG« beibehalten (Grundsatz der Firmenbeständigkeit).

11.7 AG (Aktiengesellschaft)

Begriff	• Die AG ist eine Aktiengesellschaft. • Sie zählt zu den **Kapitalgesellschaften.**
Gründung	• Mindestens **eine Person** (= Aktionär) • Zur **Errichtung der AG** ist ein **notariell beurkundeter Gesellschaftsvertrag (= Satzung)** notwendig. • **Inhalte:** Gründer, bei Nennbetragsaktien der Nennbetrag, bei Stückaktien die Anzahl, eingezahlter Betrag des Grundkapitals, Firma, Sitz der Gesellschaft, usw.
Firma	• Personen-, Sach-, Misch- oder Phantasiefirma **mit Zusatz »AG«** • HR-Eintrag in **Abteilung B** • HR-Eintrag hat **konstitutive = rechtserzeugende Wirkung**
Kapitalaufbringung	• **Gezeichnetes Kapital = Grundkapital** • Die Aktionäre sind mit **ihren Einlagen an dem in Aktien zerlegten Grundkapital** beteiligt. • **Der Mindestnennwert je Aktie beträgt 1,00 €** (Nennwert = aufgedruckter Wert auf der Aktie). • **Das Grundkapital** beträgt **mindestens 50.000,00 €.** • Die im Gesellschaftsvertrag vereinbarte Kapitaleinlage kann in bar oder Sachwerten eingebracht werden.
Rechte der Aktionäre	• Recht auf Teilnahme an der Hauptversammlung • Stimmrecht in der Hauptversammlung • Anspruch auf Anteil am Bilanzgewinn (Dividende) • Recht auf Bezug junger Aktien (Bezugsrecht) • Recht auf Anteil am Liquidationserlös der AG (da Aktionär = Miteigentümer)
Pflichten der Aktionäre	• Leistung der übernommenen Kapitaleinlage • Haftung mit dem Wert der eigenen Aktien
Haftung	• **Keine persönliche Haftung** der Aktionäre für Verbindlichkeiten der AG • **Die Haftung ist auf das Gesellschaftsvermögen der AG beschränkt.** • Die **beschränkte Haftung** gilt erst **nach dem HR-Eintrag.**
Kreditwürdigkeit	• Die Kreditwürdigkeit einer AG ist abhängig von der Höhe des Grundkapitals, da die Haftung darauf beschränkt ist.

11.7 AG (Aktiengesellschaft)

Organe	Als juristische Person handelt die AG durch folgende Organe: • **Vorstand → ausführendes Organ** – **Bestellung** durch den Aufsichtsrat auf 5 Jahre – **Aufgaben:** → Geschäftsführung und Vertretung → Ausführung von Beschlüssen der Hauptversammlung → regelmäßige Unterrichtung des Aufsichtsrates → Jahresabschlüsse → Einberufung einer ordentlichen Hauptversammlung → Vorschlag Gewinnverwendung • **Haupt- bzw. Aktionärsversammlung → beschließendes Organ** – Die Hauptversammlung setzt sich aus der Gesamtheit aller Aktionäre zusammen. – **Aufgaben:** → Wahl des Aufsichtsrates → Entlastung des Vorstands und des Aufsichtsrates → Beschlussfassung über Verwendung des Bilanzgewinns • **Aufsichtsrat → kontrollierendes Organ** – setzt sich zusammen aus Aktionärsvertretern und Arbeitnehmervertretern – Wahl auf 4 Jahre – **Aufgaben:** → Bestellung, Überwachung, Abberufung des Vorstands → Prüfung des Jahresabschlusses, des Lageberichts, usw. → Einberufung einer außerordentlichen Hauptversammlung
Geschäftsführung	• Der **Vorstand** übernimmt die Geschäftsführung. • Hat der Vorstand mehrere Mitglieder, so gilt **Gesamtgeschäftsführung.**
Vertretung	• Der **Vorstand** übernimmt die Vertretung. • Hat der Vorstand mehrere Mitglieder, besteht **Gesamtvertretung.**
Gewinnverteilung	• Die Aktionäre haben ein Anrecht auf **Gewinnbeteiligung (= Dividende)** entsprechend ihren Aktienanteilen.
Vorteile	• Hohe Kapitalaufbringung möglich • Beschränkte Haftung • Unternehmen ist unabhängig vom Wechsel seiner Gesellschafter = Aktionäre. • Geschäftsführung und Vertretung durch Profi-Manager
Nachteile	• Geringe Mitwirkungsrechte für Kleinaktionäre

11.8 Gesellschaft des bürgerlichen Rechts (GbR) = BGB-Gesellschaft

Begriff	• Die GbR ist eine **auf Vertrag beruhende Vereinigung von Personen,** die einen **gemeinsamen Zweck** verfolgen. • Rechtsgrundlage: **BGB**
Gründung	• **Mindestens zwei Personen** (GbR-Gesellschafter) • Abschluss eines **Gesellschaftsvertrages**
Firma	• **Keine Firma,** die GbR führt einen Namen. Dieser wird gebildet aus den Namen aller oder mehrerer Gesellschafter. Zusätze sind zulässig, soweit sie den Geschäftsbetrieb oder das Gesellschaftsverhältnis bezeichnen. • **Kein HR-Eintrag**
Kapitalaufbringung	• Die Gesellschafter müssen gleich hohe Beiträge leisten **(keine Mindestbeiträge, kein Mindestkapital).**
Haftung	• Die Gesellschafter haften **unbeschränkt, unmittelbar und gesamtschuldnerisch.** Anmerkung: – **Unbeschränkt** = mit Privat- und Geschäftsvermögen – **Unmittelbar** = jeder Gesellschafter muss direkt einzeln haften (Gläubiger kann es sich aussuchen, von wem er Geld will) – **Solidarisch = gesamtschuldnerisch** = jeder haftet für jeden
Kreditwürdigkeit	• Sollte ein hohes Privat- und Firmenvermögen vorhanden sein, ist die Kreditwürdigkeit aufgrund der unbeschränkten, unmittelbaren und gesamtschuldnerischen Haftung gut.
Geschäftsführung	• **Die Geschäftsführung steht allen Gesellschaftern zu** (für jedes Geschäft ist die Zustimmung aller Gesellschafter notwendig).
Vertretung	• Soweit einem Gesellschafter nach dem Gesellschaftsvertrag das Recht auf Geschäftsführung zusteht, ist er auch **ermächtigt, die anderen Gesellschafter gegenüber Dritten zu vertreten.**
Gewinn- und Verlustverteilung	• Sind die Anteile am Gewinn und Verlust nicht im Gesellschaftsvertrag bestimmt, so hat jeder Gesellschafter einen gleichen Anteil am Gewinn und Verlust.
Vorteile	• Für die GbR-Gesellschafter gelten die im Vergleich zum Handelsgesetzbuch nicht so strengen Vorschriften des Bürgerlichen Gesetzbuches.
Nachteile	• Hohes Risiko durch die unbeschränkte, unmittelbare und gesamtschuldnerische Haftung.

11.9 Die Partnerschaftsgesellschaft (PG)

Begriff	• Die Partnerschaftsgesellschaft ist eine Rechtsform des **privaten Rechts.** • Angehörige der »**freien**« **Berufe** (z. B. Ärzte, Anwälte, Steuerberater) schließen sich in dieser Rechtsform zur **Berufsausübung** zusammen.
Gründung	• **Mindestens zwei Gesellschafter** (»Partner«) • Schriftlicher Partnerschaftsvertrag • Eintragung in das **Partnerschaftsregister** beim zuständigen Amtsgericht
Firma	• **Keine Firma** • Die Partnerschaft führt einen Namen, der mindestens den **Namen eines Partners,** den Zusatz »**und Partner**« oder »**Partnerschaft**« sowie die **Berufsbezeichnungen** aller in der Partnerschaft vertretenen Berufe enthält (Bsp.: Zahnärzte Dr. Fritz Huber, Dr. Elke Meier Partnerschaft).
Kapitalaufbringung	• Es sind **kein Mindesteigenkapital** und **keine Mindestbeteiligung** der Partner vorgeschrieben.
Haftung	• Die Gesellschafter haften **unbeschränkt, unmittelbar und gesamtschuldnerisch.**
Geschäftsführung	Jeder Partner hat grundsätzlich **Geschäftsführungsrecht:** • **Einzelgeschäftsführung** bei **gewöhnlichen** Rechtsgeschäften • **Gesamtgeschäftsführung** bei **außergewöhnlichen** Rechtsgeschäften
Vertretung	• Jeder Partner hat grundsätzlich **Vertretungsbefugnis** (bei gewöhnlichen **und** außergewöhnlichen Rechtsgeschäften).

11.10 Eingetragene Genossenschaft (eG)

Begriff	• Genossenschaften gelten als **wirtschaftliche Vereine** mit dem **Zweck**, den **Erwerb oder die Wirtschaft ihrer Mitglieder** durch einen gemeinschaftlichen Geschäftsbetrieb zu fördern.
	• **Beispiele:**
	  – Einkaufsgenossenschaften (gemeinsamer Einkauf)
	  – Produktionsgenossenschaften (z. B. Winzergenossenschaften)
	  – Kreditgenossenschaften (z. B. Raiffeisen-Volksbanken)
	• Eine Genossenschaft zählt als wirtschaftlicher Verein weder zu den Personen- noch zu den Kapitalgesellschaften.

Gründung	• Mindestens **drei Personen,** eine unbegrenzt hohe Mitgliederzahl ist möglich • Aufstellen einer **Satzung** (Schriftform: wichtigste Inhalte) • Eintrag in das **Genossenschaftsregister** • Eintrag hat **konstitutive = rechtserzeugende Wirkung**
Firma	• **Sachfirma** mit Zusatz »**eingetragene Genossenschaft**« bzw. »**e G**« (z. B. »Raiffeisen-Volksbank Donauwörth e G«)
Kapitalaufbringung	• Kein vorgeschriebenes Mindestkapital • Genossen sind mit Geschäftsanteilen am Genossenschaftskapital beteiligt
Haftung	• Nur mit dem Vermögen der Genossenschaft

Organe	• Als juristische Person handelt die Genossenschaft durch folgende Organe:
	  – **Vorstand** → **ausführendes Organ**
	  – **Generalversammlung** → **beschließendes Organ**
	  – **Aufsichtsrat** → **kontrollierendes Organ**

Geschäftsführung	• Der **Vorstand** führt die Geschäfte der Genossenschaft.
Vertretung	• Der **Vorstand** vertritt die Genossenschaft nach außen.
Gewinn- und Verlustverteilung	• Verteilung nach Geschäftsanteilen

Prüfungsfragen zu den Lernbereichen 10 und 11:
Unternehmensgründung und Rechtsformen

Prüfung 2006 (aktualisiert)

Fallaufgabe

Unternehmensbeschreibung

Firma	Reitsport-Petz OHG, Turmstraße 54, 82362 Weilheim		
Gesellschafter	Herbert Petz	Kapitaleinlage	800.000,00 €
		Privatvermögen	10.000,00 €
	Sylvia Winter	Kapitaleinlage	300.000,00 €
		Privatvermögen	2,5 Mio. €
	Rita Maller	Kapitaleinlage	100.000,00 €
		Privatvermögen	2 Mio. €
Geschäftsführer	Herbert Petz und Sylvia Winter		
Gegenstand des Unternehmens	Herstellung von Reitbekleidung		
	Handel mit Reitartikeln (Helme, Schuhe, Zubehör usw.)		
Absatz	Versandhandel (Online-Versand sowie Katalogversand)		
Gewinnentwicklung	2011: 235.000,00 €		
	2012: 144.000,00 €		
	2013: 198.000,00 €		
Gewinnverteilung	Herbert Petz und Sylvia Winter: Kapitaleinlage wird mit 10 % verzinst		
	Rita Maller: Kapitaleinlage wird mit 4 % verzinst; Rest nach Köpfen		

Die Gesellschafter sind zunehmend beunruhigt über die Entwicklung der Gewinnsituation. Hinzu kommt, dass einige Unternehmen in der näheren Umgebung der Reitsport-Petz OHG in den letzten Monaten Insolvenz anmelden mussten.

1. Berechnen Sie die Gewinnanteile der einzelnen Gesellschafter für das Jahr 2013 (Rechenweg angeben).

2. Welcher der Gesellschafter hätte im Falle der Insolvenz der Reitsport-Petz OHG das höchste Verlustrisiko? Begründen Sie Ihre Meinung.

Sylvia Winter und Rita Maller sind trotz der noch guten Auftragslage der Reitsport-Petz OHG sehr besorgt über die wirtschaftliche Entwicklung in ihrem geschäftlichen Umfeld. Daher würden sie gerne die Gesellschaftsform wechseln. Herr Petz hat nichts gegen einen Wechsel.

3. Die beiden Gesellschafterinnen Sylvia Winter und Rita Maller wollen ihre Haftung einschränken. Nennen Sie zwei Gesellschaftsformen, die dies ermöglichen. Erklären Sie, welche Auswirkung der Wechsel der Gesellschaftsform nach den gesetzlichen Bestimmungen für die Gesellschafter jeweils auf die Geschäftsführung hätte.

Lösung Prüfung 2006

1. Gewinnverteilung

Gesellschafter	Kapitalverzinsung		Rest	Gewinnanteile
Petz	10 % von 800.000,00 €	80.000,00 €	28.000,00 €	108.000,00 €
Winter	10 % von 300.000,00 €	30.000,00 €	28.000,00 €	58.000,00 €
Maller	4 % von 100.000,00 €	4.000,00 €	28.000,00 €	32.000,00 €
Summe		114.000,00 €	84.000,00 €	198.000,00 €

198.000,00 € − 114.000,00 € = 84.000,00 €

84.000,00 € : 3 Teile = 28.000,00 €

2. Frau Winter hat das größte Haftungsrisiko. Da es sich um eine OHG handelt, haften alle Gesellschafter unbeschränkt, d. h. auch mit dem Privatvermögen. Im Falle einer Insolvenz könnte Frau Winter 2,5 Mio. Privatvermögen zusätzlich zu ihren Kapitaleinlagen verlieren. Dies wären im schlimmsten Fall 2,8 Mio. €. Frau Maller würde maximal 2,1 Mio. € verlieren und Herr Petz 810.000,00 €.

3. Die **Kommanditgesellschaft** würde dies ermöglichen, denn Frau Winter und Frau Maller könnten als Kommanditisten (Haftung beschränkt auf Kapitaleinlage) auftreten. Bei einem Wechsel wäre Frau Winter allerdings nicht mehr Geschäftsführerin, denn Kommanditisten sind von der Geschäftsführung ausgeschlossen. Alleiniger Geschäftsführer wäre demnach Herr Petz als Vollhafter.

Bei der GmbH würden alle Gesellschafter nur mit ihrer Einlage haften. Die Geschäftsführung könnte wie bisher beibehalten werden.

Prüfung 2007

Fallaufgabe

Unternehmensbeschreibung	
Handelsregisterauszug	**HRA 4670** 11.03.2001 Design-Möbel KG, Würzburg
	(Ludwigstraße 20, 97084 Würzburg, Produktion und Vertrieb von Design-Möbelstücken sowie Handel mit Gegenständen zur Raumausstattung). Kommanditgesellschaft. Persönlich haftende Gesellschafter: Müller, Robert, Würzburg, *31.08.1956; Beck, Ralf, Würzburg, *23.06.1956. Beck, Anna, Würzburg, *12.12.1960 ist Kommanditistin.

1. Erläutern Sie zwei Gründe, die die Gesellschafter dazu veranlasst haben könnten, die Rechtsform der KG zu wählen.

Die Gewinn- und Verlustrechnung weist für das Jahr 2008 einen Gewinn von 410.000,00 € aus. Dem Auszug des Gesellschaftsvertrages der Design-Möbel KG ist zu entnehmen:

(...)

§ 3 Einlagen der Gesellschafter

    Robert Müller 650.000,00 €

    Ralf Beck   290.000,00 €

    Anna Beck   400.000,00 €

(...)

§ 5 Gewinn- und Verlustverteilung, Entnahmen

1. Die persönlich haftenden Gesellschafter erhalten für ihre Tätigkeit monatlich eine im Voraus zu bezahlende Vorwegentnahme in Höhe von je 6.000,00 €.

2. Der nach dem Jahresabschluss festgestellte Gewinn (vermindert um die Vorwegentnahme) wird wie folgt verteilt:

    a) Jeder Gesellschafter erhält eine Verzinsung seiner Kapitaleinlage in Höhe von 6 %.

    b) Vom verbleibenden Gewinn erhalten die Vollhafter je zwei Teile, die Teilhafterin einen Teil.

    c) Etwaige Verluste werden im gleichen Verhältnis auf die Gesellschafter verteilt. (...)

2. Führen Sie zwei Überlegungen an, die die Gesellschafter dazu veranlasst haben könnten, die Verteilung des Restgewinns so zu regeln, wie in § 5 (2) b) ausgeführt.

3. Ermitteln Sie die Gewinnanteile der einzelnen Gesellschafter nach erfolgter Vorwegentnahme.

Lösung Prüfung 2007

1. • Frau Beck kann am Erfolg des Unternehmens teilhaben, ohne in der Geschäftsleitung mitarbeiten zu müssen.

• Frau Beck haftet nur mit ihrer Einlage.

• Herr Müller und Herr Beck werden durch die Kommanditistin (Teilhafterin) in ihrer Geschäftsführung und Vertretung nicht eingeschränkt, da Frau Beck von der Geschäftsleitung ausgeschlossen ist.

• Im Falle eines späteren Kapitalbedarfs können problemlos neue Kommanditisten aufgenommen werden, die von der Geschäftsleitung ausgeschlossen sind.

2. Die Vollhafter erhalten jeweils das Doppelte der Teilhafterin, weil sie das unbegrenzte Haftungsrisiko tragen im Vergleich zur Teilhafterin, die nur mit der im Handelsregister eingetragenen Einlage haftet.

Die beiden Vollhafter sind zudem zur Geschäftsführung und Vertretung verpflichtet, d.h. sie haben einen beachtlichen Arbeitsaufwand zu leisten.

3. Gewinnverteilung

Gewinn	410.000,00 €
– Vorwegentnahme (6.000,00 € · 12 Monate · 2 Vollhafter)	144.000,00 €
Verbleibender Gewinn	266.000,00 €

	Einlage in €	Kapital-verzinsung 6 %	Restgewinn	Gewinnanteil je Gesellschafter
Robert Müller	650.000,00 €	39.000,00 €	74.240,00 €	113.240,00 €
Ralf Beck	290.000,00 €	17.400,00 €	74.240,00 €	91.640,00 €
Anna Beck	400.000,00 €	24.000,00 €	37.120,00 €	61.120,00 €
Summe		80.400,00 €	185.600,00 €	266.000,00 €

Nach der Vorwegentnahme und der vorweggenommenen Kapitalverzinsung verbleibt ein Restgewinn von 185.000,00 €, der im Verhältnis 2 : 2 : 1 zu verteilen ist.

1 Gewinnanteil = 185.600,00 € : 5 Teile = 37.120,00 €

Prüfung 2007

Modul

Florian Beck und Gabi Kurz gründen zusammen ein Unternehmen. Gegenstand ist der örtliche Handel mit Geschenkartikeln. Sitz ist die Bahnhofspassage in Nürnberg. Sie bringen jeweils eine Einlage von 15.000,00 € ein. Beide wollen auf keinen Fall mit ihrem Privatvermögen haften.

1. Wählen Sie eine geeignete Unternehmensform und begründen Sie Ihre Wahl.

2. Schlagen Sie eine passende Firma vor und geben Sie an, um welche Art von Firma es sich bei ihrem Vorschlag handelt.

3. Die beiden gehen in Nürnberg zum Gewerbeamt und melden ihr neu gegründetes Unternehmen an. Nennen Sie vier weitere Stellen, die über das neu gegründete Unternehmen informiert werden müssen.

Lösung Prüfung 2007

1. Die geeignete Unternehmensform ist die GmbH, weil bei dieser Unternehmensform die Gesellschafter nur mit dem Geschäftsvermögen haften (keine Haftung mit dem Privatvermögen). Das für die GmbH-Gründung notwendige Stammkapital von 25.000,00 € ist vorhanden, da beide zusammen 30.000,00 € aufbringen.

2. Die Firma der GmbH muss die Bezeichnung »Gesellschaft mit beschränkter Haftung« oder eine allgemein verständliche Abkürzung dieser Bezeichnung enthalten. Die GmbH kann Personen-, Sach-, Fantasie- oder Mischfirma sein. Zum Beispiel:

- Personenfirma: Beck GmbH
- Sachfirma: Spiele & Geschenkartikel GmbH
- Fantasiefirma: Präsi GmbH
- Gemischte Firma: Geschenkartikel Kurz GmbH

3.
- Berufsgenossenschaft
- Finanzamt
- Amtsgericht
- Industrie- und Handelskammer bzw. Handwerkskammer
- Gewerbeaufsichtsamt

Prüfung 2008

Modul

Folgende Statistik liegt Ihnen vor:

Die Rechtsform der Unternehmen
(umsatzsteuerpflichtige Unternehmen in Deutschland 2005)

2,13 Mio	Einzelunternehmen
261.710	OHG, BGB-Gesellschaften
452.950	GmbH
121.650	KG, GmbH & Co. KG
7.260	AG, KGaA
5.360	Genossenschaften
6.120	Öffentliche Betriebe
50.890	Sonstige Rechtsformen
3,04 Mio	**Unternehmen insgesamt**

Quelle: Statistisches Bundesamt

1. Erläutern Sie anhand der Grafik das zahlenmäßige Verhältnis von Kapitalgesellschaften zu den Unternehmen insgesamt.

2. Wählen Sie eine Ihnen bekannte Rechtsform aus der oben abgebildeten Grafik aus und stellen Sie zwei mögliche Gründe dar, warum es in Deutschland in dieser Rechtsform die angegebene Zahl von Unternehmen gibt.

3. Vergleichen Sie die OHG und die KG hinsichtlich der gesetzlichen Regelung zur Vertretung und zur Haftung.

Lösung Prüfung 2008

1. Nur insgesamt 460.210 Unternehmen (AG, KGaA und GmbH) der insgesamt 3,04 Millionen Unternehmen sind Kapitalgesellschaften. Dies sind nur ca. 15 %, wobei daran der Anteil der GmbH wesentlich größer ist als der der AG und KGaA.

2. Gründe für die hohe Zahl der Einzelunternehmen (gut 2/3 aller Unternehmen):
   - Alle betrieblichen Entscheidungen bleiben in der Hand des Eigentümers.
   - Die Gründung eines Einzelunternehmens ist einfach (z.B. kein Mindestkapital erforderlich) und besonders für kleinere Unternehmen geeignet.

3.

	OHG	KG
Vertretung	Jeder Gesellschafter alleine.	Jeder Komplementär alleine.
Haftung	Unmittelbar, unbeschränkt und solidarisch, mit Privat- und Geschäftsvermögen.	Komplementäre haften wie die Gesellschafter der OHG. Kommanditisten haften mit ihrer Einlage.

Prüfung 2009

Modul

Die Bellinda OHG erzielte im letzten Geschäftsjahr 61.400,00 € Gewinn. Sie und Frau Kuhn sind Gesellschafter/innen und teilen sich den Gewinn nach den gesetzlichen Vorschriften auf. Sie berücksichtigen dabei, dass Frau Kuhn eine Einlage von 20.000,00 € und Sie eine Einlage von 15.000,00 € erbracht haben.

1. Ermitteln Sie, wie viel jeder vom Gewinn erhält.

Im letzten Jahr ließ Frau Kuhn den Verkaufsraum für die OHG umbauen. Die Kosten beliefen sich auf 50.000,00 € und wurden noch nicht vollständig bezahlt. Der Gläubiger wendet sich nun direkt an Sie und verlangt von Ihnen die vollständige Begleichung der Schulden.

2. Erläutern Sie, inwieweit Sie verpflichtet sind, die Schulden zu bezahlen.

Lösung Prüfung 2009

1.

	Einlage	4 % Verzinsung der Einlage	Restgewinn nach Köpfen	Gesamtgewinn
Frau Kuhn	20.000,00 €	800,00 €	30.000,00 €	30.800,00 €
Ich	15.000,00 €	600,00 €	30.000,00 €	30.600,00 €
Summe		1.400,00 €	60.000,00 €	71.400,00 €

Restgewinn: 61.400,00 € − 1.400,00 € = 60.000,00 €

2. Ich bin verpflichtet, die gesamten Schulden dem Gläubiger zu bezahlen, da ich als Gesellschafter einer OHG

- unmittelbar hafte, d. h. der Gläubiger kann direkt das Geld von mir verlangen (der Gläubiger kann sich den Gesellschafter aussuchen, von dem er das Geld will),

- solidarisch hafte, d. h. ich hafte für die gesamten Schulden der Gesellschaft (»Jeder haftet für jeden«).

Prüfung 2010

Fallaufgabe

Unternehmensgründung in Bayreuth

Weltberühmt ist Bayreuth, das über 70.000 Einwohner hat, durch die jährlich im Bayreuther Festspielhaus auf dem Grünen Hügel stattfindenden Bayreuther Festspiele, die Gäste aus aller Welt in die Stadt locken.

Susanne Brehm ist dort geboren und aufgewachsen. Sie ist Kauffrau im Einzelhandel und arbeitete jahrelang begeistert als Abteilungsleiterin in der Damenoberbekleidung in einem alteingesessenen Bekleidungsfachgeschäft für die ganze Familie in Bayreuth. In ihren Zuständigkeitsbereich fiel auch der Einkauf. Zum 30. Juni 2010 wurde das Fachgeschäft von den Inhabern aus Altersgründen geschlossen. Von ihren Kunden weiß Frau Brehm, dass die Geschäftsaufgabe eine große Lücke in Bayreuth hinterlassen wird und dass viele ehemalige Kunden nun in die umliegenden Städte fahren werden, um ihrem Modegeschmack entsprechend einkaufen zu können.

Nach reiflicher Überlegung beschließt Susanne, sich ihren langjährigen Traum zu verwirklichen und sich mit ihrer Boutique selbstständig zu machen. Finanzielle Sorgen muss sich Susanne im Moment nicht machen. Ihr wird am 09. Juli 2010 noch eine Abfindung in Höhe von 19.000,00 € überwiesen. Darüber hinaus rechnet sich am 14. Juli 2010 mit einer fälligen Termineinlage in Höhe von 25.000,00 €. Sie wohnt mietfrei in ihrer geerbten Wohnung, Albert-Einstein-Ring 4, 95448 Bayreuth. Den Mietvertrag für die 150 qm Verkaufsräume in der Fußgängerzone von Bayreuth hat sie bereits unterschrieben. Ab 1. August 2010 kann sie dort den Geschäftsbetrieb aufnehmen. Zwei ehemalige Kolleginnen bieten ihre Mitarbeit an. Die eine als Vollzeitkraft, die andere in Teilzeit 12 Stunden wöchentlich.

Susanne will ihre Boutique möglichst schnell eröffnen und möchte daher ein Franchisekonzept übernehmen.

Weitere Informationen zu Frau Brehm und ihrer geplanten Boutique:

Persönliches:	Susanne Brehm
	geb. 18.05.1977, ledig
	deutsche Staatsangehörigkeit
	Tel.: 0173 8967448
Verkaufsräume:	Cosima-Wagner-Str. 2
	95444 Bayreuth
	Tel.: 0921 837150, Fax: 0921 8371533
Fremdkapital:	Kreditangebot der Hausbank über 50.000,00 €, Zinsen 6,5 %

Situation

Bevor Susanne Brehm sich um den Handelsregistereintrag kümmert, meldet sie ihr Gewerbe bei der Stadt Bayreuth an. Füllen Sie für Frau Brehm den Antrag in der Anlage 2 aus.

Anlage

Name der entgegennehmenden Gemeinde	Gemeindekennzahl Betriebsstätte (Sitz)	GewA1

Gewerbe-Anmeldung
nach § 14 GewO oder § 55 c GewO

Bitte vollständig und gut lesbar ausfüllen sowie die zutreffenden Kästchen ankreuzen

Angaben zum Betriebsinhaber

Bei Personengesellschaften (z.B. OHG) ist für jeden geschäftsführenden Gesellschafter ein eigener Vordruck auszufüllen. Bei juristischen Personen ist bei Feld Nr. 3 bis 9 und Feld Nr. 30 und 31 der gesetzliche Vertreter anzugeben (bei inländischer AG wird auf diese Angaben verzichtet). Die Angaben für weitere gesetzliche Vertreter zu diesen Nummern sind ggf. auf Beiblättern zu ergänzen.

1	Im Handels-, Genossenschafts- oder Vereinsregister eingetragener Name mit Rechtsform (ggf. bei GbR: Angabe der weiteren Gesellschafter)	2	Ort und Nr. des Registereintrages

Angaben zur Person

3	Name	4	Vornamen	4a	Geschlecht männl. weibl.

5	Geburtsname (nur bei Abweichung vom Namen)

6	Geburtsdatum	7	Geburtsort und -land

8	Staatsangehörigkeit (en) deutsch andere:

9	Anschrift der Wohnung (Straße, Haus-Nr., PLZ, Ort; freiwillig: e-mail/web)	Telefon-Nr.
		Telefax-Nr.

Angaben zum Betrieb

10	Zahl der geschäftsführenden Gesellschafter (nur bei Personengesellschaften)	
	Zahl der gesetzlichen Vertreter (nur bei juristischen Personen)	

11	Vertretungsberechtigte Person/Betriebsleiter (nur bei inländischen Aktiengesellschaften, Zweigniederlassungen und unselbständigen Zweigstellen)
	Name Vornamen

Anschriften (Straße, Haus-Nr., Plz, Ort)

12	Betriebsstätte	Telefon-Nr.
		Telefax-Nr.
		freiwillig: e-mail/web
13	Hauptniederlassung (falls Betriebsstätte lediglich Zweigstelle ist)	Telefon-Nr.
		Telefax-Nr.
		freiwillig: e-mail/web
14	Frühere Betriebsstätte	Telefon-Nr.
		Telefax-Nr.

15	Angemeldete Tätigkeit - ggf. ein Beiblatt verwenden (genau angeben: z.B. Herstellung von Möbeln, Elektroinstallationen und Elektroeinzelhandel, Großhandel mit Lebensmitteln usw.; bei mehreren Tätigkeiten bitte Schwerpunkt unterstreichen)

16	Wird die Tätigkeit (vorerst) im Nebenerwerb betrieben? Ja Nein	17	Datum des Beginns der angemeldeten Tätigkeit

18	Art des angemeldeten Betriebes Industrie Handwerk Handel Sonstiges

19	Zahl der bei Geschäftsaufnahme tätigen Personen (ohne Inhaber) Vollzeit Teilzeit Keine

Die Anmeldung wird erstattet für	20	Eine Hauptniederlassung	eine Zweigniederlassung	eine unselbständige Zweigstelle
	21	ein Automatenaufstellungsgewerbe	22	ein Reisegewerbe

Grund	23	24	Neuerrichtung/ Übernahme	Neugründung	Wiedereröffnung nach Verlegung aus einem anderen Meldebezirk	Gründung nach Umwandlungsgesetz (z.B. Verschmelzung, Spaltung)
			Wechsel der Rechtsform	Gesellschaftereintritt		Erbfolge/Kauf/Pacht

26	Name des früheren Gewerbetreibenden oder früherer Firmenname

Lösung Prüfung 2010

Anlage

Gewerbe-Anmeldung nach § 14 GewO oder § 55 c GewO — GewA1

Bitte vollständig und gut lesbar ausfüllen sowie die zutreffenden Kästchen ankreuzen

Angaben zum Betriebsinhaber

Bei Personengesellschaften (z.B. OHG) ist für jeden geschäftsführenden Gesellschafter ein eigener Vordruck auszufüllen. Bei juristischen Personen ist bei Feld Nr. 3 bis 9 und Feld Nr. 30 und 31 der gesetzliche Vertreter anzugeben (bei inländischer AG wird auf diese Angaben verzichtet). Die Angaben für weitere gesetzliche Vertreter zu diesen Nummern sind ggf. auf Beiblättern zu ergänzen.

1. Im Handels-, Genossenschafts- oder Vereinsregister eingetragener Name mit Rechtsform (ggf. bei GbR: Angabe der weiteren Gesellschafter)
2. Ort und Nr. des Registereintrages

Angaben zur Person

3	Name	Brehm
4	Vornamen	Susanne
4a	Geschlecht	weibl. ✗
5	Geburtsname (nur bei Abweichung vom Namen)	
6	Geburtsdatum	18 05 1977
7	Geburtsort und -land	Bayreuth, Deutschland
8	Staatsangehörigkeit(en)	deutsch ✗
9	Anschrift der Wohnung	Albert-Einstein-Ring 4, 95448 Bayreuth
	Telefon-Nr.	0173 8967448

Angaben zum Betrieb

10. Zahl der geschäftsführenden Gesellschafter (nur bei Personengesellschaften) / Zahl der gesetzlichen Vertreter (nur bei juristischen Personen)
11. Vertretungsberechtigte Person/Betriebsleiter (nur bei inländischen Aktiengesellschaften, Zweigniederlassungen und unselbständigen Zweigstellen)

Anschriften (Straße, Haus-Nr., Plz, Ort)

12. Betriebsstätte: Cosima-Wagner-Str. 2, 95444 Bayreuth
    - Telefon-Nr.: 0921 837150
    - Telefax-Nr.: 0921 8371533
13. Hauptniederlassung (falls Betriebsstätte lediglich Zweigstelle ist)
14. Frühere Betriebsstätte
15. Angemeldete Tätigkeit: **z.B. Vertrieb von Bekleidung**
16. Wird die Tätigkeit (vorerst) im Nebenerwerb betrieben? Nein ✗
17. Datum des Beginns der angemeldeten Tätigkeit: 01 08 2010
18. Art des angemeldeten Betriebes: Handel ✗
19. Zahl der bei Geschäftsaufnahme tätigen Personen (ohne Inhaber): Vollzeit 1, Teilzeit 1
20. Die Anmeldung wird erstattet für: Eine Hauptniederlassung ✗
21. ein Automatenaufstellungsgewerbe
22. ein Reisegewerbe
23./24. Grund: Neuerrichtung/Übernahme – Neugründung ✗
25. Wechsel der Rechtsform / Gesellschaftereintritt / Erbfolge/Kauf/Pacht
26. Name des früheren Gewerbetreibenden oder früherer Firmenname

Prüfung 2012

Modul (Unternehmensgründung)

Die Informatik-Studentinnen Lara Seitz, Lisa Schwarz und Hanna Stein haben am 2. Januar 20.. die Net-Tuning UG (haftungsbeschränkt) gegründet. Das Unternehmen läuft von Anfang an sehr gut und erwirtschaftet bereits im ersten Jahr einen Gewinn von 16.000,00 €. Davon sind Rücklagen entsprechend den gesetzlichen Mindestvorschriften zu bilden.

Auszug aus dem Protokoll zur Unternehmensgründung vom 02.01.20..

§ 3 Das Stammkapital der Gesellschaft beträgt **1.000,00 EUR** und wird wie folgt übernommen:

Frau **Lara Seitz** übernimmt einen Geschäftsanteil mit einem Nennbetrag in Höhe von **300,00 EUR** (Geschäftsanteil Nr. 1).

Frau **Lisa Schwarz** übernimmt einen Geschäftsanteil mit einem Nennbetrag in Höhe von **200,00 EUR** (Geschäftsanteil Nr. 2).

Frau **Hanna Stein** übernimmt einen Geschäftsanteil mit einem Nennbetrag in Höhe von **500,00 EUR** (Geschäftsanteil Nr. 3).

Die Einlagen sind in Geld zu erbringen, und zwar sofort in voller Höhe, im Übrigen sobald die Gesellschafterversammlung ihre Einforderung beschließt.

§ 4 Die Gewinnverteilung erfolgt nach dem GmbH-Gesetz.

Auszug aus dem GmbH-Gesetz

§ 5 a Unternehmergesellschaft

(1) Eine Gesellschaft, die mit einem Stammkapital gegründet wird, das den Betrag des Mindeststammkapitals nach § 5 Abs. 1 unterschreitet, muss in der Firma abweichend von § 4 die Bezeichnung »Unternehmergesellschaft« (haftungsbeschränkt) oder »UG« (haftungsbeschränkt) führen.

[...]

(3) In der Bilanz des nach den §§ 242, 264 des Handelsgesetzbuchs aufzustellenden Jahresabschlusses ist eine gesetzliche Rücklage zu bilden, in die ein Viertel des um den Verlustvortrag aus dem Vorjahr geminderten Jahresüberschusses einzustellen ist. [...]

[...]

§ 29 Ergebnisverwendung

[...]

(3) Die Verteilung erfolgt nach Verhältnis der Geschäftsanteile. Im Gesellschaftsvertrag kann ein anderer Maßstab der Verteilung festgesetzt werden.

[...]

Berechnen Sie die Gewinnanteile aller Gesellschafterinnen für das Jahr 20.. in Euro.

Lösung Prüfung 2012

Berechnung der gesetzlichen Rücklage:

16.000,00 € · 25 % = 4.000,00 €

Berechnung des zu verteilenden Gewinns:

16.000,00 € − 4.000,00 € = 12.000,00 €

Verteilung des Gewinns nach Anteilen:

Gesellschafter	Stammeinlage	Anteile	Gewinnanteile
Lara Seitz	300,00 €	3	3.600,00 €
Lisa Schwarz	200,00 €	2	2.400,00 €
Hanna Stein	500,00 €	5	6.000,00 €
Gesamt	**1.000,00 €**	**10**	**12.000,00 €**
Gesamtgewinn	12.000,00 €		
Summe der Anteile	10		
Gewinn pro Anteil	1.200,00 €		

Prüfung 2013

Fallaufgabe

Klaus Schön, 44 Jahre alt, ledig, arbeitete bis vor kurzem im Einzelhandel im Regensburger Fotoladen Stiller. Dort absolvierte er bereits seine Ausbildung. Der Ein- und Verkauf von Kameras und Zubehör ist ihm genauso vertraut wie das Erstellen von Abzügen digitaler Bilder in allen Formaten.

Anfang des Jahres hat sich Klaus Schön selbstständig gemacht. Er übernahm in einem Regensburger Wohnviertel ein kleines Fotogeschäft. Für die Waren, wie digitale Fotoapparate und Zubehör, sowie die gesamte Einrichtung bezahlte er eine Ablösesumme von 40.000,00 €. Diese Summe entspricht den in der aktuellen Bilanz ausgewiesenen Werten.

Sein Kerngeschäft ist der Handel mit Kameras und Zubehör sowie der Druck von Bildern in allen Größen. Die Kunden aus der nahen Umgebung bringen ihre Dateien auf einem digitalen Speichermedium und bekommen innerhalb kürzester Zeit ihre Abzüge. Die Kunden schätzen diesen Service vor ihrer Haustüre, da sie sich die Fahrt in die Regensburger Innenstadt sparen. Was er nicht anbietet, ist das Fotografieren von Personen oder auf Veranstaltungen. Die Kunden fragen jedoch immer wieder nach diesen Leistungen.

Das Geschäft von Klaus Schön liegt neben einem Supermarkt, einer Bäckerei, einer Metzgerei und einem Blumenladen. Seit kurzem hat er auch eine Internetadresse. Unter www.fotoladen.de können sich die Kunden informieren und unter info@fotoladen.de Klaus Schön eine E-Mail schreiben. Die Räumlichkeiten des Fotogeschäfts sind nicht groß. Sie bestehen aus einem Verkaufsraum mit der neuesten technischen Ausstattung für den Bilddruck. Ein weiterer Nebenraum, der als Fotostudio eingerichtet ist, wird momentan nicht genutzt.

Klaus Schön hat von Montag bis Freitag von 10:00 Uhr bis 18:00 Uhr für seine Kunden geöffnet. Mit den Umsätzen des Fotogeschäfts ist er zufrieden. Nach Abzug aller Kosten kann er vom erwirtschafteten Gewinn leben. Den Wunsch seiner Kundschaft, das Fotogeschäft auch am Samstag zu öffnen, will er überdenken.

Situation

Klaus Schön sieht Probleme auf sich zukommen, wenn Sabine Bauer und er jeweils auf eigene Rechnung arbeiten würden. Er schlägt Sabine Bauer deshalb vor, dass sie als angestellte Fotografin bei ihm arbeitet und dafür ein festes Gehalt erhält. Sabine Bauer lehnt dies ab.

1. Erläutern Sie zwei mögliche fallbezogene Beweggründe von Sabine Bauer.

Klaus Schön und Sabine Bauer einigen sich auf die Gründung der »Fotoladen Schön GmbH« und übernehmen zu gleichen Teilen die Geschäftsführung. Sabine Bauer bringt ihre Fotoausrüstung im Wert von 10.000,00 € als Einlage ein. Klaus Schön bringt das gesamte Fotogeschäft ein und fordert die gesetzliche Regelung zur Gewinnverteilung.

2. Begründen Sie, warum Klaus Schön auf die gesetzliche Regelung besteht.

Lösung Prüfung 2013

1. Z. B.:
- Sabine Bauer war bisher selbstständig und wäre bei einer Anstellung nun weisungsgebunden. Damit kann sie nicht alle Entscheidungen eigenständig treffen.
- Sabine Bauer erhält ein gewinnunabhängiges, festes Gehalt und kann nicht von steigenden Umsätzen bei guter Auftragslage profitieren.

2. Die gesetzliche Gewinnverteilung sieht vor, dass der Gewinn im Verhältnis der Geschäftsanteile verteilt wird.

Da Klaus Schön 40.000,00 € und Sabine Bauer 10.000,00 € eingebracht haben, würde der Gewinn im Verhältnis 4:1 aufgeteilt werden, obwohl beide sich die Geschäftsführung teilen. Der größeren Kapitalbeteiligung von Klaus Schön am Unternehmen würde damit Rechnung getragen werden.

Prüfung 2014

Fallaufgabe

Die Gesellschafter

Herr Erwin Dämer, wohnhaft in 63739 Aschaffenburg, Bechtholdstraße 45,

Frau Susanne Dämer, wohnhaft in 63739 Aschaffenburg, Yorckstraße 9 und

Herr Markus Dämer, wohnhaft in 63741 Aschaffenburg, Kopernikusstraße 21

verbinden sich zu einer Kommanditgesellschaft und schließen zu diesem Zweck folgenden Gesellschaftsvertrag ab.

§ 1 Zweck der Gesellschaft

(1) Die Gesellschafter gründen eine Kommanditgesellschaft.
(2) Zweck der Gesellschaft ist der Betrieb einer Tennishalle mit sechs Hallentennisplätzen.

§ 2 Firma und Sitz der Gesellschaft

(1) Die Gesellschaft führt die Firma Tennishallen Dämer KG.
(2) Der Sitz der Gesellschaft ist 63739 Aschaffenburg, Sportallee 4.

§ 3 Beginn, Dauer, Geschäftsjahr

(1) Die Gesellschaft beginnt am 01.07.2001 mit unbestimmter Dauer.
(2) Das Geschäftsjahr läuft vom 01.07. eines Jahres bis zum 30.06. des Folgejahres.

§ 4 Gesellschafter, Einlagen

(1) Persönlich haftender Gesellschafter ist Erwin Dämer.
   Kommanditisten sind Susanne Dämer und Markus Dämer.
(2) Erwin Dämer erbringt folgende Einlage: 50.000,00 €
   Susanne Dämer erbringt folgende Einlage: 30.000,00 €
   Markus Dämer erbringt folgende Einlage: 10.000,00 €

(…)

§ 9 Verteilung von Gewinn und Verlust

(1) Die Einlagen aller Gesellschafter gemäß § 4 Abs. 2 des Gesellschaftsvertrages werden mit 5 % verzinst.
(2) An dem danach verbleibenden Gewinn oder Verlust der Gesellschaft sind die Gesellschafter entsprechend ihrer Anteile am Gesellschaftsvermögen gemäß § 4 Abs. 2 des Gesellschaftsvertrages beteiligt.
(3) Eine andere Gewinnbeteiligung kann mit der Mehrheit der Stimmen beschlossen werden.

(…)

Sie sind Mitarbeiterin/Mitarbeiter in der Verwaltung der Tennishallen Dämer KG und verfügen über allgemeine Handlungsvollmacht.

Situation 1

Bei einer Besprechung mit Ihrem Chef am 27.06.20.. bekamen Sie folgenden Auszug aus dem Protokoll der Gesellschafterversammlung vom 25.06.20.. ausgehändigt.

> **TOP 1: Verteilung des Jahresgewinns des letzten Geschäftsjahres**
>
> Die Gesellschafterversammlung beschließt den Jahresgewinn des abgelaufenen Geschäftsjahres von 66.500,00 € wie folgt zu verteilen: Der Komplementär erhält für seine gute Arbeit 8.000,00 € vom Gewinn, der Rest wird entsprechend der Bestimmungen des Gesellschaftsvertrages verteilt.
>
> **TOP 2: Strategische Neuausrichtung**
>
> Neben der rückläufigen Umsatzentwicklung der letzten Jahre waren auch im auslaufenden Geschäftsjahr unvermindert hohe Betriebsausgaben in Höhe von 150.000,00 € zu verzeichnen. Es ist aus diesem Grund angedacht, die Tennishalle in einen Indoor-Spielplatz umzuwandeln. Dafür würden zu den bisherigen Betriebsausgaben sowie den notwendigen Investitionen für den Umbau noch 60.000,00 € an zusätzlichen Personalkosten hinzukommen. Für die Entscheidung zur Umwandlung werden die Unterlagen des Marktforschungsinstitutes Lore herangezogen (siehe Anlage). Auf dieser Grundlage soll bei der nächsten Gesellschafterversammlung am 01.08.20.. eine Entscheidung getroffen werden.

1. Nehmen Sie die Gewinnverteilung gemäß TOP 1 des Protokolls rechnerisch nachvollziehbar vor.

2. Erstellen Sie für den in TOP 2 des Protokolls thematisierten Indoor-Spielplatz eine voraussichtliche Einnahmen-Ausgabenrechnung für das kommende Geschäftsjahr 2014/2015.

Anlage

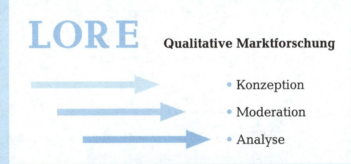

Prognose

Indoor-Spielplatz

Eröffnung/Investitionen		Geplante Eintrittspreise	
Geplante Eröffnung	01.10.20..	Kinder und Jugendliche (bis 17 Jahre)	5,00 €
Notwendige Investitionen für den Umbau	75.000,00 €	Erwachsene (ab 18 Jahre)	8,00 €

Voraussichtliche Besucherzahlen im Prognosezeitraum

Quartal	Erwachsene	Kinder
4. Quartal 2014 (Oktober – Dezember)	7.700	11.800
1. Quartal 2015 (Januar – März)	9.100	12.300
2. Quartal 2015 (April – Juni)	8.200	8.200
3. Quartal 2015 (Juli – September)	3.100	6.000

Lösung Prüfung 2014

1. Anteil Erwin Dämer laut Beschluss (Vorwegentnahme) — 8.000,00 €

Berechnung der Verzinsung der Einlagen

Erwin Dämer	50.000,00 € · 0,05 =	2.500,00 €
Susanne Dämer	30.000,00 € · 0,05 =	1.500,00 €
Markus Dämer	10.000,00 € · 0,05 =	500,00 €
		= 4.500,00 €

Berechnung des Restgewinns

66.500,00 € − 8.000,00 € − 4.500,00 € = 54.000,00 €

Berechnung der Verteilung des Restgewinns entsprechend der Gesellschaftsanteile

Erwin Dämer	5/9 von 54.000,00 €	30.000,00 €
Susanne Dämer	3/9 von 54.000,00 €	18.000,00 €
Markus Dämer	1/9 von 54.000,00 €	6.000,00 €

Berechnung der gesamten Gewinnanteile der Gesellschafter

Erwin Dämer	8.000,00 € + 2.500,00 € + 30.000,00 €	40.500,00 €
Susanne Dämer	1.500,00 € + 18.000,00 €	19.500,00 €
Markus Dämer	500,00 € + 6.000,00 €	6.500,00 €

2. Voraussichtliche Einnahmen durch Erwachsene

4. Quartal 2014	7.700 Besucher · 8,00 €/Besucher	61.600,00 €
1. Quartal 2015	9.100 Besucher · 8,00 €/Besucher	72.800,00 €
2. Quartal 2015	8.200 Besucher · 8,00 €/Besucher	65.600,00 €
Summe		200.000,00 €

Voraussichtliche Einnahmen durch Kinder

4. Quartal 2014	11.800 Besucher · 5,00 €/Besucher	59.000,00 €
1. Quartal 2015	12.300 Besucher · 5,00 €/Besucher	61.500,00 €
2. Quartal 2015	8.200 Besucher · 5,00 €/Besucher	41.000,00 €
Summe		161.500,00 €

Voraussichtliche Einnahmen durch Kinder und Erwachsene

200.000,00 € + 161.500,00 € — 361.500,00 €

Voraussichtliche Ausgaben

150.000,00 € + 60.000,00 € + 75.000,00 € — 285.000,00 €

Berechnung des voraussichtlichen Überschusses

361.500,00 € − 285.000,00 € — 76.500,00 €

Hinweis:

Das 3. Quartal gehört nicht mehr zum entsprechenden Geschäftsjahr (01.07. bis 30.06.).

Prüfung 2014

Modul

Sie arbeiten bei der IHK München und Oberbayern. Ihr Aufgabenschwerpunkt liegt in der Beratung und Betreuung von Existenzgründern. Ihnen liegt folgende E-Mail vor.

Christian Helbig (helbig@eisenkg.de)	
An:	beraterteam@muenchen.ihk.de
Betreff:	Beratungsgespräch vom 28.05.20.. – Existenzgründungsberatung

Sehr geehrte Damen und Herren,

vor zwei Wochen haben meine Geschäftspartnerin Caroline Eisen und ich die »Eisen KG« gegründet. Der Gesellschaftsvertrag, bei dessen Inhalten – wie von Ihnen empfohlen – die gesetzlichen Regelungen zugrunde gelegt wurden, ist unterzeichnet. Auch der Handelsregistereintrag wurde bereits vorgenommen. Da Frau Eisen bereits vorher als Unternehmerin tätig war, hat sie die alleinige Geschäftsführung übernommen. Unsere Zusammenarbeit läuft bestens, allerdings habe ich noch ein paar Fragen.

1. Mich stört, dass ich in der Firma unseres Unternehmens »Eisen KG« nicht vorkomme. Können Frau Eisen und ich die Firma in »Eisen und Helbig« ändern?
2. Weiterhin stört mich, dass Frau Eisen alle Entscheidungen alleine trifft. Darf ich einer Handlung von Frau Eisen nicht widersprechen?
3. Letzte Woche habe ich überraschend 25.000,00 € im Lotto gewonnen. Dieses Geld möchte ich langfristig auf dem Kapitalmarkt anlegen. Momentan laufen die Geschäfte der »Eisen KG« gut – aber das kann sich ja ändern. Müsste ich die 25.000,00 € im Falle einer Insolvenz in die Insolvenzmassen einbringen?
4. Angenommen, ich möchte in ein paar Jahren aus dem Unternehmen aussteigen. Wie kann Frau Eisen das Unternehmen dann fortführen?

Ich bitte Sie um Rückruf. Meine Nummer haben Sie in Ihren Unterlagen.

Mit freundlichen Grüßen

Christian Helbig

Bereiten Sie sich auf das Telefongespräch vor, indem Sie stichpunktartig die Fragen von Herrn Helbig klären.

Lösung

Z.B.:

1. Diese Firma ist nicht zulässig, der Zusatz der Rechtsform KG fehlt.
2. Sie sind Teilhafter: Sie haben kein Widerspruchsrecht bei Entscheidungen, die den gewöhnlichen Betrieb des Handelsgewerbes betreffen; Widerspruchsrecht steht Ihnen nur bei außergewöhnlichen Geschäften zu.
3. Als Teilhafter haften Sie nur mit Ihrer Kapitaleinlage, nicht mit Ihrem Privatvermögen. Sie müssten also im Falle einer Insolvenz nicht mit den 25.000,00 € haften.
4. Eine Fortführung als KG ist für Frau Eisen, sofern kein neuer Teilhafter gefunden wird, nicht möglich. Sie könnte stattdessen als Einzelunternehmung weitermachen.

Lernbereich 12: Unternehmenszusammenschlüsse

12.1 Unterscheidung Kooperation – Konzentration

Kooperation	Konzentration
• wirtschaftlich (teilweise) selbständig • rechtlich selbständig • vertragliche Zusammenarbeit • Beispiel: Kartell	• wirtschaftlich und rechtlich nicht mehr selbstständig • einheitliche Leitung • Beispiele: Konzern, Trust (durch Fusion)

12.2 Kooperationen

Kooperation = Der Begriff steht für **jede** Form der Zusammenarbeit von Unternehmen.

Ziele der Kooperation von Unternehmen:

- Sicherung der Existenz der Unternehmen durch Gewinnerhöhung bzw. Verlustminderung
- Vergrößerung des Marktanteils
- Stärkung der Marktmacht
- größere Kapitalbasis
- Rationalisierung (Kosteneinsparung) durch Arbeitsteilung/Spezialisierung
- gemeinsame Finanzierung großer Aufträge

12.3 Arten der Kooperation

→ **Unternehmen bleiben rechtlich und wirtschaftlich (teilweise) selbstständig (nur Vertragsabsprachen)**

- **Interessengemeinschaften, Arbeitsgemeinschaften** (z.B. ARGE Innenstadt)
- **Konsortium** (z.B. Banken arbeiten bei der Ausgabe von Aktien zusammen, Mautsystem)
- **Kartelle**

12.4 Kartelle

- Kartelle sind **vertragliche Zusammenschlüsse** von Unternehmen (rechtlich selbstständig, wirtschaftlich teilweise unselbstständig)
- **Grundsatz:** Kartelle sind laut **GWB (Gesetz gegen Wettbewerbsbeschränkungen) verboten!**
- **Ausnahmen vom Kartellverbot:** z.B. **Mittelstandskartelle** (mittelständische Unternehmen arbeiten mit dem Ziel der Rationalisierung zusammen).
- **System der Legalausnahme: Unternehmen** entscheiden, ob eine **Freistellung** möglich ist (früher: Bundeskartellamt!), d.h., es gibt **keine anmelde- bzw. genehmigungspflichtigen Kartelle** mehr!
- **Vorteile:** Durch Selbstprüfungssystem höhere Eigenverantwortlichkeit der Unternehmen, weniger Bürokratisierung (Anmeldungen und Anmeldungsprüfungen entfallen).

- **Nachteile:** für das Kartellamt verringert sich der Marktüberblick (da keine Anmeldungen mehr nötig), erhöhte Rechtsunsicherheit für Unternehmen, da sie auf eigenes Risiko feststellen müssen, ob sie gegen das Kartellverbot verstoßen. Verbotene Kartelle sind kartellrechtswidrig und somit nichtig; bei Kartellverstößen drohen Bußgelder und Schadenersatzansprüche.

- **Voraussetzungen für eine Freistellung**
  - Verbraucherbeteiligung am Gewinn
  - wirtschaftlicher Nutzen (Effizienzgewinn)
  - keine Wettbewerbsausschaltung
  - nur kartellbezogene Auflagen (Unerlässlichkeit)

  Kurzgefasst: Für eine Freistellung muss folgende Frage beantwortet werden:

  Sind die positiven Wirkungen für die kooperierenden Unternehmen, für den Wettbewerb insgesamt und damit für den Verbraucher größer als die Wettbewerbseinschränkung?

  → Antwort ja: »gutes Kartell« → erlaubt ohne Genehmigung = Legalausnahme

  → Antwort nein: »böses Kartell« → verboten und damit nichtig (evtl. Strafen)

Aufgaben des Bundeskartellamtes:

- **Missbrauchsaufsicht:** Verhinderung des Missbrauchs einer marktbeherrschenden Stellung.

- **Fusionskontrolle:** Anzeigepflicht von Unternehmenszusammenschlüssen (Kartellamt untersagt Fusion, wenn marktbeherrschende Stellung entsteht oder verstärkt wird).

- **Negativtests:** bei Rechtsunsicherheit wegen einer geplanten Zusammenarbeit, können Unternehmen beim Kartellamt einen »Negativtest« beantragen. Nach Antragsprüfung und Entscheidung stellt das Kartellamt eine Bescheinigung aus (»Kein Anlass zum Tätigwerden«), das Kartell wird somit zugelassen.

12.5 Einteilung von Unternehmen nach ihrer rechtlichen und wirtschaftlichen Selbstständigkeit

→ **Unternehmen bleiben rechtlich selbstständig, verlieren aber ihre wirtschaftliche Selbstständigkeit**

- **Konzerne** sind verbundene Unternehmen.

- **Arten:**
  - → **Unterordnungskonzern:** Tochtergesellschaften sind unter Leitung der Muttergesellschaft.
  - → **Gleichordnungskonzern:** einheitliche Leitung, aber ansonsten gleichrangig und unabhängig.

- **Formen können sein:**
  - → **horizontale** Zusammenschlüsse: **gleiche Wirtschaftsstufe**, z. B. Einzelhandel + Einzelhandel

    Ziel: eigene Marktposition stärken

  - → **vertikale** Zusammenschlüsse: **unterschiedliche, aufeinander folgende Wirtschaftsstufen,** z. B. Einzelhandel + Großhandel

    Ziel: Sicherung von Beschaffung und Absatz

  - → **diagonale/anorganische** Zusammenschlüsse: **völlig unterschiedliche Branchen,** z. B. Brauerei + Textilfabrik

    Ziel: Branchenrisiko ausgleichen

→ **Unternehmen verlieren ihre rechtliche und wirtschaftliche Selbstständigkeit**

- **Trusts entstehen durch:**
  - → **Fusion** (Verschmelzung) durch Aufnahme: stärkeres Unternehmen kauft schwächeres auf.
  - → **Fusion** durch Neubildung: zwei Unternehmen bilden gemeinsam ein völlig neues Unternehmen.

- **Trusts können sein:**
  - → **horizontale** Zusammenschlüsse: **gleiche Wirtschaftsstufe,** z. B. Einzelhandel + Einzelhandel
  - → **vertikale** Zusammenschlüsse: **unterschiedliche, aufeinander folgende Wirtschaftsstufen,** z. B. Einzelhandel + Großhandel
  - → **diagonale/anorganische** Zusammenschlüsse: **völlig unterschiedliche Branchen,** z. B. Brauerei + Textilfabrik

12.6 Vor- und Nachteile von Kooperationen

Vorteile	Nachteile
• durch gemeinsamen Großeinkauf günstigere Einkaufspreise/Konditionen	• schlechtes Betriebsklima aus Angst vor Personalabbau
• Einsparungen durch gemeinsames Vertriebsnetz, gemeinsame Werbung	• Unternehmenskulturen passen nicht zusammen.
• Rationalisierung durch Arbeitsteilung/Spezialisierung	• Ein Partner könnte mit riskanten oder verlustreichen Geschäften aus der Vergangenheit belastet sein (z. B. BMW – Rover, Daimler – Chrysler bzw. Mitsubishi).
• Vergrößerung des Marktanteils	
• größere Kapitalbasis (bei wirtschaftlicher Kooperation) → mehr Eigenkapital und dadurch höhere Kreditwürdigkeit	

12.7 Auswirkungen der Unternehmenskonzentration (= Machtzusammenballung)

Vorteile:	Gefahren:
• Wettbewerbsdruck nimmt ab	• Einschränkung des Wettbewerbs
• Rationalisierungsdruck geringer	• höhere Preise für Verbraucher
→ Vorteile für die Unternehmen!	• kleinere Unternehmen werden verdrängt
	• unproduktive Unternehmen bleiben auf dem Markt
	• weniger Erfindungen/Innovationen
	• geringere Investitionsneigung
	• ungerechte Einkommens- und Vermögenskonzentration bei den Unternehmen
	• Gefahr des Missbrauchs wirtschaftlicher Macht
	• evtl. Einflussnahme auf politische Entscheidungen

Prüfungsfragen zum Lernbereich 12:
Unternehmenszusammenschlüsse

Prüfung 2009

Fallaufgabe

Firma	Exklusiv Möbel OHG		
Geschäftssitz	Bothengasse 3, 83395 Freilassing		
Gegenstand des Unternehmens	Herstellung von maßgefertigten und hochwertigen Möbeln aus Eichenholz speziell nach Kundenwünschen.		
Vertriebswege	Einzelhandel und Direktvertrieb an Endverbraucher.		
Lieferanten	Holz-Schmidt OHG Lindenweg 2 85467 Niederneuching	Berger KG Friedhofweg 12 90429 Nürnberg	Faber Glas GmbH Bothengasse 5 83395 Freilassing
	vertreibt ausschließlich Eichenholz.	liefert Schrauben und Nägel.	stellt hochwertige Glaselemente her.

Auf der letzten Gesellschafterversammlung wurden die folgenden strategischen Ziele der Exklusiv Möbel OHG beschlossen:

1. Weitere Kostensenkungen im Einkauf für alle Roh-, Hilfs- und Betriebsstoffe.
2. Einstieg in den Wachstumsmarkt »Billigmöbel«.
3. Ausweitung der Vertriebswege.

Diese Ziele sollen unter anderem durch Kooperation mit anderen Wettbewerbern erreicht werden. Die unten aufgeführten Unternehmen haben bereits Interesse gezeigt.

	Schreinerei Meister e.K. Berchtesgaden	Woode GmbH Schweinfurt	Eber GmbH Bad Reichenhall
Unternehmensgründung	1977	1993	1912
Umsatz im Vorjahr	5,6 Mio. €	62,4 Mio. €	22,3 Mio. €
Entfernung von Freilassing	33 km	430 km	20 km
Produktionsprogramm	Herstellung von exklusiven und hochwertigen Möbeln speziell nach Kundenwünschen.	Herstellung von einfach gefertigten und preiswerten Möbeln ohne Anpassung an spezielle Kundenwünsche; v. a. »Junges Wohnen«.	Herstellung von hochwertigen Möbeln nach Kundenwunsch; Massenherstellung von preisgünstigen Standardmöbeln.
Verarbeitete Hölzer	Buche, Eiche, Ahorn.	Fichte, Kiefer.	Fichte, Kiefer, Eiche, Kirsche, Ahorn, Eibe.

	Schreinerei Meister e. K. Berchtesgaden	**Woode GmbH Schweinfurt**	**Eber GmbH Bad Reichenhall**
Kunden und Vertriebswege	Ausschließlich Direktvertrieb an Kunden rund um Berchtesgaden. Hohe Kundenzufriedenheit mit der Qualität der Möbel.	Einzelhandel in ganz Deutschland.	Hochwertige Möbel: Direktvertrieb. Standardmöbel: Einzelhandel, Großhandel.
Derzeitige Lieferanten	Holz: Holz-Schmidt OHG (Eiche), Holz-Tenner e. K. (restliche Hölzer) Schrauben: Berger KG	Holz: Holzland-Niemeyer Schrauben: Abel e. K.	Holz: Zur Eber GmbH gehört ein Holzhandel; von dort werden alle Hölzer firmenintern bezogen. Schrauben: Wührl e. K.

1. Führen Sie für jedes Unternehmen an, welche strategischen Ziele im Fall einer Kooperation für die Exklusiv Möbel OHG erreicht werden könnten und welche nicht. Empfehlen Sie begründet, mit wem die Exklusiv Möbel OHG kooperieren sollte.

2. Geben Sie zwei weitere Aspekte an, die für eine Kooperation mit dem von Ihnen empfohlenen Unternehmen sprechen.

Lösung Prüfung 2009

1.

Partner	Ziel 1	Ziel 2	Ziel 3	Empfehlung
Schreinerei Meister e. K.	Ziel 1 wird erreicht. Gemeinsamer Lieferant für Rohstoffe, dort Bezug gleicher Hölzer. Gemeinsamer Lieferant für Schrauben (gleiche Ware).	Ziel 2 wird nicht erreicht. Kein Einstieg in den Billigmarkt, da ausschließlich exklusive Möbel hergestellt werden.	Ziel 3 wird nicht erreicht. Keine anderen Vertriebskanäle, es wird ausschließlich direkt an Kunden verkauft.	Zielgruppe ist zu sehr regional begrenzt. Es wird nur ein Ziel erreicht.
Woode GmbH	Ziel 1 wird kaum erreicht. Die Woode GmbH verarbeitet derzeit kein Eichenholz, die Exklusiv Möbel GmbH dagegen fertigt nur mit Eichenholz. Man muss einen gemeinsamen Lieferanten finden, der die benötigten Hölzer handelt.	Ziel 2 wird erreicht. Die Woode GmbH fertigt ausschließlich Billigmöbel, v. a im Bereich »Junges Wohnen«.	Ziel 3 wird nicht erreicht. Die Woode GmbH beliefert ausschließlich den Einzelhandel und benutzt keine anderen Vertriebswege wie die Exklusiv Möbel OHG.	Es gibt weder einen gemeinsamen Lieferer noch weitere Vertriebswege. Es wird nur ein Ziel erreicht.

Eber GmbH	Ziel 1 wird nicht erreicht. Eber kauft keine Hölzer ein, sondern bezieht diese firmenintern.	Ziel 2 wird erreicht. Eber stellt auch »Billigmöbel« her.	Ziel 3 wird erreicht. Eber beliefert auch den Großhandel.	Eine Kooperation mit der Eber GmbH ist zu empfehlen, da zwei Ziele erreicht werden können.

2. • Gründungsjahr 1912: verlässliches Traditionsunternehmen
   • Entfernung 20 km: kurze Wege für persönliche Treffen

Prüfung 2011

Fallaufgabe

Unternehmensbeschreibung	
Firma	Schloss-Apotheke Rudolf Krämer e.K.
Firmensitz	Schlossgasse 28 63739 Aschaffenburg
Öffnungszeiten	Montag bis Freitag von 08:00 Uhr bis 18:00 Uhr Samstag von 09:00 Uhr bis 13:00 Uhr
Inhaber	Apotheker Rudolf Krämer
Informationen zum Unternehmen	Die Schlossapotheke, die sich in der Innenstadt von Aschaffenburg (ca. 70.000 Einwohner) befindet, wurde 1962 gegründet. Seit Januar 2005 wird die Schlossapotheke durch den Apotheker Rudolf Krämer geführt.
Marktsituation	Da die Schlossapotheke schon seit fast 50 Jahren im Dienste der Gesundheit tätig ist, kann sie auf einen großen Stammkundenkreis blicken. 50 % der Stammkunden wohnen nicht weiter als drei Kilometer von der Apotheke entfernt. Zwar lag der Jahresumsatz 2010 mit 1.406.000,00 € im bundesweiten Durchschnitt, der Apothekenmarkt in Aschaffenburg und generell in Deutschland ist derzeit jedoch sehr umkämpft.

Situation

Bei einer Seminarveranstaltung wird Herr Krämer von der Leiterin der Schönbusch-Apotheke, Frau Sturm, angesprochen.

Frau Sturm: »Guten Tag, Herr Krämer. Wie läuft es in Ihrer Apotheke?«

Herr Krämer: »Die Geschäfte laufen eigentlich ganz gut. Seit wir neue Verträge mit der ANZIG-Arzneigroßhandels AG geschlossen haben, kaufen wir zu besten Konditionen ein. Was mir ein wenig zu schaffen macht, ist das Thema Qualitätsmanagement nach DIN ISO 9000. An diesem Thema kommen wir einfach nicht mehr vorbei, haben aber nicht die fachliche Kompetenz und müssen wahrscheinlich nächstes Jahr für viel Geld einen Berater engagieren.«

Frau Sturm: »Ja, ja, da kann ich ein Lied davon singen, aber das haben wir erfreulicherweise jetzt sehr gut gelöst. Wie wirkt sich bei Ihnen eigentlich die Neueröffnung der Medicum-Apotheke aus? Die ist ja in unmittelbarer Nachbarschaft bei Ihnen, oder?«

Herr Krämer: »Hören Sie bloß auf! Wir spüren in letzter Zeit vermehrt den Weggang von Stammkunden zur Medicum-Apotheke. Die machen das aber auch ganz geschickt mit ihren Wellness-Angeboten, Gesundheitskursen und medizinischen Beratungen. Wir haben auch schon lange die Idee, in diesem Bereich etwas zu machen, aber uns fehlt einfach die Zeit.«

Frau Sturm: »Da habe ich einen Tipp für Sie. Seit einem halben Jahr bin ich Mitglied bei dem so genannten A+ Apotheken e.V., einem Kooperationssystem für Apotheken. Zufällig habe ich die Unterlagen dabei. Die können Sie sich ja mal anschauen.«

Herr Krämer studiert die Unterlagen (siehe Anlage) des A+ Apotheken e.V.

1. Herr Krämer überdenkt, welche Bausteine aus dem Dienstleistungsspektrum des A+ Apotheken e.V. bei einem Budget von 25.000,00 € für ihn in Frage kämen. Wählen Sie aus und begründen Sie für jeden Baustein Ihre Entscheidung.

2. Ferner möchte Herr Krämer wissen, welche Auswirkungen eine Mitgliedschaft bei dem A+ Apotheken e.V. auf die rechtliche und wirtschaftliche Selbstständigkeit seiner Unternehmung hat. Erklären Sie dies ausführlich.

Anlage

Was A+ Apotheken e.V. Ihnen bietet:

Allgemeine Serviceleistungen:
Wir bieten ein bundesweites Netzwerk von Apothekern für Apotheker und eine starke Interessensvertretung innerhalb der Landesapothekerverbände.
Sie können bedarfsgenaue Baustein-Leistungen im Bereich Beschaffung, Qualitätsmanagement und Marketing individuell abrufen.

Baustein 1: Gemeinsamer Großhandel und Einkaufspool mit speziellen Gruppenkonditionen
Ein exklusiver Bezug von Medikamenten und Hilfsmitteln über den an die A+ Apotheken-Zentrale angeschlossenen Pharma-Großhandel ermöglicht eine umfassende Versorgung mit dem kompletten Apothekensortiment.

Baustein 2: Qualitätsmanagement nach DIN ISO-Norm
Nach außen hin beweisen wir Kompetenz auf hohem Niveau durch ein gemeinsames Gruppen-Qualitätsmanagementsystem nach der aktuellen DIN ISO-Norm und regelmäßige regionale Fortbildungen. Strukturierte interne Reflexion und Beratung durch unabhängige Experten stärken unseren Verbund.

Baustein 3 a: Marketinggrundpaket
Um Sie bei der Kundenansprache zu unterstützen, erstellen die A+ Apotheken-Marketingexperten für alle Partner-Apotheken ein integriertes Marketing-Konzept mit wechselnden Schwerpunktthemen. Der Marketing-Mix beinhaltet folgende Maßnahmen: Ein Kundenmagazin, nationale Anzeigen sowie TV-Werbekampagnen für alle A+ Apotheken, in denen die Vorzüge der Apotheken in unserem Netzwerk hervorgehoben werden.

Baustein 3 b: Regionales Marketing (nur zusammen mit dem Marketinggrundpaket)
Zusätzlich zum überregional angelegten Marketingkonzept ermöglichen wir Ihnen auch regionale Werbe- und Promotionskampagnen. Mehrere A+ Apotheken einer Region können sich zusammenschließen und so in der näheren Umgebung ihrer Apotheken gezielte Maßnahmen, wie z.B. die Durchführung von Gesundheits- und Wellnessangeboten, Anzeigen oder Radiospots bei Lokalsendern, schalten.

Baustein 4: Innenarchitektur/Warenpräsentation
Welche Raumgestaltung und die damit verbundene Ladenatmosphäre für Ihren Standort die beste ist, wie Sie die »Erlebniswelt« einer Präsenzapotheke besonders herausstellen können und wie Sie Flyer, Broschüren etc. am Geschicktesten platzieren, dazu beraten Sie unsere Marketingprofis gerne individuell.

Gebührenübersicht A+ Apotheken-Bausteine

Grundgebühr: 500,00 €/Jahr

Baustein 1:

Gemeinsamer Großhandel und Einkaufspool mit speziellen Gruppenkonditionen — 0,4 % des letztjährigen Jahresumsatzes

Baustein 2:

Qualitätsmanagementsystem nach DIN ISO-Norm — 0,4 % des letztjährigen Jahresumsatzes

Baustein 3 a:

Marketinggrundpaket **ohne** regionales Marketing — 0,5 % des letztjährigen Jahresumsatzes

Baustein 3 b:

Marketinggrundpaket **mit** regionalem Marketing — 1,3 % des letztjährigen Jahresumsatzes

Baustein 4:

Innenarchitektur/Warenpräsentation — 0,3 % des letztjährigen Jahresumsatzes

Auszug aus der Vereinssatzung der A+ Apotheken e.V.

§ 1 Name und Sitz

(1) Der Name des Vereins lautet »A+ Apotheken e.V.«.

(2) Sitz und Gerichtsstand ist Fulda.

§ 2 Zweck des Vereins

Der Zweck des Vereins ist die Förderung und Koordinierung von beruflichen, wirtschaftlichen und sonstigen gemeinsamen Interessen der Mitglieder. Er soll die freie, selbstständige und inhabergeführte Apotheke stärken und erhalten. Ziele sind insbesondere:

- Die Förderung der Fortbildung der Inhaber und Mitarbeiter der Mitgliedsapotheken,
- die politische Interessensvertretung der selbstständigen, inhabergeführten Apotheke im Allgemeinen und der Mitgliedsapotheken im Besonderen,
- die Verbesserung der wirtschaftlichen Situation der Mitgliedsapotheken.

§ 3 Erwerb der Mitgliedschaft

(1) Die Mitgliedschaft im Verein kann auf schriftlichen Antrag jede voll geschäftsfähige, natürliche Person erwerben, die Inhaber einer Apotheke und gewillt ist, den Vereinszweck zu fördern.

(2) Vetoverfahren

Liegt eine Apotheke des beitrittswilligen Bewerbers in einer entstehenden Region, dann hat jedes Vorstandsmitglied und jedes Mitglied, das in dieser Region seine Hauptapotheke betreibt, ein Vetorecht bei der Neuaufnahme.

§ 4 Rechte und Pflichten der Mitglieder

Jedes Mitglied verpflichtet sich zu einer Beitragszahlung (Grundbeitrag + Modulbeiträge) in jedem Kalenderjahr. Näheres regelt die Beitragsordnung.

§ 5 Beendigung der Mitgliedschaft

(1) Die Mitgliedschaft endet durch freiwilligen Austritt, Ausschluss oder Tod.

(2) Der Austritt erfolgt durch schriftliche Erklärung gegenüber dem Vorstand. Hierbei ist eine dreimonatige Kündigungsfrist zum Quartalsende einzuhalten. Einvernehmlich kann eine kürzere Frist vereinbart werden.

(3) Ein Mitglied kann jederzeit mit sofortiger Wirkung aus dem Verein ausgeschlossen werden, wenn es gegen die Interessen des Vereins verstößt oder ein sonstiger wichtiger Grund vorliegt, der die Fortsetzung des Mitgliedschaftsverhältnisses für den Verein unzumutbar macht.

Lösung Prüfung 2011

1. Bei der Auswahl der Bausteine ist zu beachten, dass das Budget von 25.000,00 € nicht überschritten wird. Letztjähriger Jahresumsatz: 1.406.000,00 €.

Bausteine	Kosten in % des Jahresumsatzes	absolute Kosten	empfohlene Auswahl z. B.
Baustein 1: Einkauf	0,4 %	5.624,00 €	
Baustein 2: QMS	0,4 %	5.624,00 €	5.624,00 €
Baustein 3a: Marketinggrundpaket	0,5 %	7.030,00 €	
Baustein 3b: Marketinggrundpaket + regionales Marketing	1,3 %	18.278,00 €	18.278,00 €
Baustein 4: Innenarchitektur/ Warenpräsentation	0,3 %	4.218,00 €	
Grundgebühr		500,00 €	500,00 €
Gesamt		41.274,00 €	24.402,00 €

Begründung der Auswahl:

Z. B.

- Das Modul Einkauf wird nicht gewählt, da Herr Krämer erst vor Kurzem gute Verträge mit der ANZIG AG geschlossen hat.

- Höchste Priorität besteht jedoch im Bereich Qualitätsmanagement und auch das Regionalmarketing besitzt durch die Neueröffnung einer weiteren Apotheke in unmittelbarer Nähe eine hohe Bedeutung für Herrn Krämer. Da das regionale Marketing an das Marketinggrundpaket gekoppelt ist, muss das Gesamtpaket gewählt werden, so dass das Kontingent von 25.000,00 € nun beinahe erschöpft ist.

- Zwar wäre auch eine vernünftige Warenpräsentation und die Gestaltung der Verkaufsräume wichtig für die Gewinnung von Kunden, ist aber als nachrangig gegenüber Qualitätsmanagement und Regionalmarketing einzustufen und kann somit aus Kostengründen nicht mehr berücksichtigt werden.

2. Rechtliche Selbstständigkeit:

Lediglich der Inhaber der Schloss-Apotheke wird Mitglied im Verein A+ Apotheken e.V. Die Vertretung der Interessen der Mitgliedsapotheken beeinträchtigt die rechtliche Selbstständigkeit der Unternehmung nicht.

Wirtschaftliche Selbstständigkeit:

Sie wird nur teilweise beeinträchtigt. So müssen Mitgliedsbeiträge und Gebühren für die Bausteine bezahlt werden. Hat sich der Inhaber der Schloss-Apotheke erst einmal für die Teilnahme an Bausteinen entschieden, so ist der Inhaber nicht völlig frei von Einkaufs-, Marketing- oder Qualitätsentscheidungen der Zentrale der A+ Apotheken e.V. Ebenso besteht gerade im Bereich des Regionalmarketings die Gefahr der Verwechselbarkeit mit dem Mitbewerber, wenn z. B. die andere Apotheke in unmittelbarer Nähe ebenfalls dem Verbund beitritt und mit dem gleichen Marketingkonzept auftritt. Dem steht jedoch das Vetorecht gegen einen Beitritt von unliebsamen Wettbewerbern entgegen.

Prüfung 2013

Fallaufgabe

Klaus Schön, 44 Jahre alt, ledig, arbeitete bis vor kurzem im Einzelhandel im Regensburger Fotoladen Stiller. Dort absolvierte er bereits seine Ausbildung. Der Ein- und Verkauf von Kameras und Zubehör ist ihm genauso vertraut wie das Erstellen von Abzügen digitaler Bilder in allen Formaten.

Anfang des Jahres hat sich Klaus Schön selbstständig gemacht. Er übernahm in einem Regensburger Wohnviertel ein kleines Fotogeschäft. Für die Waren, wie digitale Fotoapparate und Zubehör, sowie die gesamte Einrichtung bezahlte er eine Ablösesumme von 40.000,00 €. Diese Summe entspricht den in der aktuellen Bilanz ausgewiesenen Werten.

Sein Kerngeschäft ist der Handel mit Kameras und Zubehör sowie der Druck von Bildern in allen Größen. Die Kunden aus der nahen Umgebung bringen ihre Dateien auf einem digitalen Speichermedium und bekommen innerhalb kürzester Zeit ihre Abzüge. Die Kunden schätzen diesen Service vor ihrer Haustüre, da sie sich die Fahrt in die Regensburger Innenstadt sparen. Was er nicht anbietet, ist das Fotografieren von Personen oder auf Veranstaltungen. Die Kunden fragen jedoch immer wieder nach diesen Leistungen.

Das Geschäft von Klaus Schön liegt neben einem Supermarkt, einer Bäckerei, einer Metzgerei und einem Blumenladen. Seit kurzem hat er auch eine Internetadresse. Unter www.fotoladen.de können sich die Kunden informieren und unter info@fotoladen.de Klaus Schön eine E-Mail schreiben. Die Räumlichkeiten des Fotogeschäfts sind nicht groß. Sie bestehen aus einem Verkaufsraum mit der neuesten technischen Ausstattung für den Bilddruck. Ein weiterer Nebenraum, der als Fotostudio eingerichtet ist, wird momentan nicht genutzt.

Klaus Schön hat von Montag bis Freitag von 10:00 Uhr bis 18:00 Uhr für seine Kunden geöffnet. Mit den Umsätzen des Fotogeschäfts ist er zufrieden. Nach Abzug aller Kosten kann er vom erwirtschafteten Gewinn leben. Den Wunsch seiner Kundschaft, das Fotogeschäft auch am Samstag zu öffnen, will er überdenken.

Situation

Klaus Schön lernt auf einer Fachmesse in München Sabine Bauer kennen. Sie ist 32 Jahre alt, Mutter einer zweijährigen Tochter und wohnt in der Nähe von Regensburg. Sabine Bauer ist gelernte Fotografin, Spezialistin für digitale Bildbearbeitung und derzeit selbstständig. Ihr Leistungskatalog umfasst die Personen- und Veranstaltungsfotografie. Da sie nicht über ein eigenes Fotostudio verfügt, bietet sie zurzeit nur Außenaufnahmen an. Die Bilder lässt sie bei einem Internetanbieter drucken, der zwar zuverlässig liefert, aber hohe Versandkosten verlangt. Der Vorteil ihrer Tätigkeit liegt in der freien und flexiblen Zeiteinteilung. Sabine Bauer präsentiert ihre Arbeiten auf ihrer Homepage und lebt von den Empfehlungen ihrer Kunden. Generell ist es für sie schwierig, neue Kunden zu finden. Sabine Bauer ist momentan nicht ausgelastet und wünscht sich einen höheren Umsatz.

Klaus Schön denkt über eine Zusammenarbeit mit Sabine Bauer nach. Er könnte ihr sein derzeit ungenutztes Fotostudio im Nebenraum kostenfrei zur Verfügung stellen, Frau Bauer ihn dafür im Gegenzug im Geschäft unterstützen. Jeder würde auf eigene Rechnung arbeiten.

Erläutern Sie, wie Klaus Schön von einer Zusammenarbeit mit Sabine Bauer in diesem Fall konkret profitieren könnte (vier Aspekte).

Lösung

Z.B.:

- Klaus Schön ist kein gelernter Fotograf. Sabine Bauer kann die Beratungsgespräche mit den Kunden aufgrund ihrer fotografischen Kenntnisse und Erfahrungen bereichern und dadurch Klaus Schön unterstützen.
- Sabine Bauer bringt ihre Kunden mit, die bei Klaus Schön ihre privaten Bilder entwickeln lassen können. Klaus Schön gewinnt neue Kunden.
- Die Bestandskunden von Klaus Schön haben wiederholt Dienstleistungen wie Passfotos und Bewerbungsfotos oder Fotoauftragsarbeiten nachgefragt. Die Zufriedenheit seiner Kunden steigt durch diese Sortimentserweiterung und er kann seinen Umsatz steigern.
- Sabine Bauer kann Klaus Schön im Laden vertreten. Wunschgemäß könnte das Fotogeschäft auch samstags geöffnet werden, ohne dass Klaus Schön seine Arbeitszeiten ausweiten muss.

Lernbereich 13: Investition und Finanzierung

13.1 Investition

Investition = Verwendung finanzieller Mittel zur Beschaffung von Vermögensgegenständen (siehe Aktivseite der Bilanz)

Investitionsarten/Investitionsanlässe:

- **Sachinvestition:** Kauf von Maschinen, Grundstücken, usw.

- **Finanzinvestition:** Kauf von Aktien, Beteiligungen an anderen Firmen, usw.

- **Immaterielle Investition:** Kauf von Patenten, Lizenzen, Weiterbildung von Mitarbeitern

- **Erst- oder Gründungsinvestition:** Kauf der Betriebsausstattung bei Unternehmensgründung, usw.

- **Folgeinvestition:**
    - **Ersatzinvestition/Reinvestition:** alte Maschine wird durch **neue/gleichwertige** ersetzt
    - **Erweiterungsinvestition/Zusatzinvestition/Nettoinvestition:** zusätzliche Maschine wird gekauft
    - **Rationalisierungsinvestition:** bessere (sparsamere, leistungsfähigere) Maschine wird gekauft

- **Desinvestition:** Verkauf von Gütern des Anlage- oder Umlaufvermögens

- Ersatzinvestitionen (Reinvestitionen)
  + Zusatzinvestitionen (Nettoinvestitionen)
  = Gesamtinvestitionen (Bruttoinvestitionen)

13.2 Rentabilität von Investitionen (Verhältnis von Gewinn zu eingesetztem Kapital)

a) Kapitalrentabilität

→ **Eigenkapitalrentabilität = Unternehmerrentabilität**

gibt die **Verzinsung** des eingesetzten Eigenkapitals an

$$\text{Eigenkapitalrentabilität} = \frac{\text{Reingewinn} \cdot 100}{\text{Eigenkapital}}$$

→ **Gesamtkapitalrentabilität = Unternehmensrentabilität**

gibt die **Verzinsung** des eingesetzten Gesamtkapitals (= Eigenkapital + Fremdkapital) an

$$\text{Gesamtkapitalrentabilität} = \frac{(\text{Reingewinn} + \text{Fremdkapitalzinsen}) \cdot 100}{\text{Gesamtkapital (= EK + FK)}}$$

b) Umsatzrentabilität

Die Umsatzrentabilität zeigt das prozentuale Verhältnis zwischen Gewinn und Umsatz.

$$\text{Umsatzrentabilität} = \frac{\text{Reingewinn} \cdot 100}{\text{Umsatz (Verkaufserlöse)}}$$

c) Weitere wichtige Kennzahlen

→ **Eigenkapitalquote:** gibt das Verhältnis zwischen Eigenkapital und Fremdkapital an; je höher der Anteil des Eigenkapitals am Gesamtkapital, desto kreditwürdiger ist das Unternehmen.

$$\text{Eigenkapitalquote} = \frac{\text{Eigenkapital} \cdot 100}{\text{Gesamtkapital}}$$

→ **Liquidität = Zahlungsbereitschaft** (Fähigkeit eines Unternehmens, seinen Zahlungsverpflichtungen fristgerecht nachkommen zu können)

zur Beurteilung der Liquidität:

- 100 % → gutes Ergebnis
- weit über 100 % → »überliquide«, zu viel Bargeld, geringe Rentabilität, da das Geld sich nicht ausreichend verzinst
- unter 100 % → kritisch, geringe Zahlungsbereitschaft

(1) Liquidität 1. Grades = Barliquidität

$$\text{Barliquidität} = \frac{\text{Flüssige Mittel (Bank, Postbank, Kasse)} \cdot 100}{\text{Kurzfristige Verbindlichkeiten}}$$

(2) Liquidität 2. Grades

$$\text{Liquidität 2. Grades} = \frac{(\text{Flüssige Mittel} + \text{kurzfristige Forderungen}) \cdot 100}{\text{Kurzfristige Verbindlichkeiten}}$$

(3) Liquidität 3. Grades

$$\text{Liquidität 3. Grades} = \frac{\text{Umlaufvermögen} \cdot 100}{\text{Kurzfristige Verbindlichkeiten}}$$

→ $\text{Produktivität} = \dfrac{\text{Produktionsmenge}}{\text{Faktoreinsatzmenge (z.B. Rohstoffmenge)}} = \dfrac{\text{Output}}{\text{Input}}$

→ $\text{Wirtschaftlichkeit} = \dfrac{\text{Produktionsmenge} \cdot \text{Preis}}{\text{Faktoreinsatzmenge (z.B. Rohstoffmenge)} \cdot \text{Preis}} = \dfrac{\text{Leistungen}}{\text{Kosten}}$

13.3 Zielkonflikt Rentabilität – Liquidität

Je höher die Liquidität, desto geringer die Rentabilität und umgekehrt!

Sind die finanziellen Mittel eines Unternehmens nicht investiert, so ist die Liquidität zwar hoch, die Rentabilität ist aber möglicherweise gering.

Sind alle finanziellen Mittel Ertrag bringend investiert (z. B. in Maschinen oder Warenbeständen) lässt sich zwar die Rentabilität erhöhen, aber die Liquidität ist möglicherweise gefährdet.

Tipp zur Prüfung

Gehen Sie folgendermaßen vor, wenn Sie Rentabilitätskennziffern beurteilen müssen:

1. Interpretieren Sie zunächst die Kennziffer!

→ z. B. »Die EK-Rentabilität gibt an, wie hoch das eingesetzte EK verzinst wird.«

→ Alternative: Geben Sie die entsprechende Formel an!

2. Vergleichen Sie die Kennziffer des Unternehmens mit dem Branchendurchschnitt:

→ »Die Unternehmenskennziffer liegt bei (....), der Branchendurchschnitt bei (...). Das Unternehmen liegt also weit/geringfügig über/unter dem Branchendurchschnitt bzw. entspricht dem Branchendurchschnitt.«

3. Beurteilen Sie die Kennziffer!

→ »Die Situation ist als gut/schlecht/mittelmäßig/normal zu bewerten.«

Wenn Sie alle Bilanzkennziffern nach obigem Schema bearbeitet haben, müssen Sie das Gesamtergebnis beurteilen:

»Alle Kennziffern sind als gut zu bewerten, deshalb kann eine Kreditzusage gegeben werden!«

oder:

»Obwohl die Kennziffer (...) als gut zu bewerten ist, liegen die anderen Kennziffern unter dem Branchendurchschnitt. Deshalb sollte eine Kreditvergabe an weitere Sicherheiten gebunden werden!«

13.4 Übersicht über die Finanzierungsarten

Finanzierung = Mittelherkunft (Passivseite der Bilanz)

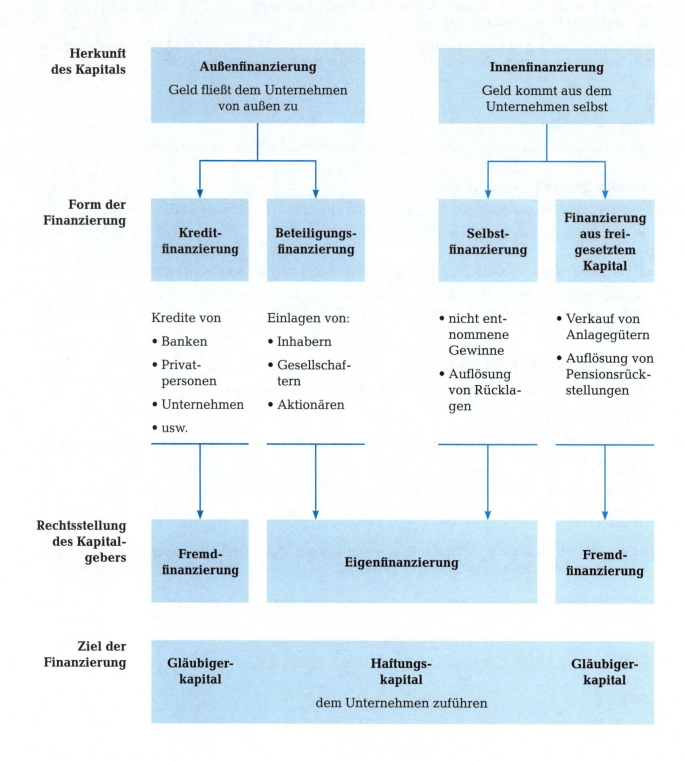

13.5 Beurteilung der Finanzierungsarten

a) Beurteilung der Eigenfinanzierung als Beteiligungsfinanzierung

→ dem Unternehmen wird **Eigenkapital** zugeführt
  (von außen, z. B. durch Einlagen der Inhaber oder Beteiligungen neuer Gesellschafter)

Vorteile	Nachteile
Eigenkapital steht zeitlich unbefristet zur Verfügung (muss nicht nach Ende der Kreditlaufzeit zurückgezahlt werden).	Einzelunternehmen und Personengesellschaften können nur in begrenztem Umfang Eigenkapital aufbringen, da das Privatvermögen erschöpft ist oder keine neuen Gesellschafter gefunden werden können.
Für das Eigenkapital müssen keine Zinsen gezahlt werden.	
Eigenkapital muss nicht zurückgezahlt werden (keine Tilgung) → Liquidität des Unternehmens wird nicht durch Rückzahlungsraten belastet.	Bei Personengesellschaften können evtl. Probleme auftreten, weil weiteren Gesellschaftern das Recht auf Geschäftsführung und Vertretung zusteht.
Unternehmen entscheidet weiterhin unabhängig (Gläubiger können Unternehmensentscheidungen nicht beeinflussen).	Bei Aktiengesellschaften könnten sich evtl. die Mehrheitsverhältnisse ändern.
Die Kreditwürdigkeit steigt durch das höhere Eigenkapital.	

b) Beurteilung der Eigenfinanzierung als Selbstfinanzierung

→ dem Unternehmen wird **Eigenkapital** zugeführt
  (von innen, z. B. durch nicht entnommene Gewinne)

Vorteile	Nachteile
Eigenkapital steht zeitlich unbefristet zur Verfügung (muss nicht nach Ende der Kreditlaufzeit zurückgezahlt werden).	Nicht entnommene Gewinne bzw. Rücklagen des Unternehmens stehen nur in begrenztem Umfang für neue Investitionen zur Verfügung.
Für das Eigenkapital müssen keine Zinsen gezahlt werden.	
Eigenkapital muss nicht zurückgezahlt werden (keine Tilgung) → Liquidität des Unternehmens wird nicht durch Rückzahlungsraten belastet.	
Unternehmen entscheidet weiterhin unabhängig (Gläubiger können Unternehmensentscheidungen nicht beeinflussen).	
Die Kreditwürdigkeit steigt durch das höhere Eigenkapital.	
Vorhandene Gesellschafter können weiterhin selbstständig entscheiden.	

c) Beurteilung der Fremdfinanzierung

→ dem Unternehmen wird **Fremdkapital** zugeführt
(z. B. durch Kreditgeber oder Verkauf von Anlagevermögen)

Vorteile	Nachteile
Stehen dem Unternehmen keine eigenen Geldmittel mehr zur Verfügung, können Investitionen trotzdem durch Fremdfinanzierung realisiert werden.	Fremdkapital muss nicht nur zurückgezahlt (getilgt) werden, außerdem werden Fremdkapitalzinsen fällig. Dies belastet die Liquidität eines Unternehmens.
Bei niedrigen Fremdkapitalzinsen (v. a. in einer Niedrigzinsphase) können rentable Investitionen günstig durchgeführt werden.	Je höher das betriebliche Fremdkapital, desto geringer wird die Kreditwürdigkeit des Unternehmens.
Fremdkapitalzinsen werden als Zinsaufwand verbucht und wirken somit gewinn- und steuermindernd.	Bei hoher Fremdkapitalquote nehmen die Kreditgeber auch Einfluss auf die Entscheidungen des Unternehmens.
	V. a. Jungunternehmer bzw. Existenzgründer mit geringem Eigenkapital werden oft als nicht kreditwürdig eingestuft (Rating). Sie bekommen entweder keinen Kredit oder müssen einen hohen Kreditzins zahlen (aufgrund des hohen Kreditrisikos).

13.6 Fremdfinanzierung durch Kredite

- **Kreditvertrag:**

  → Kreditgesuch des Kreditnehmers + Kreditannahme des Kreditgebers (Bank)

  → zwei inhaltlich übereinstimmende Willenserklärungen

  → Kreditvertrag kommt zustande

- **Bonitätsprüfung des Kreditnehmers:**

  Überprüfung von

  → **Kreditfähigkeit:** Geschäftsfähigkeit und Vertretungsbefugnis des Kreditnehmers

  → **Kreditwürdigkeit:** Schufa-Auskunft, Ertragslage des Unternehmens (Prüfung von Bilanz und Gewinn- und Verlustrechnung), unternehmerische Kenntnisse, Sicherheiten.

- **Benötigte Unterlagen:** Bilanz, GuV (Gewinn- und Verlustrechnung), Business-Plan

13.7 Einteilung der Kreditarten

Wodurch ist der Kredit abgesichert?	**Personalkredite** (z. B. Blankokredite, Bürgschaftskredit)
	Realkredite (Lieferung unter Eigentumsvorbehalt, Lombardkredit (= Faustpfandkredit), Sicherungsübereignung, Grundschuld, Hypothek)
Wie lange läuft der Kredit?	**Kurzfristiger Kredit** (ca. bis 3 Monate, maximal 1 Jahr)
	Mittelfristiger Kredit (bis ca. 4 Jahre)
	Langfristiger Kredit (über 4 Jahre)

Wie kann man über den Kredit verfügen?	**Darlehen** (bestimmter Betrag mit vereinbarten Tilgungsraten)
	Kontokorrentkredit (der Kredit kann immer wieder bis zu einem vereinbarten Kreditlimit in Anspruch genommen werden)
Wer ist der Kreditgeber?	**Lieferantenkredit** (Lieferer gewährt uns ein Zahlungsziel, Kauf auf Ziel)
	Kundenkredit (Kunde macht eine Vorauszahlung)
	Bankkredit (in vielen Formen: z. B. Darlehen, Kontokorrentkredit)
Wozu wird der Kredit verwendet?	**Saisonkredit** (zur Finanzierung des saisonalen Kreditbedarfs, z. B. Einkauf von Saisonware)
	Überbrückungskredit (zur Deckung des kurzfristigen Kapitalbedarfs)
	Investitionskredit (zur Finanzierung langfristiger Anlagegüter)

13.8 Übersicht über die Kreditsicherheiten

Bürgschaft	• Neben dem Kreditnehmer haften noch andere Personen für die Einlösung der Forderung.
	• Arten:
	  – **Ausfallbürgschaft:** Bürge muss erst zahlen, wenn gegen den Hauptschuldner erfolglos zwangsvollstreckt wurde, Recht auf Einrede der Vorausklage.
	  – **selbstschuldnerische Bürgschaft:** Bürge haftet wie der Schuldner, Verzicht auf Einrede der Vorausklage.
	• Schriftlicher Bürgschaftsvertrag! Ausnahme: Kaufleute können auch mündlich bürgen.

Zession 	• **Forderungsabtretung:** Durch Vertrag wird eine bestehende Forderung an den Kreditgeber als Sicherheit abgetreten.
	• **offene Zession:**
	  – Vorteil: Kreditgeber erhält Forderung vom Drittschuldner direkt.
	  – Nachteil: Evtl. Zahlungsunfähigkeit des Drittschuldners, guter Ruf des Kreditnehmers in Gefahr.
	• **stille Zession:**
	  – Vorteil: Guter Ruf bleibt erhalten.
	  – Nachteil: Forderung könnte mehrfach abgetreten werden, nach der Zahlung an den Kreditnehmer ist die Forderung des Kreditgebers an den Drittschuldner erloschen.

Sicherungs- übereignung	• **Gegenstände** wie Maschinen, Fuhrpark dienen als Kreditsicherheit. • **Vor** der Sicherungsübereignung ist der **Kreditnehmer Besitzer und Eigentümer** des Gegenstands. • **Nachher** ist der **Kreditnehmer Besitzer** (Vorteil: kann mit dem Gegenstand weiterarbeiten), der **Kreditgeber wird Eigentümer** (solange, bis der Kredit getilgt ist). • Nicht sehr sicher, da der Kreditnehmer weiterhin Besitzer der Gegenstände ist.

Lombardkredit	• = **Faustpfandkredit** (Einigung und Übergabe der Pfandstücke an den Kreditgeber als Sicherheit). • **Wertvolle, bewegliche** Gegenstände wie Schmuck, Wertpapiere, usw. • **Nach** der Verpfändung wird der **Kreditgeber Besitzer, der Kreditnehmer bleibt Eigentümer.** • Diese Vorgehensweise macht den Kredit verhältnismäßig sicher.
Hypothek	• **Pfandrecht an einer unbeweglichen Sache,** z. B. bei Grundstücken. • **Ohne Forderung keine Hypothek!** Schuldner und Grundstück haften! • Die Hypothek erlischt mit der Rückzahlung des Kredits. • Ein Eintrag ins Grundbuch muss erfolgen. • Dies bietet eine hohe Sicherheit.
Grundschuld	• **Pfandrecht an einer unbeweglichen Sache,** z. B. bei Grundstücken. • **Unabhängig von einer Forderung,** allein das Grundstück haftet! • Die Grundschuld bleibt auch nach Rückzahlung bestehen. • Ein Eintrag ins Grundbuch muss erfolgen. • Dies bietet eine hohe Sicherheit.

13.9 Sonstige Finanzierungsmöglichkeiten

Lieferantenkredit	• Lieferant (Verkäufer) räumt Käufer ein Zahlungsziel ein. • = kurzfristige Fremdfinanzierung • **Skonto** als Anreiz für frühzeitige Bezahlung • Käufer muss ausrechnen, ob Einsparung durch Skontoausnutzung größer ist als Kosten einer Kreditaufnahme (Kontoüberziehung). **Berechnung:** **1. Skontoertrag ausrechnen** Rechnungsbetrag – Skonto = **Skontoertrag** = Überweisungsbetrag **2. Berechnung der Zinsen für den Kredit** $$z = \frac{k \cdot p \cdot t}{100 \cdot 360}$$ z = Zinsen k = Überweisungsbetrag p = Zinssatz für Kredit t = Kreditdauer = Zahlungsziel minus Skontofrist **3. Zinsen für den Kredit minus Skontoertrag** → Zinsen > Skontoertrag → Zahlungsziel nutzen → Zinsen < Skontoertrag → Skonto ausnutzen

13.9 Sonstige Finanzierungsmöglichkeiten

	oder: **Berechnung des effektiven Jahreszinses (p)** $$p = \frac{360 \cdot \text{Skontosatz}}{t \text{ (Zahlungsziel - Skontofrist)}}$$ Vergleich Kreditzinssatz mit errechnetem Jahreszinssatz → p < Kreditzinssatz → Skonto nicht in Anspruch nehmen → p > Kreditzinssatz → Kredit aufnehmen, um dadurch Skonto auszunutzen
Leasing	• **(Ver)mieten von Anlagegütern** (z. B. Computer, Fahrzeuge) • **direktes Leasing:** Hersteller → Kunde • **indirektes Leasing:** Hersteller → Leasinggesellschaft → Kunde • **Vorteile:** – Investition kann ohne großen eigenen Kapitalbedarf durchgeführt werden. – Eingespartes Geld kann anderweitig eingesetzt werden. – ständig auf dem neuesten technischen Stand – feste Leasingraten – Leasingraten sind für Unternehmen steuerlich als Aufwand absetzbar (Aufwand mindert Gewinn in der GuV und spart damit Steuern). • **Nachteile:** – hohe Leasingkosten (insgesamt teurer als Erwerb) – hohe Dauerbelastung durch Leasingraten (fallen regelmäßig an) – kein Eigentum – vertragliche Bindung auf mehrere Jahre (Kündigung nicht möglich) – Gegenstand bietet keine Kreditsicherheit, da kein Eigentum.
Factoring 	• **Verkauf von Forderungen** an eine Factoringgesellschaft (Factor) • **Vorteile:** – sofortige Liquidität: Forderung wird vor der Fälligkeit gekauft – Ausfallrisiko übernimmt der Factor – Factor übernimmt Mahnwesen, Buchhaltung, Inkasso, dadurch Arbeitsentlastung • **Nachteile:** – hohe Kosten: Forderung minus Gebühren/Provision = Auszahlungsbetrag – Factor kauft nur Forderungen mit guter Bonität. – evtl. Kundenverärgerung: »Radikaler« Forderungseinzug durch Factor
Rückstellungen	• Auflösung von Rückstellungen (z. B. Pensionsrückstellungen für Mitarbeiter) • = interne Fremdfinanzierung • Rückstellungen stehen dem Unternehmen bis zur Zahlung der Verbindlichkeiten an die Gläubiger (z. B. Mitarbeiter oder Fremde) als Finanzmittel zur Verfügung.

Prüfungsfragen zum Lernbereich 13:
Investition und Finanzierung

Prüfung 2006

Fallaufgabe

Unternehmensbeschreibung

Firma	ZUMO
	Zunhammer Präzisions AG
Geschäftssitz	Nymphenburger Str. 122, 80636 München
Produktionsstandorte	Deutschland: München und Passau (nur bis Mai 2008)
	Tschechien (seit Februar 2007)
Gegenstand des Unternehmens	Zulieferer der Automobilindustrie
Patent	Seit 2006: Weltneuheit – ZUMO-Solarschiebedach: das Schiebedach wird mit Sonnenenergie betrieben. Bereits zwei bekannte deutsche Automobilhersteller konnten als Kunden gewonnen werden.
Produktion in Serienfertigung, völlig automatisiert und computergesteuert	Sitze, Kopfstützen, Schiebedächer aller Art, Standheizungen
	Die Kunden von ZUMO sind die deutschen Automobilhersteller.
Bankverbindung	Stadtsparkasse München, Konto-Nr. 8762345,
	Bankleitzahl 701 500 00
Umsatz 2005	112 Mio. €
Unternehmensnachrichten	Vor 3 Jahren konnte die Position auf dem Markt durch die Übernahme der Dregger GmbH, einem wichtigen Konkurrenten, weiter ausgebaut werden.
Bilanzauszug	Sachanlagen 13,0 Mio. €
	Finanzanlagen 11,0 Mio. €
	Umlaufvermögen 14,0 Mio. €
	Rücklagen 15,0 Mio. €
	Eigenkapital 12,0 Mio. €
	Finanzschulden 12,0 Mio. €

Für die Außendienstmitarbeiter müssen 20 Firmenfahrzeuge angeschafft werden. Ein Mitarbeiter aus der Finanzabteilung schlägt vor, die Autos nicht zu kaufen, sondern zu leasen. Es liegt bereits ein Leasingangebot vor (siehe **Anlage 2**).

1. Stellen Sie die Beziehungen zwischen Leasinggeber, Leasingnehmer und Lieferanten von der Anbahnung des Geschäfts bis zur Zahlung der Leasingraten dar. Vervollständigen Sie hierzu das abgebildete Schaubild in der **Anlage 1**. Ordnen Sie dabei auch den Vertragsparteien die jeweiligen Firmenbezeichnungen zu.

Anlage 1

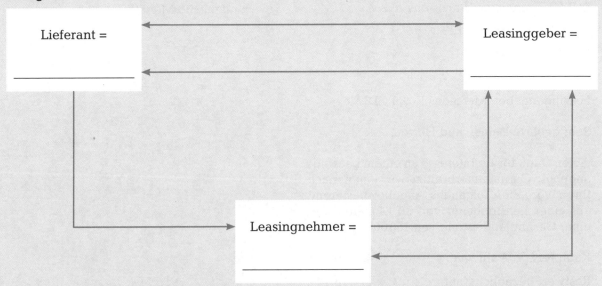

Durch die Standorterweiterung wird das Unternehmen das Geschäftsjahr mit Verlust abschließen.

2. Treffen Sie eine begründete Entscheidung, ob sich ZUMO in diesem Fall für ein Leasinggeschäft oder eine Kreditfinanzierung entscheiden sollte. Beide Angebote finden Sie in der **Anlage 2**. Vergleichen Sie dabei ausschließlich den jährlichen Aufwand. Der Abschreibungssatz beträgt 20 %.

3. Nach Abwägen aller Argumente entscheidet sich ZUMO für das Leasingangebot. Die monatlichen Leasingraten werden mittels Lastschriftverfahren (Einzugsermächtigungsverfahren) bezahlt. Füllen Sie für Ihr Unternehmen, die Zunhammer Präzisions AG, den Vordruck zum Einzug von Forderungen durch Lastschrift aus **(Anlage 3)**. Verwenden Sie die notwendigen Angaben aus der Unternehmensbeschreibung und der **Anlage 2**.

4. Die Leasinggesellschaft besteht auf die Zahlung der Raten durch das Lastschriftverfahren. Erläutern Sie hierfür zwei Gründe.

Anlage 2

Auszug aus dem Angebot der Deutschen Leasing GmbH für ZUMO:

Deutsche Leasing GmbH

10117 Berlin

ZUMO Zunhammer Präzisions AG

Nymphenburger Str. 122

80636 München

Leasingangebot; Mercedes E 280 CDI V6

Sehr geehrte Damen und Herren,

vielen Dank für Ihr Interesse an einem Leasingangebot. Gerne unterbreiten wir Ihnen nach Ihren Vorgaben folgendes Angebot basierend auf einer Leasingdauer von 36 Monaten und einer Gesamtlaufleistung von 150 000 km.

Kaufpreis pro Fahrzeug:	42.020,00 €
Restwert bezüglich Kaufpreis:	17.018,10 €
Monatliche Leasingrate:	800,39 €

Alle oben genannten Preise verstehen sich zuzüglich Umsatzsteuer.

(…)

Dieses Angebot ist freibleibend und verpflichtet keine Seite zum Vertragsabschluss.

Mit freundlichen Grüßen

Deutsche Leasing GmbH

Tiefenthaler

i. V. Tiefenthaler

Informationen zum Kreditangebot

Kreditangebot für Fuhrpark:

Kreditbetrag: 840.400,00 €

Zins: 7,2 %

Tilgung in gleichen Jahresraten

Laufzeit: 36 Monate

Anlage 3

Einzugsermächtigung zum Einzug von Forderungen durch Lastschriften

An (Zahlungsempfänger)	Name/Firma und genaue Anschrift des Kontoinhabers

Hiermit ermächtige(n) ich/wir Sie widerruflich, die von mir/uns zu entrichtenden Zahlungen wegen

_____

_____

bei Fälligkeit zu Lasten meines/unseres Girokontos Nr. _____

bei _____

Bankleitzahl _____ durch Lastschrift einzuziehen.

Wenn mein/unser Konto die erforderliche Deckung nicht aufweist, besteht seitens des kontoführenden Kreditinstituts (siehe oben) keine Verpflichtung zur Einlösung.

Ort, Datum	Unterschrift/en des/der Kontoinhaber(s)

Lösung Prüfung 2006

1.

```
   Lieferant =          ←── Kaufvertrag ──→      Leasinggeber =
   Mercedes/Daimler     ←── Kaufpreis ────       Deutsche Leasing GmbH
         │                                              ↑
     Lieferung                                     Leasingrate
         │                                              │
         ↓                                              │
              Leasingnehmer =
              Zunhammer        ←── Leasingvertrag ──
              Präzisions GmbH
```

2. Die Zunhammer Präszisions AG sollte sich bei einem zu erwartenden Verlust für das Leasingangebot entscheiden, da hier der Aufwand geringer ist.

Rechnerische Begründung:

Jährlicher Aufwand beim Leasing:

800,39 · 12 Monate = 9.604,68 €

9.604,68 € · 20 Fahrzeuge = **192.093,60 €**

Jährlicher Aufwand bei der Kreditfinanzierung:

Abschreibung:

42.020,00 € : 100 · 20 = 8.404,00 €

8.404,00 € · 20 Fahrzeuge = 168.080,00 €

Zinsen:

840.400,00 € : 100 · 7,2 = 60.508,80 €

Gesamtaufwand = 168.080,00 € + 60.508,80 € = **228.588,80 €**

3.

Einzugsermächtigung zum Einzug von Forderungen durch Lastschriften	
An (Zahlungsempfänger)	Name/Firma und genaue Anschrift des Kontoinhabers
Dr. Leasing GmbH **Industriestr. 33** **10117 Berlin**	**Zunhammer Präzisions AG** **Nymphenburger Str. 122** **80636 München**

Hiermit ermächtige(n) ich/wir Sie widerruflich, die von mir/uns zu entrichtenden Zahlungen wegen

Leasingraten _____

bei Fälligkeit zu Lasten meines/unseres Girokontos Nr. **8762345** _____

bei **der Stadtsparkasse München** _____

Bankleitzahl **701 500 00** _____ durch Lastschrift einzuziehen.

Wenn mein/unser Konto die erforderliche Deckung nicht aufweist, besteht seitens des kontoführenden Kreditinstituts (siehe oben) keine Verpflichtung zur Einlösung.

Ort, Datum	Unterschrift/en des/der Kontoinhaber(s)
München, 30. Juni 20..	**i. V. (Schülername)**

4. • Die Zahlungen erfolgen fristgemäß, daher ist keine Zahlungsaufforderung nötig.
   • Durch den fest stehenden Zahlungszeitpunkt wird die Liquiditätsplanung erleichtert.

Prüfung 2007

Fallaufgabe

Aufgrund der positiven Geschäftsentwicklung der letzten Jahre planen die Gesellschafter zwei Investitionen. Der Verkaufsraum soll für 150.000,00 € vergrößert werden. Eine computergesteuerte Bandschleifmaschine im Wert von 80.000,00 € soll angeschafft werden.

1. Die Gesellschafter der Design-Möbel KG überlegen zunächst, ob sie die Investition mit Kredit finanzieren sollen. Welche Kreditsicherheiten könnte die KG ihrer Bank anbieten? Führen Sie drei Möglichkeiten an und überprüfen Sie diese aufgrund der vorliegenden Unternehmensbeschreibung auf ihre Eignung.

2. Die Investition mit Kredit zu finanzieren, ist eine Möglichkeit. Beschreiben Sie drei weitere Alternativen, die sich der KG bieten.

3. Machen Sie einen konkreten Finanzierungsvorschlag für die geplante Investition. Formulieren Sie zwei Argumente, mit denen Sie die Gesellschafter überzeugen können.

Unternehmensbeschreibung	
Handelsregisterauszug	HRA 4670 11.05.2001 Design-Möbel KG, Würzburg (Ludwigstraße 20, 97084 Würzburg, Produktion und Vertrieb von Design-Möbelstücken sowie Handel mit Gegenständen zur Raumausstattung). Kommanditgesellschaft. Persönlich haftende Gesellschafter: Müller, Robert, Würzburg, *31.08.1956; Beck, Ralf, Würzburg, *23.06.1956. Beck, Anna, Würzburg, *12.12.1960 ist Kommanditistin.
Bankverbindung	Sparkasse Mainfranken Würzburg, Konto-Nr. 480 152 Bankleitzahl 790 500 00
Geschäftsjahr	1. Januar bis 31. Dezember
Mitarbeiter	64 Mitarbeiter
Auszug aus der Bilanz zum 31.12.2006	**Aktiva (vereinfacht)**
	Grundstücke und Gebäude 850.000,00 €
	Technische Anlagen und Maschinen 480.000,00 €
	Geschäftseinrichtungen 110.000,00 €
	Fuhrpark 80.000,00 €
	Aktien, andere Wertpapiere 120.000,00 €
	(darunter 4,5 % Bundesanleihen, Nennwert 45.000,00 €)
	Fertigerzeugnisse 60.000,00 €
	Forderungen 185.000,00 €
	Kasse und Bankguthaben 25.000,00 €
	Passiva (vereinfacht)
	Eigenkapital 1.340.000,00 €
	Hypothekendarlehen 250.000,00 €
	Verbindlichkeiten 320.000,00 €

Lösung Prüfung 2007

1. • Eine Absicherung durch Grundpfandrechte: die Grundstücke und Gebäude sind zwar schon durch Hypotheken in Höhe von 250.000,00 € belastet, aber der Wert der Grundstücke und Gebäude ist deutlich höher.

   • Die technischen Anlagen und Maschinen, die BGA und der Fuhrpark würden als Sicherheit im Rahmen einer Sicherungsübereignung grundsätzlich für den benötigten Kredit in Höhe von insgesamt 230.000,00 € ausreichen, die Gesellschafter würden jedoch die freie Verfügungsgewalt über die Gegenstände verlieren, da sie nur noch Besitzer der übereigneten Gegenstände wären. Der Kreditgeber wäre dann Eigentümer.

   • Die Wertpapiere könnten grundsätzlich für den Lombardkredit verpfändet werden. Der Kurswert reicht aber nicht aus und würde zudem wegen der Kursschwankungen nicht zu 100 % beliehen.

2. Weitere Finanzierungsalternativen wären zum Beispiel:

   • Die Bandschleifmaschine könnte auch geleast werden, wodurch die Liquidität der Design-Möbel KG geschont würde.

   • Der Restbetrag von 150.000,00 € für die Vergrößerung des Verkaufsraums könnte in diesem Fall aufgebracht werden durch die Aufnahme eines weiteren Gesellschafters (Kommanditisten). Dieser würde mit seiner Einlage das Eigenkapital der Design-Möbel KG erhöhen, ohne selbst ein Recht zur Geschäftsführung und Vertretung zu haben.

   • Die bisherigen Gesellschafter der KG könnten ihre bestehenden Einlagen erhöhen, sofern sie dazu in der Lage wären.

   • Die Design-Möbel KG könnte im Rahmen des Factorings ihre Forderungen an eine Bank oder ein Factoring-Institut verkaufen. Durch die Umwandlung von Forderungen in Zahlungsmittel könnte sie ihre Liquidität erhöhen und das Risiko des Zahlungseingangs entfällt.

   • Es besteht auch die Möglichkeit der Selbstfinanzierung, d. h. die Gesellschafter verzichten ganz oder teilweise auf die Gewinnentnahmen.

3. Finanzierungsvorschlag für einen Mittelbedarf von 230.000,00 €, zum Beispiel:

   Kreditfinanzierung mit Belastung der Grundstücke und Gebäude

   • Erzielt einen hohen Beleihungswert.

   • Große Sicherheit für die Bank, da der Wert der Grundstücke und Gebäude in der Regel stabil ist und häufig sogar steigt.

   Leasing der Bandschleifmaschine, Rest als Kredit

   • Die Liquidität der Möbel-Design KG würde dadurch geschont, da die hohen Anschaffungskosten bei der Leasinggesellschaft anfallen und die Design-Möbel KG nur die Leasingraten zu zahlen hat.

   • Bei kurzfristigem Leasing der Bandschleifmaschine kann man sich schneller an den technischen Fortschritt anpassen.

   Aufnahme eines Kommanditisten (Beteiligungsfinanzierung)

   • Das Geschäftskapital kann um 230.000,00 € erweitert werden, ohne dass das Recht auf Geschäftsführung und Vertretung für die Komplementäre eingeschränkt wird.

   • Dem Unternehmen entstehen durch die Aufnahme von Teilhaftern im Gegensatz zur Kreditfinanzierung keine festen Zinsverpflichtungen.

Prüfung 2008

Fallaufgabe

Um das Modell »Megapowder 99« produzieren zu können, benötigt die ACS GmbH unbedingt eine neue Produktionsmaschine. Die Liquidität ist aufgrund des Saisongeschäftes sehr schwankend. Derzeit beträgt der Bestand an liquiden Mitteln 90.000,00 €.

Folgendes Angebot der Krinner Maschinen GmbH für die benötigte Produktionsmaschine liegt Ihnen vor:

> Modell Carvingprofi 2000, Seriennummer 012
>
> Preis: 119.000,00 € inklusive Umsatzsteuer, Lieferung und Aufstellung
>
> Zahlungsziel: 30 Tage, innerhalb von 10 Tagen 3 % Skonto;
>
> Alternativ dazu das Angebot, die Maschine in Raten zu zahlen:
>
> Anzahlung 22.000,00 € und anschließend 36 Monatsraten zu je 4.000,00 €

1. Sie bevorzugen eine Kreditfinanzierung bei Ihrer Hausbank und empfehlen Ihrem Geschäftsführer, Herrn Wedler, das Ratenkaufangebot abzulehnen. Welche zwei Argumente führen Sie dazu an?

Herr Wedler beauftragt Sie, mit der Hausbank Kontakt aufzunehmen, um eine mögliche Kreditfinanzierung zu besprechen. Ihr Kundenberater, Herr Meier, bietet Ihnen mangels anderer Sicherheiten einen Sicherungsübereignungskredit über 50.000,00 € zu einem Zinssatz von 6,3 % an. Die vorbereiteten Kreditunterlagen, Kreditvertrag Nr. 145 333 444 und das ausgefüllte Formular für den Sicherungsübereignungsvertrag, gibt er Ihnen sofort mit.

2. Sie besprechen dieses Angebot mit Herrn Wedler. Erläutern Sie ihm anhand von zwei Aspekten das Wesen dieser Finanzierungsart und die sich jeweils daraus ergebenden Vorteile für die momentane Situation der ACS GmbH. Geben Sie auch einen Nachteil dieser Finanzierungsart an.

3. Herr Wedler nimmt den Vorschlag an. Die Verträge sollen zum 04.07.20.. geschlossen werden. Überprüfen Sie, ob die dunkel hinterlegten Felder des Formulars für den Sicherungsübereignungsvertrag (siehe Anlage) korrekt ausgefüllt wurden, so dass unterschrieben werden kann. Vergleichen Sie hierzu ebenso den Ausschnitt aus der Lokalzeitung über die ACS GmbH (siehe Prüfung 2008 Marketing).

| Sicherungsübereignungsvertrag Sachen |  Kreissparkasse Garmisch-Partenkirchen | Nr. 024 578 923 |

Zur Sicherung aller Ansprüche aus den bankmäßigen Geschäftsverbindungen überträgt:

Sicherungsgeber: ACS GmbH, Zugspitzstraße 50, 82467 Garmisch-Partenkirchen

der Kreissparkasse das in Folgendem umschriebene Sicherungsgut

1 Sicherungsgut

1.1 Angaben zur Sicherung

Die Übereignung umfasst alle Sachen, die nachfolgend aufgeführt sind:

mit lfd. Nr., Art, Gattung, Menge, Marke, sonstige genaue Bezeichnung	tatsächliche Anschaffungskosten (ohne USt)
eine Produktionsmaschine Modell Carvingprofi 2000 der Firma Krinner Maschinen GmbH mit der Seriennummer 012	**115.430,00 €**

1.2 Lagerort

Das Sicherungsgut lagert an folgendem Ort: (genaue Bezeichnung des Lagerortes)

Produktionsstätte der ACS GmbH in der Zugspitzstraße 50, 82467 Garmisch-Partenkirchen

☐ Der Sicherungsgeber ist Mieter/Pächter des Lagerortes.
☒ Der Sicherungsgeber ist Eigentümer des Lagerortes.

1.3 Der Sicherungsgeber versichert, dass er Eigentümer des Sicherungsgutes ist.

1.4 Der Sicherungsgeber und die Bank sind sich einig, dass das Eigentum an dem Sicherungsgut auf die Bank übergeht.

1.5 Die Übergabe des Sicherungsgutes an die Kreissparkasse wird dadurch ersetzt, dass der Sicherungsgeber das Sicherungsgut sachgemäß für die Kreissparkasse verwahrt.

2 Sicherungszweck

Gesichert werden bankmäßige Ansprüche der Sparkasse gem. nachfolgend bestimmten Sicherungszweck gegen

Kreditnehmer: ACS GmbH, Zugspitzstraße 50, 82467 Garmisch-Partenkirchen

Das Sicherungsgut dient zur Sicherung aller Forderungen der Kreissparkasse gegen den oben genannten Kreditnehmer aus folgendem Kreditvertrag.

Kreditvertrag Nr. 145 333 444 vom 04.07.20..

3 Verwertungsrecht der Sparkasse

Die Kreissparkasse ist berechtigt, das Sicherungsgut zu verwerten, wenn
a) der Kreditnehmer seine Zahlungen eingestellt hat oder
b) ein gerichtliches Insolvenzverfahren über sein Vermögen beantragt worden ist.

4 Allgemeine Geschäftsbedingungen

Es wird ausdrücklich darauf hingewiesen, dass die AGB der Kreissparkasse Vertragsbestandteil sind.
Die AGB hängen in den Kassenräumen der Kreissparkasse zur Einsichtnahme aus.

Ort, Datum	Firma und Unterschrift(en) des Sicherungsgebers
Garmisch-Partenkirchen 04.07.20..	**ACS GmbH**
Ort, Datum	Firma und Unterschrift(en) des Sicherungsnehmers
Garmisch-Partenkirchen 04.07.20..	**Kreissparkasse Garmisch-Partenkirchen**

Lösung Prüfung 2008

1. Argumente für die Ablehnung des Ratenkaufangebotes

- Wenn die ACS GmbH die Möglichkeit des Ratenkaufs annimmt, kann sie keinen Preisnachlass (3 % Skonto) durch schnelle Zahlung erhalten.
- Insgesamt muss für die Maschine durch die Ratenzahlung wesentlich mehr bezahlt werden als 119.000,00 €, nämlich 166.000,00 €.

2.
- Sie kauft mit der Summe aus dem Kredit (50.000,00 €) und mit eigenen liquiden Mitteln die Produktionsmaschine und kann sie innerhalb der Skontofrist bezahlen.
- Die ACS GmbH wird durch den Sicherungsübereignungsvertrag unmittelbarer Besitzer der Produktionsmaschine und kann sie sofort für die Produktion einsetzen.

Nachteile:
- Die ACS wird die Maschine zur Sicherheit für die Bank teuer versichern müssen.
- Die ACS wird erst nach vollständiger Bezahlung Eigentümer der Maschine.

3.
- Der angegebene Betrag der tatsächlichen Anschaffungskosten enthält die Umsatzsteuer. Richtig wäre 97.000,00 €.
- Die Produktionsstätte ist laut Unternehmensbeschreibung in der Eibspitzstraße 27 und nicht in der Zugspitzstraße 50.

Prüfung 2008

Modul

Sabine Sommer, 24 Jahre, Kauffrau im Groß- und Außenhandel, erbt von ihrer kürzlich verstorbenen Oma 45.000,00 €. Kurzfristig plant Sabine einen Urlaub und den Kauf eines Motorrollers. 40.000,00 € will sie jedoch auf keinen Fall die nächsten Jahre ausgeben, sondern sparen und anlegen. In ein paar Jahren plant sie mit ihrem Freund die Familiengründung. Beide träumen auch von einer eigenen Wohnung, deshalb soll die Geldanlage natürlich hohe Zinsen bringen, aber nicht sehr riskant sein. Grundsätzlich aber will Sabine nicht allzu viel Zeit in die Geldgeschäfte investieren. Ihr Freund rät zu einer Mischung von zwei bis drei Spar- und Anlageformen.

1. Machen Sie Vorschläge, wie Sabine ihr Geld auf drei Sparformen, die zu ihrer Situation und zu ihren Wünschen passen, verteilen könnte. Begründen Sie Ihre Empfehlung.

2. Die von Sabine gewählte Vespa kostet 2.769,00 €. Die zur Bezahlung notwendigen liquiden Mittel könnte sie aufbringen. Der Motorroller-Händler bietet ihr jedoch eine Kreditfinanzierung für drei Jahre mit einem Zinssatz von 2,71 % p. a. an. Ihre Hausbank bietet eine feste Anlageform mit einem Zinssatz von 3,35 %, bei der der angelegte Betrag inklusive Zinsen nach drei Jahren ausbezahlt wird. Sabine überlegt, die Vespa zu finanzieren statt ihr Bargeld einzusetzen. Was meinen Sie dazu?

Lösung Prüfung 2008

1.
- 20.000,00 € auf ein Festgeldkonto: Kein Risiko und relativ hohe Zinsen, aber das Geld ist nicht verfügbar, dies wird jedoch auch erst später zur Familiengründung benötigt.

- 10.000,00 € Bundesschatzbriefe: Die Verzinsung ist gut und sie kommt nicht in Versuchung, das Geld auszugeben.

- 10.000,00 € auf ein Tagesgeldkonto: Falls Geld gebraucht wird, ist jederzeit ein Zugriff möglich, ohne Zinsen zu verlieren.

Alle drei Anlageformen erfordern keinen großen Zeitaufwand.

2. Sabine sollte sich für die Kreditfinanzierung entscheiden und ihr Bargeld bei ihrer Hausbank anlegen, denn die Zinsen, die sie dafür bekommt (3,35 % p. a.), sind höher als die Zinsen, die sie für die Finanzierung bezahlen muss (2,71 % p. a.). Voraussetzung ist jedoch, dass sie die monatlichen Belastungen für Zins und Tilgung tragen kann.

Prüfung 2010

Fallaufgabe

Sie sind Mitarbeiter/in der HoBa AG in 96317 Kronach, Lichtenfelser Str. 22. Die HoBa AG stellt hochwertiges Holzspielzeug für Kinder her.

Jeder Mitarbeiter ist der nachfolgenden Unternehmensphilosophie bei seinen Handlungen und Entscheidungen verpflichtet:

Auszug aus der Unternehmensphilosophie der HoBa AG:

Im Mittelpunkt stehen die Kinder.

Qualität:

Wir wollen, dass unsere Kunden zufrieden sind. Deshalb legen wir großen Wert auf die hervorragende Qualität unserer Produkte und Dienstleistungen.

Verantwortung:

Wir stehen zum Standort Kronach. Soweit es unter unternehmerischen Gesichtspunkten vertretbar ist, setzen wir uns für den Erhalt und den Ausbau der Arbeitsplätze in der Region Kronach ein.

Wir gehen fürsorglich mit unseren Mitarbeitern um. Dies gilt für alle Bereiche. Besonderes Augenmerk legen wir dabei auf Lärmschutz in der Produktion – denn Lärm macht krank.

Gewissen:

Wir stellen uns der Verantwortung für unsere Umwelt. Das gilt für die Materialverwendung, den Energieeinsatz und für den Erhalt unserer natürlichen Umgebung. Das bedeutet für uns, ökologische Auswirkungen unseres unternehmerischen Handelns in einem solchen Maß zu verringern, wie es sich wirtschaftlich vertreten lässt. Unsere Produktionsverfahren und der Maschineneinsatz werden deshalb ständig weiterentwickelt sowie Rohstoffeinsatz, Emissionen und Stromverbrauch laufend ermittelt, bewertet und minimiert.

Situation

Bei dem Produkt Circo gibt es aufgrund der hohen Nachfrage Produktionsengpässe und es kommt immer wieder zu Lieferungsverzögerungen. Deshalb soll eine zusätzliche Maschine angeschafft werden, die ausschließlich für die Produktion des Produkts Circo verwendet wird. Man rechnet mit einer zusätzlichen Absatzmenge von 7.000 Stück pro Jahr.

Anlage 2

	Maschine 1	Maschine 2
Kapazitätsauslastung	1.800 Std. / 7.500 Stück (4,17 Stück/Std.)	1.700 Std. / 7.000 Stück (4,12 Stück/Std.)
Jährliche Lohnkosten (Lohnsatz je Stunde 25,00 €)	2 × 1.800 Std. × 25,00 € = 90.000,00 €	1 × 1.700 Std. × 25,00 € = 42.500,00 €
Jährliche Energiekosten (Preis je kWh 0,12 €)	7 kWh × 1.800 Std. × 0,12 € = 1.512,00 €	21 kWh × 1.700 Std. × 0,12 € = 4.284,00 €
Geplante Kosten für Abschreibung, Zinsen und Wartung	35.200,00 €	49.200,00 €
1. Vorteil in Bezug auf die Unternehmensphilosophie	Öko-Zertifizierung	geringerer Verschnitt (0,5 %)

2. Vorteil in Bezug auf die Unternehmensphilosophie		
3. Vorteil in Bezug auf die Unternehmensphilosophie		
Entscheidungsempfehlung mit Begründung		

Der Vorstand stimmt Ihrem Vorschlag zu. Die neue Maschine muss durch einen Kredit in Höhe von 100.000,00 € finanziert werden. Der Vorstand möchte, dass der Kredit über die Laufzeit langsam getilgt wird und die monatliche Belastung immer gleich bleibt. Die Zahlung der Maschine ist am 19.07.20.. fällig. Deshalb muss der Kreditantrag (Anlage 3) noch heute bei der Hausbank (Sparkasse Kulmbach-Kronach, BLZ 711 526 80, Kontonummer 902 126 77) eingereicht werden.

Auszug aus der Bilanz

Bilanz der HoBa AG zum 30.06.20..

Aktiva		Passiva	
Bebaute Grundstücke	850.000,00 €	Grundkapital	900.000,00 €
Maschinen	480.000,00 €	Hypothekendarlehen	800.000,00 €
Geschäftsausstattung	110.000,00 €	Langfristige VLL	60.000,00 €
Fuhrpark	140.000,00 €	Kurzfristige VLL	110.000,00 €
Wertpapiere	20.000,00 €		
Fertigerzeugnisse	60.000,00 €		
Forderungen	185.000,00 €		
Bank und Kasse	25.000,00 €		
	1.870.000,00 €		**1.870.000,00 €**

2. Füllen Sie den Kreditantrag (Anlage 3) für die Vorstandsvorsitzende Frau Marianne Hofmann unterschriftsreif aus.

Anlage 3

Kreditantrag/Geschäftskunden-Schnellkredit			
Kreditnehmer:		Kreditgeber:	Sparkasse Kulmbach-Kronach Kulmbacher Str. 11 96317 Kronach

Dieser standardisierte Antrag soll dazu beitragen, unseren Geschäftskunden möglichst schnell und unbürokratisch bei ihren Finanzierungswünschen zu helfen.

Bitte füllen Sie den Antrag vollständig in Druckbuchstaben mit den von Ihnen gewünschten Konditionen aus, damit wir Ihren Finanzierungswunsch umgehend bearbeiten können.

Vielen Dank für Ihre Unterstützung!

Gewünschte Kreditsumme:		Zur Finanzierung von:	
Welche Sicherheit bieten Sie an?		Aktueller Wert dieser Sicherheit:	
Welche Kreditart wünschen Sie diesbezüglich? (Bitte ankreuzen)		Lombardkredit	☐
		Sicherungsübereignungskredit	☐
		Hypothekenkredit	☐
Wie wünschen Sie den Kredit zurückzuzahlen? (Bitte ankreuzen)		Ratendarlehen	☐
		Fälligkeitsdarlehen	☐
		Annuitätendarlehen	☐
Gewünschter Finanzierungsbeginn:			
Auf welches Konto wünschen Sie die beantragte Kreditsumme?		BLZ:	
		Kontonummer:	
Ort:		Datum:	
Name des Unterzeichnenden:		Unterschrift:	

Wir danken für Ihre Angaben und werden uns umgehend bei Ihnen melden.

Ihre Sparkasse Kulmbach-Kronach Kundenbetreuung

Lösung Prüfung 2010

Anlage 2

	Maschine 1	Maschine 2
Kapazitätsauslastung	Keine vollständige Auslastung (7.500 Stück möglich) 7.500 Stück = 100 % 7.000 Stück = 93,33 %	Vollständige Auslastung (7.000 Stück)
Jährliche Lohnkosten (Lohnsatz je Stunde 25,00 €)	Zwei Arbeiter: 2 · 25,00 € · 1.680 Stunden = 84.000,00 € 7.500 Stück = 1.800 Stunden 7.000 Stück = 1.680 Stunden	Ein Arbeiter: 25,00 € · 1.700,00 Stunden = 42.500,00 €
Jährliche Energiekosten (Preis je kWh 0,12 €)	1.680 Stunden · 0,12 € · 7 kWh = 1.411,20 €	1.700 Stunden · 0,12 € · 21 kWh = 4.284,00 €
Geplante Kosten für Abschreibung, Zinsen und Wartung	35.200,00 €	49.200,00 €
1. Vorteil in Bezug auf die Unternehmensphilosophie	Niedriger Energieverbrauch, weil sie nur 7 kWh verbraucht, im Vergleich zur Maschine 2 mit 21 kWh.	Niedriger Verschnitt: Im Vergleich zur Maschine 1, die einen Verschnitt von 1,5 % hat, hat die Maschine 2 nur einen Verschnitt von 0,5 %.
2. Vorteil in Bezug auf die Unternehmensphilosophie	Es werden bei der HoBa AG zwei zusätzliche Arbeitsplätze benötigt statt einer bei Maschine 2.	Der Hersteller der Maschine ist in Kronach ansässig, dies trägt zum Erhalt regionaler Arbeitsplätze bei.
3. Vorteil in Bezug auf die Unternehmensphilosophie	Maschine 1 hat im Gegensatz zu Maschine 2 eine Öko-Zertifizierung.	Die Maschine arbeitet extrem leise, während bei Maschine 1 keine Angabe dazu vorhanden ist.
Entscheidungsempfehlung mit Begründung	z. B.: Entscheidung für Maschine 1, weil der niedrige Stromverbrauch, die Öko-Zertifizierung und der zweite Arbeitsplatz nachhaltige Vorteile bringen. Das wiegt die höheren Kosten auf. Dies entspricht genau dem Prinzip der Philosophie des Unternehmens »Wir stellen uns der Verantwortung für unsere Umwelt«.	

Anlage 3

Kreditantrag/Geschäftskunden-Schnellkredit			
Kreditnehmer:	**HoBa AG** **Lichtenfelser Str. 22** **96317 Kronach**	Kreditgeber:	Sparkasse Kulmbach-Kronach Kulmbacher Str. 11 96317 Kronach

Dieser standardisierte Antrag soll dazu beitragen, unseren Geschäftskunden möglichst schnell und unbürokratisch bei ihren Finanzierungswünschen zu helfen.

Bitte füllen Sie den Antrag vollständig in Druckbuchstaben mit den von Ihnen gewünschten Konditionen aus, damit wir Ihren Finanzierungswunsch umgehend bearbeiten können.

Vielen Dank für Ihre Unterstützung!

Gewünschte Kreditsumme:	100.000,00 €	Zur Finanzierung von:	**Fräsmaschine** **z. B. Ergo 2000 oder Pro-Master 7025**
Welche Sicherheit bieten Sie an?	**Fräsmaschine** **z. B. Ergo 2000 oder Pro-Master 7025**	Aktueller Wert dieser Sicherheit:	135.000,00 €
Welche Kreditart wünschen Sie diesbezüglich? (Bitte ankreuzen)		Lombardkredit	☐
		Sicherungsübereignungskredit	☒
		Hypothekenkredit	☐
Wie wünschen Sie den Kredit zurückzuzahlen? (Bitte ankreuzen)		Ratendarlehen	☐
		Fälligkeitsdarlehen	☐
		Annuitätendarlehen	☒
Gewünschter Finanzierungsbeginn:		19.07.20..	
Auf welches Konto wünschen Sie die beantragte Kreditsumme?		BLZ:	711 526 80
		Kontonummer:	902 126 77
Ort:	**Kronach**	Datum:	02.07.20..
Name des Unterzeichnenden:	**Marianne Hofmann**	Unterschrift:	**(keine Unterschrift!)**

Wir danken für Ihre Angaben und werden uns umgehend bei Ihnen melden.

Ihre Sparkasse Kulmbach-Kronach Kundenbetreuung

Prüfung 2011

Fallaufgabe

Unternehmensbeschreibung	
Firma	Schloss-Apotheke Rudolf Krämer e.K.
Firmensitz	Schlossgasse 28 63739 Aschaffenburg
Öffnungszeiten	Montag bis Freitag von 08:00 Uhr bis 18:00 Uhr Samstag von 09:00 Uhr bis 13:00 Uhr
Inhaber	Apotheker Rudolf Krämer
Informationen zum Unternehmen	Die Schlossapotheke, die sich in der Innenstadt von Aschaffenburg (ca. 70.000 Einwohner) befindet, wurde 1962 gegründet. Seit Januar 2005 wird die Schlossapotheke durch den Apotheker Rudolf Krämer geführt.
Marktsituation	Da die Schlossapotheke schon seit fast 50 Jahren im Dienste der Gesundheit tätig ist, kann sie auf einen großen Stammkundenkreis blicken. 50 % der Stammkunden wohnen nicht weiter als drei Kilometer von der Apotheke entfernt. Zwar lag der Jahresumsatz im letzten Jahr mit 1.406.000,00 € im bundesweiten Durchschnitt, der Apothekenmarkt in Aschaffenburg und generell in Deutschland ist derzeit jedoch sehr umkämpft.

Situation

Immer wieder müssen auch Lieferungen zu weiter entfernten Kunden durchgeführt werden, die zu Fuß nicht zu erreichen sind. Dazu wird das Privatauto von Herrn Krämer benutzt. Der Apotheker schätzt, dass für Lieferfahrten pro Monat eine Strecke von insgesamt ca. 450 km zurückgelegt wird. Bis jetzt scheute Herr Krämer vor einer Anschaffung eines Firmenwagens zurück, weil er den zeitlichen Aufwand für Kauf und späteren Verkauf, den finanziellen Aufwand für Anschaffungskosten, Versicherung und Reparaturen nicht aufbringen wollte. Doch nun denkt Herr Krämer über die Anschaffung eines kleinen Firmenwagens nach, mit dem die Lieferungen kostengünstig erledigt werden können. Im Internet findet Herr Krämer zwei verschiedene Angebote zur Finanzierung des Kleinwagens Flirt fortwo coupé.

© Gennady Poddubny – Fotolia.com

Flirt fortwo coupé

Ausstattungslinie pure, 52 kW/71 PS, Benziner, Reihenmotor, micro hybrid drive, 999 cm³, Kraftstoffverbrauch kombiniert: 4,4 l/100 km, CO_2-Emissionen kombiniert: 103 g/km.

Neupreis: 10.660,00 €

Gebrauchtwagenpreis nach drei Jahren vermutlich zwischen 4.000,00 € und 5.000,00 €

1. Vergleichen Sie Herrn Krämers Möglichkeiten, das Lieferfahrzeug zu finanzieren (siehe Anlage) anhand von vier Aspekten. Machen Sie einen begründeten Entscheidungsvorschlag, der zu Herrn Krämers Situation passt, und begründen Sie diesen mit zwei Argumenten.

Herr Krämer möchte den Lieferservice bei seinen Kunden noch bekannter machen.

2. Beschreiben und begründen Sie zwei Ideen, die möglichst wenig Kosten verursachen, schnell umsetzbar und wirksam sind.

Angebot 1:

Business-Leasing plus

Das neue Business-Leasing plus bietet Ihnen noch viel mehr: Denn in die monatliche Leasingrate ist die Prämie für Haftpflicht- und Vollkaskoschutz schon integriert. Die Prämie bleibt über die gesamte Laufzeit konstant – selbst im Schadensfall. Zum Ende der Laufzeit geben Sie Ihr Fahrzeug einfach zurück.

Flirt Leasingrechner:

```
Leasing                  ▼           ▷ Produktionformation
gewerblicher Kunde       ▼           ▷ Rechtliche Hinweise
```

Unverbindliche Beispielkalkulation	Preise in EURO
Modell:	fortwo coupe 52 kW pure ▼
Kaufpreis zzgl. Überführungskosten	10.660,00 €
Leasing-Sonderzahlung ▷ Info	€ ● % ○ 2.132,00
Laufzeit in Monaten	36 ▼
Gesamtlaufzeit (KM)	30.000 ▼

Leasingfaktor in % vom Basiswert	1,20 %
Monatliche Leasingrate	102,34 €
Autoversicherungsbeitrag	19,00 €
Monatliche Gesamtrate (brutto)	**121,34 €**

Angebot 2:

Plus3-Finanzierung:

Die Plus3 Finanzierung ist ein besonderes Produkt der Flirt Bank AG. Bei Vertragsabschluss wird eine Schlussrate vereinbart, die Ihnen garantiert wird und die sich Raten mindernd auswirkt. Bei der Plus3-Finanzierung behalten Sie bis zum Vertragsende zwei Optionen, die Ihnen maximale Wahlfreiheit lassen:

1. Behalten: Sie begleichen die Schlussrate und das Fahrzeug geht vollständig in Ihr Eigentum über. Oder aber Sie finanzieren die Schlussrate weiter.

2. Verkaufen: Sie verkaufen Ihr Fahrzeug selbst und bezahlen die Schlussrate mit dem Erlös.

Flirt Finanzierungsrechner:

```
Plus3-Finanzierung      ▼        ▷ Produktionformation
                                 ▷ Rechtliche Hinweise
gewerblicher Kunde      ▼
```

Unverbindliche Beispielkalkulation	Preise in EURO
Modell:	fortwo coupe 52 kW pure ▼
Kaufpreis zzgl. Überführungskosten	10.660,00 €
Leasing-Sonderzahlung ▷ Info	€ ● % ○ 2.132,00
Laufzeit in Monaten	36 ▼
Gesamtlaufzeit (KM)	30.000 ▼

Gesamtkreditbetrag	8.528,00 €
Zinsen	580,35 €
Gesamtbetrag	9.108,35 €
Schlussrate	4.837,31 €
Monatliche Rate	**118,64 €**

Lösung Prüfung 2011

1. Vergleich:

Z.B.

- Bei beiden Finanzierungsarten fällt die gleiche Sonderzahlung bzw. Anzahlung an.
- Auch die monatliche Belastung ist über den gesamten Nutzungszeitraum bei beiden etwa gleich.
- Die Plus3-Finanzierung bietet zum Ende der Laufzeit zwei Alternativen an – das Fahrzeug behalten oder das Fahrzeug eigenständig verkaufen. Beim Leasingangebot kann man das Fahrzeug nur zurückgeben.
- Haftpflicht- und Vollkaskoversicherung im Gegenwert von 684,00 € (19,00 € · 12 Monate · 3 Jahre) sind beim Leasingangebot inklusive.

Entscheidungsvorschlag:

Herr Krämer sollte sich für das Leasingangebot entscheiden.

Argumente:

Z.B.:

- Beim Leasingangebot kann er das Fahrzeug einfach zurückgeben. Die Alternativen am Ende der Laufzeit bei Angebot 2 bringen für Herrn Krämer vor allem Nachteile. Er möchte für den Verkauf des Wagens keine Zeit investieren und er trägt sowohl beim Verkauf als auch beim Behalten des Fahrzeuges das Risiko, dass der Gebrauchtwagenpreis niedriger ist als die Schlussrate.
- Die monatliche Belastung ist bei der Finanzierung höher, weil Versicherungsbeiträge noch hinzukommen. Beim Leasingangebot bleiben die Prämien auch im Schadensfall konstant.

2. Z.B.

- Die Kunden der Schloss-Apotheke können auf den Lieferservice aufmerksam gemacht werden, indem die Rechnungen und Kassenbelege mit einem Hinweis versehen werden.
- Auf das Lieferfahrzeug der Schloss-Apotheke kann ein Schriftzug mit dem Namen der Apotheke und einem Hinweis auf den Lieferservice angebracht werden. Diese Maßnahme würde nicht nur bestehende, sondern auch neue potentielle Kunden ansprechen.

Prüfung 2012

Modul

Der Schreiner Ulrich Urban betreibt eine Schreinerei und die Auftragsbücher sind voll. Für das Schreiben der Rechnungen und die Überwachung der Zahlungseingänge bleibt kaum Zeit. Die Zahlungsmoral der Kunden ist schlecht und die Zahlungsausfälle häufen sich. Das Konto von Ulrich Urban weist kein Guthaben auf und die Lieferanten warten auf ihr Geld. Mittlerweile haben sich hohe Verbindlichkeiten angehäuft, für die der Schreiner bald seinen Kontokorrentkredit in Anspruch nehmen muss.

In einer Fachzeitschrift liest er folgende Anzeige:

Kompass GmbH

Ihr Factoring-Spezialist: Wir entlasten Sie!

Im Einzelnen:

- Komplette Rechnungsabwicklung durch uns in Ihrem Namen.
- Übernahme des kompletten Delkredererisikos vorbehaltlich einer Bonitätsprüfung.
- Gebühr: 2,4 % der Rechnungssumme zzgl. 19 % USt.

---

1. Beschreiben Sie mit zwei Argumenten, wie die Inanspruchnahme der Dienste der Kompass GmbH Herrn Urban helfen könnte, seine Probleme künftig zu vermeiden.

2. Erläutern Sie auch zwei Schwierigkeiten, die sich bei der Einschaltung der Kompass GmbH für Herrn Urban ergeben könnten.

Lösung Prüfung 2012

1. Z. B.

- Herr Urban verkauft die Ausgangsrechnungen und erhält diese gegen Gebühr vorfinanziert, d. h. er hätte das Geld für die Bezahlung der Lieferanten schneller zur Verfügung. Dies ist in seinem Fall positiv, da die Kunden häufig zu spät zahlen und er für das Mahnverfahren kaum Zeit hat.
- Der Factor übernimmt mit dem Delkredererisiko das Ausfallrisiko, dass Rechnungen von den Kunden nicht bezahlt werden. Herr Urban erhält dadurch Sicherheit beim Zahlungseingang und seine Außenstände sinken. Dies ist in seinem Fall positiv, da er häufig Zahlungsausfälle hinnehmen muss.

2. Z. B.

- Es fallen Gebühren in Höhe von 2,4 % der Rechnungssumme und Steuern an, d. h. es steht nicht mehr der ganze Forderungsbetrag zur Verfügung.
- Die Kompass GmbH kauft die Forderungen nur nach einer Bonitätsprüfung des Schuldners. Gerade Kunden mit schlechter Zahlungsmoral würden dann nicht durch den Factor angekauft.

Prüfung 2013

Modul

Sie sind Geschäftsführer/in des Getränkeherstellers Odenwaldquelle GmbH und planen den Kauf und die Finanzierung einer neuen Abfüllanlage. Sie bereiten sich auf einen Besuch bei einem Kreditsachbearbeiter Ihrer Bank vor.

Ihnen liegt dazu die Bilanz der Odenwaldquelle GmbH vor:

Ausschnitt aus der Bilanz 20.. (in €)			
Aktiva		**Passiva**	
Grundstücke	2.100.000,00	Eigenkapital	4.154.000,00
Betriebsgebäude	1.100.000,00	Darlehen	1.400.000,00
Maschinen	1.800.000,00	Kurzfristige Bankverbindlichkeiten	210.000,00
Fuhrpark	79.000,00	Verbindlichkeiten aus LL	20.000,00
Vorräte	460.000,00		
Forderungen aus LL	180.000,00		
Bankguthaben	54.000,00		
Kassenbestand	11.000,00		
	5.784.000,00		**5.784.000,00**

Zudem liegen Ihnen folgende Informationen vor:

Kennzahlen	Geschäftsjahr (Vorjahr)	Geschäftsjahr (aktuell)	Branchenwerte (aktuell)
1. Eigenkapitalquote = Eigenkapital · 100 % / Gesamtkapital	66,45 %	?	60 % – 70 %
2. Anlagendeckungsgrad I = Eigenkapital · 100 % / Anlagevermögen	73,39 %	?	85 % – 90 %
3. Liquidität 1. Grades = liquide Mittel · 100 % / kurzfristige Verbindlichkeiten	9,69 %	?	15 % – 25 %

1. Ermitteln Sie die fehlenden Bilanzkennziffern für das aktuelle Geschäftsjahr.

2. Beurteilen Sie die Kreditwürdigkeit der Odenwaldquelle GmbH aufgrund der Entwicklung des Anlagendeckungsgrades I und im Vergleich zum Branchenwert.

Lösung Prüfung 2013

1. Eigenkapitalquote:

   4.154.000,00 € · 100 % / 5.784.000,00 € = 71,82 %

   Anlagendeckungsgrad I:

   4.154.000,00 € · 100 % / 5.079.000,00 € = 81,79 %

   Liquidität ersten Grades:

   65.000,00 € · 100 % / 230.000,00 € = 28,26 %

2. Der Anlagendeckungsgrad I hat sich vom Vorjahr auf das aktuelle Geschäftsjahr von 73,39 % auf 81,79 % verbessert. Die Betrachtung der Entwicklung dieser Kennzahl spricht für eine Erhöhung der Kreditwürdigkeit der Odenwaldquelle GmbH. Der Anlagendeckungsgrad I liegt aber immer noch unter dem Branchendurchschnitt von 85 % bis 90 %, wodurch sich die Kreditwürdigkeit etwas verringert.

Prüfung 2014

Fallaufgabe

Unternehmensbeschreibung

Firma	Eisdiele Luna e.K.
	Inhaber: Hans Fröhlich
	94315 Straubing
	Die kleine Eisdiele im italienischen Design mit 32 Sitzplätzen liegt in der Fußgängerzone am Marktplatz von Straubing. Die Räume für Eisherstellung und -verkauf befinden sich im Erdgeschoss.
	Im vergangenen Winter wurde die Eisdiele mit erheblichem finanziellem Aufwand von Hans Fröhlich renoviert. Die Eisdiele besitzt nun große Glasfronten, die Tageslicht in den Innenraum bringen und einen herrlichen Blick auf die Fußgängerzone bieten. Außerdem sind die technischen Geräte für die Herstellung und Lagerung von Speiseeis modernisiert worden.
Unternehmens-gegenstand	• Herstellung und Vertrieb von Speiseeis
	• Verkauf von Eisbechern sowie Getränken in der Eisdiele
	• Straßenverkauf von Eis in Waffeln und Bechern
Personal	Hans Fröhlich beschäftigt:
	• seine Ehefrau Gisela Fröhlich im Einkauf und in der Produktion,
	• Nina Strobl und Julia Baier im Service und Verkauf,
	• und Sie als Mitarbeiter/in im Büro.
	Die beiden Kinder, die 18-jährige Maria und der 19 Jahre alte Simon, helfen bei Bedarf aus.
Sortiment	Die Eisdiele Luna stellt 18 überwiegend klassische Eissorten in unterschiedlichen Geschmacksrichtungen, z.B. Vanille, Schokolade, Erdbeere, Nuss und Stracciatella, her. Das Speiseeis wird täglich frisch ohne künstliche Aromen, Farbstoffe oder Geschmacksverstärker hergestellt.
	Die Rohstoffe, wie Milch und Obst, bezieht Hans Fröhlich von Biobauern aus der Region und von einem Lebensmittelgroßhändler für ökologisch zertifizierte Waren in der Nähe.

Situation

Anfang April dieses Jahres eröffnete 50 Meter neben der Eisdiele Luna ein Konkurrenzbetrieb, das Icehouse. Das Icehouse bietet Softeis sowie industriell hergestelltes Speiseeis im Straßenverkauf an. Der große Erfolg der Icehouse-Filialen liegt im Angebot ausgefallener Eissorten. Die Preise liegen im Schnitt 25 % unter den Preisen der Eisdiele Luna.

Die Verkaufszahlen der Eisdiele Luna sind seit der Eröffnung des Icehouses spürbar zurückgegangen. Hans Fröhlich muss auf die Konkurrenz reagieren. Preissenkungen schließt er wegen der unlängst vorgenommenen Renovierungsarbeiten aus. Er will jedoch verstärkt werben. Im Rahmen der Werbung möchte er auf die Unterschiede zwischen seiner Eisdiele und dem neuen Konkurrenten Icehouse hinweisen und beauftragt Sie mit der Umsetzung.

1. Formulieren Sie einen aussagekräftigen Werbeslogan, der die Unterschiede der Eisdiele Luna zum Icehouse hervorhebt.

Hans Fröhlich möchte am 01.07.20.. eine Straßenterrasse eröffnen, die er bis Mitte Oktober betreiben will. Er plant acht Tische mit jeweils vier Stühlen und zwei Werbeschilder aufzustellen. Dafür ist laut Satzung der Stadt Straubing (siehe Anlage 1) eine Genehmigung notwendig. Der benötigte Platz für einen Tisch und vier Stühle beträgt 10 qm. Für die Tische und Stühle hat sich Hans Fröhlich für das Angebot der Möbel Huber GmbH (siehe Anlage 2) entschieden. Insgesamt steht ein Budget von maximal 3.500,00 € (brutto) zur Verfügung. Dieses sollte im besten Fall nicht ausgeschöpft werden. Für den Fall, dass das Budget dennoch nicht reicht, bittet Sie Hans Fröhlich, eine geeignete Kosteneinsparungsmöglichkeit vorzuschlagen.

2. Prüfen Sie rechnerisch nachvollziehbar, ob und wie das geplante Vorhaben zum 01.07.20.. mit dem vorhandenen Budget umgesetzt werden kann.

Anlage 1

Verkehrsraum-Sondernutzungssatzung

§ 1 Geltungsbereich

Diese Satzung gilt für Sondernutzungen an den in der Baulast der Stadt stehenden Straßen, Wegen und Plätzen.

§ 2 Sondernutzungen, Einschränkungen

Sondernutzungen sind das Herausstellen von Waren des jeweiligen Geschäftes, von Tischen, Stühlen, Sonnenschirmen, Ständern, Vitrinen, Reklame- und Geschäftshinweisschildern usw. auf die öffentliche Fläche vor dem Geschäft.

§3 Sondernutzungsgebühren

Für erlaubnispflichtige Sondernutzungen werden Gebühren erhoben. Die Höhe der Gebühren bestimmt sich nach dem anliegenden Gebührenverzeichnis.

§ 4 Fälligkeit der Gebühren

Die Gebühren werden durch Gebührenbescheid erhoben. Sie sind sofort zu entrichten.

(…)

Gebührenverzeichnis zu § 3 der Verkehrsraum-Sondernutzungssatzung			
Nr.	Gegenstand der Sondernutzung	Gebührenmaßstab	Gebühr in €
1	Vordächer und nicht einziehbare Markisen über Hauseingängen und Schaufenstern	je laufendem m und angefangener Kalenderwoche	4,00
2	Schau-/Auslagekästen, Schaufenstervorbauten und ähnliche Einrichtungen	je qm und angefangenem Kalenderjahr	7,70
3	Warenregale, Schütten sowie Ausstellungsstände	je qm und angefangenem Kalendermonat	2,30
4	Verkaufsstände	je qm und angefangenem Kalendermonat	4,60
5	Reklame (Kasten, Schilder, usw.)	je Stück und angefangenem Kalenderjahr	39,00
6	Tische und Stühle vor gastronomischen Einrichtungen	je qm und angefangenem Kalendermonat	8,10
7	Gewerbliche Flugblattverteilung	je 1000 Stück	15,30

Anlage 2

Angebot – Sonderaktion Bistromöbel

Von: verkauf@moebelhuber.de
An: eisdieleluna@t-online.de

Sehr geehrter Herr Fröhlich,

Bistrotische und -stühle bieten wir aktuell im Sonderangebot (nur solange Vorrat reicht) an. Sie können die Tische und Stühle entweder einzeln oder im Set bestellen. Auch eine Kombination aus Set- und Einzelkauf ist jederzeit möglich.

Einzelpreise:

Stapelstuhl mit Poly-Rattanbespannung:

Höhe/Breite/Tiefe:	74 cm · 54 cm · 56 cm
Preis je Stuhl	29,41 €

Metall-Tisch mit geriffelter Aluminiumplatte:

Höhe:	72 cm
Durchmesser:	60 m
Preis je Tisch:	41,18 €

Rabatte für Stühle:

ab einer Abnahmemenge von 4 Stück	5 % Rabatt
ab einer Abnahmemenge von 10 Stück	10 % Rabatt
ab einer Abnahmemenge von 30 Stück	30 % Rabatt

Rabatte für Tische:

ab einer Abnahmemenge von 4 Stück	5 % Rabatt
ab einer Abnahmemenge von 10 Stück	10 % Rabatt
ab einer Abnahmemenge von 12 Stück	20 % Rabatt

Setpreis:

3-teiliges Bistro Set:
bestehend aus einem Tisch und zwei Stühlen (wie oben beschrieben)

Preis je Set: 91,60 €

Rabatte für Sets:

ab einer Abnahmemenge von 4 Sets	15 % Rabatt
ab einer Abnahmemenge von 8 Sets	20 % Rabatt
ab einer Abnahmemenge von 12 Sets	25 % Rabatt

Lieferung frei Haus ab einem Warenwert von 500,00 €, ansonsten 20,00 € Versandpauschale, alle Preisangaben netto.

Wir freuen uns auf Ihre Bestellung.

Mit freundlichen Grüßen

Maximilian Huber
Möbel Huber GmbH

Lösung Prüfung 2014

1. Z. B.:

Luna-Eis: 100 % Natur aus der Region, ohne künstliche Aromen und Geschmacksverstärker

Hinweis:

Bei der Antwort ist auf eine klare Abgrenzung zum Icehouse zu achten. Zudem darf kein rechtlicher Verstoß (z. B. UWG) vorliegen.

2. Benötigter Platzbedarf für 8 Sitzgarnituren

8 Garnituren · 10 qm / Garnitur	= 80 qm

Gebühren für 80 qm Straßenterrasse laut Gebührenverzeichnis pro Monat

80 qm · 8,10 € / qm	= 648,00 €

Gebühren für 4 Monate (Juli – Oktober)

4 Monate · 648,00 € / Monat	= 2.592,00 €

Berechnung der Gebühren für die Beschilderung

2 Werbeschilder · 39,00 € / Werbeschild	= 78,00 €

Berechnung der gesamten Gebühren

2.592,00 € + 78,00 €	= 2.670,00 €

Berechnung der Kosten für den Kauf der Stühle (Einzelkauf, netto)

32 Stühle · 29,41 € / Stuhl · 0,7 (− 30 % Rabatt!)	= 658,78 €

Berechnung der Kosten für den Kauf der Tische (Einzelkauf, netto)

8 Tische · 41,18 € / Tisch · 0,95 (− 5 % Rabatt!)	= 312,97 €

Berechnung der Gesamtkosten für Stühle und Tische (Einzelkauf, brutto)

(658,78 € + 312,97 €) · 1,19	= 1.156,38 €

Berechnung der Kosten für den Kauf der Stühle und Tische (Setkauf, netto)

8 Sets · 91,60 € / Set · 0,8 (− 20 % Rabatt)	= 586,24 €

Berechnung der Kosten für die fehlenden Stühle (Einzelkauf, netto)

16 Stühle · 29,41 € / Stuhl · 0,9 (− 10 % Rabatt)	= 423,50 €

Berechnung der Gesamtkosten für Stühle und Tische (Setkauf + Einzelkauf, brutto)

(586,24 € + 423,50 €) · 1,19	= 1.201,59 €

Gesamtkostenaufstellung

Gesamte Gebühren	2.670,00 €
+ Möbelkauf (Einzelkauf, da billiger)	1.156,38 €
= Gesamtkosten	3.826,38 €

Z. B.:

Das Budget reicht nicht aus. Um das Vorhaben dennoch zu realisieren, könnte Hans Fröhlich nur bis Ende September eine Sondernutzung beantragen und so 648,00 € einsparen.

Lernbereich 14: Kapitalanlage

14.1 Sparen, um investieren zu können

Sparen bedeutet Verzicht auf Konsum. Dadurch wird Kapital für notwendige Investitionen gebildet.

14.2 Anlageziele – Was will man mit einer Kapitalanlage erreichen?

Das magische Vieleck der Kapitalanlage

- **Wertbeständigkeit:** Die Geldanlage soll am Ende der Anlagedauer nicht weniger wert sein als zu Beginn (z. B. durch Inflationsverluste).
- **Liquidität:** Die Geldanlage soll schnell und ohne Verluste zu Bargeld gemacht werden können.
- **Rentabilität:** Die Geldanlage soll Gewinn abwerfen.
- **Sicherheit:** Geldanlagen sollte man nur in verlässliche Hände geben, die sorgfältig damit umgehen und keine riskanten Spekulationen vornehmen.
- **Nachhaltigkeit:** Bei der Geldanlage wird Wert auf ökologische, ethische und soziale Aspekte gelegt.

Als **magisch** gilt das Viereck deshalb, weil sich **alle Anlagekriterien in einer** Geldanlage **nicht verwirklichen** lassen.

Die **Anlageziele** stehen vielmehr **im Konflikt miteinander.** Sie können **nicht gleichzeitig erreicht** werden.

- **Zielkonflikt Liquidität – Sicherheit:** Z. B. sichere Anlagen wie Häuser sind schwer zu Geld zu machen.
- **Zielkonflikt Sicherheit – Rentabilität:** Z. B. sichere Geldanlagen wie Sparbücher sind nicht rentabel, da sie nur eine geringe Verzinsung erbringen.
- **Zielkonflikt Liquidität – Rentabilität:** Z. B. ein hohes Guthaben auf dem laufenden Konto bedeutet zwar eine hohe Liquidität, aber keine Rentabilität, da nur eine geringe Verzinsung erzielt wird.

Anleger müssen die Anlage auswählen, die ihren persönlichen Bedürfnissen/Gegebenheiten am besten entspricht.

14.3 Kapitalanlagen auf Bankkonten

- **Sichteinlagen** sind jederzeit fällige Guthaben auf laufenden Konten.
  - Kontrolle durch Kontoauszug möglich
  - **Nachteile:** niedrige Verzinsung, Kontoführungsgebühren

- **Termineinlagen** werden für eine bestimmte Zeit angelegt.
  - **Festgeld,** das an einem bestimmten Termin fällig wird
  - **Kündigungsgeld** (Kündigung innerhalb einer bestimmten Frist notwendig)

- **Spareinlagen** (z. B. Sparbuch)
  - **Vorteile:** sehr sichere Anlageform, leichte Verfügbarkeit
  - **Nachteile:** sehr niedrige Zinsen, grundsätzlich Vorschusszinsen bei Nichteinhaltung der Kündigungsfrist (vorzeitige Rückzahlung)

14.4 Kapitalanlagen in Wertpapieren

Beispiele für Gläubigerpapiere	Beispiele für Teilhaberpapiere
• **Industrieobligationen:** Herausgeber sind große Industrieunternehmen. • **Öffentliche Anleihen** von Bund, Ländern oder Gemeinden • **Pfandbriefe/Kommunalobligationen** sind Schuldverschreibungen von z. B. öffentlichen Kreditanstalten. • **Bundesschatzbriefe**	• Aktien
• Gläubigerpapiere sind jederzeit zu kaufen oder zu verkaufen und werden an der Börse mit **Prozentkursen (bezogen auf den aufgedruckten Nennwert)** gehandelt, die Kurse werden veröffentlicht. **Gläubigerpapier** 10.000,00 € 5 % ↑ Nennwert ↑ Nominalzinssatz Nennwert = Nominalwert = Rückzahlungsbetrag am Ende der Laufzeit Nominalzinssatz = Zinssatz bezogen auf den Nennwert	**Kursentwicklung bei festverzinslichen Wertpapieren (Gläubigerpapieren)** Effektiver Zinssatz = $\dfrac{\text{Nominalzinssatz} \cdot 100}{\text{Kaufpreis bzw. Kurs}}$ **Effektive Verzinsung** $$p = \dfrac{z \cdot 100 \cdot 360}{k \cdot t}$$ z = Zinsen/Ertrag k = eingesetztes Kapital (Kaufpreis + Gebühr) t = Anlagedauer in Tagen

14.5 Vergleich zwischen Gläubiger- und Teilhaberpapieren

Vergleichsmerkmale	Gläubigerpapiere	Teilhaberpapiere
Rechtsstellung des Kapitalgebers	Käufer ist **Gläubiger**.	Käufer ist **Teilhaber**.
Rechte	Recht auf • Rückzahlung • Verzinsung • Anteil an der Insolvenzmasse	• **Stimmrecht in der Hauptversammlung** • **Bezugsrecht bei Ausgabe neuer Aktien** • **Anteil am Liquidationserlös** • **Recht auf Dividende**
Zweck	Beschaffung von langfristigem **Fremdkapital**	Beschaffung von **Eigenkapital**
Rückzahlung	**Tilgung = Rückzahlung**, da Fremdkapital	**Keine Tilgung**, da Eigenkapital

Auswirkung auf die Kreditwürdigkeit	keine Erweiterung der Kreditwürdigkeit, da Fremdkapital	Erweiterung der Kreditwürdigkeit, da Eigenkapital (größere Haftungsmasse)
Erträge	fester Zins, gleichbleibende Erträge	Gewinnanteil (Dividende), schwankende Erträge (je nach Gewinnsituation)
Kursschwankungen	kaum	u. U. starke Schwankungen
Wertverlust	evtl. starker Wertverlust	evtl. Ausgleich des Wertverlustes durch Wertsteigerung der Vermögensteile des Gesellschaftsvermögens

Gläubigerpapiere

Vorteile	Nachteile
Für den Aussteller von Gläubigerpapieren	
keine Veränderung der Stimmrechte, da Käufer Gläubiger ist (nicht Teilhaber!) Zinsaufwand ist steuerlich absetzbar.	hohe Ausgabekosten Belastung der Liquidität durch Tilgung und Zins schlechtere Kreditwürdigkeit, da höheres Fremdkapital Pflicht zur Rückzahlung und Zinszahlung
Für den Käufer von Gläubigerpapieren = Anleger	
geringes Kursrisiko sichere Geldanlage gleichbleibende Zinsen Recht auf Anteil an der Insolvenzmasse	kein Stimmrecht kein Anteil am Liquidationserlös kein Schutz vor Inflation (= Geldentwertung) keine Teilnahme am Wertzuwachs des Unternehmens

Teilhaberpapiere (Aktien)

Vorteile	Nachteile
Für die Aktiengesellschaft	
höheres Eigenkapital, dadurch höhere Kreditwürdigkeit Eigenkapital steht zeitlich unbefristet zur Verfügung. keine Tilgung, keine Zinszahlung	hohe Ausgabekosten evtl. Veränderung der Stimmrechtsverhältnisse Gewinnteilung
Für den Käufer von Aktien = Anleger = Aktionär	
Stimmrecht in der Hauptversammlung Gewinnbeteiligung Anteil am Liquidationserlös Teilnahme am Wertzuwachs der AG	hohes Kursrisiko schwankende Erträge (Dividende) kein Anteil an der Insolvenzmasse

14.6 Einteilung der Aktien

Nach dem Ausgabezeitpunkt	**Alte Aktien** = Aktien aus früheren Ausgabeterminen	**Junge Aktien** = Aktien des letzten Ausgabetermins
Nach den Rechten	**Stammaktien** = gewöhnliche Aktien	**Vorzugsaktien** = sie sind mit Sonderrechten ausgestattet, z. B. der Berechtigung zum Kauf weiterer Aktien
Nach der Übertragbarkeit	**Inhaberaktien** = lauten nicht auf eine bestimmte Person und können daher nur durch Einigung und Übergabe übereignet werden	**Namensaktien** = lauten auf Aktionärsnamen, sind im Aktionärsbuch eingetragen; werden durch Einigung, Übergabe und Umtragung im Aktionärsbuch übereignet **vinkulierte** = gebundene Namensaktien: deren Übertragung ist an die Zustimmung der AG gebunden

14.7 Gründe für Kursschwankungen bei Aktien

Kurs steigt z. B. bei	Kurs sinkt z. B. bei
• guter Konjunktur • guten Umsätzen • guten Unternehmensnachrichten • hohen Gewinnen • positiven politischen Nachrichten • Steuersenkungen	• schlechter Konjunktur • Umsatzeinbrüchen • Gewinnwarnungen (Ankündigung einer Verringerung des erwarteten Gewinns) • politischen Krisen, z. B. Krieg • Steuererhöhungen

14.8 Aktienkurse

Aktienkurse sind Stückkurse, d. h.

BMW 24,50

heißt: eine BMW-Aktie kostet 24,50 €

14.9 Sonderformen von Wertpapieren

Investmentfonds

Investmentzertifikate sind Urkunden über eine Beteiligung an einem (Wertpapier)fonds einer Kapitalanlagegesellschaft. Diese Investmentgesellschaft kauft Wertpapiere anderer Gesellschaften aus verschiedenen Branchen und legt sie getrennt vom eigenen Vermögen an. Über dieses Vermögen werden nun **Anteile = Investmentzertifikate** verkauft. Die einzelnen Anteile lauten auf Stück. Ihr Wert wird nicht über die Börse ermittelt, sondern täglich neu errechnet (aufgrund der Werte der im Fonds enthaltenen Papiere).

Wer Investmentanteile kauft, besitzt also ein **Miteigentumsrecht zu Bruchteilen an diesem Fonds.**

Investmentfonds = Bündel an verschiedenen Wertpapieren

Arten:

- **Aktienfonds** (bestehen aus Teilhaberpapieren)
- **Rentenfonds** (bestehen aus festverzinslichen Wertpapieren)
- **Immobilienfonds** (bestehen aus Wohn- und Geschäftsgebäuden)
- **gemischte Fonds**

Vorteile:

- durch breite Streuung der Papiere wird das Risiko vermindert
- Verwaltung durch einen Profi-Manager
- Kauf und Verkauf immer möglich
- Es kann ein Geldbetrag auf einmal eingebracht werden oder monatlich angespart werden.

Nachteile:

- große Wertschwankungen möglich (gerade bei riskanten Fonds)
- teilweise hohe Gebühren (Ausgabeaufschlag, Verwaltungsgebühr)
- Fondsbesitzer hat keine Mitsprache und keinen Einfluss auf die Geschäftsführung (der Aktionär schon!).

14.10 Information und Beratung der Anleger

Zum Schutz der Anleger müssen diese über **Chancen und Risiken** der Anlageform **aufgeklärt** werden. So müssen Kreditinstitute von ihren Kunden Angaben über deren Erfahrungen und Kenntnisse in Wertpapiergeschäften, über ihre Anlageziele und finanzielle Verhältnisse verlangen.

14.11 Kursermittlung im amtlichen Börsenverkehr

Beispiel:

Die **Aktienkäufer** geben ihre **Kauf**aufträge für die Aktien bei ihrer Bank ab. Sie haben dabei folgende Möglichkeiten:

Limitieren, ein Limit vorgeben	den **Höchstpreis,** für den sie Aktien kaufen wollen, **festlegen**
»billigst«	Auftrag zum **Aktienkauf ohne Preisbegrenzung** (»**Kauf zu jedem Preis**«)

Die Aktienverkäufer geben ihre Verkaufsaufträge ebenfalls bei der Bank ab. Sie haben dabei folgende Möglichkeiten:

Limitieren, ein Limit vorgeben	den **Mindestpreis,** für den sie ihre Aktien verkaufen wollen, **festlegen**
»bestens«	Auftrag zum **Aktienverkauf ohne Preisbegrenzung** (»**Verkauf zu jedem Preis**«)

14.12 Veröffentlichung der Kurse

Die **Kurse** werden **täglich** im **amtlichen Kursblatt** veröffentlicht. Durch Kurshinweise und Kurszusätze wird zugleich kenntlich gemacht, ob z. B. zu diesem Kurs Umsätze stattfanden oder ob nur Angebot und Nachfrage vorlagen.

G	Geld, d. h. es ist noch Geld, also Nachfrage, vorhanden
B	Brief, d. h. es sind noch Papiere, also Angebot, vorhanden
b oder bz	bezahlt, Angebot und Nachfrage haben sich ausgeglichen
bB oder bzB	bezahlt Brief, es fanden Umsätze statt, Angebot ist noch vorhanden
bG oder bzG	bezahlt Geld, es fanden Umsätze statt, Nachfrage ist noch vorhanden
–	gestrichen, es fanden keine Umsätze statt
e D oder ex D	ex Dividende, ohne Dividende, am Tag nach der Dividendenfeststellung in der Hauptversammlung wird der Dividendenbetrag vom Kurs abgezogen
T	Taxkurs, d. h. es fanden keine Umsätze statt, der Kurs wurde geschätzt

Wichtige Aktienindizes:

→ **DAX bzw. Xetra-Dax:** die 30 wichtigsten deutschen Aktiengesellschaften
  (Standardwerte = Blue Chips)

→ **MDAX (Midcap Dax):** Aktien von 50 deutschen AG´s, die unmittelbar auf die DAX-Werte folgen

→ **SDAX:** über 50 Werte (für etablierte mittelständische Unternehmen)

→ **TECDAX:** die 30 wichtigsten Technik- und Technologieaktien

→ **EURO Stoxx 50:** 50 Aktien aus Ländern der Europäischen Wirtschafts- und Währungsunion

14.13 Das Wertpapierdepot

Das Wertpapierdepot ist eine Einrichtung der Banken zur Aufbewahrung und Verwaltung von Wertpapieren für ihre Kunden.

Üblich ist die Aufbewahrung in einem so genannten **Sammeldepot,** in dem die Wertpapiere **von vielen Kunden gemeinsam** verwaltet werden.

Das ist kostengünstiger als die Aufbewahrung in einem **Nummerndepot** für den **einzelnen Kunden.**

Von seiner Hausbank erhält der **Depotkunde** mindestens einmal jährlich eine **Aufstellung der Depotbestände (= Depotauszug).**

Inhalt des Depotauszugs:

- die Nennwerte (festverzinsliche Wertpapiere)
- die Stückzahl (Aktien)
- Kurswerte
- Wertpapierkennnummern der verwahrten Wertpapiere
- Depotnummer
- Datum des Depotauszugs
- Depotgebühren
- das mit Gebühren belastete Konto

Prüfungsfragen zum Lernbereich 14:
Kapitalanlage

Prüfung 2006

Modul

1. Nennen Sie zwei Arten von Gläubigerpapieren. Geben Sie dabei auch zwei Rechte an, die man als Erwerber dieser Art von Wertpapieren geltend machen kann.

2. Am 25. Juni 20.. waren folgende Börsennotierungen zu finden:

   Orchid Capital   25,30 G

   Linde   46,20 bB

   Erläutern Sie die Kurszusätze.

3. Erklären Sie, wie sich sinkende Zinsen in der Regel auf die Nachfrage nach Obligationen und Aktien auswirken.

Lösung Prüfung 2006

1. Arten von Gläubigerpapieren:

   - Öffentliche Anleihen
   - Pfandbriefe und Kommunalobligationen
   - Industrieobligationen

   Rechte:

   - Recht auf Zinszahlung
   - Recht auf Rückzahlung des Nennwertes am Ende der Laufzeit (Einlösung des Wertpapiers)
   - Recht auf Anteil an der Insolvenzmasse

2. 25,30 G: Zu diesem Kurs war nur Nachfrage nach diesen Papieren vorhanden.

   46,20 bB: Es fanden zu diesem Kurs Umsätze statt, aber nicht alle Verkaufsaufträge konnten ausgeführt werden (es war noch Angebot vorhanden).

3. Sinkende Zinsen führen zu sinkenden Renditen bei Obligationen und machen sie unattraktiver; daher ist mit sinkender Nachfrage zu rechnen. Gleichzeitig wird der Kauf von Aktien interessanter und die Nachfrage wird steigen.

Prüfung 2008

Fallaufgabe

Firma	Fruchtig Frisch GmbH, München
Gegenstand des Unternehmens	Herstellung von Limonaden Groß- und Einzelhandel mit verschiedenen alkoholfreien Getränken
Geschäftsführung	Eheleute Andreas Huber und Magdalena Franzen
Produkte	**Handelswaren:** Mineralwasser, Fruchtsäfte, Softdrinks, Saftschorlen **Eigene Produkte:** Limonaden mit verschiedenen Geschmacksrichtungen wie Zitronix, Orangix, Melonix, Mandarinix, Lemonix

Um den finanziellen Spielraum der Fruchtig Frisch GmbH zu erweitern, erwägen die Eheleute, eine zusätzliche Bareinlage in Höhe von 50.000,00 € zu leisten und dazu Wertpapiere aus ihrem privaten Depot zu verkaufen.

Wertpapierbestand am 04. Juli 20..:

	Stückzahl/ Nennwert	Aktueller Kurs	Anschaffung
Solarvent AG Aktien	200	128,51	März 2011 bei 34,80
SUV Car AG Aktien	300	125,72	Februar 2007 bei 115
China Holding AG Aktien	150	93,20	Oktober 2011 bei 80
Bundesrepublik Deutschland Anleihe von 2009 (2019)	30.000	98,80	Januar 2010, Kurs 99

1. Welchen Erlös könnten Andreas Huber und Magdalena Franzen bei der Auflösung des gesamten Depots erzielen? Beim Verkauf werden 1,5 % Courtage und 0,75 % Bearbeitungsgebühr fällig.

2. Nun stellt sich die Frage, welche dieser Wertpapiere die Eheleute verkaufen sollten. Treffen Sie eine begründete Entscheidung und ziehen Sie dazu die Informationen der 12-Monats-Charts (siehe Anlage) heran.

3. Formulieren Sie für die im Depot verbleibenden Wertpapiere jeweils ein nachvollziehbares Argument, das dafür spricht, diese Wertpapiere zu behalten. Orientieren Sie sich dabei an den Informationen in der Anlage.

Anlage

Börsennachrichten mit den Charts der letzten 12 Monate

Solarvent AG

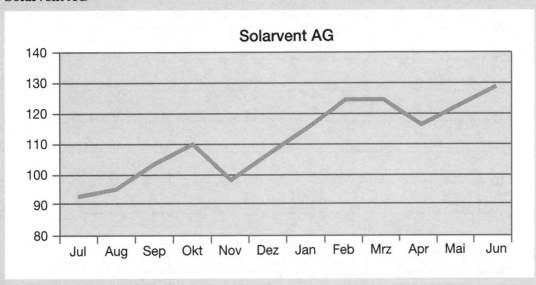

Bei der Solarvent AG handelt es sich um einen deutschen Hersteller von Photovoltaik- und Windkraftanlagen. Die AG ist aus dem Zusammenschluss eines Pionierunternehmens der Solartechnik und eines innovativen Entwicklers von Windkraftanlagen hervorgegangen. Durch den Zukauf von weiteren Klein- und Mittelbetrieben aus dem Bereich der Entwicklung regenerativer Energien konnte die Solarvent AG ihren Marktanteil in Europa bis auf 18 % ausbauen. Im September 20.. wurde ein Tochterunternehmen für den Vertrieb in den Vereinigten Arabischen Emiraten und im April des darauffolgenden Jahres eine Produktniederlassung in China eröffnet.

China-Holding AG

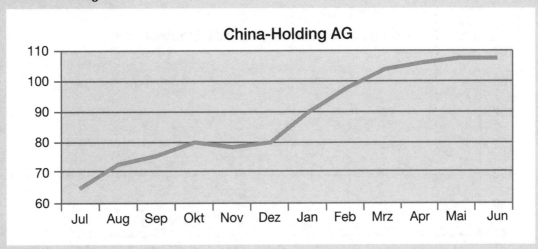

Bei der Aktiengesellschaft China-Holding AG handelt es sich um ein Unternehmen, das in Fernost Marktführer ist im Bereich des Infrastruktur-Ausbaus, insbesondere im Straßen- und Kanalbau. Aufgrund des überdurchschnittlichen Wirtschaftswachstums in China und Indien, wo die China-Holding AG stark vertreten ist, bestehen für das Unternehmen gute bis sehr gute Entwicklungschancen.

SUV Car AG

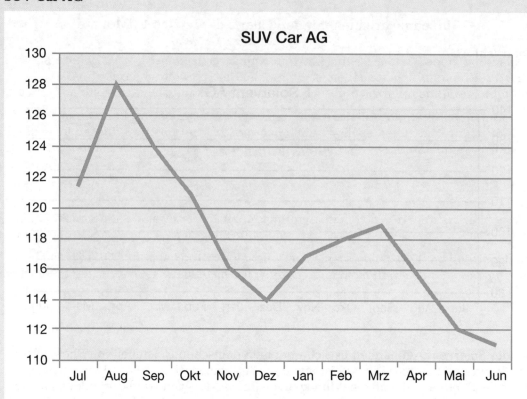

Die SUV Car AG ist ein amerikanischer Hersteller von leistungsstarken Allrad-Fahrzeugen für gehobenen Ansprüche. Das Unternehmen ist mit Produktionsniederlassungen in Europa und Südamerika vertreten. Aufgrund des hohen Spritverbrauchs und der klimaschädlichen Emissionen hatte die SUV Car AG in letzter Zeit weltweit Absatzrückgänge zu verzeichnen.

Anleihe der Bundesrepublik Deutschland 2009/2019

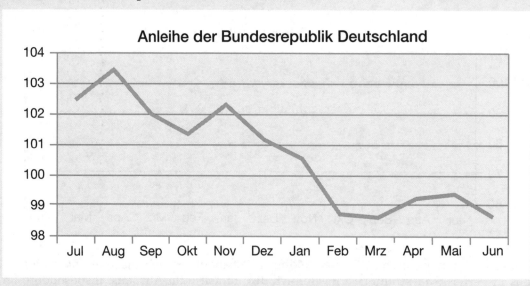

Die Laufzeit der mit dem Zinscoupon von 4,2 % ausgestatteten Anleihe endet am 1. April 2019. Am Markt bekommt man derzeit für westeuropäische Staatsanleihen mit vergleichbarer Laufzeit 4,8 %.

Lösung Prüfung 2008

1.

Wertpapiere	Berechnung	Gesamtkurswert
Solarvent AG	200 Stück · 128,51 €	25.702,00 €
SUV Car AG	300 Stück · 125,72 €	37.716,00 €
China Holding AG	150 Stück · 93,20 €	13.980,00 €
BRD-Anleihe	98,80 % von 30.000,00 €	29.640,00 €
		107.038,00 €
	- 1,5 % Courtage	1.605,57 €
	- 0,75 % Bearbeitungsgebühr	802,79 €
	erzielbarer Gesamterlös	**104.629,64 €**

2.
- Die Aktien der SUV Car AG sollten verkauft werden, weil aufgrund der tendenziell steigenden Treibstoffpreise und aufgrund eines steigenden Umweltbewusstseins mit weiterem Absatzrückgang bei der SUV Car AG zu rechnen ist. Dies deutet sich auch bereits im Kursdiagramm an.
- Die Aktien der China-Holding AG könnten ebenfalls verkauft werden, weil bereits ein ansehnlicher Kurszuwachs erzielt wurde, den man sicherstellen sollte.
- Zur Deckung des Finanzbedarfs in Höhe von 50.000,00 € wäre der aktuelle Kurswert von SUV Car AG und China-Holding AG ausreichend.

Anmerkung: Auch jede andere Entscheidung ist bei plausibler Begründung möglich, sofern sie den Finanzbedarf nicht wesentlich übersteigt.

3.
- Solarvent AG: Positive Kursphantasien, da es sich hier um Zukunftstechnologien im Bereich der regenerativen Energien handelt.
- Bundesanleihe: Sichere Anlage, da regelmäßige Zinsen und Rückzahlung des Nennwerts am Ende der Laufzeit garantiert sind.

Anmerkung: Auch jede andere Entscheidung mit nachvollziehbaren Argumenten ist möglich.

Prüfung 2009

Modul

Aus der Tageszeitung entnehmen Sie folgenden Auszug der Wertentwicklung ausgewählter DAX-Werte:

DAX-Werte	Dividende 30.06.	01.07. Xetra	02.07. Xetra	02.07. Tages-Hoch	02.07 Tages-Tief	52-Wochen	
						Hoch	Tief
AMW St.	1,06	19,56	19,60	20,42	19,52	38,88	16,00
Kunz NA	2,00	23,93	23,77	24,85	23,77	57,81	17,92

Ihr Wertpapierdepot mit der Nummer 430402504 enthält aktuell den Aktienbestand:

   50 Stück   AMW St.   (Wertpapierkennnummer 519000)

   100 Stück   Kunz NA   (Wertpapierkennnummer 349700)

1. Berechnen Sie den Wert Ihres Aktiendepots am 02.07.

2. Die Kunz-Aktien wurden am 03.01. dieses Jahres zu einem Preis von 19,14 € pro Stück (inklusive Kaufprovision) gekauft. Erläutern Sie, wie viel Ertrag Ihnen für die Kunz-Aktien in diesem Jahr bisher gutgeschrieben wurde.

3. Sie möchten heute einen Kaufauftrag über weitere 50 Stück AMW-Aktien auf der Onlinebanking-Webseite Ihrer Bank eingeben. Der Auftrag soll bis zum Monatsende gültig sein. Sie wollen dafür höchstens 1.050,00 € (zuzüglich Gebühren) ausgeben.

   Füllen Sie dazu die PC-Maske für den Kaufauftrag aus.

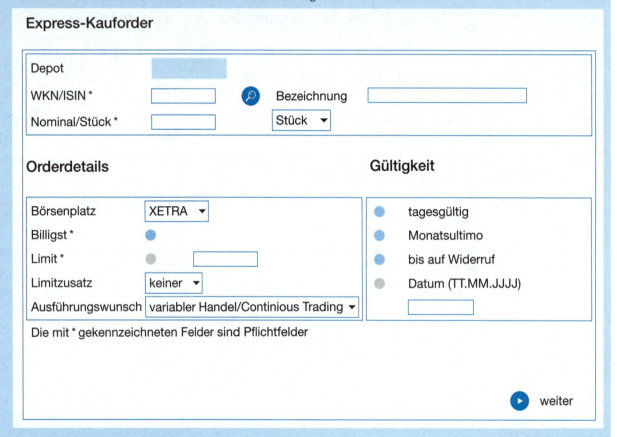

Lösung Prüfung 2009

1. 50 Stück AMW St. · 19,60 € =   980,00 €

   100 Stück Kunz NA · 23,77 € = 2.377,00 €

   Summe   = 3.357,00 €

2. 200,00 € (2,00 € Dividende · 100 Stück)

   Der Ertrag der Kurssteigerung ist nicht zu berücksichtigen, da die Aktien noch nicht verkauft wurden.

3.

Express-Kauforder

Depot	430402504	
WKN/ISIN *	519000	Bezeichnung AMW St.
Nominal/Stück *	50	Stück ▼

Orderdetails

- Börsenplatz: XETRA ▼
- Billigst *: ○
- Limit *: ● 21,00
- Limitzusatz: keiner ▼
- Ausführungswunsch: variabler Handel/Continious Trading ▼

Die mit * gekennzeichneten Felder sind Pflichtfelder

Gültigkeit

- ○ tagesgültig
- ● Monatsultimo
- ○ bis auf Widerruf
- ○ Datum (TT.MM.JJJJ)

▶ weiter

Prüfung 2010

Modul

Für die Finanzierung eines neuen Pkw fehlen Ihnen 2.000,00 €. Dazu wollen Sie im Februar gekaufte Wertpapiere teilweise verkaufen. Folgende Informationen liegen Ihnen vor:

Kaufabrechnung
22.02.20..
Depotnummer/Verrechnungsnummer
4998706556

Bezeichnung	Stück	Nominalwert in €	Kaufkurs	Abrechnungs-betrag in €
5,0 % BASF Anleihe 09/14 WKN: A0TKBM		2.000,00 €	103,75 %	2.075,00
AUDI AG Inhaberaktien WKN: 675700	5		380,00	1.900,00
Bankprovision (0,5 %)				19,88
Maklergebühren (0,08 %)				3,18
Abbuchungsbetrag				3.998,06

Börsenkurse vom 02.07.20..		
Wertpapier	5,0 % BASF Anleihe 09/14 WKN: A0TKBM	AUDI AG Inhaberaktien WKN: 675700
aktueller Kurs	100,40 %	404,00 €

1. Berechnen Sie jeweils den Betrag vor Steuern, den Sie bei Verkauf der Anleihe bzw. der fünf Aktien erzielen können. Beim Verkauf fallen die gleichen Provisionen und Gebühren wie beim Kauf an.

2. Treffen Sie auf Grundlage der Kaufabrechnung und der aktuellen Börsenkurse eine begründete Entscheidung, wie Sie die fehlenden 2.000,00 € finanzieren.

Lösung Prüfung 2010

1. Verkauf des BASF-Gläubigerpapiers:

   2.000,00 € · 100,40 % = 2.008,00 €

   2.008,00 € · 0,58 % = 11,65 €

   2.008,00 € − 11,65 € = 1.996,35 €

   Verkauf der AUDI-Aktien:

   5 · 404,00 € = 2.020,00 €

   2.020,00 € · 0,58 % = 11,72 €

   2.020,00 € − 11,72 € = 2.008,28 €

2. Z. B.

Ich verkaufe die AUDI-Aktien, da diese zum aktuellen Kurs einen Gewinn erzielen und die weitere Entwicklung ungewiss ist.

Prüfung 2011

Modul

Stephan Küster, 18 Jahre, erhält heute 15.000,00 € aus einem langjährigen Sparvertrag, den seine Großeltern für ihn angelegt hatten. Nach dem Abitur im Juli kommenden Jahres möchte er sich spätestens seinen Traum vom eigenen Auto erfüllen. Sein Wunschauto wird mindestens 15.000,00 € kosten. Er rechnet damit, dass er eine Weile suchen muss, bis er sein Traumauto zu einem günstigen Preis findet. Sobald er es findet, wird er zugreifen. In der Zwischenzeit möchte er sein Geld rentabel anlegen.

1. Von seinem Freund bekommt Stephan Küster den Rat, die 15.000,00 € entweder in Aktien oder auf ein Sparbuch anzulegen. Nehmen Sie dazu Stellung.

2. Von der Conti Bank hat Stephan ebenfalls Angebote zur Geldanlage vorliegen:

Conti Bank Tagesgeld:

Mit unserem Tagesgeldkonto profitieren Sie ab dem ersten Euro von dauerhaft guten Konditionen bei täglicher Verfügbarkeit.

Bei Online-Kontoführung 1,60 % p. a., Zinssatz variabel.

Keine Mindestanlage.

Conti Bank Festgeld:

Garantierte Verzinsung, für Anlagen ab 2.500,00 €.

Aktuelle Zinssätze

Laufzeit	Verzinsung
3 Monate	0,95 % p.a.
6 Monate	1,20 % p.a.
9 Monate	1,40 % p.a.
12 Monate	1,80 % p.a.
2 Jahre	2,30 % p.a.

Nehmen Sie zu beiden Anlageformen Stellung und sprechen Sie eine begründete Empfehlung aus.

Lösung Prüfung 2011

1. Z.B.

Von beiden Anlageformen ist abzuraten.

Aktien:

Aktien können zwar jederzeit verkauft werden, somit ist Stephan für den Fall, dass er sein Traumauto findet, auch liquide. Aktien sind aber zu risikoreich, da sie auch zu Verlusten führen können. Zudem ist dafür Fachwissen nötig.

Sparbuch:

Die Verzinsung ist sehr gering und das Geld ist spontan nicht ohne Zinsabschläge in voller Höhe verfügbar.

2. Z.B.

Tagesgeld:

Beim Tagesgeld werden die Zinsen dem aktuellen Zinsniveau angepasst (variabler Zins). Das bedeutet weniger Sicherheit bezüglich des Zinsertrags, allerdings auch eine Chance auf höhere Zinsen als die angegebenen 1,60 %. Das Geld ist täglich verfügbar.

Festgeld:

Das Festgeld müsste mindestens eine Laufzeit von 12 Monaten haben, um nach derzeitigem Stand mehr Zinsen zu erhalten als beim Tagesgeld. Der Zinsertrag ist aber unabhängig vom aktuellen Zinsniveau garantiert 1,80 % (bei einer Laufzeit von 12 Monaten).

Empfehlung:

Da die Autosuche schwierig erscheint, muss Stephan sofort zugreifen, wenn er das passende Auto gefunden hat. Daher muss er sofort über Geld verfügen können. Die Anlage in Tagesgeld ist deshalb vorzuziehen. Ferner ist der Zinsunterschied zum Festgeld eher gering.

Prüfung 2012

Modul

Peter Wunder hat 50.000,00 € geerbt, die er in den nächsten Jahren nicht benötigt. Er hat mit seinem Finanzberater bereits über den Kauf von Anteilen an einem Investmentfonds gesprochen. Als sein langjähriger Freund und ehemaliger Arbeitskollege Franz Müller von der Erbschaft erfährt, macht er ihm das Angebot, in seine bisherige Einzelunternehmung, die Solaranlagen herstellt, als Gesellschafter einzusteigen. Peter Wunder ist nun unschlüssig, ob er Investmentfondsanteile kaufen oder sich an der neu zu gründenden Gesellschaft von Franz Müller als Gesellschafter beteiligen soll.

Welche Informationen benötigt Herr Wunder für seine Entscheidung? Erläutern Sie vier Informationen und begründen Sie, warum Herr Wunder diese benötigt.

Lösung Prüfung 2012

Z. B.

- Er sollte in die letztjährigen Gewinn- und Verlustrechnungen der Einzelunternehmung von Herrn Müller Einsicht nehmen, da diese Auskunft über die Ertragslage des Unternehmens geben.

- Er muss klären, in welcher Rechtsform das Unternehmen dann betrieben werden soll, um das Haftungsrisiko abzuwägen.

- Er sollte sich über die aktuelle Situation in der Solarbranche informieren, um zu erkennen, ob die Branche allgemein gute Aussichten bietet oder ob ein Auftragsrückgang droht.

- Er sollte sich Informationen über die Ertragsprognosen und die Renditeerwartung des ausgewählten Investmentfonds holen. Damit kann er dann die Gewinnchancen bei beiden Anlagemöglichkeiten vergleichen.

Prüfung 2013

Fallaufgabe

Auszug aus dem Businessplan:

I. Auf einen Blick

Firma: Concerts and More GmbH

Standort: Pirckheimerstraße 6, 90408 Nürnberg

Inhaber: Carlo Eisen, geb. 28.03.1978

Unternehmenszweck: Konzeption, Organisation und Durchführung von Konzerten

Unternehmensgründung: 01.01.2013

II. Liquiditätsplan für das aktuelle Geschäftsjahr

	1. Quartal	2. Quartal	3. Quartal	4. Quartal
Übertrag voriges Quartal	– – –	44.500,00 €	44.000,00 €	48.000,00 €
Liquiditätsanfangsbestand	50.000,00 €	44.500,00 €	44.000,00 €	48.000,00 €
+ Einzahlungen aus Ticketverkäufen	21.500,00 €	32.500,00 €	45.000,00 €	56.000,00 €
– Auszahlungen für Gagen	8.000,00 €	12.500,00 €	14.000,00 €	16.500,00 €
– Werbung für Veranstaltungen	8.000,00 €	9.000,00 €	10.000,00 €	11.000,00 €
– sonstige Kosten (Miete, Personal)	11.000,00 €	11.500,00 €	17.000,00 €	25.000,00 €
= Liquiditätsendbestand	44.500,00 €	44.000,00 €	48.000,00 €	51.500,00 €

Sie sind Mitarbeiter/in bei der Concerts and More GmbH.

Situation

Carlo Eisen hat festgestellt, dass der Liquiditätsplan bisher, abgesehen von geringen Abweichungen, eingehalten wurde. Der Liquiditätsendbestand des zweiten Quartals wurde lediglich um 1.000,00 € unterschritten. Dennoch hat sich zum Ende des zweiten Quartals ein hoher Liquiditätsüberschuss auf dem Girokonto ergeben. Ob dies auch in Zukunft so sein wird, weiß Herr Eisen nicht. Er befürchtet für das dritte und vierte Quartal, dass die Einnahmen aus dem Ticketverkauf nicht in der geplanten Höhe erzielt werden können.

Carlo Eisen überlegt, den Überschuss aus dem zweiten Quartal trotzdem bis Ende 2013 sicher und möglichst hoch verzinst anzulegen. Verluste möchte er auf jeden Fall vermeiden. Herr Eisen informiert sich im Internet über mögliche Anlageformen. Er legt jedoch Wert darauf, bei Bedarf schnell über einen Teil des Geldes verfügen zu können.

1. Prüfen Sie jeweils begründet, ob die von Carlo Eisen gefundenen Anlagemöglichkeiten (siehe Anlage) seine Anlageziele erfüllen.

2. Unterbreiten Sie Herrn Eisen einen konkreten, begründeten Vorschlag, in welche Anlageform er wie viel Geld investieren sollte. Berücksichtigen Sie dabei seine Anlageziele.

Festgeld

Ihre Vorteile:

- Top Verzinsung bis zu 2,05 % p.a.
- Mindestanlage 5.000,00 €, maximal 200.000,00 € je Kunde
- Laufzeit zwischen 1 und 12 Monaten
- Kostenlose Kontoführung und gebührenfreie Kontoauszüge

Laufzeit in Monaten	ab 5.000,00 €	ab 15.000,00 €
1	1,25 %	1,30 %
3	1,30 %	1,35 %
6	1,35 %	1,40 %
9	1,70 %	1,75 %
12	1,95 %	2,05 %

Premium Fonds

Machen Sie mehr aus Ihrem Geld. Mit unseren gemischten Fonds aus Aktien und festverzinslichen Wertpapieren haben Sie außergewöhnliche Rendite-Chancen. Im vergangenen Jahr erzielte der Fonds eine Rendite über 10 %.

Ihre Vorteile:

- überdurchschnittliches Renditepotenzial
- breite Streuung über zahlreiche Einzeltitel
- täglich verfügbar
- Ertragsverwendung thesaurierend, d.h. erzielte Erträge werden nicht ausgeschüttet. Somit kann sich der Wert Ihres Anteils steigern.

Heutiger Ausgabepreis je Anteil: 35,00 €

Heutiger Rücknahmepreis je Anteil: 33,50 €

> **Tagesgeld**
>
> **Ihre Vorteile:**
>
> - Top Verzinsung bis zu 1,15 % p. a. schon ab dem ersten Euro
> - tägliche Verfügbarkeit
> - kostenlose Kontoführung und Transaktionen sowie gebührenfreie Kontoauszüge

Lösung

1. Z. B.

Kriterien	Festgeld	Fonds	Tagesgeld
Hohe Verzinsung	Mit dieser Anlageform kann die höchstmögliche Verzinsung erzielt werden.	Hier ist keine gesicherte Aussage möglich, jedoch aufgrund von Vergangenheitswerten ist laut Aussage die höchstmögliche Rendite möglich.	Die höchstmögliche Verzinsung ist nicht gegeben, da hier nicht die höchsten Zinsen erzielt werden können.
Sicherheit	Sicherheit ist gegeben, da der Zinssatz für die vereinbarte Laufzeit fest und die Rückzahlung zu 100 % garantiert ist.	Sicherheit ist nicht gegeben, da die Rendite nicht garantiert ist und der Ausgabepreis höher sein kann als der Rücknahmepreis.	Sicherheit beim Zinssatz ist nicht gegeben, da der Zinssatz variabel ist. Sicherheit ist bei der Rückzahlung vorhanden, da sie zu 100 % garantiert wird.
Verfügbarkeit	Verfügbarkeit ist nicht gegeben, da das Kapital während der Laufzeit nicht verfügbar ist.	Verfügbarkeit ist gegeben, da die Anteile jederzeit verkauft werden können.	Verfügbarkeit ist gegeben, da das Kapital täglich verfügbar ist.

2. Z. B. Anlage des gesamten Kapitals in Höhe von 43.000,00 € wie folgt:

Carlo Eisen legt 20.000,00 € als Festgeld an. Carlo Eisen hat hier einen garantierten und relativ hohen Zinssatz. Damit erfüllt er die Anlageziele »Sicherheit und Rendite«.

Carlo Eisen legt 23.000,00 € als Tagesgeld an. Carlo Eisen hat zwar hier keinen garantierten Zinssatz, kann aber im Bedarfsfall auf das Geld zugreifen. Damit erfüllt er sein Anlageziel »Verfügbarkeit«.

Hinweis: Fondsanteile werden wegen der Verlustgefahr nicht erworben. Das gesamte Kapital in Höhe von 43.000,00 € muss zwischen Festgeld und Tagesgeld gesplittet werden, da nur so alle Anlageziele berücksichtigt werden können. Dabei ist auf einen hohen Anlagebetrag in Tagesgeld zu achten, da Carlo Eisen sinkende Einnahmen befürchtet.

Prüfung 2014

Modul

Ihr Vater hat bisher alle seine Bankgeschäfte über seine Hausbank abgewickelt und sich persönlich dort beraten lassen. Im Internet ist er nun auf folgendes Angebot der ontis-online Bank gestoßen.

> **3,0 % p. a. bei vollständigem Wertpapierdepotwechsel**
>
> - 2,0 % p. a. Zinsen für bis zu 30.000,00 € Tagesgeld, wenn Sie Wertpapiere im Wert von mindestens 6.000,00 € zu uns übertragen;
> - + 1,0 % p. a. Zinsbonus für bis zu 10.000,00 € Tagesgeld, wenn Sie Ihr altes Wertpapierdepot kündigen;
> - keine Depotkosten;
> - Tagesgeld täglich verfügbar;
> - 12 Monate Zinsgarantie auf das Tagesgeld und den Zinsbonus für Neukunden;

Ihr Vater überlegt, sowohl sein Tagesgeldkonto in Höhe von 20.000,00 € als auch sein Wertpapierdepot im Gesamtwert von 41.210,89 € von seiner Hausbank zu der ontis-online Bank zu übertragen. Das Wertpapierdepot besteht zu 90 % aus Aktien. Der Rest wurde in festverzinslichen Wertpapieren angelegt.

Bei seiner Hausbank würde Ihr Vater bei der derzeitigen Zinslage jährlich 60,00 € Zinsen auf das Tagesgeld erhalten und 41,21 € pro Jahr an Depotgebühren zahlen.

1. Berechnen Sie den finanziellen Vorteil, der Ihrem Vater durch den Wechsel zur ontis-online Bank in den nächsten zwölf Monaten entstehen würde.

Für den geplanten Bankenwechsel sind jedoch nicht nur finanzielle Aspekte ausschlaggebend.

2. Erläutern Sie einen fallbezogenen Nachteil, der sich durch den Wechsel ergeben könnte.

Lösung

1. ontis-online Bank

Zinsen Tagesgeld (20.000,00 € · 2 %)	= 400,00 €
+ Zinsbonus (10.000,00 € · 1 %)	= 100,00 €
– Depotgebühren	= 0,00 €
= Summe	500,00 €

Hausbank

Zinsen Tagesgeld	= 60,00 €
– Depotgebühren	= 41,21 €
= Summe	18,79 €

finanzieller Vorteil (500,00 € – 18,79 €) = **481,21 €**

2. Z. B. Bei der ontis-online Bank kann bei Bedarf keine persönliche Beratung in Anspruch genommen werden. Diese Beratung ist von Bedeutung, da das Depot einen großen Aktienanteil hat.

Prüfung 2014

Situation

Hans Fröhlich möchte ein neues Geschäftsfeld erschließen. Seine Idee ist, bei schönem Wetter an den Badeseen, im Umkreis von ungefähr 50 km von seiner Eisdiele, Eis zu verkaufen. Hierzu soll ein Verkaufsfahrzeug angeschafft werden, das er neben dem Eisverkauf auch als Werbefläche nutzen möchte. Seine Kinder, die beide noch zuhause wohnen, würden den Verkauf übernehmen.

Beim Verkaufsfahrzeug fällt seine Wahl auf ein Modell der Firma Muggio.

Muggio Eismobil

Sie können Ihr Eis darin kühlen und direkt aus dem Fahrzeug verkaufen. Die Seitenklappe des Fahrzeugs kann für den Verkauf geöffnet werden. Wir bieten Ihnen das hochwertig ausgestattete Eismobil wie folgt an:

- **Miete**

    120,00 € pro Tag mit frühzeitiger Anmeldung (mindestens einen Monat vor dem gewünschten Miettermin).

- **Kauf**

    Sofortige Zahlung des Kaufpreises von 12.000,00 €.

- **Leasing**

    Einmalige Sonderzahlung von 20 % des Kaufpreises, Leasingrate pro Monat 130,00 € (36 Monate Laufzeit, km-Begrenzung je Jahr: 2.000 km), auf Wunsch: kostenlose Werbeaufschrift Ihres Unternehmens am Fahrzeug, Erwerb des Eismobils nach Ablauf der Laufzeit für nur noch 4.920,00 € möglich.

Hans Fröhlich hofft, dass seine Idee erfolgreich umgesetzt werden kann, und möchte das Eismobil gerne kaufen. Dafür will er das Wertpapierdepot der Familie bei der Sparkasse Niederbayern-Mitte zu den heutigen Tageskursen (siehe Anlage 3) auflösen und mit der Gutschrift auf dem Girokonto das Fahrzeug bar bezahlen.

1. Stellen Sie anhand der heutigen Kurse fest, ob dies gelingt.

Gisela Fröhlich ist sehr skeptisch und gegen die Auflösung des Wertpapierdepots. Sie sieht die Wertpapiere als Rücklage für das anstehende Studium der Kinder und möchte das Wertpapierdepot nicht für die Idee ihres Mannes opfern. Sie ist gegen den Kauf des Eismobils und schlägt vor, das Fahrzeug zu mieten oder zu leasen. Am Wochenende wird eine Familienkonferenz stattfinden, in der eine Entscheidung getroffen werden soll. Ihr Chef berichtet Ihnen von der Meinungsverschiedenheit zwischen ihm und seiner Frau und bittet Sie um Unterstützung.

2. Finden Sie je zwei begründete fallbezogene Argumente, die dagegen sprechen, das Eismobil zu mieten oder zu leasen.

Prüfung 2014

Anlage

Zusammensetzung des Wertpapierdepots von Hans Fröhlich bei der Sparkasse Niederbayern-Mitte	
BMW-Aktien (ISIN DE0005190003)	110 Stück
Linde-Aktien (ISIN DE0006483001)	30 Stück

Auszug aus der Gebührentabelle der Sparkasse Niederbayern-Mitte	
Wertpapierhandel (An- und Verkauf)	
a) Aktien*	1,0 % vom Kurswert
b) Festverzinsliche Wertpapiere*	1,5 % vom Kurswert
c) Fonds*	1,5 % vom Kurswert
* zuzüglich Abwicklungsgebühr in Höhe von 0,18 % vom Kurswert	

Auszug aus der aktuellen Kurstabelle für Aktien

Name ISIN	Vortag	Aktueller Kurs	Tagestiefstkurs	Tageshöchstkurs
adidas AG DE000A1EWWW0	85,92	85,00	84,63	86,29
Beiersdorf AG DE0005200000	70,22	70,04	69,86	70,77
BMW AG Vz DE0005190037	50,02	50,31	49,94	51,36
BMW AG St DE0005190003	70,52	70,62	70,50	71,14
Deutsche Post AG E0005552004	20,04	20,30	19,95	20,73
Linde AG DE0006483001	146,00	146,45	145,20	147,30

Lösung Prüfung 2014

1.

110 BMW-Aktien · 70,62 €/Aktie	7.768,20 €
+ 30 Linde-Aktien · 146,45 €/Aktie	4.393,50 €
= Kurswert der Aktien	12.161,70 €
– Spesen	121,62 €
– Abwicklungsgebühr	21,89 €
= Bankgutschrift	12.018,19 €

Es gelingt, da die Gutschrift den Kaufpreis des Eismobils überschreitet.

2. Z. B.

Gegen die Miete spricht die mindestens einmonatige Anmeldefrist vor dem gewünschten Miettermin, da man nicht so weit im Voraus sagen kann, wie das Wetter wird und der Eisverkauf nur bei schönem Wetter an den Badeseen erfolgversprechend ist.

Außerdem kann bei einer Miete kein werbewirksamer Schriftzug der Eisdiele Luna auf dem Eismobil angebracht werden. Hans Fröhlich will jedoch auch das Fahrzeug zu Werbezwecken einsetzen.

Es besteht Unsicherheit darüber, ob die Idee mit dem Eismobil erfolgreich umsetzbar ist. Bei einem Scheitern gestaltet sich der Ausstieg aus dem Leasingvertrag schwierig, da eine Laufzeit von 36 Monaten vorgesehen ist.

Die Kilometerbegrenzung ist beim Leasing im vorliegenden Fall problematisch. Da Hans Fröhlich plant Badeseen im Umkreis von 50 km anzufahren, ergibt sich eine Fahrtstrecke je Einsatz von ca. 100 km. Hans Fröhlich könnte daher das Eismobil an ca. 20 Tagen einsetzen, ohne nachzahlen zu müssen.

Hinweis:

Die Antworten müssen einen konkreten Fallbezug haben. Allgemeine Vor- und Nachteile von Miete oder Leasing sind keine fallbezogenen Argumente.

Sachwortverzeichnis

A

Abbuchungsauftrag ... 101
Abfallvermeidung ... 8
Abmahnung ... 130
Absatzförderung ... 175
Absatzhelfer ... 179
Absatzrisiken ... 211
Abschlussfreiheit ... 17
Absonderung ... 218
Abstrakter Schaden ... 34
AG ... 244
AIDA-Formel ... 178
Akkordlohn ... 131
Aktienfond ... 317
Aktienindizes ... 318
Aktienkurse ... 316
Aktionärsversammlung ... 245
Alleinwerbung ... 177
allgemeine Anfrage ... 20
allgemeine Geschäfts-
    bedingungen (AGB) ... 24
allgemeine Handlungsvollmacht ... 28
allgemeines Unternehmerrisiko ... 211
Alte Aktien ... 316
Anfechtbarkeit ... 19
Anfechtungsgründe ... 19
Anfrage ... 20
Angebot ... 21
Angebotsvergleich ... 21
Annahme ... 16
Annahmeverzug ... 35
anorganische
    Zusammenschlüsse ... 265
Anpreisung ... 21
Antrag ... 16
Arbeitgeberverbände ... 125
Arbeitskampf ... 126
Arbeitsvertrag ... 129
Arglistig verschwiegene Mängel ... 31
Artvollmacht ... 28
Assessment-Center ... 123
Auflassung ... 19
Auflösungsrecht ... 17
Aufsichtsrat ... 242, 245
Ausbildungsordnung ... 124
Ausfallbürgschaft ... 281
Außenfinanzierung ... 278
Außenverhältnis ... 237
außerbetriebliche
    Risikofaktoren ... 211
außergerichtliche Maßnahmen ... 216
außergerichtlicher Vergleich ... 216
außergerichtliches
    Mahnverfahren ... 37
außergewöhnliche Belastungen ... 132
außerordentliche Kündigung ... 130
Aussonderung ... 218
Aussperrung ... 126
Automation ... 11
Automatisierung ... 198

B

Bankkredit ... 281
Barkauf ... 26
Barliquidität ... 276
Barzahlung ... 99
Bedarfsermittlung ... 20
Bedarfsmeldung ... 20
Beitragsbemessungsgrenze ... 129
Beratungsrechte ... 127
Berufsausbildungsvertrag ... 123
Berufsbildungsgesetz ... 123
Beschaffungsrisiken ... 211
Beschränkte Geschäftsfähigkeit ... 18
Besitz ... 19
Besitzsteuern ... 132
Besonderer Kündigungsschutz ... 131
Bestellung ... 23
Bestellungsannahme ... 23
bestens ... 318
Bestimmte Anfrage ... 20
Bestimmungskauf ... 26
Beteiligungsfinanzierung ... 278
betriebliches Vorschlagswesen ... 198
betriebsbedingte Kündigung ... 130
Betriebsordnung ... 125
Betriebsrat ... 126
Betriebsvereinbarung ... 125
Betriebsverfassungsgesetz ... 126
Beweislastumkehr ... 32
Bezugsquellenermittlung ... 20
BGB-Gesellschaft ... 246
billigst ... 318
Bonitätsprüfung ... 280
Böses Kartell ... 265
Breites Sortiment ... 176
Bundeskartellamt ... 265
Bundessteuern ... 132
Bürgerlicher Kauf ... 26
Bürgschaft ... 281

D

Darlehen ... 281
Darlehensvertrag ... 27
Dauerauftrag ... 100
DAX ... 318
deklaratorisch ... 234
Depotauszug ... 319
Desinvestition ... 275
diagonale
    Zusammenschlüsse ... 265
Dienstleistungsbetriebe ... 8
Dienstvertrag ... 27
direkter Absatz ... 178
direktes Leasing ... 283
direkte Steuern ... 132
Direktwerbung ... 177
Distributionspolitik ... 175, 179
Diversifikation ... 176
Dividende ... 245
Drittschuldner ... 217
durchschnittliche Lagerdauer ... 87
durchschnittlicher
    Lagerbestand ... 86

E

effektiver Zinssatz ... 314
effektive Verzinsung ... 314
Eigenfinanzierung ... 278
Eigenkapitalquote ... 276
Eigenkapitalrentabilität ... 275
Eigentum ... 19
Eigentumsvorbehalt ... 19
Eingetragene Genossenschaft ... 248
Einkommensteuer ... 132
Einkunftsarten ... 132
einseitiger Handelskauf ... 26
einseitige Rechtsgeschäfte ... 16
Einzelfertigung ... 10
Einzelgeschäftsführung ... 238
Einzelprokura ... 29
Einzelüberweisung ... 100
Einzelunternehmung ... 235
Einzelvertretungsrecht ... 238
Einzelvollmacht ... 28
Einzugsermächtigung ... 101
Electronic Cash ... 101
elektronische Geldbörse ... 102
elektronisches
    Lastschriftverfahren ... 102
Elternzeit ... 124
ELV ... 102
Endkontrolle ... 12
Erfüllungsort ... 24
Erlassvergleich ... 216
Ersatzinvestition ... 275
Ersatz vergeblicher
    Aufwendungen ... 33
Erstinvestition ... 275
Erweiterungsinvestition ... 275
EURO Stoxx 50 ... 319
Externe Personalbeschaffung ... 123

F

Factoring ... 283
Falschlieferung ... 31
Faustpfandkredit ... 282
fehlerhafte Montage ... 31
fehlerhafte Montageanleitung ... 31
Fertigungskontrolle ... 12
Festgeld ... 313
Filialprokura ... 29
Finanzierung aus
    freigesetztem Kapital ... 278
Finanzierungsarten ... 278
Finanzierungsrisiken ... 211
Finanzinvestition ... 275
Firma ... 233
Firmenausschließlichkeit ... 233
Firmenbeständigkeit ... 233
Firmengrundsätze ... 233

Firmenklarheit 233
Firmenöffentlichkeit 233
Firmenwahrheit 233
Fixkauf 26
Fließfertigung 9
Fluktuation 215
Folgeinvestition 275
Fond 317
Forderungsabtretung 281
Formfreiheit 17
Formkaufleute 234
Formvorschriften 17
Formzwang 17
Franchisegeber 180
Franchisenehmer 180
Franchising 180
Fremdfinanzierung 278
Friedenspflicht 126
Fürsorgepflicht 124, 130
Fusion 264
Fusionskontrolle 265

G

Gattungskauf 25
GbR 246
Gebrauchsmuster 181
Gebrauchsmusterregister 181
Gehaltstarifvertrag 125
Geldkarte 102
Gemeindesteuern 132
Gemeinschaftssteuern 132
Gemeinschaftswerbung 177, 199
Gemischte Fonds 317
Generalversammlung 248
Gerichtliches Mahnverfahren 38
Gerichtsstand 24
Gesamtgeschäftsführung 238, 245
Gesamtkapitalrentabilität 275
Gesamtprokura 29
Gesamtvertretung 245
Geschäftsfähigkeit 18
Geschäftsführer 241, 242
Geschäftsführung 238
Geschäftsunfähigkeit 18
Geschmacksmuster 182
Gesellschafterversammlung 242
Gesetz gegen den unlauteren
  Wettbewerb (UWG) 180
Gesetz gegen Wettbewerbs-
  beschränkungen 264
gesetzliche Sozialversicherungen 212
Gestaltungsfreiheit 17
Gewährleistungsfristen 32
Gewerkschaften 125
gezeichnetes Kapital 242, 244
Gläubigerkapital 278
Gläubigerpapiere 314
Gläubigerversammlungen 218
GmbH 242
GmbH & Co. KG 241
Grundkapital 244
Grundkündigungsfrist 131
Grundschuld 282

Gründungsinvestition 275
Gruppenarbeit 198
Gruppenfertigung 9
Gutes Kartell 265
Gütezeichen 182
gutgläubiger Erwerb 19
GWB 264

H

Haftung 237
Haftungskapital 278
halbbare Zahlung 99
Handelsbetriebe 7
Handelsregister 232, 233
Handelsvertreter 179
Handlungsreisender 179
Handlungsvollmacht 28
Hauptversammlung 244, 245
Hemmung 40
Höchstbestand 86
horizontale Kooperationen 199
horizontale Zusammenschlüsse 265
Hypothek 282

I

IKEA-Klausel 31
Immobilienfond 317
indirekter Absatz 178
indirektes Leasing 283
indirekte Steuern 132
Individualversicherungen 212
Industrieobligationen 314
Inhaberaktien 316
Innenfinanzierung 278
Innenverhältnis 237
innerbetriebliche Risikofaktoren 215
Inselfertigung 9
Insolvenzgläubiger 218
Insolvenzmasse 218
Insolvenzplan 218
Insolvenzquote 218
Insolvenzverfahren 217
Insolvenzverwalter 217
Interne Personalbeschaffung 123
Investition 275
Investitionsarten 275
Investitionskredit 281
Investmentfond 317
Investmentzertifikate 317
Istbestand 86

J

Job Rotation 10, 198
Jugendarbeitsschutzgesetz 124
Jugend- und
  Auszubildendenvertretung 125
Junge Aktien 316
Just-in-time-Lieferung 34, 197

K

kalkulatorische Wagniskosten 211
Kannkaufleute 234
Kapitalanlage 313

Kapitalgesellschaften 242
Kapitalrentabilität 275
Kartell 264
Kartellverbot 264
Kaufmann 26, 29, 234
kaufmännische Organisation 234
Kaufvertrag 23
Kaufvertragsarten 25
Kauf auf Abruf 26
Kauf auf Probe 25
Kauf gegen Vorauszahlung 26
Kauf nach Probe 25
Kauf zur Probe 26
Kaufvertragsstörungen 30
Kernsortiment 176
KG 239
Klage auf Abnahme 35
Kleingewerbetreibende 234
Kommanditist 239
Kommissionäre 179
Kommunalobligationen 314
Kommunikationspolitik 175, 177
Komplementär 239
Konditionenpolitik 175, 176
konkludentes Verhalten 16
konkreter Schaden 34
Konsortium 264
konstitutiv 234
Konsumgüterbetriebe 7
Kontokorrentkredit 281
Konventionalstrafen 34
Konzentration 264
Konzern 264
Kooperation 264
Kosten der Lagereinrichtung 85
Kostenmanagement 197
Kostenoptimierung 197
Kostensenkungsfunktion 85
Krankenversicherung 212
Kreditfähigkeit 280
Kreditfinanzierung 278
Kreditvertrag 280
Kreditwürdigkeit 280
Kundenkredit 281
Kündigungsgeld 313
Kündigungsschutz 130
Kündigungsschutzgesetz 130
Kursschwankungen 316

L

Lagerhaltung 85
Lagerkennziffern 86
Lagerkosten 85
Lagerrisiken 85, 211
Lagerumschlagsgeschwindigkeit 87
Lagerumschlagshäufigkeit 87
Lagerzinsen 85
Lagerzinsfuß 87
Lagerzinssatz 87
Landessteuern 132
Lastschriftverfahren 100
Lean Management 198
Lean Production 198

Sachwortverzeichnis

Leasing 283
Legalausnahme 264
Leihvertrag 27
Lieferantenkredit 281, 282
Lieferungsverzug 33
limitieren 318
Liquidation 216
Liquidationsvergleich 216
Liquidität 276, 313
Liquidität 1. Grades 276
Liquidität 2. Grades 276
Liquidität 3. Grades 276
Lizenz 181
Lohnformen 131
Lohnsteuerkarte 133
Lohnsteuerklassen 133
Lohntarifvertrag 125
Lombardkredit 282

M

Magisches Vieleck 313
Mahnbescheid 38
Mängelarten 31
mangelhafte Lieferung 30
mangelhafte Verwendbarkeit für den
   gewöhnlichen Gebrauch 31
Mangel in der Beschaffenheit 31
Mangel in der Menge 31
mangels Masse 217
Manteltarifvertrag 125
manuelle Fertigung 11
Markenregister 182
Markenschutz 182
Marketing 175
Marktanalyse 175
Marktbeobachtung 175
Markterkundung 175
Marktforschung 175
Marktprognose 175
maschinenunterstützte
   Fertigung 11
Massenfertigung 11, 198
Massenproduktion 198
Massenwerbung 177
Masseverbindlichkeiten 218
MDAX 318
mehrseitige
   Rechtsgeschäfte 16
Meldebestand 86
Merchandising 180
Mietvertrag 27
Minderung 33
Mindestbestand 86
Mindestnennwert 244
Mindeststammeinlage 242
Mischfirma 233
Missbrauchsaufsicht 265
Mitbestimmung 127
Mitwirkung 127
Montagemangel 31
Moratorium 216
Musterregister 182
Mutterschutzgesetz 124

N

Nachbesserung 33
Nacherfüllung 33
Nachnahme 99
nachrangige Rechte 33
Namensaktien 316
Negativtest 265
Nennwert 314
Neubeginn der Verjährung 41
Neulieferung 33
Nichtigkeit 19
Nichtigkeitsgründe 19
Nicht-Kaufleute 234
Nicht-Rechtzeitig-Lieferung 33
Nicht-Rechtzeitig-Zahlung 36
Nominalzinssatz 314
notarielle Beurkundung 17
Notverkauf 35

O

offene Mängel 31
offene Zession 281
öffentliche Anleihen 314
öffentliche Beglaubigung 17
öffentlicher Glauben 233
Öffentlichkeitsarbeit 180
OHG 237
optimaler Lagerbestand 86
ordentliche Kündigung 130
Outsourcing 198

P

Pachtvertrag 27
Partnerschaftsgesellschaft 247
Patent 181
Patentregister 181
Personalbeschaffung 123
Personalkosten 85
Personalkredite 280
Personalmanagement 123
personenbedingte Gründe 130
Personenfirma 233
Personengesellschaft 239
Personenversicherungen 212
Pfandbriefe 314
Pfändungsmöglichkeiten 39
Pflegeversicherung 128
Phantasiefirma 233
POS-System 101
Prämienlohn 131
Preisausgleichsfunktion 85
Preispolitik 175, 176
primäre Marktforschung 175
primärer Wirtschaftssektor 7
Probezeit 123
Produktelimination 176
Produktgestaltung 176
Produktinnovation 176
Produktionsbetriebe 8
Produktionsmittelbetriebe 7
Produktionsrisiken 211
Produktivität 276
Produktpolitik 175, 176

Produktvariation 176
Prokura 29
Prüffristen 32
Public Relations 180

Q

Qualitativer Personalbedarf 123
Qualitätskontrolle 12
Quantitativer Personalbedarf 123
Quittung 99

R

Ramschkauf 25
Randsortiment 176
Ratenzahlung 26
Rationalisierung 197
Rationalisierungsinvestition 275
Raumkosten 85
Realkredite 280
rechtsbezeugend 234
rechtserzeugend 234
Rechtsfähigkeit 18
Rechtsgeschäfte 16
Rechtsmängel 31
Recycling 8
Regelmäßige
   Verjährungsfrist 39
Reifungsfunktion 85
Rentabilität 275, 313
Rentenfond 317
Rentenversicherung 128
Restschuldbefreiung 217
Rückstellungen 283
Rücktritt vom Kaufvertrag 33
Rügefristen 32

S

Sachfirma 233
Sachinvestition 275
Sachkosten 85
Sachmängel 31
Sachversicherungen 212
Saisonkredit 281
Sales Promotion 180
Sammeldepot 319
Sammelüberweisung 100
Sammelwerbung 177, 199
Sanierung 216
Satzung 242
Schadensersatz 33
Schlechtleistung 30
Schlichtung 126
schlüssiges Verhalten 16
Schriftform 17
schuldhaftes Verzögern 32
Schutzrechte 181
SDAX 319
sekundäre Marktforschung 175
sekundärer Wirtschaftssektor 7
Selbstfinanzierung 278
Selbsthilfeverkauf 35
selbstschuldnerische
   Bürgschaft 281

Serienfertigung ... 10, 198	Trading up ... 176	Vollversicherung ... 213
Sicherheitsfunktion ... 85	Transportrisiken ... 211	vorrangige Rechte ... 33
Sicherungsübereignung ... 281	Trust ... 264, 266	Vorstand ... 245
Sichteinlagen ... 313		Vorzugsaktien ... 316
Sofortkauf ... 26	**U**	
solidarisch ... 237	Überbrückungskredit ... 281	**W**
Sollbestand ... 86	Überversicherung ... 213	Wareneingangskontrolle ... 12
Sonderausgaben ... 132	Überweisung ... 100	Ware ungleich Werbung ... 31
Sortenfertigung ... 11	UG (haftungsbeschränkt) ... 243	Weiterverwendung ... 8
Sortiment ... 176	Umsatzrentabilität ... 276	Weiterverwertung ... 9
Sortimentsbereinigung ... 176	unbeschränkte	Werbearten ... 177
Sortimentserweiterung ... 176	Geschäftsfähigkeit ... 18	Werbebudget ... 177
Sortimentspolitik ... 175, 176	Unfallversicherung ... 128	Werbeerfolgskontrolle ... 178
Sozialauswahl ... 130	Unterbrechung der Verjährung ... 41	Werbegrundsätze ... 178
Sozialpartner ... 125	Unternehmensgründung ... 232	Werbemedien ... 177
Spareinlagen ... 313	Unternehmenskonzentration ... 266	Werbemittel ... 177
Spezieskauf ... 25	Unternehmenskrise ... 215	Werbeplan ... 177
Spezifikationskauf ... 26	Unternehmensrentabilität ... 275	Werbeplanung ... 177
Stammaktien ... 316	Unternehmensrisiken ... 211	Werbeträger ... 177
Stammeinlagen ... 242	Unternehmerrentabilität ... 275	Werbung ... 177
Stammkapital ... 242	Unterversicherung ... 214	Werbungskosten ... 132
Standort ... 7	Urabstimmung ... 126	Werklieferungsvertrag ... 27
Standortfaktoren ... 7	Urproduktionsbetriebe ... 7	Werkstattfertigung ... 9
Steuern ... 132		Werkvertrag ... 27
Stichprobenkontrolle ... 12	**V**	Wertbeständigkeit ... 313
Stille Gesellschaft ... 236	Verbrauchsgüterbetriebe ... 7	Wertpapierdepot ... 319
Stille Zession ... 281	Verbrauchsgüterkauf ... 26	Wertpapiere ... 314
Streik ... 126	Verbrauchsteuern ... 132	Wettbewerbsrecht ... 180
Streugebiet ... 177	Verbundwerbung ... 177	Wettbewerbsverbot ... 130, 238
Streukreis ... 177	vergleichende Werbung ... 180	Widerspruchsrecht ... 240
Streuzeit ... 177	verhaltensbedingte Gründe ... 130	Wiederverwendung ... 8
Stückkauf ... 25	Verjährungsfristen ... 39	Wiederverwertung ... 9
Stundungsvergleich ... 216	Verkaufsförderung ... 180	Willenserklärungen ... 16
	Verkehrsbetriebe ... 7	Wirtschaftlichkeit ... 276
T	Verkehrsteuern ... 132	Wohlverhaltensperiode ... 219
Tarifautonomie ... 126	Vermögensversicherungen ... 212	
Tarifpartner ... 125	Versicherungspflichtgrenze ... 129	**Z**
Tarifvertrag ... 125	Versicherungssumme ... 213	Zahlschein ... 99
TECDAX ... 319	Versicherungsvertrag ... 212	Zahlungsverzug ... 36
Teilhaberpapiere ... 314	Versicherungswert ... 213	Zeitlohn ... 131
Teilhafter ... 239	versteckte Mängel ... 31	Zeitüberbrückungsfunktion ... 85
Termineinlagen ... 313	vertikale Kooperationen ... 199	Zession ... 281
Terminkauf ... 26	vertikale Zusammenschlüsse ... 265	Zielkonflikt ... 313
Terminkontrolle ... 12	Vertragstreue ... 17	Ziel- oder Kreditkauf ... 26
Tertiärer Wirtschaftssektor ... 7	Vertretung ... 238	Zuwenig-Lieferung ... 31
tiefes Sortiment ... 176	volle Geschäftsfähigkeit ... 18	Zwangsvollstreckung ... 38
Tilgung ... 314	Vollhafter ... 239	zweiseitige Rechtsgeschäfte ... 16
Trading down ... 176	Vollstreckungsbescheid ... 38	zweiseitiger Handelskauf ... 26